历史与边疆

研究丛书

QINGDAI

XINAN QUYUSHI YANJIU

二

邓前程（成）

1965年12月生，四川平昌人，史学博士（后）。主要从事中国古代史（明清）、民族史的教学和研究工作。完成国家社科基金和中国博士后科学基金等国家级、省部级基金项目多项，出版有《一统与制宜：明朝藏区施政研究》等论著。现为四川省学术与技术带头人后备人选，四川师范大学文化教育高等研究院教授。

四川师范大学巴蜀文化学科群建设出版资助
四川师范大学科研出版资助

清代西南区域史研究

邓前程——著

四川大學出版社
SICHUAN UNIVERSITY PRESS

图书在版编目（CIP）数据

清代西南区域史研究 / 邓前程著. -- 成都 : 四川大学出版社, 2024. 9. --（历史与边疆研究丛书）.
ISBN 978-7-5690-7273-0

Ⅰ. K297

中国国家版本馆 CIP 数据核字第 2024CT1327 号

书　　名：清代西南区域史研究
　　　　　Qingdai Xinan Quyushi Yanjiu
著　　者：邓前程
丛 书 名：历史与边疆研究丛书

出 版 人：侯宏虹
总 策 划：张宏辉
丛书策划：张宏辉　高庆梅
选题策划：张宏辉　高庆梅
责任编辑：高庆梅
责任校对：曾小芳
装帧设计：墨创文化
责任印制：李金兰

出版发行：四川大学出版社有限责任公司
　　　　　地址：成都市一环路南一段 24 号（610065）
　　　　　电话：（028）85408311（发行部）、85400276（总编室）
　　　　　电子邮箱：scupress@vip.163.com
　　　　　网址：https://press.scu.edu.cn
印前制作：四川胜翔数码印务设计有限公司
印刷装订：成都金阳印务有限责任公司

成品尺寸：170mm×240mm
印　　张：26.5
字　　数：594 千字

版　　次：2024 年 11 月 第 1 版
印　　次：2024 年 11 月 第 1 次印刷
定　　价：88.00 元

扫码获取数字资源

四川大学出版社
微信公众号

目录

第一章

张献忠江口沉银的历史追问与思考

关于张献忠江口沉银问题，清初以来的不少历史文献中，有江口之战和沉银打捞的记载，民间也一直有与之相关的传闻。但是，在过去相当长的一段时期内，因无实据可稽，人们对于张献忠是否沉银、沉银地点究竟在哪里等说法众说纷纭。甚至还有人对文献记载的真实性持有异议。由是之故，江口沉银的事实真相，一度成为一个众说纷纭、扑朔迷离的历史之谜。近年来，四川文物考古部门在眉山市彭山区（原彭山县）江口镇岷江流域进行水下考古作业并发掘出大量的银锭、金册、银耳环等文物，江口沉银的历史面相，正逐步拂去历史的尘埃。江口沉银这一历史谜团，即将由一个记载于稗官野史的历史传说，成为有大量实物资料佐证的真实历史事件。目前，江口沉银这一历史事件已引起了越来越多海内外人士的关注，学界也积极跟进并对其进行重新探讨，发表了一些有参考价值的研究成果。[①] 在此笔者拟对江口沉银的史实求证历

---

① 例如江玉祥《张献忠藏宝之谜及发掘的意义》《张献忠藏宝之文献考察》，万明《张献忠为什么会有大量白银沉于江口》《“江口沉银”所见明朝与大西朝的货币财政——基于明代白银货币化的分析》，方明、吴天文《彭山江口镇岷江河道出土明代银锭——兼论张献忠江口沉银》，毛佩琦《张献忠江口沉银目击记》，李飞《张献忠“沉银埋宝”初步研究》《大西政权金册考》《“永昌大元帅印”考》，高大伦、李飞《从江口出水金封册看明代封册制度》，杨君《“张献忠沉银”银锭初考》，刘志岩等《四川眉山市彭山区江口明末战场遗址2017年ⅡT1066发掘简报》，刘志岩等《四川眉山彭山江口明末战场遗址ⅡT0767发掘简报》，张彦、姚刚《“江口沉银”遗址发掘后对张献忠研究的几点思考》，邓前程《彭山“江口沉银”考古发掘的学术价值探讨》等。

程做系统梳理，并进一步探讨张献忠及大西政权的有关问题，以期厘清江口沉银的历史真相，推动相关研究不断深入。

第一节 传说与证实：江口沉银历史真相探索

自清初起，四川[①]各地便流传着“八大王”张献忠埋藏金银财宝的传说，其版本较多。例如藏宝原因，就有主动埋藏和战败沉银两说。相比对藏宝原因的推测，藏宝地点的传说更多，有文献记载者，就有藏于成都锦江中、彭山江口底、新津岷江渡口底、青神江底、峨眉普贤峰顶，以及今四川汉源县和今四川雅安市之间等说法。[②] 其中，以成都锦江藏宝和彭山江口沉银两说记载最详、民间传闻最广，也最受人关注。但是，现今能得以证实者，只有彭山江口沉银之说。

一、江口沉银的文献记载和寻宝、掘宝活动

有关张献忠江口沉银和锦江藏宝问题，在不同的文献材料中都有大体类似的记载，但又互有出入。将相关记载按是否与“江口之战”有关，大致可分为以下两大类。

一是认为张献忠先战败于彭山江口，“所掠金玉珠宝”悉沉水底。张献忠败返成都后，又将剩余金银财宝埋藏于锦江。在有关此事的诸多记载中，《蜀碧》和《蜀破镜》的记载最为详尽。兹摘录如下：

> 参将杨展大破贼于江口，焚其舟，贼奔还。献闻展兵势甚盛，大惧，率兵数十万，装金宝数千艘，顺流东下，与展决战。且欲乘势走楚，变姓名作巨商也。展闻，逆于彭山之江口，纵火大战，烧

① 本书所论及的“四川”，包括今四川省、重庆市两个省级行政区所管辖之地域范畴。

② 江玉祥：《张献忠藏宝之文献考察》，《中国史研究动态》2016年第5期。

沉其舟。贼奔北，士卒辎重，丧亡几尽；复走还成都。展取所遗金宝以益军储，自是富强甲诸将……献自江口败还，势不振；又闻王祥、曾英近资简，决走川北。将所余蜀府金银铸饼及瑶宝等物，用法移锦江，錮其流，穿穴数仞实之。因尽杀凿工，下土石淹盖。然后决堤放流，使后来者不得发，名曰“錮金”。①

（顺治三年）秋七月：

张献忠闻杨展兵执甚盛，大惧，率兵三十余万，载金宝千艘顺流东下，与展决胜负，拟乘势出峡，变姓名作巨商。展闻，以兵逆于彭山之江口，大战，顺风纵火烧贼舟无算，士卒辎重丧亡略尽。复奔还成都……八月丙子……既望，张献忠将前自江口败回所余蜀府金宝，用法移锦江，錮其流，穿穴数仞，填之下土石并凿工掩筑，然后决堤放流，名曰水藏。②

上引可见，这两段文字对事件的叙述，颇为相近。事件的大致经过是，清顺治三年（1646）三月，张献忠为时局所迫，率领大西军主力撤出成都，拟经水道，沿锦江—岷江—长江一路出川，打算“乘势走楚，变姓名作巨商”。然而出师不利，行军至彭山江口镇岷江水域时，遭遇活动于嘉定州（今乐山）、峨眉、丹稜（棱）等地的明朝参将杨展③部的阻击，张献忠部遭受重挫，即所谓“献闻展兵势甚盛，大惧，率兵数十万，装金宝数千艘，顺流东下，与展决战”。“展闻，逆于彭山之江口，

① （清）彭遵泗：《蜀碧》卷3，何锐等校点：《张献忠剿四川实录》，巴蜀书社，2002，第164—165页。

② （清）孙錤：《蜀破镜》卷4，何锐等校点：《张献忠剿四川实录》，巴蜀书社，2002，第399页。

③ 关于杨展生平事迹，史载：“川将杨展起兵于山中。展，丁丑武状元，从杨嗣昌立功楚、蜀。嗣昌死，弃军遁山中，川人推重。展众至数十万，扼守嘉定州、峨眉、峡江、丹稜（棱）、雅州、荣经、名山、蒲江诸州县，与献忠相拒，贼不能胜。”清军攻下四川后，“献忠既死，大兵收川，展子杨景星以其众降，为川陕总督标下总兵官，展不知所终，或云已卒”。参见（清）彭孙贻：《平寇志》卷11，上海古籍出版社，1984，第262页。

纵火大战，烧沉其舟。”张献忠在这场战役中，几乎全军覆灭。“士卒辎重，丧亡几尽。”“自江口败还，势不振。”张献忠在被迫退回成都之后，又将“所余蜀府金银铸饼及瑶宝等物，用法移锦江，锢其流，穿穴数仞实之”。“然后决堤放流，使后来者不得发，名曰‘锢金’。”

二是认为张献忠担心自己多年经营的金银财宝为敌方所获，有意识有准备地藏银沉宝。兹罗列有关文献记载如下：

> 献贼……禁人带藏金银，有即赴缴，如隐留分厘金银或金银器物首饰，杀其一家，连坐两邻……金银山积，收齐装以木鞘箱笼，载以数十巨舰。令水军都督押赴彭山之江口沉诸河。①
>
> 贼威令所行，不过近省州县，号令不千里矣。献忠自知不厌人望，终无所成，且久贼之无归也，思挟多金、泛吴越、易姓更名、效陶朱之游。于是括府库民兵之银，载盈百艘，顺流而东。至彭山之江口，初心忽变，乃焚舟沉镪而遁。②
>
> 丙戌……正月，献忠尽括四川金银作鞘，注彭山县江（畔）。杨展先锋见贼焚舟，不知为金银也。其后渔人得之，展始取以养兵，故上南为饶。③
>
> 用法移锦江而涸其流，穿数仞，实以黄金瑶宝累亿万，杀人夫，下土石以填之，然后决堤放流，名曰“锢金”。后至者不得发。……贼得蜀府金、铸银饼置舟中以东下，防多功城败，后又败于贺珍，故怒而沉之江。④

从这些记载来看，江口沉银和锦江藏宝是没有因果关联的两个独立事件，其背景是顺治三年大西政权南北两方面受到南明和清军的夹击，

① （清）欧阳直：《蜀警录》，何锐等校点：《张献忠剿四川实录》，巴蜀书社，2002，第192页。

② 《民国泸县志》卷8附杨鸿基“《蜀难纪实》”，《中国地方志集成·四川府县志辑（33）》，巴蜀书社，1992，第331页。

③ （清）费密：《荒书》，何锐等校点：《张献忠剿四川实录》，巴蜀书社，2002，第433页。文中所述“上南”，即今乐山、雅安一带。

④ （清）吴伟业：《绥寇纪略》卷10，李学颖点校，上海古籍出版社，1992，第292页。

形势岌岌可危，张献忠不愿财宝落入他人之手，于是毁宝、埋宝、转移宝藏。其中，江口沉银是张献忠“令水军都督押赴彭山之江口沉诸河”，或“焚舟沉镪”，或“怒而沉之江”。与之不同的是，锦江藏宝不管是发生在江口沉银之前，还是之后，都是张献忠有目的地“用法”埋藏金银财宝。换言之，即张献忠通过周密安排并通过规模浩大的工程将宝藏埋藏于锦江。《明史》记载此事时则称：“（张献忠）用法移锦江，涸而阙之，深数丈，埋金宝亿万计，然后决堤放流，名水藏，曰：‘无为后人有也。’”[①] 比较正史、野史两种记载，其不同之处在于一个将埋金活动称之为“锢金”，而另一个称作“水藏”。但其实质并无二致，都是将金银财宝埋藏于成都锦江之底。

有关张献忠彭山江口沉银和成都锦江藏宝的文献材料，远不止上文所罗列的这些。值得注意的是，那些稗史的作者，绝大多数没有见过张献忠本人，更没有置身大西宫廷领教其喜怒无常和歇斯底里。因此，有关著述中相关史实的叙述，往往源于道听途说。加之，历代史家对农民战争及其领袖人物，又大多习惯性地持先入为主的贬斥立场。不同时期的不同文献有关张献忠的历史叙述，虽略有出入，但皆视之为“流贼”，并大肆渲染其在四川烧杀抢掠之事。因而，对于明清史料中有关张献忠农民军的记载，治史者有必要下一番去伪成真的功夫。但也不可因此排斥对这些稗史的利用，特别是部分稗史的“作者的父辈和家庭都被张献忠军直接打击，作者本人不同时段不同程度，亲身经历了明末清初四川地区的社会动乱，所记不乏亲历亲闻资料，包括张献忠军、摇黄武装、川滇南明军、吴三桂军攻四川、入川清军和地方武装等。作者当时对所在地区的见闻的记述，较之转手再录者，有较多的第一手资料”[②]。如《荒书》的作者费密，今四川新繁人，顺治二年（1645）从家中出走，辗转躲藏于彭县诸山之中，又在什邡高定关组织武装抗击张献忠军，之后去云南探望任昆明县知县的父亲费经虞，并将其父接回。回家途中，被镇守嘉定（今四川乐山）的明将杨展截留。顺治五年（1648）奉杨展

① （清）张廷玉等：《明史》卷 309，中华书局，1974，第 7976 页。
② 胡昭曦：《“张献忠与四川”史籍鉴析》，《地域文化研究》2018 年第 1 期。

之命屯田于瓦屋山。顺治九年（1652），费密回到新繁老家，然其“旧宅已为灰烬，乃北行至陕西沔县，因家焉”。无奈之下，奉父命至扬州“卜居野田村，闭户著书”①。从顺治二年（1645）至九年（1652）的七八年间，费密辗转于川西山中和云南等地，《荒书》是其“就愚闻见采而纪之”② 的著作。文中所述江口之战发生时，费密尚在杨展军中，对当时情况可能有比较清楚的了解。③ 在《荒书》中，费密关于杨展如何知道江口沉银的细节叙述，就是一个很好的例证。又如《蜀警录》的作者欧阳直，他曾转仕于大西、明、清诸将，其间还为杨展管过钱粮。④《蜀警录》所著多为其亲历，即所谓：“《蜀警录》者，欧阳氏遗书也。明季时，蜀遭摇黄、献贼等害，欧公迭陷贼巢，幸脱虎口，历述身命流离及目睹蜀人被劫惨状，笔之于书，以为后人炯戒。”⑤《蜀碧》的作者彭遵泗是眉州丹棱人，《蜀碧》成书于康熙二十四年（1685），他在《自序》中说：“余儿时稔闻遗老聚谈事；比长，博采群书，并蜀乘所载，当时忠臣烈士、节女义夫，可印证者，汇为《蜀碧》一编。”⑥ 其所述事实距江口之战时间不长，有一定的可靠性。吴伟业原是崇祯朝史官，有机会看到镇压明末起义军的各地奏报，其所著《绥寇纪略》之史料价值，不言而喻。⑦ 可见，这些私家著述，或为当地人所记之当地当时之

---

① 《民国新繁县志》卷 8，《中国地方志集成·四川府县志辑（12）》，巴蜀书社，1992，第 124 页。

② （清）费密：《荒书》，何锐等校点：《张献忠剿四川实录》，巴蜀书社，2002，第 418 页。

③ 费密是明末清初著名学者、诗人和思想家。有关费密的这一段经历，清代文献上说：“费此度（密），明之遗民，流离塞外，尝有句云：‘大江流汉水，孤艇接残春。’深为渔洋所赏。有遗像，蒋心余题长古其上，总括生平，可作志传读。‘上书无益起义兵，壮士自结飞来营。安定关中十万户，贼不敢犯人长生。司命三军费孝子，剪发辞官父归里。携儿避乱陷凹蛮，黄金竟赎全家死。杨展镇蜀真英雄，孝子入幕参元戎。青神江底沈贼镪，谁贼之镪张献忠。得贼资粮即拒贼，雅州屯田孝子力。’”（清）王培荀：《听雨楼随笔》卷 1，魏尧西点校：巴蜀书社，1987，第 54—55 页。

④ 任乃强：《关于张献忠史料的鉴别》，《张献忠在四川》（《社会科学研究丛刊》第二期），《社会科学研究丛刊》编辑部，1981，第 202 页。

⑤ （清）欧阳直：《蜀警录》，何锐等校点：《张献忠剿四川实录》，巴蜀书社，2002，第 183 页。

⑥ （清）彭遵泗：《蜀碧》自序，何锐等校点：《张献忠剿四川实录》，巴蜀书社，2002，第 129 页。

⑦ 吴伟业先后任明朝翰林院编修、东宫讲读和南京国子监司业，与钱谦益、龚鼎孳并称为“江左三大家”。

事，在一定程度上还有实录意义。即或如费密所说，不免“一方大事，而杂书所纪，流传讹谬。盖知者不能言，而言者未深知，道听途说，多没其实。询问当时在事故老，采各州郡实历舆论，阅岁既久，合取而著焉。然不敢尽谓全获也。未详与差错者，恐亦尚有”，尽管如此，但其“大端则在此矣”[①]。这些文献记载之事，谓“大端则在此”，并非信口开河，有一定的可信度。

综上可见，不同的文献材料或民间传说，都认为“埋宝”“沉银”是实有其事，这也是彭山江口沉银和成都锦江藏宝传说得以流传，并为世人所认可的重要原因。但是，不同文献对这一事件的叙述，还是有较为明显的分歧。仅凭这些文献记载想要消除张献忠“沉银”江口是主动还是被迫的分歧[②]，并解决“沉银”江口与“埋宝”锦江，究竟孰先孰后，以及二者之间有无因果联系等问题的争论，还是有一定难度。

历史上，朝野官民对张献忠“沉银”或“藏宝”等传说，不只是在口头上津津乐道，还付诸实践组织开展寻找、发掘宝藏的活动。其中，在四川组织的最周详、声势最大的寻宝活动，是围绕成都锦江藏宝而进行的。锦江藏宝在明末清初即广为流传，人们认为张献忠有目的地通过规模浩大的工程将宝藏埋藏于锦江之下，将其称为“锢金”或“水藏”。一般认为，具体的埋藏地点，可能就在锦江边的九眼桥和望江楼附近。四川民间有传，张献忠为此专门制作了一张藏宝图，以石牛、石鼓作为藏宝地址的暗记，即民谣所述：“石牛对石鼓，金银万万五。谁人识得

① （清）费密：《荒书》，何锐等校点：《张献忠剿四川实录》，巴蜀书社，2002，第419页。

② 就现存文献的记载看，对于何以有张献忠江口沉银之事，至少在清人的主流视界中，还是因张献忠在与杨展的战斗中兵败，战船被焚，宝物沉入江底。质言之，江口沉银乃张献忠战败所致。这或许就是嘉庆时所修的《彭山县志》采纳这一主张的重要原因。在《嘉庆彭山县志》中，有两段关于张献忠江口沉银的记载，其中卷1载“明季杨展率兵拒张献忠，焚贼舟数百，珠宝金银悉沉水底”；卷3“武功志”载“（张献忠）率众八万，蔽江南下，展起兵逆之，战于彭山，分左右翼冲拒，别遣小船载火器以攻贼舟，兵交，风大作，贼舟火，展身先士卒，殪前锋数人，贼崩败，反走。江口两岸逼仄，前后数千艘，首尾相衔，骤不能退，风烈火猛，势若燎原，展急登岸促攻，枪铳弩矢，百道俱发，贼舟尽焚，士卒糜烂几尽，所掠金玉珠宝及银鞘数千百，悉沉水底”。

破，买尽成都府。”① 在民国时期，成都有个晚清贡生名叫杨白鹿，声称自己知道张献忠宝藏的秘密并拥有藏宝图，并将一张藏宝图送给了好友马昆山（曾任川军师长）。马氏得到藏宝图后，遂联合另一曾任川军师长的范绍曾，共同成立“锦江淘江公司”，招收泥、木、石、杂各类工匠，购买了金属探测器及施工用具，于 1938 年的秋天，在成都市东郊望江楼附近的石佛寺江边开工“寻宝”。开工之初即挖到了石牛、石鼓，金属探测器又发出响声。“锦江淘江公司”倍受鼓舞，遂订购一部起重机并预备好大量箩筐扁担，准备大干一番。然而，这场声势浩大的锦江淘金行动，其结果令人大失所望——只挖到三大箩筐铜钱。② 所谓的“锢金”或曰“水藏”，更是未见踪迹。

相较于成都锦江寻宝，人们在彭山江口岷江中寻宝的时间更早，收获亦更大。其中，最早打捞江口战场“沉宝”并有巨大斩获的，有史可稽的是江口之战的胜利方杨展。对此，《蜀碧》载杨展因江口之战获胜而“取所遗金宝，以益军储，自是富强甲诸将”③。费密在《荒书》中亦记载：“献忠尽括四川金银作鞘，注彭山县江（畔）。杨展先锋见贼焚舟，不知为金银也。其后渔人得之，展始取以养兵，故上南为饶”④。自杨展捞宝之后，彭山当地居民在传说中的江口沉银河段亦有收获。彭遵泗在《蜀碧》中称：“至今居民时于江底获大鞘，其金银镌有各州邑名号。”⑤

---

① 关于张献忠蜀中藏宝地点的民谣，有多个版本。如龙泉山百工堰版的“石公对石母，金银万万五。谁人识得破，成都买到简阳府”；彭山江口镇版的“石龙对石虎，金银万万五。谁识得破，买到成都府”等。参见郑光路：《张献忠剿四川真相》，四川民族出版社，2010，第 292 页。

② 张超俊：《张献忠藏金之谜》，《明末农民起义领袖张献忠全国学术研讨会文集》，陕西定边，2010，第 125—126 页。有关“锦江淘江公司”的淘宝活动，冯广宏有较详细的探讨（参见冯广宏：《张献忠埋银悬案——张献忠帝蜀实情考之七》，《文史杂志》2011 年第 1 期）。另外，还有 1939 年川军在望江楼公园外锦江河上的寻宝行动。在成都市档案馆，至今仍馆藏有一份编号为 0930022011、名为“四川省会警察局卷宗”的档案。袁庭栋说，此事当时轰动了整个四川。因为石牛的出现，正暗合了“石牛对石鼓”的歌谣，预示了宝藏真的存在。

③ （清）彭遵泗：《蜀碧》卷 3，何锐等校点：《张献忠剿四川实录》，巴蜀书社，2002，第 164 页。

④ （清）费密：《荒书》，何锐等校点：《张献忠剿四川实录》，巴蜀书社，2002，第 433 页。

⑤ （清）彭遵泗：《蜀碧》卷 3，何锐等校点：《张献忠剿四川实录》，巴蜀书社，2002，第 164 页。

这些文献记载和民间传说，引发了清代四川地方官府捞金淘宝的兴趣，甚至还得到了清廷的关注。关于清朝政府的打捞行动，有文献记载者，目前所见最早出现在康熙末年。康熙五十一年（1712）十一月，有人奏请欲在彭山江口河段打捞沉溺的金银珠宝，康熙帝谕令："前原任巡抚能泰曾具折奏请四川开矿，朕以此事不可行，用朱笔批发后，又奏称江中有银，请派官监视捞取，以为兵饷。朕亦以此事不可行……尔等召能泰来问之。"[①] 打捞之事，因康熙帝的否决而作罢。乾隆末年，孙士毅署理川督期间，曾在江口河段组织人马进行打捞。乾隆五十九年（1794）冬，彭山当地渔人在江口河中捞出刀鞘一具，孙士毅获知此事后，派官打捞数月，"捞获银万两有奇，珠宝金花，多寡不一。然江阔水深，集夫捞取，费亦不赀。寻报罢"[②]。乾隆六十年（1795）二月，孙士毅就彭山县江口捞获银两事上奏朝廷，军机处奉旨就此事询问原任成都府知府倭什布。据倭什布说：

> 彭山县属之江口地方，大江水深溜急。从前原有沉溺商旅船只，亦或间有银砂。我在成都府知府任内，闻得江口附近居民于冬季水落时驾船竖竿淘摸，间得零碎银两。或有或无，不能定准。春水涨发后，即难捞取。该处民人贫苦，每年所捞银数仅敷工本，不能多余。我听见该处情形如此，并未亲自见过。[③]

由于倭什布有此看法，乾隆帝也信以为真，遂谕令孙士毅"毋庸派员经理"[④]。可能是乾隆帝担心打捞江口沉银收获小，又有与民争利之嫌，他于乾隆六十年（1795）闰二月再次就此事传谕令孙士毅"嗣后竟

① 《康熙起居注》第7册，徐尚定标点，东方出版社，2014，第480页。

② （清）张邦伸：《锦里新编》卷16，巴蜀书社，1984，第977页。

③ 中国第一历史档案馆：《乾隆朝上谕档》第18册，档案出版社，1991，第452页。

④ 中国第一历史档案馆：《乾隆朝上谕档》第18册，档案出版社，1991，第452—453页。

可毋庸官为经理，以便民而省烦扰”[①]。

之后，清朝政府又在道光、咸丰年间组织了几次打捞。咸丰三年(1853)，谕军机大臣等：“据编修陈泰初呈称：《明史》及四川省志，均载明末流寇张献忠窖有金银数千万于锦江之下，并称尝目见彭、眉居民捞得献忠遗弃之银，其色黑暗。又闻曾经查出归官，尚存藩库，有案可核。道光十八年，曾派道员履勘，以未能确指其处，是以中止等语。”[②]此时正值太平天国军兴，清廷财政吃紧，于是令成都将军裕瑞“按照所呈各情形悉心访察，是否能知其处，设法捞掘。博采舆论，酌量筹办”[③]。这些史实表明，自清初起，朝野就已经相信彭山江口沉银的传说，并多次组织人马在江口镇一带的岷江中探寻和打捞金银财宝，也曾打捞起一定数量的银锭、银元宝及相关物件。

二、真相初露：学人探索与考古发掘证实

20 世纪 70 年代中期，文物考古部门先后在成都市望江楼附近的锦江靠岸处和市南郊永丰乡发现了一批“大顺通宝”钱币，共计 20 余千克。这让一些人更加坚信张献忠锦江藏宝的真实性。但有学者认为，这些钱币不能与锦江藏宝的传说混为一谈，它只是大西政权铸造并在市面上流通的普通钱币，或者是张献忠逃离成都时丢进锦江的，并非张献忠故意埋藏的。[④] 20 世纪 90 年代中期，成都市人民政府对流经主城区的锦江河道进行大规模的府南河综合整治工程，在疏浚河渠、清理淤积、修筑河堤的施工过程中，也没有挖淘到能证实锦江藏宝的金银器物。由此可见，关于张献忠在成都锦江藏宝问题，尽管不少文献记载其事，民间传闻甚广，并有零星的近似实物出现，但至今尚未发现有直接线索的物

① 中国第一历史档案馆：《乾隆朝上谕档》第 18 册，档案出版社，1991，第 487—488 页。按：据学者考证，自乾隆五十九年冬季到次年二月，孙士毅组织人员在江口河段进行了 3 次打捞，并有所收获。参见江晓成：《从档案看清政府对张献忠沉银的打捞》，《历史档案》2022 年第 4 期。

② 《清文宗实录》卷 89“咸丰三年三月己巳”，中华书局，1985。按：文中所说“彭眉”，分别指今眉山市的彭山区和东坡区。

③ 《清文宗实录》卷 89“咸丰三年三月己巳”，中华书局，1985。

④ 沈仲常：《“锦江埋银”质疑》，《社会科学研究》1979 年第 4 期。

证。因此，张献忠锦江藏宝一事，目前还难以明确地证实或证伪，学界对此的讨论和争议或将持续下去。[①]

正因有文献的记载和出土文物材料的印证，所以相较于存在较大争议的成都锦江藏宝，人们对彭山江口沉银多持肯定意见。20 世纪 90 年代，多年潜心研究张献忠和大西政权历史的著名学者王纲再次提出彭山江口沉银问题，认为“沉银”事实清楚，有据可证：大量史书记载；所沉金银来历清楚；清政府组织过打捞；清初以来，民间多有金银捞获；技术探测，有异常反应。[②] 他据此进一步推断，彭山江口一带可能还有大量金银财宝沉睡于岷江江底。1999 年，《成都商报》对王纲做了专文报道，在社会上引起不小的轰动。[③] 对此，也有学者认为，江口沉银虽不可否认，但是在彭山江口岷江水域及其附近不可能还有大量沉银。其理由有三：一是张献忠东走江口之前，他绝不会舍近求远，到百里外充满风险的“前沿阵地”埋什么金银财宝；二是江口之役张献忠战败后的漏船“沉银”，不能和张献忠主动“藏宝”混为一谈；三是三百多年来江口一带虽有“沉银”被发现，但早已被杨展等前人打捞殆尽。[④]

彭山江口沉银再次引起关注并得到有关方面的重视，是最近十多年来的事情。2005 年 4 月，当地因修建城市供水工程而整治岷江江口段河道，施工方从河床 2.5 米深处挖掘出 7 枚藏匿于一截圆形木槽中的银锭。这截木槽长 118 厘米，外径 18 厘米，由两个半圆形木桩组成。[⑤] 据参与实地考古发掘的专家说，这种木槽的制作过程是把木头劈成两半，

---

① 对锦江藏宝，学界也有两种完全不同的看法。一种看法是，锦江藏宝为后世讹传；另一种看法是，此事可信。参见沈仲常：《“锦江埋银”质疑》，《社会科学研究》1979 年第 4 期。冯广宏：《张献忠埋银悬案——张献忠帝蜀实情考之七》，《文史杂志》2011 年第 1 期。

② 张超俊：《张献忠藏金之谜》，《明末农民起义领袖张献忠全国学术研讨会文集》，陕西定边，2010，第 126—127 页。

③ 1999 年 4 月 23 日，《成都商报》刊载了记者曹圣明的《千船金银沉没江口镇》一文，随后连续 4 天报道，一时风头无两，很多读者被吸引后专门掏钱买《成都商报》。此后，全国多家媒体基于曹圣明的报道而跟进。

④ 郑光路：《张献忠藏宝迷案》，《张献忠剿四川真相》，四川民族出版社，2010。

⑤ 方明、吴天文：《彭山江口镇岷江河道出土明代银锭——兼论张献忠江口沉银》，《四川文物》2006 年第 4 期。

中间挖空，里面藏匿银锭，再用铁片或铜片把木头箍紧。[①] 木槽藏匿银锭这一事实，印证了《蜀难叙略》《蜀龟鉴》等历史文献的有关记载。[②] 有学者据此推测，张献忠率大西军从水路撤离成都时，因银两太多而木船难以装载，于是命人制作木头夹槽以存放银锭，准备让其顺江漂流至川东巫山附近的长江狭窄地段时再打捞上岸带走，但因在彭山江口被杨展部阻击并战败受挫，这些银两及木槽也就沉溺于江中了。[③] 随后，四川省眉山市彭山区文物考古部门又借配合政府浚治岷江河道的机会，多次在江口镇的江河中进行大规模考古发掘并发掘出了大量金银器物。

正是由于彭山江口发现的文物越来越多，进一步引起了文物部门和有关专家的特别注意，最终有了 2015 年底的专家论证会。来自中国社会科学院考古研究所、故宫博物院、国家文物局水下文化遗产保护中心、四川大学、四川省文物考古研究院等机构的专家，通过充分论证，认为彭山江口文物出土地点和文物的内容，均与相关文献记载基本符合，可以确定历史文献中关于张献忠江口沉银的记载可信。[④] 会后，有关部门将江口沉银遗址定为眉山市市级文物保护单位，确定以彭山区江口镇一段长约 2000 米的岷江河道，以及东至公路，西至河堤，南至岷江大桥南 1000 米，北至双江汇合处向北 500 米，南北外延 500 米的区域为江口沉银遗址保护范围并建设控制地带。[⑤] 2016 年 4 月，国家文物局批准对江口沉银遗址进行考古发掘。为了更好地保护遗址，充分了解遗

① 吴晓铃：《张献忠江口沉银不是传说：超万件全国罕见的高级别文物出水》，《四川日报》2017 年 3 月 21 日。

② 出土的木槽，在《蜀难叙略》等文献中被称为银鞘或木鞘。沈荀蔚《蜀难叙略》载：“（顺治）十一年甲午……又有渔人获银鞘于江口，而剖其鞘以为饲豕之具。见者诣守将告知，渔人献其所获，主者以为不止此也，遂炙烤而毙。”（《张献忠剿四川实录》，第 116 页）（清）刘景伯《蜀龟鉴》卷 3 载：“明副将杨展大败献于江口……居民时于江口获木鞘全银。”（《张献忠剿四川实录》，第 284 页）张献忠以木槽藏匿金银之法，极具隐蔽性，因木槽外形只是一根木棒，易避人耳目。

③ 张超俊：《张献忠藏金之谜》，《明末农民起义领袖张献忠全国学术研讨会文集》，陕西定边，2010，第 126—127 页。

④ 四川省文物考古研究院、国家文物局考古研究中心、眉山市彭山区文物保护研究所：《江口沉银遗址出土金银货币卷》，巴蜀书社，2023，《总序》。

⑤《张献忠“千船沉银地”破获特大盗卖文物案》，《成都商报》2015 年 9 月 15 日。

址的分布范围和水下文物的保存状况，2017 年 1 月 15 日，四川省文物考古研究院联合国家文物局水下文化遗产保护中心、眉山市文物保护研究所、眉山市彭山区文物保护研究所等单位对江口沉银遗址进行了首次考古发掘。截至 2023 年 4 月，总共完成 4 次围堰考古，共出土文物 7 万余件。[①]

据考古发掘发现，江口沉银遗址文物保存较为完整，出土了迄今为止最多的明代金银文物和大西政权文物。[②] 2018 年 4 月，江口沉银遗址二期考古发掘工作全部结束，共整理出土文物 4.2 万余件。[③] 根据专家介绍，这批文物以金银器物的数量最多，大致可分以下几种：一是与张献忠大西政权直接相关者。如“永昌大元帅”金印[④]、册封后宫的金册、铸刻有“大顺通宝”字样的银锭和铸刻有“西王赏功”字样的金银币等。二是明代册封亲王、世子、郡王以及王妃的金册、银册、金宝和金银印章，涉及荣、襄、楚、荆、蜀等王府。三是明代各地库银铸币。这些银锭铭文刻重量、铸地、税种、监铸官员、银匠及铸造年月日等信息。其中，税银银锭包括“粮银”“饷银”“轻赍银”“义助银”“禄银”“税契银”“行税银”等类，地域涉及陕西、河南、湖广、四川、江西、广西、广东和云南诸省，又以来自湖广和四川两地的最多。四是与江口之战相关的大批兵器。如铁刀、铁剑、铁矛、铁箭镞等冷兵器，三眼火铳等热兵器。五是明代社会生活器物和饰品。如瓷碟、瓷碗、铜锁、钥

① 四川省文物考古研究院、国家文物局考古研究中心、眉山市彭山区文物保护研究所：《江口沉银遗址出土金银货币卷》，巴蜀书社，2023，第 6 页。

② 四川省文物考古研究院、国家文物局考古研究中心、眉山市彭山区文物保护研究所：《江口沉银遗址出土金银货币卷》，巴蜀书社，2023，《总序》。

③ 《“江口沉银——四川彭山江口古战场遗址考古成果展”在京开幕》，《中国日报网》2018 年 6 月 27 日。

④ 2016 年，江口沉银遗址文物盗挖案件破获后追缴回一件“永昌大元帅”金印。该印的虎钮及尺寸与明代和南明将军印类似，刻以明代官印的九叠篆文。金印多见于明末农民军政权中，但能有资格称“元帅”者，唯有农民军首领。据此可知，“永昌大元帅”金印是张献忠用印。另外，该印制作于 1643 年，正是大西军向南征战势力最盛之时，张献忠自封为“永昌大元帅”符合当时的形势，也表达了张献忠对政权“永昌”的期待。参见李飞：《“永昌大元帅印”考》，《四川文物》2018 年第 3 期。

匙、秤砣、顶针等生活用具，戒指、耳环、耳钉、发簪等各类金银首饰。① 由此可见，江口沉银遗址出土文物历史信息极为丰富，既有明代税银和大西政权的银币，也有明皇室御用金宝、达官贵人所用服饰器物和当时民间流行的首饰，还有江口之战双方使用的武器，涉及明代社会的政治、经济、文化、军事和历史等各个方面。

随着江口遗址考古发掘的进一步展开和大批量文物的出土，考古专家根据文献记载并结合出土文物，确认彭山江口遗址的性质是一个古战场遗址，遗址中的不少文物又与张献忠直接相关，由此判定关于张献忠江口沉银的历史文献记载和民间传说基本属实，传闻几百年的张献忠江口沉银被证明是确确实实发生过的重大历史事件。另外，江口沉银是张献忠主动埋银还是被动沉银，据直接参与考古发掘的考古学者高大伦和周科华说，这次发掘虽未见有关船体的直接遗迹或遗物，但出土了不少兵器，可以确认江口是古代战场遗址。在近 2 万平方米的考古场，所有出土文物散落在沙石之间，如果是主动沉银，不可能如此分散。② 质言之，江口沉银是张献忠在出逃路上遭遇杨展阻击而大败，船上财物散落入江所致。因此，自清初以来，关于张献忠在四川藏银埋宝的传说和文献记载，至少在江口沉银问题上，属于道听途说，不可采信。

三、结语

综上可见，张献忠彭山江口沉银的历史之谜，经历了一个由文献记载、民间传说、学人探讨和被考古证实的漫长而曲折的过程。江口沉银遗址发掘和对部分出土文物的整理，证实了张献忠江口沉银的传说，有关该问题真实性的争论可以因此而结束。但是，这些沉银及其他文物的历史价值和历史意义，远不止于此。

江口沉银遗址考古发掘是国内首次滩涂考古，出土文物的数量之

---

① 刘志岩等：《四川眉山彭山江口明末战场遗址Ⅱ T0767 发掘简报》，《文物》2018 年第 10 期。

② 吴晓铃等：《张献忠江口沉银不是传说：超万件全国罕见的高级别文物出水》，《四川日报》2017 年 3 月 21 日；《四川再现世界级考古发现：探寻张献忠“江口沉银”之谜的前世今生》，《四川画报》2017 年 4 月 17 日。

多、内容之丰富、级别之高、种类之全面、时间跨度之大、涉及地域范围之广，在国内水下考古史上极为罕见。正因如此，江口沉银遗址考古被誉为近年来最具影响力的水下考古、2017 年度全国十大考古新发现、“中国百年来最为重要的明清时期考古发现”①。为此，有学者认为，江口沉银遗址出土文物“不仅对研究张献忠大西军起义本身有重要的意义，而且对明代政治、经济、军事乃至中国近现代的社会转型都具有重要的意义”②。

一是有证史纠误的作用。在江口沉银遗址所出土的文物中，最引人注目的是有数量不小的银锭，从这批银锭的刻文看，基本可以判明其铸地和用途等信息。那些来自陕西、河南、湖广、江西、广西、广东、四川和云南等省的银锭，佐证了文献记载的张献忠的行军路线。在这批银锭中，又以来自湖广和四川的数量最大。其中，还有反映大西政权经济建设的税银，这是张献忠辗转征战的重点地区和大西政权在四川活动的物证。③ 因此，这些银锭文物的出土，既可以纠正一些文献记载的讹误，进一步补充文献记载的不足，也有助于证实张献忠的征饷方式及其与明朝各地王府、地方官府的关系。④ 同时，这些银锭文物还有助于重新认识张献忠大西政权发展的历程，进而推动“张献忠屠蜀”历史疑案研究的不断深入，甚至对探究“湖广填四川”的历史真相也具有重要价值。

二是出土的 7 万余件文物，是“考古资料对明代社会最为全面的一次反映”⑤。因此，可以利用这些文物所透露出的种种历史信息，深入细致地探讨和研究明末清初中国社会的诸多历史问题。

概言之，张献忠彭山江口沉银被证实和数量不菲的文物出土，的确

① 四川省文物考古研究院、国家文物局考古研究中心、眉山市彭山区文物保护研究所：《江口沉银遗址出土金银货币卷》，巴蜀书社，2023，《总序》。

② 《中国史研究动态》编辑部：《江口沉银研究的重要节点》，《中国史研究动态》2017 年第 5 期。

③ 四川省文物考古研究院、国家文物局考古研究中心、眉山市彭山区文物保护研究所：《江口沉银遗址出土金银货币卷》，巴蜀书社，2023，第 7 页。

④ 万明：《张献忠为什么会有大量白银沉于江口》，《中国史研究动态》2016 年第 5 期。

⑤ 四川省文物考古研究院、国家文物局考古研究中心、眉山市彭山区文物保护研究所：《江口沉银遗址出土金银货币卷》，巴蜀书社，2023，《总序》。

给世人带来了巨大的视觉冲击，以及对这一具有独特性考古发现的震撼。但是，我们更应关注的是，这些数量不菲且种类繁多的出土文物，它们反映的是一个宏大的历史背景，由此给我们留下了广阔的学术探索空间，需要进一步追问和思考的问题还很多。①

第二节
白银货币化：江口沉银的经济史解读

彭山江口沉银历史之谜被解开，特别是大量有关明朝和大西政权所铸银锭文物的出土，首先应当追问的是，为什么张献忠会如此重视对白银的搜括和聚敛？毫无疑问，这些银锭基本上都是赋役征收货币的实物，是明朝和大西政权实行货币财政的历史见证，也是明代白银货币化完成的典型例证。银锭实物为人们提供了直观而形象的认识明代白银货币制度和税收制度的实物证据，而明代的白银货币化及其广泛而深刻的社会影响，则是我们深入探讨张献忠江口沉银问题绕不开的重要历史背景和应解答的问题。

一、明代货币变革与白银货币化时代的到来

在明代货币制度的沿革史上，有一段由铜钱—纸钞—铜钱、纸钞、白银兼用—白银货币化（即以白银为主币）的发展历程。如果从白银货币化——财政货币化过程的角度考察，同样经历了一个漫长的过程。明

① 近年来，学界对江口沉银及有关问题已有关注，但研究成果还不多，甚至还有不少问题的研究尚处于空白状态。如有关江口沉银的研究多止于文献与传说，而对于出土文物的研究，目前的重要成果是文物整理的出版，如由四川省文物考古研究院、国家文物局考古研究中心、眉山市彭山区文物保护研究所编著的《江口沉银：四川彭山江口明末战场遗址出水文物选粹》（文物出版社，2018）和《江口沉银遗址出土金银货币卷》、《江口沉银遗址出土金银器饰卷》（巴蜀书社，2023）。又如，明代白银货币化、赋役货币化与明末农民战争的爆发有无关系？若有关系，关系又有多大？诸如此类及与之相关的一些问题的研究，才刚刚起步。而对于张献忠及大西军的财政经济政策与江口之沉银来源的系统探讨，也还十分薄弱。

洪武初年，政府厉禁金银交易，白银被视为非法货币，但白银在社会流通领域仍有市场，至少在洪武末年便盛行起来。① 之后，白银货币得到官方的认可，至明中叶白银逐渐成为社会流通领域的主币，最后成为国家财政的赋税主体。换言之，白银最终成为明朝的通行货币，有其曲折的历程。但不可否定的事实是，终明之世，白银一直在国家政治、经济及普通民众生活中扮演着十分重要的角色。

朱元璋早在称帝之前，即在应天府设宝源局，铸“大中通宝”，“与历代钱兼行”②。明朝建立后，有鉴于元朝币制之弊，曾以铜钱为法定货币。洪武元年（1368）颁铸“洪武通宝”钱，“各行省皆设宝泉局”，与宝源局一起为铸币之机构，并“严私铸之禁”。③ 洪武通宝钱，“其制凡五等：曰‘当十’、‘当五’、‘当三’、‘当二’、‘当一’。‘当十’钱重一两，余递降至重一钱止……洪武四年改铸大中、洪武通宝大钱为小钱。”④ 但在以铜钱为主币的实践中，铜钱的弊端也暴露无遗。首先遇到的问题是如何筹措足够的铸币原材料。以收缴民间销毁之铜器作为铸造铜币的原料，易遭民怨。其次是铜钱的价值和流通问题。铜钱原本价值低，笨重不便携带，金融流通与市场交易为此大受影响。如此一来，民间贸易特别是商贩市易“多不便用钱”，仍“沿元之旧习用钞”。⑤ 为此，洪武八年（1375）下令“中书省造大明宝钞”，“印造大明宝钞，与铜钱

① 彭信威：《中国货币史》，上海人民出版社，2015，第 484 页。

② 《明太祖实录》卷 9“元至正二十一年二月己亥”，（台北）“中央研究院”历史语言研究所，1962。

③ （清）张廷玉等：《明史》卷 81，中华书局，1974，第 1961 页。按：自明太祖行铸钱之制后，明朝历代皇帝多有铸钱，如永乐九年铸“永乐通宝”钱、宣德九年铸“宣德通宝”钱、弘治十八年铸“弘治通宝”钱、嘉靖六年铸“嘉靖通宝”钱、万历四年铸“万历通宝”钱等。参见（明）申时行等：《大明会典》卷 31，上海古籍出版社，2002，第 556 页。

④ （清）张廷玉等：《明史》卷 81，中华书局，1974，第 1961 页。

⑤ （清）张廷玉等：《明史》卷 81，中华书局，1974，第 1962 页。

同行使用”[1]。为保障这一措施的贯彻落实，规定“凡商税课程，钱钞兼收”，比例为“钱什三，钞什七，一百文以下则止用铜钱”。[2] 与此同时，明廷严禁在民间交易中使用金银：“违者治其罪，有告发者就以其物给之。”[3] 洪武二十七年（1394），下令收缴禁用铜钱，宝钞成为唯一合法的流通货币。

实际上，明朝初年的货币改革措施中关于金银的规定，并没有得到有效的贯彻落实。政府为推行宝钞与铜钱，虽然严禁民间交易使用金银，但从洪武至宣德年间，在官府的一些收支中，却使用了白银或以实物折征金银。如洪武九年（1376）：“令民以银钞钱绢代输。”[4] 洪武十九年（1386）规定：“所解税课钱钞有道里险远难致者，许易金银以进。”[5] 永乐初，“惟置造首饰器皿，不在禁例”[6]。诸如此类的事例表明，在洪武永乐年间的金融实践中，白银仍然参与流通，发挥着金属货币的功能。

正统年间，政府进一步放宽了对白银交易的限制，在税收、官员俸禄的发放等方面，都开始大量使用白银。“收赋有米麦折银之令，遂减诸纳钞者，而以米银钱当钞，弛用银之禁。”[7] 而“弛用银之禁”的推手，无疑是正统元年（1436）所推行的名为“金花银”的赋税制度改

① （明）申时行等：《大明会典》卷 31，上海古籍出版社，2002，第 552 页。按明制，大明宝钞的制作“以桑穰为料，其制方，高一尺，广六寸，质青色，外为龙文花栏。横题其额曰‘大明通行宝钞’。其内上两旁，复为篆文八字，曰‘大明宝钞，天下通行’。中图钱贯，十串为贯”。分为六个数量等级：“曰一贯，曰五百文、四百文、三百文、二百文、一百文。每钞一贯，准钱千文，银一两；四贯准黄金一两。”参见（清）张廷玉等：《明史》卷 81，中华书局，1974，第 1962 页。

② 《明太祖实录》卷 98“洪武八年三月辛酉”，（台北）“中央研究院”历史语言研究所，1962。

③ 《明太祖实录》卷 98“洪武八年三月辛酉”，（台北）“中央研究院”历史语言研究所，1962。

④ 《明太祖实录》卷 105“洪武九年四月己丑”，（台北）“中央研究院”历史语言研究所，1962。

⑤ 《明太祖实录》卷 177“洪武十九年三月己巳”，（台北）“中央研究院”历史语言研究所，1962。

⑥ （清）张廷玉等：《明史》卷 81，中华书局，1974，第 1963 页。

⑦ （清）张廷玉等：《明史》卷 81，中华书局，1974，第 1964 页。

革。关于“金花银”税制改革，时任副都御史的周铨有这样一段表述：“行在各卫官俸支米南京，道远费多，辄以米易货，贵买贱售，十不及一。朝廷虚糜廪禄，各官不得实惠。请于南畿、浙江、江西、湖广不通舟楫地，折收布、绢、白金，解京充俸。”① 明廷采纳了周铨的建议，仿“（明）太祖尝折纳税粮于陕西、浙江”之例，下令：“米麦一石，折银二钱五分。南畿、浙江、江西、湖广、福建、广东、广西米麦共四百余万石，折银百万余两，入内承运库，谓之金花银。其后概行于天下。”② 折征“金花银”，实际上是承认了白银货币的合法地位，进一步明确了白银在市场交易、赋税征解和财富储藏中的支付功能，从而造成“诸方赋入折银，而仓廪之积渐少”的局面。③ 正统七年（1442），朝廷设太仓储银。“各直省派剩麦米，十库中绵丝、绢布及马草、盐课、关税，凡折银者，皆入太仓库。籍没家财，变卖田产，追收店钱，援例上纳者，亦皆入焉。专以贮银，故又谓之银库。”④ 天顺年间，明廷解除银禁法令，进一步明确了白银的合法货币地位。从弘治元年（1488）起，“京城税课司，顺天、山东、河南户口食盐，俱收钞，各钞关俱钱钞兼收。其后乃皆改折用银”⑤。至此，在流通领域名义上是银、钱、钞兼用并行，但因纸钞严重贬值，除朝廷还用纸钞来赏赐、支付官员俸禄外，市面及金融流通领域已几乎不见纸钞。“朝野率皆用银，其小者乃用钱，惟折官俸用钞，钞壅不行。”⑥

嘉靖年间，鉴于“铸钱愈坏”，内阁首辅徐阶力“陈五害，请停宝源局铸钱，应支给钱者悉予银”，并请“自后税课征银而不征钱”。⑦ 由是，自明初以来官员“禄米皆给钞”⑧ 的惯例，也被逐步打破，随着钞法的破坏与钞的贬值，钞也逐渐为银所替代。正德初年，官俸的发放基

① （清）张廷玉等：《明史》卷 78，中华书局，1974，第 1895 页。
② （清）张廷玉等：《明史》卷 78，中华书局，1974，第 1895—1896 页。
③ （清）张廷玉等：《明史》卷 78，中华书局，1974，第 1896 页。
④ （清）张廷玉等：《明史》卷 79，中华书局，1974，第 1927 页。
⑤ （清）张廷玉等：《明史》卷 81，中华书局，1974，第 1964 页。
⑥ （清）张廷玉等：《明史》卷 81，中华书局，1974，第 1964 页。
⑦ （清）张廷玉等：《明史》卷 81，中华书局，1974，第 1967 页。
⑧ （清）张廷玉等：《明史》卷 81，中华书局，1974，第 1962 页。

本上是用银，而不是铜钱，即史籍所载“太仓积钱给官俸，十分为率，钱一银九”[①]。嘉靖四年（1525）：“令宣课分司收税，钞一贯折银三厘，钱七文折银一分。是时钞久不行，钱亦大壅，益专用银矣。”[②] 这就表明，官方对民间用银交易的限制，已基本解除。隆庆元年（1567）：“令买卖货物值银一钱以上者，银钱兼使；一钱以下者，只许用钱。”[③] 白银在国家赋税的征收、官员俸禄的发放上，逐步占据了主导地位。至此，明代的白银货币化进程基本完成。

在白银货币化的过程中，白银逐渐成为官方、民间和市场交易广泛使用的重要货币，这对明中后期朝廷赋税征纳、财政收支等财经制度改革和经济社会活动，乃至人们的财富观念等，均产生了重要而深远的影响。

首先，白银货币化的直接后果是赋役征敛，即财政收入的货币化。明前期，虽然禁用白银交易，但出于因时因地制宜、因朝廷需求制宜和宽民力、纾苏民困等方面的考虑，亦时常准许地方官府在缴收田赋时，以金、银、钞、钱、绢、布等物，甚至以海贝、布漆、朱砂、水银、棉花等土产方物折值代输，因此“谓米麦为本色，而诸折纳税粮者谓之折色”[④]。朝廷亦曾于洪武、永乐年间多次规定或调整“本色”与“折色”之间的比价。洪武九年（1376）规定：“每银一两、钱千文、钞一贯，折输米一石，小麦则减直十之二。绵、苎、布一匹折米六斗，麦七斗。麻布一匹折米四斗，麦五斗。丝绢代输者，亦各以轻重损益。”[⑤] 洪武三十年（1397）规定：“每钞一锭折米一石，金一两折十石，银一两折二石，绢一匹折一石二斗，棉布一匹折一石，苎布比棉布减三斗，棉花一斤折米二斗。”[⑥] 在《明史》《明实录》等官修史籍中，对明前期田赋征

① （清）张廷玉等：《明史》卷81，中华书局，1974，第1965页。
② （清）张廷玉等：《明史》卷81，中华书局，1974，第1965页。
③ （明）申时行等：《大明会典》卷31，上海古籍出版社，2002，第558页。
④ （清）张廷玉等：《明史》卷78，中华书局，1974，第1894页。
⑤ 《明太祖实录》卷105“洪武九年四月乙丑”，（台北）“中央研究院”历史语言研究所，1962。
⑥ 《明太祖实录》卷255“洪武三十年冬十月癸未”，（台北）“中央研究院”历史语言研究所，1962。

纳收取“折色”的事例屡有记载，可见其已属大概率事件。这就为英宗正统年间的“金花银”改革，即确立白银的法定货币地位创造了前提条件。在实行“金花银”之时及改革前后，明朝还陆续对盐课、茶课、关税、徭役等税役，实行了折银或以银为折价衡量标尺的货币化征收改革。①

其次，财政支出的货币化。随着赋税征纳、徭役佥派的货币化改革的逐渐推进和全面实行，明朝在政府财政收入货币化的情况下，皇室开支、官俸支给、军费支出（包括军队官兵薪俸开支）、土木营建工程费用等各项财政支出，也逐渐由原来以人力、物力等实物负担为主转变为以白银货币支付为主。② 在这一进程中，进一步强化白银货币化地位的变革，无疑是万历年间张居正所推行的“一条鞭法”的赋役制度改革。何为“一条鞭法”？《明史》上说：“一条鞭法者，总括一州县之赋役，量地计丁，丁粮毕输于官。一岁之役，官为佥募。力差，则计其工食之费，量为增减；银差，则计其交纳之费，加以增耗。凡额办、派办、京库岁需与存留、供亿诸费，以及土贡方物，悉并为一条，皆计亩征银，折办于官，故谓之一条鞭。”③ 概而言之，“一条鞭法”就是将赋役及其他杂征合并起来，按亩折算缴纳，统一征银。其改革之实质和好处在于通过赋役征敛的货币化，即“通计一省丁粮，均派一省徭役。于是均徭、里甲与两税为一，小民得无扰，而事亦易集”。④ 这就大大简化了税制，方便征收税款。“一条鞭法的实行，既是白银货币化完成的标志，又是白银货币化的一个结果。”⑤ 换言之，白银货币化自明代国家赋役制度变革开始，国家在赋税层面所做的局部调整导致赋役货币化，而赋役变革又加速了白银货币化的进程。赋役的货币化，让白银成为征收和支取的对象，这使中国从实物经济转向货币经济。这在中国财政史、赋役

---

① 万明：《晚明社会变迁问题与研究》，商务印书馆，2005，第 155—164 页。

② 万明：《晚明社会变迁问题与研究》，商务印书馆，2005，第 165—173 页。

③ （清）张廷玉等：《明史》卷 78，中华书局，1974，第 1902 页。

④ （清）张廷玉等：《明史》卷 78，中华书局，1974，第 1905 页。

⑤ 万明：《晚明社会变迁问题与研究》，商务印书馆，2005，第 148 页。

制度史和货币史上不啻为一个划时代的变化。[①]

再次，在明朝赋役征敛、财政收支货币化的带动下，白银逐渐被应用于社会经济生活的各个领域。从国家赋税征收、官俸军饷、京库岁需、皇室开支，到民间市场贸易、土地买卖、雇工、金融借贷等，皆用白银支付，或以白银为衡量单位。白银由此成为明中后期流通领域、市场大宗交易中的“主币”，普通百姓日常生活中所用铜钱则被称为“辅币”。其时“民间交易，惟用金银”，“巨商富民，并权贵之家，凡有交易，俱要金银，以致钞不通行”[②]。从而使“今天下自京师达四方，无虑皆用白银，乃国家经赋专以收花文银为主，而银遂踞其极重之势，一切中外公私皆取给焉”[③]。可见，白银在晚明社会经济生活中占有至关重要的地位。为此，有研究者甚至直接将晚明时期称为“白银时代”[④]。

二、白银货币化与明末农民战争

在货币发展史上，明代货币白银化这一重大变革，无疑是一种顺应历史潮流的进步。它有利于商品经济及市场贸易体系的发展，为当时业已零星发育的资本主义萌芽培育了进一步发展的土壤。但是，白银货币化的这种币制变革也是一把双刃剑，其负面影响不仅表现在使明朝政治腐败、土地集中、赋税加派愈演愈烈，还使社会矛盾激化，冲突升级，从而成为明朝覆亡的重要原因之一。

（一）白银货币化加速了明朝的政治腐败

明初，赋税征收以粮食、谷物等为主，“虽有贱贪，无所取银，欲窃物以行，则形迹易露，而法顾重，是以官吏清而民安乐”[⑤]。但自明中

① 万明、侯官响：《财政视角下的明代田赋折银征收——以〈万历会计录〉山西田赋资料为中心》，《文史哲》2013年第1期。

② 《明宣宗实录》卷55“宣德四年庚子”，（台北）“中央研究院”历史语言研究所，1962。

③ 孙承泽：《春明梦余录》卷38“户部尚书侯恂条陈鼓铸事宜”，王剑英点校，北京出版社，2018，第666页。

④ 万明：《晚明社会变迁问题与研究》，商务印书馆，2005，第187页。

⑤ （明）赵时春：《赵浚谷文集》，武新立：《明清稀见史籍叙录》，江苏古籍出版社，2000，第259页。

叶以后，随着实物财政体制逐步向货币财政体制转轨，田赋货币化日渐加剧，赋税征银便利了官吏的贪污，即所谓："贪残奸佞之臣，专事乎银，任土之贡，尽易以银，百货出入，以银为估，可以低昂轻重，以施诡秘。窃上剥下，以济其私。交通关节，以崇其宠。赍轻而迹难露，俗敝而上不知。百吏四民，弃其本业，而唯银之是务。银日以登，物日以耗，奸宄得志，贤智退藏，用乃益匮。"① 特别是那些掌管钞关出纳官银的官吏，更是要尽招数，中饱私囊。嘉靖初，有户部官员看到钞关出纳官银的胥吏大为奸利②，"或秤收之初不尽入官，或藏贮之处得以私取，或倾煎之际隐匿多余，或类解之时巧为那换"③。赋税征银中官吏之侵贪行为，由此可见一斑。明末清初，有人在总结明朝覆亡之教训时，甚至将矛头直指赋税征银，认为"大抵折色有五害"，其中之一害就是"轻宝易匿，便于官役侵欺"④。"又闻之长老言，近代之贪吏，倍甚于唐宋之时。所以然者，钱重而难运，银轻而易赍；难运，则少取之而以为多，易赍，则多取之而犹以为少。非唐宋之吏多廉，今之吏贪也，势使之然也。然则银之通，钱之滞；吏之宝，民之贼也。"⑤ 就银米增加贪污的可能性做了设喻对比，结论是白银易于侵吞，增加了贪污的机会。"吾未见罢任之仓官，宁家之斗级，负米而行者，必鬻银而后去。有两车行于道，前为钱，后为银，则大盗之所睨，常在其后车焉。"⑥ 因此，有研究者指出，明代"白银成为货币以后，贪污现象大大增加，前此很少有如此规模的贪污记录"⑦。

同时，赋税征银和白银货币的广泛使用，进一步刺激了官员的贪

① （明）赵时春：《赵浚谷文集》，武新立：《明清稀见史籍叙录》，江苏古籍出版社，2000，第259页。

② 《明世宗实录》卷113"嘉靖九年五月乙卯"，（台北）"中央研究院"历史语言研究所，1962。

③ （明）黄训：《名臣经济录》卷24，《景印文渊阁四库全书》第443册，台湾商务印书馆，1986，第469页。

④ （清）任源祥：《赋役议》（下），（清）魏源：《魏源全集》第14册，《皇朝经世文编》卷29，岳麓书社，2004，第627页。

⑤ （清）顾炎武：《顾亭林诗文集》卷1，华忱之点校，中华书局，1983，第20页。

⑥ （清）顾炎武：《顾亭林诗文集》卷1，华忱之点校，中华书局，1983，第20—21页。

⑦ 陈昆、杨小玲：《论明代白银货币化的社会影响》，《社会科学家》2012年第9期。

欲。众所周知，作为贵金属的白银，它不只具有货币流通的作用，更有易于贮藏的功能。因此，在白银货币广泛使用的时代，有学者研究发现，“官僚层的贪婪，是实物经济时代无法比拟的”①。文献记载显示，明代中叶以后，上至皇亲国戚、朝廷高官权贵，下至地方胥吏差役，乃至宫廷太监等各色人等，皆千方百计搜括、敛取白银，造成“官吏赃私难覆”② 的局面。如此之积弊，相沿二百余年。成化、弘治年间，朝廷以财政困难为由，公开卖官鬻爵。当时，只需缴纳白银四十两，“即得冠带”。更有“富儿入银得买指挥者”，被称之为“纳银指挥”。万历年间，皇帝更是派遣大批太监出宫担任矿监税使，到各地搜括财富。这些矿监税使名曰“钦差”，其实无异于劫匪。他们横征暴敛，甚至公然抢掠的恶劣行径，激起新兴市民阶层及广大劳动人民此起彼伏的大规模反抗，造成晚明史上著名的“万历民变”，出现“货币权力”与政治权力直接对抗的局面。“上有所好，下必甚焉”，有了皇帝及朝臣的带头示范，各级官吏亦将贪污贿赂、买官卖官视为寻常之事，花钱买官、政以贿成成为官场常态。天启、崇祯年间，明神宗的第七个儿子桂王朱常瀛按制赴其封地湖南衡州就藩。在承揽监督建造桂王府工程时，太监黄用因行贿白银五万两——比另一太监程应魁多献贿一万两——而中标。但其所监造的桂王府工程质量实在不堪，王府很快倒塌并差点砸死桂王。情急之下，黄用与主持桂王府修建工程的工部营缮司主事高道素赶紧向桂王献贿白银六千两。而桂王在笑纳这六千两贿赂白银后，居然同意隐匿不报，将事情化了。崇祯十六年（1643），张献忠率大西农民军攻陷衡州，桂王逃往广西并于次年死于梧州。③ 读史至此，不禁掩卷沉思，不知那六千两受贿白银，是否就在张献忠部大西军攻陷衡州后所抄没之桂王府财产里，最后被沉埋于彭山江口河中？

（二）白银货币化加重了农民的赋役负担，使“流民”变为“流寇”

国家以白银为标准征收赋税，其前提条件是赋税缴纳人必须拥有相

① 王家范：《中国历史通论》（增订本），生活·读书·新知三联书店，2012，第570页。
② （明）黄宗羲：《明夷待访录》之“财计一”，段志强译注，中华书局，2011，第149页。
③ 吴久久：《明代国家工程：从固若金汤到豆腐渣》，《新民晚报》2013年4月19日A31版。

当数量且符合规格的白银。问题是那些长期处于自然经济领域的农民，他们所能生产的物品，一般是粮食、桑丝、手工产品等物品。而国家以银征赋，对农民来说，他们不仅不能享受到缴纳赋税的便利，相反，因缴纳赋税需折换成白银而加重了实际负担，遭受了更大的侵害。“凡遇征输，动辄折收银两。然乡里小民，何由得银?”于是“不免临时展（辗）转易换，以免逋责”。[①] 也就是说，乡里小民被迫将粮食、布帛贱价出售，将铜钱、纸钞贱值交换成白银，以完成赋税缴纳。正因如此，时人将折色列为“五害”之首，说：“大抵折色有五害……折色用银，银非民之所固有，输纳艰难，一害也。”[②]

白银货币不同于宝钞，它是一种称量货币。明制，白银货币以“两”为货币单位，各地解缴税银时，需铸成一定重量的银锭。这种银锭还必须具备相应的规格，嘉靖十四年（1535）规定“每二十两倾成一锭”，嘉靖四十一年（1562）又规定“每五十两煎倾成锭，转解太仓，以备文武官员折俸等项支用”[③]。这种货币的外观“状若马蹄，重量不等，通常为‘两’的整数倍”[④]。有些银锭特别是五十两的大银锭上，多数都刻有文字。[⑤] 这些刻文标示着银锭的关键信息，如银锭的重量、铸地、税种、监铸官员、银匠及铸造年月日等[⑥]，以备核查。在白银铸币上刻录这类文字信息，是明中后期的一种通行做法，也是货币政策的一个重要特点。正德十三年（1518），副都御史吴廷举在办理赈济事宜时，

---

① 《明宪宗实录》卷93“成化七年七月己卯”，（台北）“中央研究院”历史语言研究所，1962。

② （清）任源祥：《赋役议》（下），（清）魏源：《魏源全集》第14册，《皇朝经世文编》卷29，岳麓书社，2004，第627页。

③ （明）申时行等：《大明会典》卷35，上海古籍出版社，2002，第631—632页。

④ 王毓铨：《中国经济通史·明代经济卷》，经济日报出版社，2000，第805页。

⑤ 四川省文物考古研究院、国家文物局考古研究中心、眉山市彭山区文物保护研究所：《江口沉银遗址出土金银货币卷》，巴蜀书社，2023，第7页。

⑥ 不是所有银锭上都有这些记录，“小锭有时不铸明重量，有时也铸明年号”。（参见彭信威：《中国货币史》，上海人民出版社，2015，第484页）明朝关于银锭刻录文字信息的这种规定，专家在清理彭山江口古战场遗址沉银文物时，得到的结论与之基本一致。参见四川省文物考古研究院、国家文物局考古研究中心、眉山市彭山区文物保护研究所：《江口沉银遗址出土金银货币卷》，巴蜀书社，2023，第7页。

要求官银“用纸固封，用印或图书钤盖”，并“封外明注银数并吏典、银匠姓名”，以便巡官查验，“但有欠者即将原委吏典、银匠问罪”。[①] 嘉靖、万历时期，明确规定各地缴纳税银时，必须在税银上刻录铸造年月、监铸官吏和银匠等文字信息。嘉靖七年（1528），“提准云南年例金”“每十两为一锭，于上錾凿官、匠姓名”[②]。嘉靖八年（1529），户部尚书李瓒奏请：“各处解到库银，率多细碎，易起盗端。乞行各府州县，今后务将成锭起解，并记年月及官吏、银匠姓名。”[③] 明廷采纳了李瓒的建议。万历十年（1582），规定：“州县起解银两，每锭皆凿官吏、银匠姓名。”[④] 崇祯年间，不仅要在银锭上“镌正官并该吏及银匠姓名”，还要求“必须州县正官亲自监看，倾销成锭”。[⑤] 明廷关于税银缴纳这些规定，在江口沉银遗址发掘出土的银锭上，均有直观显示。从其出土银锭所载信息看，铸造时间最早者是万历二十六年（1598）的铸银，所刻信息为“湖广衡州府耒阳县征完万历二十六年分艮（银）太仓银伍拾两，万历二十六年五月”，最晚者是崇祯十六年（1643）的铸银，所刻信息为“四川十六年地亩艮（银）伍拾两。抚臣陈世奇，司臣张有□，解官杨光裕，按臣刘之勃，承差石文光，艮（银）匠郭元”。[⑥] 如在崇祯十六年铸银上刻录有“抚臣”“ 司臣”“解官”和“按臣”等官员名，这样做的目的是注明这些官员在办理税银事务中的职责，以便稽查。其中，铸银铭文中的“抚臣陈世奇”为“镇海进士”，崇祯年间出任四川巡抚。[⑦] 由此可知，该银锭上的十六年，应是崇祯十六年。“解官杨光裕”，负责将白银从地方解送至京。按制，洪武时各府州县税课司局解纳税课是逐

---

① （嘉靖）《湖广图经志书》卷1，《日本藏中国罕见地方志丛刊》，书目文献出版社，1991，第42—43页。

② （明）王圻纂：《续文献通考》卷27，现代出版社，1986，第397页。

③ 《明世宗实录》卷98“嘉靖八年二月壬辰”，（台北）“中央研究院”历史语言研究所，1962。

④ 《明神宗实录》卷125“万历十年六月壬寅”，（台北）“中央研究院”历史语言研究所，1962。

⑤ （明）毕自严：《度支奏议》（二），《堂稿》卷17，上海古籍出版社，2008，第65页。

⑥ 万明：《“江口沉银”所见明朝与大西朝的货币财政——基于明代白银货币化的分析》，《中华文化论坛》2020年第4期。

⑦ （清）常明、杨芳灿等：《四川通志（3）》卷100，巴蜀书社，1984，第3146页。

级解纳，“州县转解于府，府解布政司”，布政司再委官起解到京。[①] 宣德年间，其制度更加明确。“宣德七年奏准，福建、浙江等处解纳岁办银课，每年各处会合止解二次，各轮委官一员护送。”[②] 可见，早在明前期，朝廷派御史到地方并协同布政使、按察使等官员管理地方银课，地方上交朝廷的白银也需委任官员护送，并规定“秤兑完足，籍记锭数，差官起解”，“如锭不足，责在解官；分两不足，责在运司。务严法追赔，以杜侵欺”[③]。崇祯二年（1629），明确要求各地在解运银两时，“即唤解官委官会同巡视科道当堂面兑，登册入鞘，即时起运”，如果“其银锭稍轻者，仍令解官找补”[④]。在江口沉银遗址出土文物中，个别银锭上的“为补足重量而加铸的银片”[⑤] 的字样，就是这一规定的具体表现。白银铸币的这些发展过程，不论是在封外明注银数并吏典、银匠姓名，还是在银锭上凿刻银两的信息，都是为了便于查验银两数目和质地，明确责任，防止官吏贪墨。

按照官方设定规格之银锭缴纳赋税，农民受到的伤害尤其大。明代，白银货币主要有碎银、银元和银锭三种形态。通常情况下，只有殷富人家或工商业者才可能拥有大块的银锭，普通老百姓特别是乡村民众，居家日用或者缴纳赋税时所换易之银，多是散碎银两，成色也参差不齐。嘉靖初年，政府规定“各府州县，今后务将成锭起解”。通常起解至京的银锭，一般为每锭五十两。各地方官府为保证足额上缴，在征收赋税时，往往多收一定数量的白银以备损耗。按山西巡抚吕坤的要求，“每锭务足五十两二钱，不许零星添搭，白面细纹不许焦心黑色，仍凿造收头、银匠姓名两数，送赴掌印官当堂同库役秤验明白，收头自己封锁收寄库中，但有不足色数者，即时发出另行倾销，如果不足色数

---

① （明）申时行等：《大明会典》卷 30，上海古籍出版社，2002，第 543—544 页。

② （明）申时行等：《大明会典》卷 37，上海古籍出版社，2002，第 659 页。

③ 《明世宗实录》卷 163“嘉靖十三年五月辛卯”，（台北）“中央研究院”历史语言研究所，1962。

④ （明）毕自严：《度支奏议》（二），《堂稿》卷 17，上海古籍出版社，2008，第 263 页。

⑤ 刘志岩等：《四川眉山彭山江口明末战场遗址Ⅱ T0767 发掘简报》，《文物》2018 年第 10 期。

者敛官不许滥收，掌印官逼收者参提重处”[①]。于是，各州县官府便以碎银煎铸成锭银会有损耗，解缴到京师或送解边防军卫的途中，也有人力物力等消耗为借口，要求民众在缴纳赋税时多缴纳一定数量的白银以填补损耗，这就是史籍所说的“火耗”。关于“火耗”的来龙去脉和弊端，清人王弘说：“‘加耗’二字，起于后唐明宗……洪武时定制，每斗起耗六合，石为七升，中制也。江南税粮加耗已至七八升，盖并人杂办，通谓之‘耗’，意不止于鼠雀为也……近世有司收银，于正数外有加者，名曰‘火耗’，其数之多寡不等，存乎人而不加者鲜矣。”[②] 而赋税征收的“火耗”，无异于给赋税征收者增加了许多渔利其中的机会和空间。对此，顾炎武论“火耗”时，说：

> 原夫火耗之所生，以一州县之赋繁矣，户户而收之，铢铢而纳之，不可以琐细而上诸司府，是不得不资于火。有火则必有耗，所谓耗者，特百之一二而已。有贱丈夫焉，以为额外之征，不免干于吏议，择人而食，未足厌其贪婪。于是藉火耗之名，为巧取之术，盖不知起于何年，而此法相传，官重一官，代增一代，以至于今。于是官取其赢十二三，而民以十三输国之十；里胥之辈又取其赢十一二，而民以十五输国之十。[③]

由此可见，“火耗”已成为地方官吏的巧取之术，加重了纳税者的额外负担。

就赋役征银伤农的程度而言，南、北方农民所承受的伤害是有区别的。明中后期以来，各地加大了赋役改革的力度，逐步推广“一条鞭法”。此法的核心是“计亩征银”。在实际的推行过程中，各地对“计亩征银”的反响很不一致，显示出的利弊也各有不同。江南地区是明代赋役征银试点和推行最早的地区，明正统年间，即在苏、浙、湖广、闽、

---

① （明）吕坤：《吕坤全集》，王国轩、王秀梅整理，中华书局，2008，第1041页。
② （清）王弘：《山志》卷2，何本方点校，中华书局，1999，第200页。
③ （清）顾炎武：《顾亭林诗文集》，华忱之点校，中华书局，1983，第19页。

粤等地推行赋役征银。历史上，江南地区人口稠密，经济较为发达，商品经济发育早于国内其他地区。自明中叶以后，这些地区已有相当一部分农民脱离了土地，从事手工业和商业活动，对白银货币的需求量大。加之这里占有地理优势，便于海外贸易。明朝虽一度实行海禁，但海外贸易依然强劲，江南地区因此吸纳了大量海外白银。理论上讲，江南地区的农民比较容易承受赋役征银的压力，赋役征银改革在这些地区也容易推进。与之不同的是，北方农村自然条件较差，经济发展相对落后，缺乏海外贸易的地缘优势，白银货币化也远不及江南地区普及。在这样的条件之下，推行赋役征银，则可能成为农民难以承受的灾难。有学者认为，北方比较适合力役，而不宜照搬江南地区的以银代役模式。①

明成化二十一年（1485），李敏任户部尚书。在他的力推之下，北方开始在一些地区实施赋役征银②，但这种赋税改革的弊端很快就显现出来。改革不仅没有给北方农民带来便利，反而使农民的纳赋税负担加重，境遇更加困难。巩昌府，“巩之徭役，而知新法条鞭之为北境累矣”。“然条鞭未行之前，民何以供役不称困？盖富者输资，银差无逋；贫者出身，力役可完。”“自条鞭既行，一概征银，富者无论已，贫者有身无银，身又不得以抵银，簿书有约，催科稍迫，有负釜盂走耳。征输不前，申解难缓，那借所不免也。”③ 实际上，巩昌府农民因以白银缴纳赋税所受之累，还不止这些。巩昌等地的北方农民，每逢缴纳赋税之时，纷纷上市抛售粮食，以换银两，这就造成粮食供大于求，粮价暴跌，谷贱伤农。特别是作为明末农民战争的发源地陕北，这里的自然条件差，土地瘠薄，经济发展滞缓。当地农民为了生存，素有离开家园或投军吃粮，或于驿站为卒，以谋衣食之例。随着赋役征银的全面推行，军民俱困。“今一切征银，农无银，贱其粟以易银；军得银，又贱其银以买粟。民穷于内，军馁于外，是一法两伤。”④ 农民必须以农产品换取

---

① 陈昆、杨小玲：《论明代白银货币化的社会影响》，《社会科学家》2012年第9期。

② （清）张廷玉等：《明史》卷185，中华书局，1974，第4894页。

③ （清）顾炎武：《天下郡国利病书》原编第19册《陕西下》，《四库全书存目丛书·史部一七二》，齐鲁书社，1997，第74页。

④ （清）张怡：《玉光剑气集》卷4，魏连科点校，中华书局，2006，第175页。

银两，但在以粮易银这一环节，往往遭受利益损害，从而造成“其费倍称”“民穷于内”的局面，原本衣食无着的农民逃离家园成为无业流民。为此，顾炎武就说：“愚历观往古，自有田税以来，未有若是之重也。以农夫蚕妇，冻而织，馁而耕，供税不足，则卖儿鬻女，又不足，然后不得已而逃。”[①] 这是“一条鞭法”的伤害之一。

伤害之二是“军馁于外”。明季，军屯被破坏，军饷拖欠，边卒生存维艰。[②] 明前期，军队实行的是世籍兵制，为抵御蒙古的南侵，在北部九边军事地带推行寓兵于农的军屯制。中期以后，由于世籍兵战斗力逐渐丧失，又大规模地推行招募兵制。招募兵制也曾起到过加强军队战斗力的作用，但是，明朝军队的这一改革，需要强大财力的支撑。而实际情况是，此时明朝国力下降，军政败坏，兵部和将领唯贿是求，层层盘剥，士卒不仅难以置办军械，甚至因欠饷而温饱难济。在天启、崇祯二朝，士卒欠饷之事，史籍不乏记载。天启七年（1627）八月，陕西巡抚胡廷宴疏言：“临、巩边饷缺至五六年，数至二十余万；靖卤边堡缺二年、三年不等；固镇京运自万历四十七年至天启六年，共欠银十五万九千余两。各军始犹典衣卖箭，今则鬻子出妻；始犹沿街乞食，今则离伍潜逃；始犹沿沙偶语，今则公然噪喊矣。”[③] 崇祯元年（1628），三边总督史永安上奏说：“延饷积欠相因，自天启元年以前至天启七年，共欠一百五十余万，致使各路军饷积欠至共二十七个月。千里荒沙，数万饥兵，食不果腹，衣不覆体，盈庭腾诉，麾之不去。间有脱衣鞋而易一饱者，有持器具贸半菽者，有马无刍牧而闭户自经者，有饥难忍耐而剪发鬻市者，枵腹之怨久酿，脱巾之变立生。”[④] 到崇祯二年（1629）时，

① （清）顾炎武：《日知录集释》，黄汝成集释，栾保群、吕宗力校点，上海古籍出版社，2013，第 595 页。

② 关于边卒军饷银被拖欠而生存维艰之状况，以及由之而引起的诸多问题的研究，可参见彭勇：《明代北边防御体制研究——以边操班军的演变为线索》，中央民族大学出版社，2009，第 279—360 页。

③ 《明实录》附录《崇祯长编》卷 1“天启七年八月丁巳”，（台北）“中央研究院”历史语言研究所，1962。

④ 《明实录》附录《崇祯长编》卷 7“崇祯元年三月壬午”，（台北）“中央研究院”历史语言研究所，1962。

延绥、宁夏、固原三镇士兵已连续 36 个月未领到饷银，兵士们甚至以卖儿鬻女、质盔当甲谋生。其惨景如卢象升所说："今逋饷愈多，饥寒逼体，向之挪钱借债，勉制弓矢刀枪者，依然典且卖矣。多兵罗列武场，金风如箭，馁而病、僵而扑者且纷纷见告矣。每点一兵，有单衣者，有无裤者，有少鞋者。臣见之，不觉潸然泪下。"① 军士如此，驿卒亦如此。明廷为此大量裁减驿递，其结果如计六奇所说："秦晋土瘠，无田可耕，又其民饶膂力，贫无赖者，借水陆舟车奔走自给。至是遂无所得食。"②

士兵、驿卒的极度贫困，不仅难以维护军队的稳定，严重削弱其战斗力，而且造成一连串的军队哗变，乃至士卒逃亡。③ 明万历至崇祯年间，为镇压频繁发生的农民暴动，兵饷之费动辄"数百巨万"④。为弥补帝国财政之不足，再三加派重赋。其中，臭名昭著的"三饷"加派，就是典型例子。"三饷"加派进一步加重了农民的负担，激化了社会矛盾，不堪重负的农民纷纷逃离家园，成为失业的"流民"。"夫流贼非他，皆此饥寒之民也。不为民而为贼，情虽可悯……贼日强而兵不可息，饷不可缓，遂日取敛于无辜之民。无待敌国外乘，而其亡已不旋踵。"⑤ 由此可见，"三饷"加派，又成了使"流民"转化为"流寇"的催化剂。⑥ 哗变和逃逸的士兵、驿卒加入"流民"的行列，"流民"的数量和规模为之巨增，他们"初为流民，继为流寇，蔓延全国，不可收拾"⑦。农民起义的火种一旦被点燃，士兵、驿卒就成为农民军的参与者和骨干力量。其中，陕北又是明朝中后期上述社会矛盾的聚焦地，遂成为明末农民大起义的策源地。"流贼所由起，大约有六：叛卒、逃卒、驿卒、饥民、难民、响马是也。天下形势莫强于秦，秦地山高土厚，其民多膂力，好

---

① （明）卢象升：《卢忠肃公奏议》，《明代基本史料丛刊·奏折卷》，线装书局，2004，第 1036 页。
② （清）计六奇：《明季北略》卷 5，魏得良、任道斌点校，中华书局，1984，第 99 页。
③ 顾诚：《隐匿的疆土：卫所制度与明帝国》，光明日报出版社，2012，第 101 页。
④ 中国历史研究社：《崇祯长编》卷上，上海书店，1982，第 274 页。
⑤ 中国历史研究社：《崇祯长编》卷上，上海书店，1982，第 275—276 页。
⑥ 袁庭栋：《关于张献忠农民起义的流寇主义问题》，《四川师院学报》1981 年第 1 期。
⑦ （清）王夫之：《黄书　噩梦》，王伯祥校点，古籍出版社，1956，第 40 页。

勇敢斗，故六者之乱，亦始于此，而卒以亡天下。”① 张献忠本人就是一个“穷无所归”的逃卒，他所领导的农民军就是哗变逃逸的士兵、驿卒与“流民”相结合的典型。

因此，赋役征银的种种弊端成为晚明乃至清代士人反对货币白银化以及“一条鞭法”“摊丁入亩”等赋役货币化改革的理由。近视代著名史学家吕思勉评论说：“农民所有者谷，所乏者币，赋税必收货币，迫得农民以谷易币，谷价往往于此时下落，而利遂归于兼并之家。”② 换言之，白银货币化使原本尖锐的社会矛盾更趋激化，农民战争的火种一触即燃。

（三）白银货币化造成了严重的银荒，进一步加剧了明中后期的财政经济危机

明代，白银货币化推动了海外贸易的发展，进而唤起人们更多的货币需求。当时，国内白银生产地主要集中在南方的云南、广东、广西、四川、福建、浙江等省，但是，这些白银产地的矿脉微细，白银产量有限。因此，国产和储藏之白银，不足以支持明中后期的白银货币化需求，大量白银便从海外输入。明代从海外输入的白银，主要有两个来源地（美洲与日本）和三条海上航路（中国与欧洲海上贸易航路、中国与美洲海外贸易航路和中日海上贸易线）。③ 据估算，1540 年至 1644 年期间，有 7500 吨左右日本白银输入中国；1570 年至 1644 年期间，约有 12620 吨美洲白银输入中国。这就意味着“日本白银产量的绝大部分和占美洲白银产量一半的世界白银流入了中国”④。按理说，有如此数量巨大的海外白银输入，中国应该不缺银两。

---

① （清）计六奇：《明季北略》卷 4，魏得良、任道斌点校，中华书局，1984，第 95 页。

② 吕思勉：《田赋征收实物问题》，《吕思勉遗文集》（上），华东师范大学出版社，1997，第 347 页。

③ 陈昆：《明朝中后期海外白银输入的三条主要渠道》，《社会科学家》2011 年第 6 期。

④ 万明：《明代白银货币化：中国与世界连接的新视角》，《河北学刊》2004 年第 3 期。按：对于明代输入中国之白银数量，梁方仲、全汉升、弗兰克、万明、庄国士等诸史家各自估计不同，但大体认为在 2 亿两至 3 亿两。参见邱永志、马召会：《明代的白银性质问题及其流动的考察——基于市场的角度来分析》，《学术理论与探索》2011 年第 12 期。

然而，受明中叶白银货币化的冲击和影响，加之金银在中国自古即是具宝藏价值的工具，民间历来就盛行窖藏贵金属的风气，与国家调控无关的白银更易进入窖藏领域，退出流通领域，造成市场白银虚假紧缺的现象。同时，随着白银的广泛流通和普遍使用，白银在人们心目中的地位也得到空前提高，并因此改变了人们的财富观念，人们由以粟帛（实物）为财富转变为以白银（货币）为财富。在时人看来，白银不仅成为财富的同义词，而且是能够保值升值的财富。为此，朝野上下、官府民间纷纷储藏白银。从皇室宗藩、豪门权贵、官府吏役到富商、乡绅，凡有条件者无不把储藏金银作为囤积财富之举。嘉靖年间，“江南富室有积银至数十万两者”。山西商人之巨家富室，所储藏之白银往往在数十万乃至数百万两。① 然而，商人与有权势的太监、贪官污吏们相比，其所聚集、储藏的金银又只能是“小巫见大巫”。明孝宗时，太监李广畏罪自杀，从其家中抄出黄金数百两、白银数百万两。② 明武宗时，太监刘瑾获罪被杀，被籍没黄金 12.05 万两、白银 25958 万余两。③ 明武宗宠信的钱宁和江彬两人，获罪后分别被抄家籍没黄金 10.5 万两、白银 498 万两以及碎金银并首饰 520 箱和黄金 10.5 万两、白银 440 万两及金银首饰 510 箱。④ 权臣严嵩获罪时，从其江西家中抄出黄金及金器、首饰共 3.2 万两、白银及银器 235.9 万两，从其北京家中抄出黄金 483 两、白银 12605 两。时人传说，严家被抄金银尚未及其实际家财的十分之四五。⑤ 据稗史记载，明皇室内库所储藏之白银，更达数千万两之巨。⑥ 其他明朝亲王宗藩所藏白银，也各有几百万两之数。李自成农民

---

① 李楠：《浅论晋商窖藏白银的原因》，《沧桑》2009 年第 1 期。

② （明）陈洪谟：《治世余闻》（上篇）卷 2，盛冬铃点校：《治世余闻 继世纪闻 松窗梦语》，中华书局，1985，第 16—17 页。

③ （明）陈洪谟：《继世纪闻》卷 3，盛冬铃点校：《治世余闻 继世纪闻 松窗梦语》，中华书局，1985，第 91 页。

④ （明）田艺蘅：《留青日札》卷 35，浙江古籍出版社，2012，第 530 页。

⑤ （明）田艺蘅：《留青日札》卷 35，浙江古籍出版社，2012，第 531 页。

⑥ 史载，李自成进占北京时，明皇室内库“银尚存三千余万两，金一百五十万两”（赵士锦：《甲申纪事》，中华书局，1959，第 17 页）。“贼入大内，括各库银共三千七百万，金若干万。其在户部者，外解不及四十万，捐助二十万而已。”[（明）杨士聪等：《甲申核真略》，浙江古籍出版社，1985，第 34 页。]

军攻占北京后的 43 天内，即从明皇室内帑和对勋戚、太监、百官的“追赃助饷”中，缴获白银 7000 万两。[①] 另据估计，明朝灭亡时，民间所储藏之白银大约为 2.5 亿两。[②]

白银货币化与世人的白银崇拜，对晚明社会的影响不可小觑。在一定程度上说，它使晚明社会经济陷入一种诸多矛盾交织的怪圈，“钱益废则银益独行，银益独行则豪右之藏益深。而银益贵，银贵则货益贱。而折色之办益难，而豪右者又乘其废而收之，时其贵而粜之。银之积在豪右者愈厚，而银之行于天下者愈少。”[③] 大量白银进入窖藏，不能进入市场流通，必然导致社会经济生活领域发生“银荒”，出现“银日益少，不充世用”[④] 的现象。白银不仅仅是财富的象征，也是明王朝赖以生存的基础。明朝廷需要银子，地方政府需要银子，军队更需要银子。正如有的学者所说，一个国家一旦失去了通过货币发行调控市场的能力和利用货币流通量增强财政弹性的能力，必然长期陷于财政困境。失去财政弹性的政府在不得不增加财政收入的情况下，只能采取公开增加赋税的方式满足政府的财政需求。[⑤] 明朝中后期的情况正是这样，嘉靖时，明朝的财政拮据已到了非常严重的程度。万历年间，张居正厉行赋税改革，试图缓解政府财政的窘境，但收效甚微。为了维持其政权的基本运转，明廷被迫派出矿税监搜刮民间财富，至有“万历三大征”的怪象。万历四十六年至崇祯十二年（1618—1639），朝廷连续在正赋之外加派“辽饷”“剿饷”“练饷”，共增饷银达一千六百七十万两，超过常年岁入一倍以上。[⑥]“三饷”加派不仅严重损坏了明朝的赋役制度，而且破坏了

---

① 顾诚：《明末农民战争史》，中国社会科学出版社，1984，第 237 页。

② 彭信威：《中国货币史》，上海人民出版社，2015，第 488 页。

③ （明）陈子龙等：《明经世文编》卷 299，中华书局，1997，第 3145 页。

④ 汪圣铎：《中国钱币史话》，中华书局，2004，第 186 页。

⑤ 赵轶峰：《明代白银货币称量形态对国家—社会关系的含义》，《史学月刊》2014 年第 7 期。

⑥ 三次增饷的具体情况是：万历四十六年（1618）以后，辽左用兵加派田赋，先是每亩增银 3 厘，不久至 7 厘，后每亩加银 9 厘，一共加赋 5200000 两；崇祯三年，再按亩加征 3 厘，加上万历年间的 9 厘，每亩共征 12 厘，统称“辽饷”。崇祯十年，增赋 2800000 两，称为“剿饷”；崇祯十二年又加派“练饷”，每亩派征 1 分，共 7300000 两。先后三饷共增饷银 16700000 多两。加派的“三饷”成为百姓的沉重负担，是导致明王朝灭亡的重要因素。参见万明：《张献忠为什么会有大量白银沉于江口》，《中国史研究动态》2016 年第 5 期。

社会生产，激化了社会矛盾。朝廷愈是寅吃卯粮似地赋役征银，白银货币愈是匮乏。官府愈是疯狂地敛取白银，下层平民百姓为应付赋税而愈加殚精竭虑，朝廷因缺少银两支付官吏和军队的俸饷等导致财政经济危机，这使人民与政府形同水火，并成为明朝覆亡的重要经济原因。白银对于明王朝存亡的至关重要作用由此显现，明末农民战争正是对聚敛白银财富的明朝腐败政治的“荡涤”。①

（四）白银货币化进一步强化甚至扭曲了人们的白银财富观念

白银货币化的实质是白银扮演了贵金属和货币的双重角色，兼具了贮藏和货币的双重职能。与传统的置田买地以积累、增值和保值财富相比，白银货币既易于搬移，又更能安全保值。因此，随着白银货币的普遍使用，人们的财富观念随之发生变化，那种追逐田产等物质财产的欲念，自然会让渡于对白银的追求，拥有了白银即拥有了财富。与之相反，失去一定数量的白银，即失去了生存活命的基本保障。从这个角度上说，明代后期，陕北农民的悲惨遭遇，与其说是失地所致，不如说是他们难以承担沉重的白银赋税造成的。而以张献忠为代表的边兵驿卒，之所以能一呼百应地带动“流民”走上揭竿暴动的道路，明朝腐败的军政和严重的欠饷使兵卒衣食难继，也是其重要原因之一。在这种时代背景之下，那种“打土豪分田地”的口号，远不如袭杀宗藩和勋戚等权贵，以抢其金银财宝具有吸引力。明末农民起义期间，敌对双方——无论是明朝帝王宗藩、勋戚权贵、大小官吏、军队官兵，还是张献忠、李自成及其所率领的农民军将士，皆视金银为重要的财富，从而汲汲于征刮敛取。② 张献忠、李自成等农民军部队与追剿他们的左良玉等部明军及清军一样，在攻占城镇以后，大肆搜抄掳掠金银浮财；行军作战时，也随军携带金银。据《剿闯小说》记载，崇祯十七年（1644）李自成攻占北京以后，“百官毕集午门，鸿胪寺挨班演礼。李贼与诸将俱不出，皆在大内盘库，将金银等器尽数倾销，每千两成一块，用铁销③装入。

---

① 万明：《张献忠为什么会有大量白银沉于江口》，《中国史研究动态》2016年第5期。

② 赵俪生：《论明末大农民军对货币财富的积累》，《文史哲》1956年第6期。

③ 按：此“销”字当作“鞘”字解，即包装铁皮之意。

各贼将解进者，亦皆如是”。[①] 李自成在北京期间，名为“追赃助饷”，实则为大肆搜刮、索掠金银财货。“拷索银七千万，侯家什三，阉人什四，官什二，估商什一，余宫中内帑金银器具以及鼎耳门环细丝装嵌，剔剥殆遍，不及十万。贼声言得自内帑，恶拷索名也。铸钱不成，铸金玺又不成；镕金饼，每饼千两，窍其中，贯以铁絙，凡数万饼，括骡车千驼千，谋载归陕。”[②] 即便是在从北京败退的过程中，他们亦不放弃夹带金银。清军在定州清水河下岸击败李自成部农民军后，“获其金银砖七百二十块”[③]。李自成撤离西安以后，“长安居民争入其居，搜取金银。中夜失火，秦府被烧几尽。唯回民有胆力，得最多，故大富者众。关中人遇雨后于布政司泥土中拾得珍珠，至今不绝”[④]。与之相比，张献忠部农民军对金银的搜括丝毫不逊色，攻城略地之时大肆搜刮掳掠金银浮财，行军作战亦随军携带金银财宝，且“恐兵富而易逃”，严禁士卒私自存留和挟藏金银。对此，时人杨鸿基所著《蜀难纪实》载称：“虽金银重货，献忠恐兵富而易逃也，其令挟赀则杀之。时时搜索，故贼虽见金亦取之。”[⑤] 沈荀蔚《蜀难叙略》记载：“令贼卒，凡子女玉帛及一应贵重之物，不得辄留，犯者死。”由是观之，张献忠对于战利品的处理，主要采取“人畜以刀剑，而诸物可焚者则以火，惟金银必以水土沉埋之”[⑥] 的方法。张献忠、李自成等明末农民军的这种攻城略地后设法搜刮金银财宝、行军作战随身携带金银财宝的做法，也为其后继者所效仿。张献忠四大养子之一的刘文秀临终向南明永历帝上遗表时，也说到他自己有秘密藏金。“（文秀）病革，上遗表曰：臣精兵三万人，在黎、

① 西吴懒道人：《剿闯小说》第5回，王焱：《明代绣像版画文献辑存》第一辑第36册，线装书局，2019，第160—161页。

② （清）毛奇龄：《后鉴录》卷5，《西河合集·文集》，《续修四库全书》第432册，“史部杂史类”，上海古籍出版社，1995，第247页。

③ 西吴懒道人：《剿闯小说》第6回，王焱：《明代绣像版画文献辑存》第一辑第36册，线装书局，2019，第197—199页。

④ （清）吴伟业：《绥寇纪略 》卷9，上海古籍出版社，1992，第268页。

⑤ 《民国泸县志》卷8“附杨鸿基《蜀难纪实》”，《中国地方志集成·四川府县志辑（33）》，巴蜀书社，1992，第332页。

⑥ （清）沈荀蔚：《蜀难叙略》，何锐等校点：《张献忠剿四川实录》，巴蜀书社，2002，第106页。

雅、建、越之间窖金二十万，臣将郝承裔知之。”① 这种藏金的制度，在张献忠战亡和大西军政权解体之后，仍被他的余部传习下来。诸如此类事例，既是当时人们视白银为重要财富之思想观念的物质化反映，也是我们深入探讨张献忠于彭山江口沉银所必须重视的历史背景。

三、结语

明代白银货币化无论是在金融史上还是在赋役史上，都是一次重大的变革，这种变革又深深地影响了明代社会的各个方面。明代中后期，白银成为主流货币和政府税收征收对象，白银不仅是财富的象征，也是政权赖以存在的基础。江口古战场遗址所出土的大量银锭、银器等文物，既是张献忠江口沉银历史事件最直接、最有力的证据，也是明代白银货币化的直观反映。其中，来自民间的大量银饰，其形式、种类丰富多样，从一个侧面投影出明代社会生活的真实面相。那些出自陕西、河南、湖广、四川、江西、广西、广东和云南等省，并铸刻有时间、地点、用项、官员名及银匠名的各种税银文物，是明代中晚期征税制度的实物证据，也是张献忠主要转战路线与筹办军需措施的佐证，还是大西政权沿袭明朝征收白银货币财政税收制度的有力证据。②

过去在探讨明末农民战争爆发的原因时，学人大多将注意力集中在一个王朝的政治腐败、土地集中，以及天灾人祸等方面。实际上，对于明末农民战争之所以首发于陕北，仅仅按照传统的思路去探讨，是不能完全说明问题的。近年来，有学者开始关注这一问题并指出，明末农民战争领袖多为榆林镇人氏，多有参军或作驿卒的经历，为何这一地区、这一身份的人成为揭竿而起者，成为农民军的领袖？这反映了明末陕北

① （清）徐鼒：《小腆纪传》（上）卷 37，中华书局，1958，第 370—371 页。

② 从中国国家博物馆组织的“江口沉银：四川彭山江口古战场遗址考古成果展”展示的 45 件银锭中看，属于明朝税银的银锭有 33 件、大西政权的银锭 12 件，其时间跨度从万历二十六年（1598）到大顺二年（1645）。属于明朝的 33 件银锭分别出自湖广、四川、两广、江西、河南、云南 6 省，其中以湖广为最多，达 16 件；属于大西政权的 12 件银锭，除了眉州、潼川府 2 例外，其余都在成都府范围内。银锭只有大顺元年（1644）、二年（1645）的，与大西政权存续时间一致。参见万明：《“江口沉银”所见明朝与大西朝的货币财政——基于明代白银货币化的分析》，《中华文化论坛》2020 年第 4 期。

社会人口构成的什么状况与什么特点，这一情况又源于何处？大量具有军事或准军事经历的人成为明末农民军的骨干力量，这对明末农民战争的方式、性质又产生了什么样的影响？显然，这些都是极其重要且并非臆想的问题。把这些问题与明中后期以来的陕北历史相联系，便可找出解决问题的线索。换而言之，明末农民战争肇始于陕北是有其特殊原因的。毫无疑问，探讨这些问题，可从多角度、多方面来进行。其中，白银货币化和赋税货币化及其对明代社会所造成的各方面影响，这些问题在我们过去的研究中明显重视度不够。比如，对于自然地理条件相对较差、商品经济发展缓慢的陕北地区的农民来说，仅靠粮食出售，即便是风调雨顺的年景，也是难以承担其货币赋税的。又比如说，陕北是明朝边防重地，由世藉兵制到招募兵制的改革，是明廷提升军队战斗力和加强北部边防的重要举措。但是，保证这一改革顺利实施的前提之一，是必须有可持续的军事供给。然而，到明代后期，财政吃紧，军政腐败，士卒欠银少饷成了常事。交不起赋税的农民和得不到饷银的士卒，共同组建起反击明朝统治的大军，最终击溃了明王朝的腐败统治。另外，白银货币化和赋税货币化作为明代中后期的一种制度变革，有可能促使时人故有的藏金观念和财富观念乃至价值观发生变化，从而导致社会风气的变化。有文献记载，张献忠曾对他的养子孙可望和艾能奇说：“皇帝极是难做，咱老子断做不来。今老子金银甚多，想来做皇帝不如做绒货客快活……我等心腹数十人，搬驮金银绒货，前往南京做绒货客人，受享富贵，图下半世快活，有何不可？”① 张献忠拥有不菲的金银财富后，就嫌当皇帝麻烦，或许就是制度导致人们观念变化的一个典型例子。为此，冉光荣先生在“彭山江口沉银遗址历史学者座谈会”上说：从张献忠掠夺财物看，失衡的财富观和农民战争遇到的诸多困境是分不开的。②

---

① （清）计六奇：《明季南略》卷 10，任道斌、魏得良点校，中华书局，1984，第 357—358 页。

② 2017 年 4 月 7 日，由四川省委宣传部、四川省文化厅、中国社会科学院历史研究所共同主办的“彭山江口沉银遗址历史学者座谈会”在四川省眉山市彭山区举行。来自科研机构和高校的 20 余位专家学者与会，围绕“确认江口沉银遗址的重要意义”“江口沉银考古器物的史料价值”和“张献忠与明末历史”等专题，进行了热烈的讨论，有力地推动了江口沉银及有关问题的研究。

这里所说的"失衡的财富观"，就是张献忠被扭曲的白银财富观。冉光荣先生的这一看法有一定道理。概而言之，江口沉银遗址出土的数量庞大、类型多样的金银器物，不仅有助于我们对张献忠史事本身的认识，也有助于我们重新探寻明末农民战争起事于陕北的原因，还为我们探索为何明末农民军无论是李自成还是张献忠都那么迷恋搜刮白银等问题提供了新材料和新视角。应该说，这些研究工作，有待学人进一步关注和探索。

第三节
江口沉银视域下的张献忠及其大西政权

江口沉银被证实，还应当进一步追问张献忠为什么会有大量白银沉埋于彭山江口，以这些新发掘的实物材料来探究明末农民战争这一老问题。对明代货币白银化与财富货币化的讨论，或许还只是停留在问题的表象层面，有必要更进一步深入追问蕴藏于历史帷幕之后的、更深层次的关于张献忠和大西政权胜败成亡的历史真相，也有必要更进一步地审视和评价以李自成、张献忠为主要领袖人物的明末农民战争。

一、抄没与追比：张献忠的经济措施与江口之沉银的来源

据报道，文物考古部门及专家们在清理彭山江口遗址沉银等文物时，发现不少银锭的内壁铸刻有铭文。这些铭文记载了银锭的来源地、制作工匠姓名和铸造时间等信息。如"崇祯十六年八月，纹银五十两""沅陵县征完解司载充兵饷银五十两，崇祯十年八月，银匠姜国太""京山县十五年分助饷银四十两""巴陵县榆口饷银五十两"及"大西眉州征完元年分半征粮银五十两一定，银匠右闵季"等。[1] 就其所载地域信息而言，它反映出银锭的征解地、饷银使用地或储存地等历史信息。出土银锭上的这些铭文所记录的地域信息，与文献记载的张献忠转战路线

① 冯广宏：《张献忠埋银悬案——张献忠帝蜀实情考之七》，《文史杂志》2011年第1期。

及所占领地区大致吻合，也与《蜀碧》上所说的“至今居民时于江底获大鞘，其金银镌有各州邑名号”[①] 等记载相契合。换言之，它们作为历史文物，进一步证实了张献忠率大西军辗转征战的历程。同时，也在一定层面上直观地反映并证实了张献忠所推行的政治经济政策及其他相关措施。

崇祯三年（1630）四月（一说六月及以后）[②]，张献忠率领米脂十八寨暴动，顺治三年（1646）战亡于四川西充凤凰山。在这十七年间，大西军反复南下北上东进，与跟踪追剿的明军周旋，转战于陕、晋、豫、鄂、湘、皖、赣、川等南北数省，五次进出四川。[③] 在成都建立大西政权之前，张献忠为逃避明军的追捕，基本上都是流动作战，“倏东倏西，暮南晨北”，“飘忽若风雨，过无坚城”[④]，使明军疲于奔命，“献行之兵，其来也如风雨之骤至，其去如鬼蜮之难知，故数月间，或驰江北，或趋楚、豫，蹂躏三省，令官兵奔救不暇”[⑤]。即便是攻克武昌、长沙等省会城市及重庆、襄阳、衡州等府城，以及众多的州、县治所及城镇，也是“陷不留守”。攻占了乙地，即丢失甲地；攻占了丙地，又丢失乙地。有些地方是多次攻占，又多次丢失。[⑥] 即便占领时间较长的城市也停留不久，如在武昌只住了两个月，在长沙也没超过百日。为此，时人视之为“流贼”：“献忠等发难于陕西延安府，而蔓衍于各省，以其无定居，故曰流贼。”[⑦] 至于张献忠为何迷恋这种攻城略地而不固守的作战方式，曾长期追随张献忠的部将罗汝才就明白地说：“吾等横行天下为快耳，何

① （清）彭遵泗：《蜀碧》卷3，何锐等校点：《张献忠剿四川实录》，巴蜀书社，2002，第164页。

② 王纲：《张献忠大西军史》，湖南人民出版社，1987，第47页。

③ 关于张献忠入川作战次数，学界有4次和5次的不同看法（参见李映发：《张献忠率军入川转战史实及次数考》，《军事历史研究》2011年第2期）。按：崇祯十四年（1641）春，张献忠、李自成率所部农民军分别攻占明封藩重镇湖北襄阳、河南洛阳以后，张、李两支农民军主力便自然分开，各自活动于长江南、北地区——张献忠部大西军主要战斗在长江以南的皖、鄂、湘、赣、川等省，李自成部大顺军主要活动于长江以北的陕、甘、豫、晋、冀、鲁等省暨中原、华北地区。

④ （明）谈迁：《国榷》卷98，张宗祥校点，中华书局，1958，第5936页。

⑤ （清）计六奇：《明季北略》卷17，魏得良、任道斌点校，中华书局，1984，第304页。

⑥ 袁庭栋：《关于张献忠农民起义的流寇主义问题》，《四川师院学报》1981年第1期。

⑦ （清）费密：《荒书》，何锐等校点：《张献忠剿四川实录》，巴蜀书社，2002，第420页。

专土为?”[①] 按照罗汝才的说法，不“专土”是为了落得快意。而实际上，张献忠部农民军之所以“流贼”式地快速转战，纵横上万里，不断地进攻、逃跑、转移，主要还是为了躲避官军的追击。“流寇”式的快速转战方式是中国历史上那些声名显赫的农民军所普遍采用的战争策略，从唐末黄巢起义到太平天国前期，农民起义军莫不如此。从某种意义上讲，这也是农民战争的规律。原因在于从起事到建立政权前，农民军与官军在兵力、后勤保障等诸多方面，存在巨大差距，不跑只会挨打，甚至被消灭。但是，不管张献忠部农民军“流贼”式作战是图快意，还是为形势所迫，但其结果是缺乏稳固的地盘，没有战略后方或立足之根据地。而长期处于东奔西跑、疲于奔命之流动不定状态，在所占领地区的一些政治建设及行政设施措置，也都是人走茶凉，随着所占领地区及城镇的被弃守而风流云散。正因如此，张献忠在一些史籍中被冠以“流贼”或“流寇”之名。后世史家在总结其成败原因时，也认为他所犯的“流寇主义”[②] 错误，是其失败的重要原因。

在“流寇主义”思想的影响下，张献忠部农民军长期四处流动作战，“随掠而食”，没有稳固的根据地，不重视也难以进行正常的政治建设和经济建设。其饷粮、武器、马骡等军事物资的获取，主要依靠暴力性的“打粮”，即强行征派和攻占城镇后没收官府库存、搜掠官民家藏等途径来筹措。从文献记载来看，这支农民军对军需物资及金银财货的搜掠征敛，主要有两种途径。

一是攻占城镇特别是攻占大中城市后，从明朝国库或藩王府藏中获取。这也是张献忠积聚财富的主要渠道。明崇祯九年（1636），张献忠攻破河南许州时，“获物资巨万”。崇祯十四年（1641）二月，张献忠攻下襄阳，襄阳是明朝的军事重镇和襄王府所在地，军需饷银均聚集于

① （清）吴伟业：《绥寇纪略》卷 9，李学颖点校，上海古籍出版社，1992，第 245 页。

② “流寇主义”这一词汇发端于第二次国内革命战争时期，其内涵被归结为：不注意建立巩固的根据地、一心想到大城市去大吃大喝、通过招降纳叛的方式扩大队伍等三个方面。（顾诚：《隐匿的疆土：卫所制度与明帝国》，光明日报出版社，2012，第 161 页）1949 年以后，中国大陆研究农民战争史特别是明末农民战争史的学者，大多认为明末农民起义之所以失败，其重要原因之一就是不注意建立巩固根据地。

此，“军资器械山集，尽为贼所有”[1]。张献忠还处死了襄王朱翊铭和贵阳王朱常法，下令籍没襄王府中的全部财产，“即发银十五万以赈饥民”[2]。崇祯十六年（1643）五月，张献忠趁武昌“武备废弛”，迅速渡江攻取武昌，消灭了“楚府兵”，“尽取宫中金银各百万，辇载数百车不尽”[3]。崇祯十六年（1643）八月，张献忠挥师进抵长沙。明朝分封在长沙的吉王和从荆州来避难的惠王逃往衡州（今湖南衡阳），投奔桂王。张献忠从长沙向衡州推进，明惠王、桂王逃往广西，吉王逃到广东。在张献忠部农民军的打击下，分封在湖广地区的楚王、吉王、桂王、荣王、岷王等或覆灭，或逃往他乡。他们所积聚的金银财宝，大都为张献忠所有。[4] 崇祯十七年（1644）六月，张献忠攻克重庆，处死了瑞王朱常浩，悉数占有瑞王府库，获取金银四十多万两。[5] 崇祯十七年（1644）八月初九日，张献忠攻下成都，明蜀王投井自尽，将蜀王府改称皇宫，没收蜀王朱至澍等宗藩的家赀。[6]

二是强行摊派或搜刮劫掠，特别是对占领地区乡绅、富民和商贾等实行“打粮”。如前文所述，张献忠在陕北家乡起事后，即以流动作战和劫掠金银财货为其主要斗争策略和生存方式，并因此被人诟骂称为“流贼”。张献忠部农民军每占领一地，即以严酷刑法逼迫官宦富商、平民百姓交纳藏银，美其名曰“输银助饷”。即便是在占领四川拟割据巴蜀称王之后，大西政权仍然不改流寇主义作风，继续实行“打粮”和“输银助饷”等财政经济政策。在此期间，“搜刮合城郡王、宗室、乡绅、富民、商贾之家金银宝玩，锱铢不遗”[7]。不仅如此，张献忠还将四川平民百姓作为劫掠的对象：“献忠备船只无算，均满载金银贵重之物，是皆百姓之物，由劫掠而来者。”[8] “川民自遭献忠之乱，家藏升斗计口

---

① （清）计六奇：《明季北略》卷17，魏得良、任道斌点校，中华书局，1984，第301页。
② （清）计六奇：《明季北略》卷17，魏得良、任道斌点校，中华书局，1984，第301页。
③ （清）彭孙贻：《平寇志》卷6，上海古籍出版社，1984，第136页。
④ （清）张廷玉等：《明史》卷309，中华书局，1974，第7976页。
⑤ 王纲：《张献忠大西军史》，湖南人民出版社，1987，第246页。
⑥ 佚名：《纪事略》，《甲申纪事》（外三种），中华书局，1959，第41—42页。
⑦ 佚名：《纪事略》，《甲申纪事》（外三种），中华书局，1959，第42页。
⑧ ［法］古洛东：《圣教入川记》，四川人民出版社，1981，第28页。

之粮，皆被掠去。”① 这些在彭山江口沉银遗址出土文物中得到印证。那些制作极为粗糙的耳环、耳钉等银制饰品，明显属于民间下层百姓。由此表明，即便是中下层百姓之家，也属于张献忠“打粮”的范围。

值得注意的是，在江口沉银遗址出土文物中，还有出自云南和广东等省的税银银锭②，但张献忠部农民军并未到过云南和广东。出土文物中之所以有这样的银锭，与明末兵部尚书杨嗣昌总理的“剿饷”和“练饷”密切相关。③ 所谓“剿饷”“练饷”即明廷为筹措镇压农民军的军费而在云南和广东等省加派征收的税银。显然，张献忠的这部分财富（银锭）是从明朝官军那里获得的。自古以来，两方交战，战胜方缴获战败方的器械物资，是为常态。当然，张献忠要通过击败明朝官军而获得大量财富，很明显是不现实的。因此，与“打粮”数量相比，张献忠从明朝官军那里缴获的战利品财富（银锭）是少之又少。

张献忠率领的农民军一路转战，一路“打粮”，通过劫掠获取的大量金银财富，不但解决了部队给养，亦为在成都正式建立大西政权提供了物质基础。崇祯十七年（1644）八月，张献忠攻下成都，即改成都为西京，建立大西政权。在大西政权建立之初，张献忠曾有“暂取巴蜀为根，然后兴师平定天下”的雄心壮志。④ 但是，在大西政权存续的两年多时间里，并没有迹象表明张献忠要将其“根”扎下来。这突出地表现在大西政权并没有建立起按土地或人口征收赋税的正常的财政税收体制。尽管据现有文献史料难以找到有关大西政权的财政经济政策的完整记录，但从有关文献材料以及彭山江口遗址出土文物看，大西政权的财政经济政策和措施，不外乎以下几种：一是搜括富户。凡大西政权所控

---

① （清）彭孙贻：《平寇志》卷12，上海古籍出版社，1984，第279页。

② 万明：《“江口沉银”所见明朝与大西朝的货币财政——基于明代白银货币化的分析》，《中华文化论坛》2020年第4期。

③ 崇祯十年(1637)，明朝“剿”“抚”农民军，杨嗣昌提出了“四正六隅十面网”之策，奏请增兵12万，并聚集各省的税银，允诺三个月之内平定农民军，于是便有280万两“剿饷”；后来为了镇压农民军，又加派白银730万两，名为“练饷”。这与先前抵御后金的“辽饷”(1618年开始征收)合称为“三饷”。

④ （清）李馥荣：《滟滪囊》卷2，何锐等校点：《张献忠剿四川实录》，巴蜀书社，2002，第55页。

制的府、州、县，均有劫掠富户追赃助饷的记录，即“饬各州郡籍境内富民大贾，勒输万金，少亦数千金，事毕仍杀之”[①]。“拘绅袍富室大贾，罚饷银皆以万计，少亦数千，不问其力之足否，事甫毕，则又戮之如初。”[②] 二是强制征粮。“献贼每五日十日一发人采粮，如一人不回营，领人管队小剥皮，同伴俱斩。”[③] 三是严禁民间私藏金银并严厉收缴。规定“禁人带藏金银，有即赴缴，如隐留分厘金银或金银器物首饰，杀其一家，连坐两邻”[④]。四是设局铸钱和征收税银。“贼设铸局，取藩府所蓄古鼎玩器及城内外寺院铜像，熔液为钱。其文曰：‘大顺通宝’。令民间家悬顺民号帖，以大顺新钱钉之帽顶。”[⑤] 由此可见，除铸钱和征收税银外，大西政权的运转，主要还是靠没收宗藩贵戚库藏、搜刮掠取富商大贾甚至平民百姓的金银浮财来维持。这与张献忠流动作战时期，以“打粮”解决军需给养的做法，别无二致。至于大西政权的铸钱问题，史籍上说：“贼钱肉色，光润精致，不类常铜。至今得者，做妇女簪花，不减赤金。”[⑥] 可见，大西铸钱——“大顺通宝”做工精美，铸造质量高。客观地说，铸造足值金属货币，有利于稳定金融贸易，不失为发展经济的良好举措。[⑦] 但明末以来的四川，“大规模的民变、兵变和农民起义频仍，经济社会已残破不堪”[⑧]。在此形势之下，大西政权要扎根四川，进而问鼎中原，若没有任何发动群众、组织群众、恢复经济、扶助

---

① （清）刘景伯：《蜀龟鉴》卷2，何锐等校点：《张献忠剿四川实录》，巴蜀书社，2002，第266页。

② （清）沈荀蔚：《蜀难叙略》，何锐等校点：《张献忠剿四川实录》，巴蜀书社，2002，第104页。

③ （清）欧阳直：《蜀警录》，何锐等校点：《张献忠剿四川实录》，巴蜀书社，2002，第190页。

④ （清）欧阳直：《蜀警录》，何锐等校点：《张献忠剿四川实录》，巴蜀书社，2002，第192页。

⑤ （清）彭遵泗：《蜀碧》卷2，何锐等校点：《张献忠剿四川实录》，巴蜀书社，2002，第150页。

⑥ （清）彭遵泗：《蜀碧》卷2，何锐等校点：《张献忠剿四川实录》，巴蜀书社，2002，第150页。另参考刘敏：《大西政权铸币考》，《四川金融》1998年第2期。

⑦ 需要说明的是，大西政权所铸的钱币不只是有“大顺通宝”，还有“西王赏功”等币种，这在彭山江口古战场遗址出土文物中即有展现。现已清理出200余枚“西王赏功”钱币，它有金、银和铜三品，但这种钱币不是流通货币，不具有通货性质，仅是一种奖励军功的纪念品。参见霍宏伟：《四川彭山江口遗址出水西王赏功金银币探讨》，《中国国家博物馆馆刊》2018年第8期。

⑧ 王纲：《明末四川经济与农民起义》，《天府新论》1985年第2期。

农桑等积极有效的财政经济政策和措施，仅靠在成都及周边地区这样的有限地域征收赋税，必然行不通；而一味地重视铸钱，即便是所铸之钱质量再高，其结果亦是于事无补，事与愿违。

事实表明，即便是在建立大西政权之后，张献忠也没有从稳固大西政权统治根基这一政治高度，探索建立保证国用军需的常态化财政供给与税收制度，也没有探索实行积极的财政经济政策。几十万大西军将士和各级政权及官员的消费等财政支出，仍然主要依赖没收官库和“打粮”。[①] 没收官库和“打粮”，只能算是一种权宜性的临时军政措施，它没有脱离“流寇主义”的窠臼。以“打粮”方式劫掠获取的巨额金银财富，虽暂时解决了军队的给养问题，但同时也强化了张献忠对以“打粮”为主的战时强力型财经政策的依赖。一般来说，家有金银财宝和余粮者，主要是绅袍富室，但是，这种政策的推行，必然要侵犯一般百姓的利益。如果说这种做法在流动作战时期还有它的合理性的话，那么对一个相对稳定的政权来说，这种做法非但无建设性可言，反而是有破坏性的。大西政权最终走到难以为继的地步，就是明证。顺治三年（1646）九月，大西政权维系日益艰难，政局不稳，军粮筹措无以为继。张献忠深感无奈，只好与部下商议：“蜀地数经残破，地方无民兵，且乏食，欲往楚。”[②] 也有史籍上说，张献忠曾自嘲，皇帝不好当，不如将金银财宝运往江南，作运营资本，做绒货客，图个下半世快活。[③] 张献忠于是“率劲兵数十万，金宝数千艘，顺流东下，将变姓名走楚作巨商”[④]。在大兵压境，大西政权又面临兵源和粮草难以为继之岌岌可危形势下，放弃政权而思考自身出路问题，比较符合张献忠的个性和他当时的处境。[⑤]

---

① 顾诚：《明末农民战争史》，中国社会科学出版社，1984，第 307 页。

② （清）李馥荣：《滟滪囊》卷 3，何锐等校点：《张献忠剿四川实录》，巴蜀书社，2002，第 63 页。

③ （清）计六奇：《明季南略》卷 10，任道斌、魏得良点校，中华书局，1984，第 357—358 页。

④ （清）刘景伯：《蜀龟鉴》卷 3，何锐等校点：《张献忠剿四川实录》，巴蜀书社，2002，第 284 页。

⑤ 冯广宏：《张家长和张家短——张献忠帝蜀实情考之五》，《文史杂志》2010 年第 4 期。

二、得失之间：如何看待张献忠及大西政权

应该说，张献忠在建立大西政权以后，既要推行“三年免征”等轻赋薄税政策，以纾民困换取民心，又要解决庞大的军费和政府开支问题，仅靠没收明朝官府库藏和“打粮”，难以维持大西政权的正常运转。财政收入是政权统治之经济根基，如果没有切实可行的财政赋税政策作保障，必然导致统治根基不稳，遑论开疆拓土，扩大统治区域。事实也是如此，大西政权在占领成都后，张献忠调兵遣将分赴四川各府、州、县与各土司处，取得“州县争封，府库应伪命”的战果①，但这种局面并未能维持。表面上，除遵义和石柱、黎州土司外，四川的大部分地区都在大西政权的管辖之下，而实际上，大西政权所能有效控制的区域十分有限。史籍上说，张献忠拥兵数十万，但其政令“所行，不过近省州县”②。政令“所慑伏者，不过成都前后十余县耳”③。大西政权“窃据者，川西锦城一区耳”④。关于此，还可从江口遗址出土的有关大西政权赋税征收的银锭中得到印证，这12件银锭中，除了眉州、潼川府2例外，其余都在成都府范围内所得。⑤

按照常理，以大西政权局促的地盘和蹩脚的财政赋税政策，能维持大西政权的正常运转，已经是很不容易的事情。但令人意外的是，大西政权所搜括聚敛的巨额财富，论数量是“金宝亿万计”⑥，论堆头是“金

---

① 《光绪井研县志》卷28“官师一”，《中国地方志集成·四川府县志辑（40）》，巴蜀书社，1992，第547页。

② 《民国泸县志》卷8“附杨鸿基《蜀难纪实》”，《中国地方志集成·四川府县志辑（33）》，巴蜀书社，1992，第331页。

③ （清）计六奇：《明季南略》卷10，任道斌、魏得良点校，中华书局，1984，第354页。

④ 佚名：《纪事略》，《甲申纪事》（外三种），中华书局，1959，第48页。

⑤ 万明：《“江口沉银”所见明朝与大西朝的货币财政——基于明代白银货币化的分析》，《中华文化论坛》2020年第4期。按：大西朝银锭铭文简释及银锭特征，证实了张献忠大西政权不仅实施了“打粮”政策，而且沿袭了明朝征收白银货币的财政税收制度。这些沉银，产生于特定的明朝货币财政背景下，也是大西朝实行货币财政的历史见证。另外，新近出版的由四川省文物考古研究院、国家文物局考古研究中心、眉山市彭山区文物保护研究所编的《江口沉银遗址出土金银货币卷》（巴蜀书社，2023），也证实了这一历史事实。

⑥ （清）张廷玉等：《明史》卷309，中华书局，1974，第7976页。

银山积”[1]。就连张献忠也说：“今老子金银甚多，藏有金银数万两。”[2]另有研究者估计，张献忠随军携带的金银珠宝财富，以白银计，可能价值数千万甚至多达一亿两。[3] 因此，史籍上说，张献忠率军在大顺三年（清顺治三年，1646）准备离开四川向外省转战时，“所聚金银”“载以千余艘”，“以千余人运之江干，三月始毕”。[4] 在江口战役以后，胜利者杨展凭借捞取张献忠江口沉银之“所遗金宝”，便可“以益军储”，并“自是富强甲诸将”。[5] 另外，有研究者认为，彭山江口沉银所沉藏的金银财宝，很可能还只是张献忠所拥有之巨额金银财货中的一小部分。因为“张献忠终究是个流寇，四处行军打仗要钱，虽然是兵败回成都，肯定要把军费带走。所以沉入江底的宝贝，应该是少部分，是没办法挽救才放弃的”[6]。对此，前文中所引的历史文献亦载称，江口之战后，张献忠“决走川北。将所余蜀府金银铸饼及瑶宝等物，用法移锦江，锢其流，穿穴数仞实之。因尽杀凿工，下土石淹盖。然后决堤放流，使后来者不得发，名曰‘锢金’”[7]。

虽然张献忠拥有如此丰厚的金银财富，但军力却没有因此发展壮大，地盘也并未因此而得以拓展，大西政权仅仅维持了短短的两年多时间，即以失败告终。探究其失败之原因，或可枚举多条，但畸形的财政经济政策，应是其失败的主要原因。有必要再次强调的是，张献忠一方面“恐兵富而易逃”，严格控制金银财富，实行所部将士如果私藏金银一两，斩全家，私藏十两，本人剥皮、斩全家等严酷政策，以禁止部下私自存藏金银浮财；一方面铸造“大顺通宝”铜钱，在促进市场货币流通的同时，也借机疯狂敛取财富。大西政权的这些财政经济举措，并不

---

① （清）欧阳直：《蜀警录》，何锐等校点：《张献忠剿四川实录》，巴蜀书社，2002，第192页。

② （清）计六奇：《明季南略》卷10，任道斌、魏得良点校，中华书局，1984，第357—358页。

③ 李庆、毛玉婷：《张献忠一路杀抢搜刮获得折合现代数百亿人民币财富》，“中国新闻网”2017年11月7日。

④ （清）沈荀蔚：《蜀难叙略》，何锐等校点：《张献忠剿四川实录》，巴蜀书社，2002，第107页。

⑤ （清）彭遵泗：《蜀碧》卷3，何锐等校点：《张献忠剿四川实录》，巴蜀书社，2002，第164页。

⑥ 此乃袁庭栋先生的看法。参见《破解张献忠的巨大财富，资产百亿富比崇祯》，《华西都市报》2017年1月12日。

⑦ （清）彭遵泗：《蜀碧》卷3，何锐等校点：《张献忠剿四川实录》，巴蜀书社，2002，第165页。

具备从根本上开源的意义，亦不能促使其建立正常的财政税收制度，自然也就不可能建立起坚实的财政经济基础。因而，张献忠也就只能继续采取“打粮”等方式，用流寇主义的“随地掠食”手段来筹集军饷以资国用。而“打粮”，实质上就是抢夺劫掠。“打粮”过程中，既要抢掠富人，也要劫掠普通老百姓。抢掠必然招致反抗，镇压反抗就必然要杀人，也就必然会激化社会矛盾，也就不可能建立起稳定的社会秩序，巩固统治也就成为天方夜谭。这是大西政权在四川地区不能立足的根本原因，也是“张献忠徒有大量白银，只落得江口沉银悲剧的根本原因之一”[①]。对此，明清之际的史学家查继佐亦分析说：“张之失，不知所为固……不知所为固则防疏，而后无余地可凭。”[②] 总之，张献忠部农民军不能改变其长期形成的“饥则聚掠，饱则弃余，因固之粮，不知积穑，地生之利，未闲屯种”[③] 等流寇主义的思想作风，则其所怀抱的“平定天下”之雄心壮志，也就因无所依靠而成了无根之木。

在此基础上，我们或许应当更进一步追问究竟应该如何评价张献忠这一农民战争领袖人物。在曾经被誉为“五朵金花”之一的农民战争史的研究中，因受传统思维和当时意识形态的影响，在过去相当长一段时期里，人们在探讨历朝历代农民战争爆发的原因时，形成了一套政治腐败、土地财富集中、赋役繁重、灾荒频发等僵滞固定的解读范式。换言之，即所谓“官逼民反”。按照这一范式的逻辑推理，古代农民战争的领袖人物造反，其主要动机是为民请命，其行为具有天然的合理性、正义性和进步性。因而，在这一范式的理论框架下评价农民战争的领袖们，往往是以褒扬居多，而对其过失或讳莫如深，或一笔带过，或闪烁其词。即使是在对像张献忠这样极富争议性的农民战争领袖的研究中，为塑造其农民“英雄”的伟大形象，亦对相关史料进行主观的“取舍”“剪裁”，尽量挖掘、使用正面的史料，用较多笔墨突出其在转战征途中如何劫富济贫，在建立政权之后，又如何“免征”和“免粮”，以纾

---

① 万明：《张献忠为什么会有大量白银沉于江口》，《中国史研究动态》2016 年第 5 期。

② （清）查继佐：《罪惟录》，浙江古籍出版社，2012，第 2729 页。

③ （明）谈迁：《国榷》卷 98，张宗祥校点，中华书局，1988，第 5937 页。

"民困"。特别注重阐释其对广大贫苦农民，以兄弟相待，每到一地，开仓济贫。[①] 但是，历史事实告诉我们，在记录张献忠部农民军漫长征战过程的文献中，记载的是其烧杀抢掠之行径，少有赈济灾民的记录。见诸文献的"赈灾"记录，主要有两次。一是崇祯十四年（1641）二月，张献忠攻下襄阳，籍没襄王全部财产，"发银十五万以赈饥民"[②]。二是崇祯十六年（1643）五月，张献忠攻取武昌，消灭了"楚府兵"，"尽取宫中金银各百万，辇载数百车不尽"[③]，发楚王府金银给饥民。而所谓的"钱粮三年免征"，据学者考证，是农民军在占领湖南和四川之初，提出的一种宣传口号。总体上说，是张献忠在建立政权之前所采取的一种暂时性政策，根本没有执行。[④] 与之相反，从一些文献记载和江口沉银遗址的出土文物可知，张献忠攻城略地时所有开支依赖没收和"打粮"，而建立政权后，依然如此，既抢官府，也不放过普通百姓。这就使我们有必要重新审视和评价张献忠这个农民领袖人物了。"官逼民反"是张献忠率领农民起义的重要原因，但是，他的动机是不是仅仅在于"为民请命"呢？这是一个令人深省，并值得进一步探讨的问题。为此，有学者明确指出："明朝白银赋税加派频仍，是构成明王朝覆亡的重要因素之一；同样，重蹈明朝故辙的张献忠不遗余力征掠白银，也是造成大西

① 胡昭曦：《张献忠屠蜀考辨——兼析湖广填四川》，四川人民出版社，1980，第 39 页。

② （清）计六奇：《明季北略》卷 17，任道斌、魏得良点校，中华书局，1984，第 301 页。

③ （清）彭孙贻：《平寇志》卷 6，上海古籍出版社，1984，第 136 页。

④ 关于大西政权是否真正执行过"钱粮三年免征"的政策，学界是有争议的。这一口号源于崇祯十六年（1643）五月攻下长沙时，张献忠发布的一个重要檄文。其文说："孤提天兵临长沙，一日之内两府三州归顺……所属州县士民照常乐业，钱粮三年免征。军民人等，各宜投册归顺，庶免屠戮。天兵临城，玉石俱焚，毋遗后悔。"（彭孙贻：《平寇志》卷 7，上海古籍出版社，1984，第 152 页）。"钱粮三年免征"成为农民军宣传的一个有力口号，获得了很好的社会效果，在地方产生了很大影响。即所谓："往者逆贼犯楚，实由人心惑于三年免征，一人不杀之伪示耳。"（《平寇志》卷 8，第 175—176 页）在占领四川后，有史籍说："献贼声言，边郡新附，免其租三年。蛮司贪贼货，多降。惟遵义不从贼。"（戴笠、吴乔：《流寇长编（下）》卷 18，书目文献出版社，1991，第 1042 页）但从江口出土沉银中的大西政权税收银锭看，大西政权在四川的所谓免租三年钱粮，还仅仅是一个空洞的口号，是建立政权之前的一种暂时性政策，根本谈不上执行问题。参见万明：《"江口沉银"所见明朝与大西朝的货币财政——基于明代白银货币化的分析》，《中华文化论坛》2020 年第 4 期。

朝失败的主要因素之一。”[①]

同时，在以阶级斗争为纲的时代，凡旧史籍中被称为“贼”“匪”“逆”“寇”者，我们的主流媒体、教科书均称之为“起义”，并大都给予了肯定和较高的正面评价，甚至还强调：“农民起义和农民战争，是推动封建社会发展的重要动力。”[②] 为了顺应这一命题，对于张献忠及其大西政权在四川活动期间的消极方面和负面影响，研究者往往有意无意地将其忽视，或轻描淡写地以“杀人如麻”“抢钱无数”和“焚毁城池”等语一笔带过，甚至为其曲笔矫饰，强词辩护。例如，在探寻是什么原因导致明末清初四川人口锐减、经济破败、社会满目疮痍时，无论是官修正史，还是民间传说，皆归咎于张献忠“屠蜀”之过。而对于这些描述张献忠“残暴”的史料和传闻，过去有不少学者坚持认为，是历代封建统治阶级对农民战争及其领袖人物的“敌视”，是旧史家的“偏见”。即使是面对铁证如山的张献忠在川残暴“杀人”之史实，不少学者也认为那是出于推翻明朝暴政和维护大西政权的政治需要而采取的革命行动，并进一步为张献忠辩护说：革命的农民阶级与反动阶级势不两立，历史上的农民起义都是如此。[③] 对于张献忠近乎疯狂的敛聚金银的行为，不少学者也认为，社会财富“不流通地积贮在贵族或豪富手里，却是不起任何积极意义的，相反，倒是降低了社会的交换频率。而假如一旦掌握在农民军手里，则可以购买军事装备、购买粮秣、救济社会上贫弱无生产力的人们……这样，一方面可以大大加强了阶级斗争的强度，也大大加重了对统治者和剥削者的打击；另一方面，也可以加速了社会交换的频率，对手工业和商业的进一步发展，也是有着促进作用的。”[④] 另外，与李自成的大顺农民军队伍相比较，张献忠的队伍“在阶级成分方

① 万明：《“江口沉银”所见明朝与大西朝的货币财政——基于明代白银货币化的分析》，《中华文化论坛》2020年第4期。

② 艾力云：《历史发展动力问题讨论述评》，《史学月刊》1980年第1期。

③ 王纲：《论张献忠大西政权的革命性》，《四川社联通讯》1983年第5期，第28—33页。

④ 赵俪生：《论明末大农民军对货币财富的积累——“明末农民大起义”分题研究之二》，《文史哲》1956年第6期。

面的构成则比较复杂”①，有叛卒、逃卒、驿卒、饥民、响马、难民，甚至还有宗教迷信活动者。概而言之，张献忠队伍的抢劫杀人等暴烈行动，事出有因。

当然，那种将清初四川人口锐减之责完全归咎于张献忠滥杀的说法，无疑是一种历史偏见。特别是一些正史、野史、旧地方志中，在记载张献忠的过激杀人行为时，说什么“八大王血洗四川”，“共杀男女六万万有奇”②，川省为之人迹殆绝，如此之夸大其词，实为荒诞不经。但是，那种对史籍所载张献忠杀人太多、刑罚太滥的情形，采取视而不见，甚至将之当作捕风捉影、空穴来风之言，将注意力过分集中在为张献忠“辨污”上，以至留下许多历史悬案有待破解。③ 这种做法，也是有悖于唯物史观，同样是需要否定的。江口战场遗址出土的“大量来自民间的首饰类文物，已经可以证明张献忠屠川的说法”④。因此，就导致清初四川人口锐减之战争因素而言，张献忠部农民军、明军、清军和四川地方武装等，均难辞其咎。对此，时人曾经概要地总结说：“甲申一变，祸乱踵于蜀。献贼贼其半，摇黄贼其半，乱兵贼其半。”⑤ 郭沫若亦在其所著《少年时代》中指出：“在当时，地主杀起义农民，农民杀反动地主，满人杀汉人，汉人杀满人，互相厮杀的数量一定不小。在那样

---

① 赵俪生：《论明末大农民军对货币财富的积累——“明末农民大起义”分题研究之二》，《文史哲》1956 年第 6 期。

② （清）张廷玉等：《明史》卷 309，中华书局，1974，第 7976 页。

③ 陈世松：《“湖广填四川”研究评议》，《天府新论》2005 年第 3 期。

④ 吴晓铃等：《张献忠江口沉银不是传说：超万件全国罕见的高级别文物出水》，《四川日报》2017 年 3 月 21 日。

⑤ 《民国丰都县志》卷 11，《中国地方志集成·四川府县志辑（47）》，巴蜀书社，1992，第 633 页。实际上，关于清初四川人口损耗的原因，时人有多种看法。相对而言，刘景伯的说法更具体，认为：“川南死于献者十三四，死于瘟、虎者十二三，而遗民百不存一矣。川北死于献者十三四，死于摇黄者十四五，死于瘟、虎者十一二，而遗民千不存一矣。川东死于献者十二三，死于摇黄者十四五，死于瘟、虎者十二三，而遗民数万不存一矣。川西死于献者十七八，死于瘟、虎者十一二，而遗民十万不存一矣。”（参见刘景伯：《蜀龟鉴》卷 5，何锐等校点：《张献忠剿四川实录》，巴蜀书社，2002，第 319 页）其中，对于农民军的责任问题，费密说：“流贼者，大贼；摇黄者，小贼。”（费密：《荒书》，何锐等校点：《张献忠剿四川实录》，巴蜀书社，2002，第 423 页）

广大的地面，因而空出了许多吃饭的地方来。”① 也就是说，在造成四川若干地区人口真空问题上，张献忠负有相当大的责任。或者更为直接地说：“张献忠起义军在四川是杀了人的，数量也是不小的。”② 由是观之，对于张献忠及其所建立的大西政权是不是“推动封建社会发展的重要动力”的问题，诚如著名历史学家戴逸先生所说，要从历史上找到一次农民战争如何推动历史发展，如何促进生产是不容易的。即使找到一些材料，找到一些论据，也是说服力不强。因此，把农民战争推动生产力发展的说法用来解释历史，总是和历史实际有较大的差距。③

进而言之，对包括农民战争在内的具体历史事件的研究，不同历史时期有可能出现差别性的解读，这也正如一位西方史学名家所说的那样，“一切历史都是当代史”。但是，历史是过去所发生的实实在在的事件，不是任人随意打扮的“小姑娘”，更不是任人随意使唤的“婢女”。也就是说，尊重和敬畏历史事实，以此为解读和研究历史的基本依据，是一个历史研究者应具备的基本素养和应保持的起码的治学态度。因此，就历史研究的学术而言，对于过去一些史家受制于时代所做的研究和得出的结论，我们应给予相当程度的理解和包容。正如有学者说：“学术界似乎有这样的共识：学术研究需要避开政治的干扰，才可能具有科学性、准确性，事实上这是不可能的，政治形势必然会影响学者，有的学者还会自觉与不自觉地去迎合时政。”④ 但是，那种一味地颂扬农民战争的做法，“从历史唯物主义观点来看，是违背历史发展正途的，也是不符合大多数人民的意愿的”⑤。

---

① 郭沫若：《沫若文集》第6卷，人民文学出版社，1958，第9页。

② 胡昭曦：《张献忠屠蜀考辨——兼析湖广填四川》，四川人民出版社，1980，第9页。

③ 参见艾力云：《历史发展动力问题讨论述评》，《史学月刊》1980年第1期。按：关于农民战争的历史作用问题，历来有两种不同的意见。改革开放前，绝大多数学者都认为封建社会的农民为反抗地主阶级残酷压榨而开展的武装斗争是正义的，是社会前进的动力。改革开放后，不断有学者认为，农民起义并不反对封建制度，不代表新的生产方式，因而不仅不是社会历史前进的动力，而且由农民战争引发的战乱，对社会生产造成严重的破坏。

④ 冯尔康：《清史研究与政治》，《史学月刊》2005年第3期。

⑤ （清）严如熤：《三省边防备览点校》（上册），张鹏翂补修，郭鹏点校，西安交通大学出版社，2018年，“前言”第5页。

改革开放以来，学界拨乱反正，史学研究逐渐步入正轨，特别是20世纪90年代，随着改革开放的逐渐深入，国内学界与海外之间的学术交流越来越多，史学研究也引入了许多新课题、新理论、新视角，呈现出令人欣喜的局面。在评价农民战争的历史作用问题上，多了一些反思和理性认识，不再对其一味褒扬或一味贬低。与此相应，学界对张献忠及大西政权的研究，也呈现出新的变化。1980年3月，四川省社会科学院在成都组织召开了“张献忠在四川”学术讨论会。自此之后，学界多次召开有关张献忠及大西政权问题的学术讨论会，对相关问题进行了深入的研究，取得了可喜成绩。[①] 任乃强、王纲、胡昭曦、陈世松、冯广宏等专家，在他们的相关论著中，充分运用现有史料，对被曲解的历史事实进行了必要的澄清，这是值得肯定的。

三、结语

众所周知，农民战争史曾经被誉为中国历史研究的“五朵金花”之一。过去，由于受传统思维和意识形态的影响，学人所做的研究和得出的结论，不免有这样那样的不足乃至偏差。改革开放以来，史学领域的这些现象得到很大程度上的纠正。但是，20世纪90年代以来，对张献忠、李自成等农民领袖及农民战争史的研究，渐趋沉寂，这与史学研究新领域、新视域、新理论、新方法、新课题不断涌现的繁盛景象，恰成鲜明对比。究其个中缘由，缺乏新材料、提不出新问题，原来争议、探讨的老问题也无法深入下去，是其重要原因。江口沉银遗址发掘后，张献忠研究话题重新进入学者视野，考古发掘的诸多文物，为我们提供了

① 1980年3月四川省社会科学院在成都组织召开“张献忠在四川”学术讨论会，会后出版了论文集《张献忠在四川》。2010年8月15—17日，由中国社会科学院历史研究所、四川省社会科学院历史研究所、陕西省社会科学院联合主办，在陕西定边县召开了首届“明末农民起义领袖张献忠全国学术讨论会”，这次会议是继20世纪80年代四川省社会科学院组织召开的两次相关学术会议后的首次大型学术研讨会。全国出席会议的专家学者共计120余人，征集到论文52篇、专著1部。会后形成了《明末农民起义领袖张献忠全国学术研讨会文集》。

大量实物资料，也给我们从新的视角研究张献忠提供了机会和可能。①

首先，随着江口沉银遗址出土文物资料的整理、研究，从实物证据的角度，证实了稗官野史记载和民间传说中的张献忠江口沉银，不是道听途说或臆测，而是实有其事，而且还进一步证实了张献忠在江口不是有意埋宝而是被动沉银②，从而解答了一个个历史谜题。进而言之，江口沉银考古以个案的形式证明稗官野史和民间传说，并非毫无根据或不足凭信的齐东野语，很可能“往往曲折地反映了历史真实”，“为验证历史传说提供了一个很好的例证”，这“对于今后在历史研究中怎么合理利用民间史料具有示范作用”。③

彭山江口沉银遗址及其出土文物，作为张献忠部农民军辗转征战路线的佐证和大西政权在川活动的物证，在证实张献忠部征敛粮饷方式及与明朝各地王府、地方官府关系的同时，也凸显了考古文物资料在历史研究中的重要性，说明即使是在明清史领域，考古文物资料也同样具有基础史料的地位和至关重要的作用。这也启示我们，即使是研究明清历史或近现代史，同样应当高度重视和充分利用考古文物资料，以地下出土之考古文物材料，或考证纸质历史文献记载之真伪，或订正历史文献记载之讹误，或补充历史文献记载之不足，从而按照王国维所倡导的“双重证据法”甚至是“多重证据法”来证实、探究历史真相。

其次，江口沉银遗址出土的文物可以丰富对张献忠史事本身的认识，沉银遗址及其文物的发现与研究无疑是一个很好的契机。江口遗址考古发掘和更多实物证据的出现，为张献忠及大西政权这一课题研究的持续进行和深入发展提供了新的证据，使对张献忠及农民战争的历史功过的评价重新进入人们的视野，并受到学者的关注和重视，从而可能使

---

① 张彦、姚刚：《“江口沉银”遗址发掘后对张献忠研究的几点思考》，《中华文化论坛》2018年第12期。

② 据参与江口遗址考古发掘的专家者说，清人所著《蜀碧》《蜀破镜》两书均说到战争规模大，战斗惨烈，张献忠大败，士卒辎重损失殆尽。考古发现和两书对这个事件的记载，基本是吻合的。参见《中国史研究动态》编辑部：《江口沉银研究的重要节点》，《中国史研究动态》2017年第5期。

③ 《中国史研究动态》编辑部：《江口沉银研究的重要节点》，《中国史研究动态》2017年第5期。

这一问题的研究重新“热”起来。其中，运用这批考古资料，探究张献忠部农民军及大西政权这一老题目时，有很多问题需要重新思考和进一步追问。比如，张献忠为何会有如此大量的金银财宝沉于彭山江口；以此为起点，可否进一步探讨张献忠及大西军胜败成亡的深刻历史原因；可否重新审视和评价以李自成、张献忠为主要领袖的明末农民战争的是非功过；等等。质言之，在江口遗址考古发掘及文物史料的见证下，一些过去看似结论性的问题，有可能被质疑，观点也可能被修正。正如兰克所说：“史学家的最高职责是按事件实际发生的那样来叙述历史。”① 张献忠彭山江口沉银这一重大历史谜团被逐步解密，历史真相逐渐浮出水面，关于张献忠及大西军的功过是非将得到重新评价，特别是“张献忠屠蜀”这一“老问题”，也将成为一个被重新探讨的“新课题”。总之，随着广大学者的辛勤耕耘和有关研究的不断深入，对张献忠及大西政权的历史叙述，必将会更加趋近于事实真相。

① 转引自何平：《20世纪下半叶西方史学认识论的发展》，《史学理论研究》2001年第1期。

第二章

清代移民实川与四川人口大省的形成

明清之际，四川经历了近半个世纪的兵火战乱。[①] 连年干戈不断，“不遭兵人之劫，即遇盗寇之害”[②]，人民或死或逃，以至清初四川“丁户稀若晨星”[③]，“有可耕之田，而无耕田之民”[④]，社会经济遭到了空前的破坏。为了促进四川经济的恢复，稳定四川地方政局，清廷从顺治末年开始，制定和实施了一系列招民实川的政策和措施。随着川人返乡和外省移民的迁入，四川农业劳动力人口迅速增加，土地得到开垦，为清代四川社会经济的恢复和发展起到了非常重要的作用。但是，土地资源的有限性，决定了一个地区人口的承载量，过量的人口势必造成人地矛盾，社会上出现大量无地可耕的无业“游民”。若不对之加以适当的管控，势必造成一些社会问题。因此，雍正、乾隆时期，移民入川政策转严，停止优惠招民条例及限制流民入川。总体上讲，清代移民入川政策

---

① 自崇祯六年(1633) 张献忠首次攻入四川起，至清康熙二十年（1681）清军平定吴三桂叛乱止，四川地区的大规模战乱持续了四十八年。其间，张献忠曾五次入川作战，李自成和其他各部农民军亦先后与明朝军队周旋于此，顺治三年（1646），和硕肃亲王豪格率军入川，经过十九年的血战，采取若干剿抚措施，至康熙三年（1664），终于平定大西军、夔东十三家军和四川各地抗清势力。但仅隔九年，吴三桂叛乱，八年的平吴战争，四川又是主战场。

② [法] 古洛东：《圣教入川记》，四川人民出版社，1981，第 62 页。

③ 四川省地方志编纂委员会：《四川历代方志集成》第 4 辑《（雍正）四川通志》卷 5，国家图书馆出版社，2017，第 324 页。

④ 《清圣祖实录》卷 36“康熙十年五月乙未”，中华书局，1985。

具有阶段性特征。顺治、康熙时期，政府一直鼓励移民入川；而至雍正、乾隆时期，则逐步加以规范和限制。历经康熙、雍正、乾隆三朝延续一个多世纪的移民运动①，四川人口实现了机械性和自然性双增长，土地资源得到充分利用，从而奠定四川作为人口大省和农业大省的基础地位。

第一节
有川之名，无川之实：清初四川人口锐减及其影响

纵观中国历史，新、旧王朝之更迭，多是通过大规模的战争而完成的。战争意味着“杀戮、毁灭、灾难”②，明清之际的战争，就是这样。仅就这期间的战争所直接和间接造成的人口损失而论，其数量是惊人的。据曹树基研究，明初洪武二十六年（1393），中国人口大约为7000万，至晚明万历年间，中国人口增至约1.8亿。这些人口统计数据，尚未包括当时未纳入朝廷户籍统计范畴的少数民族人口。然至康熙十五年（1676）时，中国人口却下降为约1.23亿。这就表明，从1600年至1678年的近80年间，在灾荒、瘟疫和战争的交替作用下，中国人口损失了30%。③ 另一位人口史学者姜涛则估计得更为悲观，认为“1650年前后中国人口大约为明代人口峰值的50—60%”。④

在明末清初的屡次战争中，地处西南腹地的四川不仅未能幸免，反而是受创最重的省区之一。四川人口损失之巨、社会经济遭受摧残之

---

① 清代移民实川运动，延续时间之长、规模之大，史所罕见。关于这一运动的持续时间，学界尚存争议。究其原因，在于对起止时间的分歧。该运动的开始时间，有主张顺治末年者，有主张始于康熙十年（1671）清廷正式颁布允许外省移民入川政策者。而终止时间，若以雍正五年（1727），清廷逐步规范和限制移民为止，前后延续60年左右；如以乾隆四十一年（1776）中叶计算，则延续一个多世纪。

② 邹建达：《西南边疆之战》，中山大学出版社，2020，“总序”。

③ 曹树基：《中国移民史》（第六卷），福建人民出版社，1997，第15—17页。

④ 姜涛：《近代中国人口史》，浙江人民出版社，1993，第24—25页。

重，诚如先后担任四川巡抚和总督的李国英[①]所说，“大约全川民存十分之一，地荒十分之九”[②]，“今四川形势，较他省最为荒残”[③]。

一、明清之际四川人口的损耗概况

关于明末清初四川人口的损耗概况，时人欧阳直在《蜀警录》中有这样一段叙述，(顺治年间）四川“九府一百二十州县，惟遵义、黎州、武隆等处免于屠戮。上南一带稍存孑遗，余则连城带邑屠尽杀绝，并无人种”[④]。事实是否如此，任乃强先生对该问题进行了研究，得出的结论是“至顺治七年（庚寅）时，蜀人大体已尽。惟嘉定、峨眉、青神、犍为一区最称丰足。叙、泸、重、涪、万、遵义与松、茂、雅州、保宁一带，略有人迹”[⑤]。这就表明，欧阳直的说法，虽有夸大的成分，但还是

① 李国英，汉军正红旗人，祖籍辽东。原为明将左良玉部下，官至总兵。顺治二年（1645）降清，次年随肃亲王豪格率军入川，任成都总兵。顺治五年升为四川巡抚，十一年加兵部尚书，十三年加太子太保，十四年擢陕西四川总督，十八年，川、陕各设总督，任四川总督。康熙五年（1666）病故。李国英治蜀，深得清廷认可，即所谓“国英镇蜀，凡二十有一年，劳瘁卒于官”，赐谥勤襄。参见赵尔巽等：《清史稿》卷240，中华书局，1977，第9529—9531页；（清）穆彰阿、潘锡恩等：《大清一统志》卷383，上海古籍出版社，2008，第79页。

② 中国人民大学历史系、中国第一历史档案馆：《清代农民战争史资料选编》（第1册下），中国人民大学出版社，1984，第414页。

③ 中国人民大学历史系、中国第一历史档案馆：《清代农民战争史资料选编》（第1册上），中国人民大学出版社，1984，第234页。

④ （清）欧阳直：《蜀警录》，何锐等校点：《张献忠剿四川实录》，巴蜀书社，2002，第197—198页。对于遵义、黎州、武隆等处免于屠戮，很好理解。为何四川遭此劫难之后，唯独“上南一带”受影响的程度较轻。欧阳直认为，江口之战后，杨展获得大量沉银，这在一定程度上缓解了战乱给其辖地带来的灾荒。“时无栽插，内地无粮，惟远诣董卜高杨各边土司籴运。计斗米需值六七十两，尚难寻买。饿死兵民尸即复为饥者食，展以所得银散给兵民，远籴救荒。故上南之人多所全活”（何锐等校点：《张献忠剿四川实录》，巴蜀书社，2002，第193页）。而彭孙贻认为，张献忠占据成都之后，遭遇抵抗者主要是来自明朝参将杨展所率领的明军。当时，杨展“扼守嘉定州、峨眉、峡江、丹稜、雅州、荣经、名山、蒲江诸州县”，因此，这几个“州县不罹其祸”[（清）彭孙贻：《平寇志》卷11，上海古籍出版社，1984，第262页]。客观地说，欧阳直和彭孙贻的这些说法，不免对张献忠带有偏见，但“上南一带”受战乱的影响的程度相对较轻，还是事实。关于此，蓝勇有比较深入的研究。参见蓝勇：《清代四川土著和移民分布的地理特征研究》，《中国历史地理论丛》1995年第2期。

⑤ 任乃强：《张献忠屠蜀辨》，《张献忠在四川》（《社会科学研究丛刊》第二期），《社会科学研究丛刊》编辑部，1981，第134页。

能大致反映明末清初四川各地人口的受损程度。

在明末清初这场战乱中，四川人口有如此严重的损耗，是天灾还是人祸？欧阳直认为："大抵蜀人死于贼者十之八，死于饥者十之二，仅存者又死虎之口。"[①] 与之相比，刘景伯的叙述更为详尽：

> 川南死于献者十三四，死于瘟、虎者十二三，而遗民百不存一矣。川北死于献者十三四，死于摇黄者十四五，死于瘟、虎者十一二，而遗民千不存一矣。川东死于献者十二三，死于摇黄者十四五，死于瘟、虎者十二三，而遗民数万不存一矣。川西死于献者十七八，死于瘟、虎者十一二，而遗民十万不存一矣。[②]

由此可见，刘景伯和欧阳直的看法相似，都认为当时四川人口损耗非常严重，但各地的情况又有所不同。其中，川南地区人口受损相对较小，川东和川北损伤较大。致之之由，首先是人祸，明清之际发生于四川地区的规模大且时间绵长的激烈战争，是导致大量人口死亡的罪魁祸首。其次是战争之次生灾害，如瘟疫和虎患，间接造成不少人口死亡。应该说，刘景伯将清初四川人口锐减的主要原因归咎于战争，是符合历史实际的。

但若将战争之罪，过多地指向张献忠，则是带有偏见的。清人有四川"民死于贼者半，死于明兵者亦半"[③] 的说法。显然，这也是在为清军洗罪，有失公允。其实，明末清初，四川人口大量减少，如从战争角度找原因，很大一部分还是在大西政权败退成都和张献忠战死西充之后，特别是川民持续抗清以及吴三桂叛乱造成的。有关这一问题的探

① （清）欧阳直：《蜀警录》，何锐等校点：《张献忠剿四川实录》，巴蜀书社，2002，第 199 页。

② （清）刘景伯：《蜀龟鉴》卷 5，何锐等校点：《张献忠剿四川实录》，巴蜀书社，2002，第 319 页。

③ 《民国新修武胜县志》卷 7，《中国地方志集成・四川府县志辑（59）》，巴蜀书社，1992，第 518 页。

讨，前贤已着墨甚多[①]，在此不赘述。另外，当时四川人口锐减，并非都是死亡造成的，有相当一部分人是因社会动荡而避迹山寨或逃难他省。[②] 关于四川州县人口损耗的详细情况，史志中多有记载，今摘录并列表如下：

表 2-1 清初四川部分州县残存丁户数额[③]

州县	年代	数字	资料来源
简州	清初	土著 14 户	《民国简阳县志》卷 19
彰明	清初	18 户	《乾隆彰明志略》卷 9
泸州	清初	300 余户	《民国泸县志》卷 3
什邡	清初	73 户	《民国什邡县志》卷 5
江安	清初	300 余户	《民国江安县志》卷 2

① 胡昭曦认为，自顺治元年（1644）至康熙十九年（1680）的三十七年间，“四川地区除九年时间相对安定一些，其余二十八年都处于激烈的战争状态。而在二十八年的时间里，张献忠起义军在四川的大规模战斗只有三年，占九分之一；满、汉地主大规模镇压人民和内部之间的厮杀，却长达二十五年之久，占九分之八”（胡昭曦：《张献忠屠蜀考辨——兼析湖广填四川》，四川人民出版社，1980，第 14 页）。今人对该问题的著述颇多，特别是对于张献忠及其所率领的农民军在四川杀人太多且过滥之情形，既往的研究者已做了较多的辨析。可参见袁庭栋《张献忠传论》（四川人民出版社，1981），顾诚《明末农民战争史》（中国社会科学出版社，1984），王纲《张献忠大西军史》（湖南人民出版社，1987），彭朝贵、王炎：《清代四川农村社会经济史》（天地出版社，2001 年），谭红：《巴蜀移民史》（巴蜀书社，2006），贾大全、陈世松：《四川通史》（四川人民出版社，2010）等著作。

② 当战争来临和爆发之际，民众就近躲避或逃跑，是常见之事。在明清之际的这场战乱中，川民有条件“逃避深山穷谷”者，是四川盆周的山区和民族地区，距离四川较近且能避开战争的陕西、贵州和云南等省。如川北的苍溪之所以人口所存“万中之一”，或因“贼兵蹂躏，民不聊生，俱逃避深山穷谷”；或“饥馑频仍，人食草子树皮。斗米银十余两，野兽游城，市民尽走秦地”[参见《民国苍溪县志》卷 13，《中国地方志集成·四川府县志辑（57）》，巴蜀书社，1992，第 128 页]。又如川南之叙州，“有人避贼，逃入深山。草衣木食既久，与麋鹿无异”[（清）彭遵泗：《蜀碧》卷 3，何锐等校点：《张献忠剿四川实录》，巴蜀书社，2002，第 169 页]。这就是清初四川一些地区几无当地人居住，而另一些地区当地人较多的原因。有学者研究，战乱之后，四川当地人保存数量由多到少的地区依次是：阿坝、甘孜和凉山藏彝聚居地区，少数民族聚居的黔江、宜宾和泸州地区，大巴山南麓的广元、巴中、达县、涪陵和万县地区。这些地区山高林密、交通不便，易于躲藏。参见蓝勇、黄权生：《“湖广填四川”与清代四川社会》，西南师范大学出版社，2009，第 82 页。

③ 本表资料及制表思路，源自彭朝贵、王炎：《清代四川农村社会经济史》，天地出版社，2001，第 67—69 页。

（续表）

州县	年代	数字	资料来源
铜梁	清初	100 余户	《光绪铜梁县志》卷 11
江油	顺治初	24 丁	《道光江油县志》卷 1
遂宁	顺治三年	民不满百户	《光绪遂宁县志》卷 6
仪陇	顺治八年	10 余户	《清世宗实录》卷 67
富顺	顺治十一年	居民 13 户	《乾隆富顺县志》卷 3
西充	顺治十三年	475 丁	《康熙西充县志》卷 3
温江	顺治十六年	32 户，31 丁，23 口	《嘉庆温江县志》卷 6
井研	顺治十八年	17 户，38 丁	《嘉庆井研县志》卷 3
重庆	康熙初年	不过数百家	《嘉庆四川通志》卷 116
永川	康熙元年	遗民 7、8 家	《道光永川县志》卷 7
邛州	康熙二年	160 户	《嘉庆邛州直隶州志》卷 17
威远	康熙二年	923 丁	《清圣祖实录》卷 250
南溪	康熙三年	7 户	《大清会典・事例》卷 166
资州	康熙六年	74 户，520 口	《嘉庆资州志》卷 8
崇庆	康熙六年	133 丁	《清圣祖实录》卷 109
江津	康熙六年	114 户，990 口	《乾隆江津县志》卷 4
綦江	康熙六年	247 户	《同治綦江县志》卷 2
成都	康熙七年	7 万人	《成都市志・地理志》，成都出版社，1993
忠州	康熙二十四年	522 丁	《道光忠州志》卷 4
屏山	康熙二十四年	142 户，284 丁口	《乾隆屏山县志》卷 2
内江	康熙二十五年	所存者不过数十家	《内江地区人口志》，中国人口出版社，1993
垫江	康熙二十六年	18 户	《光绪垫江县志》卷 3
梁山	康熙三十年	295 户	《嘉庆梁山县志》卷 5
苍溪	康熙三十年以前	85 户	《民国苍溪县志》卷 9
乐至	康熙三十三年	27 户	《光绪乐至县乡土志・户口》

表 2－2 清初四川部分州县户口存损比率例表

州县	户口存损比率	资料来源
广元	苟全性命者十之一	《民国广元县志稿》第 5 编
巴中	土著仅十之二	《民国巴中县志》第 2 编
东乡	遗民数万不存一，遗民得返故居者，千不一二	《民国宣汉县志》卷 6
西充	土著民人，十去六七	《光绪西充县志》卷 6
达县	（存者）百中之三四	《民国达县志》卷 11
高县	户口凋残八九	《同治高县志》卷 7
涪州	自楚迁来者十之六七	《民国涪州志》卷 6
双流	人民存者十之一	《民国双流县志》卷 4
苍溪	土著几空	《民国苍溪县志》卷 9
威远	乔木故家，一无存在	《乾隆威远县志》卷 3
永川	土著复业仅十之二三	《光绪永川县志》卷 2
南溪	故家旧族，百无一存	《嘉庆南溪县志》卷 3
江安	土著仅十一二	《民国江安县志》卷 11
屏山	土著仅十之三	《乾隆屏山县志》卷 1
富顺	招复者十之二三，落业者十之八九	《乾隆富顺县志·序》
武隆	土著与流民各居其半	《民国涪州志》卷 6

从表 2－1、表 2－2 可见四川省各州县人口的残存比相当低，损耗多者达“十之八九”，这是一个历史鲜见的触目惊心的数字。历来人口稠密的川西平原，遭遇明末清初之战争浩劫，成都府“属邑之人俱尽”①。其中，温江“自献逆屠剿，人类几灭。劫炭之余，仅存范氏、陈氏、卫氏、蒋氏、鄢氏、胡氏数姓而已”，顺治十六年（1659）清查户口，仅 32 户，男 31 丁，女 23 口，“榛榛莽莽，如天地初辟”②。金堂县“遭祸尤惨，兵燹之余，居民靡有孑遗，即间有以土著称者，亦不能尽道先代

① （清）吴伟业：《绥寇纪略》卷 10，李学颖点校，上海古籍出版社，1992，第 293 页。
② 《民国温江县志》卷 3，《中国地方志集成·四川府县志辑（8）》，巴蜀书社，1992，第 375 页。

之轶事，且为数寥寥”[①]。川中的资州，“康熙六年，清查实在户口仅七十四户，五百二十口”[②]。诸如此类记载表明，明末清初的战乱给四川人口造成了全局性的灾难。为此，时任四川巡抚的李国英就说：“窃照蜀地自近岁以来，遭献逆惨戮，摇黄蹂躏……孑遗涂炭，已不成地方。”[③]换言之，清初四川人口数下降幅度之大，已到“不成地方”的程度。

清初四川局势稍微安定之后，流落他省的川人开始返回原籍，在清廷的鼓励之下，有少量外省民众或随军或迁移入川。即便如此，四川人口总量还是很低，个别地方在人口结构上，还呈现出当地居民少而移民多的不正常状态。历史上，成都以“嚣然都会”著称。嘉靖时，约有84000户。顺治三年（1646），清军曾一度攻下成都，因见其犹如一座空城，难以踞守，只好退出。顺治六年（1649），偌大的成都仍然是“四方流氓艺业贸易，凑成省会，其属邑之荒凉，如故也”[④]。城区之荒凉，“惟见草木充塞，麋鹿纵横，凡市廛闾巷，官民居址，皆不可复识”[⑤]。至康熙七年（1668），才达到7万人[⑥]，但“询其居民，大都秦人矣”[⑦]。四川督抚驻节地重庆，其情形与成都相差无几。康熙二年（1663），四川巡抚张德地说重庆“哀鸿稍集，然不过数百家”[⑧]。即便是到康熙十年

---

① 《民国金堂县志》卷3，《中国地方志集成·四川府县志辑（3）》，巴蜀书社，1992，第438页。

② 《光绪资州直隶州志》卷7，《中国地方志集成·四川府县志辑（25）》，巴蜀书社，1992，第217页。

③ 中国人民大学历史系、中国第一历史档案馆：《清代农民战争史资料选编》（第1册下），中国人民大学出版社，1984，第414页。

④ （清）蔡毓荣等：《四川总志》卷10，康熙十二年刻本，四川大学图书馆藏，第20页。

⑤ （清）沈荀蔚：《蜀难叙略》，何锐等校点：《张献忠剿四川实录》，巴蜀书社，2002，第120页。

⑥ 成都市地方志编纂委员会：《成都市志·地理志》，成都出版社，1993，第19—20页。

⑦ （清）王沄：《蜀游纪略》，光绪十七年《小壶舆地丛钞》本第七帙，第7页。当时陕西籍成都居民多与清军由北路入川有关。跟随清军入川的不仅有随军家属还有陕西籍民众，这些人到达成都后，在清廷的号召下，从事农耕等各种职业，成为成都新居民。史载：“（顺治十六年）八月，本朝巡抚高民瞻提兵由保宁恢复成都……秦陇人俱相率随大军开辟，士农工贾技术胥役之类，惟力是视。俱伐树白之以为界。强有力者，得地数十丈不止，先施棚帐于髑髅瓦砾间，然后因树为柱，诛茅覆之，远近趋利者日辐辏，然故民则千百中不能一二也。”参见（清）沈荀蔚：《蜀难叙略》，何锐等校点：《张献忠剿四川实录》，巴蜀书社，2002，第120页。

⑧ （清）蔡毓荣等：《四川总志》卷10，康熙十二年刻本，四川大学图书馆藏，第15页。

(1671)，巴蜀大地仍然是“有可耕之田，而无耕田之民”[①]。正当各级官府积极筹划战后重建时，康熙十二年（1673），吴三桂叛乱，四川再次沦为战乱的重灾区，惨遭八年涂炭，“蜀省久为贼踞，百姓逃亡，所存惟兵”[②]。民田为弁兵所强占，“抗不纳赋”[③]。

平定吴三桂叛乱之后，随着四川局势的稳定，流落在外的川人逐渐返乡，外省移民入川置业，清廷开始着手清查户口，落实赋税。结果显示，四川户口下降幅度之大，令人难以置信。简州“仅存土著一十四户。清初陆续招徕，有户口八十四户”[④]；川北苍溪的民众，或“逃避深山穷谷”，或“走秦地”，“当时编定丁粮，全县仅六百余户”[⑤]。到康熙二十四年（1685），四川在籍人口仅有 18509 丁。[⑥] 为此，时人王骘就说：“以通省之户口总计之，仍不过一万八千九十余丁，是合全蜀数千里内之人民，不及他省一县之众。”[⑦] 即便按一丁五口计算，四川全省在籍人口仅有 9 万余人，在全国各省排倒数第二位[⑧]，不及清初江南一些大县的人口数。[⑨] 这些数字虽不一定准确[⑩]，但所反映的基本事实应是可信的。这就说明，明末清初连续数次的大战乱，以及战乱之后接踵而至的疫病，给四川人民带来了巨大的灾难。

为了厘清清初四川人口损耗程度，估算其剩余人口数量，学人们对

---

① 《清圣祖实录》卷 36“康熙十年五月乙未”，中华书局，1985。

② 《清圣祖实录》卷 96“康熙二十年七月庚申”，中华书局，1985。

③ 《清圣祖实录》卷 96“康熙二十年七月庚申”，中华书局，1985。

④ 《民国简阳县志》卷 19，《中国地方志集成·四川府县志辑（27）》，巴蜀书社，1992，第 536 页。

⑤ 《民国苍溪县志》卷 13，《中国地方志集成·四川府县志辑（57）》，巴蜀书社，1992，第 128 页。

⑥ 《清朝文献通考》卷 19《户口一》，浙江古籍出版社，1988。

⑦ （清）常明、杨芳灿等：《四川通志（2）》，巴蜀书社，1984，第 2368 页。

⑧ 梁方仲：《梁方仲文集·中国历代户口、田地、田赋统计》，中华书局，2008，第 543 页。

⑨ 梁方仲：《梁方仲文集·中国历代户口、田地、田赋统计》，中华书局，2008，第 608 页、第 611 页。

⑩ 这些史志所载的四川各地残存丁户和比例数据，仅能反映数据的动态变量，不可过高估计其准确性。这是因为丁、户数额及当地居民同外来人员比例的统计，其参照物，有的是明代旧册户口，有的是“迁来者”即移民。同时，时间跨度大，前后相距几十年。由于时间和参照物的不同，所得数据的实际意义也就不一样。

其进行了持续的关注和研究。[①] 曹树基的研究表明，万历六年（1578），四川载籍人口有纳粮户 2162694 户和纳税人丁 3102713 丁，但至清顺治十八年（1661），四川省载籍人丁数额却已下降至 1.6 万余丁——后者仅为前者的 0.5%。四川各地，“川东地区的土著残存已不足 5%；川中地区北部土著残存大约为 15%左右，南部不足 10%；成都平原及川西平原地区残存不足 10%；合计四川土著残存的比例不足 10%。考虑到战后对外流土著的招徕，残存土著的比例则可能达到 10%”[②]。因此，推测清初四川人口大约为 50 万，丁额在 1.5 万至 3 万之间。[③] 与曹树基的研究结论相似，郭松义也认为，康熙初年，四川省有州县 80 余座，每一州县平均实有人口约 6000 人[④]，合计为 50 万人左右。

此外，胡昭曦、李世平、柯建中、孙晓芬、王笛、王炎、谭红、牛

① 由于清代移民入川及其社会经济活动这一课题兼具学术研究与现实关怀的双重意义，或者是出于“湖广填四川”对今日四川人口与社会经济结构仍有一定的影响，学界对清代四川人口流动及相关问题的探讨，始终保持着浓厚的学术兴趣，进行了长期的高度关注，出版了一批颇具学术功力且有一定深度的论著。就改革开放以来的研究概况而论，就有胡昭曦《张献忠屠蜀考辨——兼析湖广填四川》（四川人民出版社，1980），袁庭栋《张献忠传论》（四川人民出版社，1981），李世平《四川人口史》（四川大学出版社，1987），刘洪康《中国人口·四川分册》（中国财政经济出版社，1988），柯建中等《四川古代史稿》（四川人民出版社，1988），王纲《清代四川史》（成都科技大学出版社，1991），王笛《跨出封闭的世界——长江上游区域社会研究（1644—1911）》（中华书局，2001），刘正刚《闽粤客家人在四川》（广西教育出版社，1997），孙晓芬《清代前期的移民填四川》（四川大学出版社，1997）、《四川的客家人与客家文化》（四川大学出版社，2000）、《明清时期的江西湖广人与四川》（四川大学出版社，2005），陈世松《大迁徙：湖广填四川历史解读》（四川人民出版社，2005），谭红《巴蜀移民史》（巴蜀书社，2006），陈锋《明清以来长江流域社会发展史论》（武汉大学出版社，2006），蓝勇、黄权生《“湖广填四川”与清代四川社会》（西南师范大学出版社，2009）等论著。相关的论文则数量较多。如除上引诸书作者多有论文外，郭松义、彭雨新、方行、高王凌、李映发、王炎、彭朝贵、黄友良等学者亦有文章论及。海外学界中，美籍华人学者王业键、李中清，日本学者森纪子等所撰相关文章亦令人注目。此外，涉及清代四川移民问题之相关论著与资料集还有鲁子健《清代四川财政史料》，四川省社会科学院出版社，1984；郭声波《四川历史农业地理》，四川人民出版社，1993；《四川通史》，四川大学出版社，1993；张国雄《明清时期的两湖移民》，陕西教育出版社，1995；曹树基《中国移民史》（第六卷），福建人民出版社，1997。而相关论文则更多，兹不赘述。

② 曹树基：《中国移民史》（第六卷），福建人民出版社，1997，第 77 页。

③ 曹树基：《中国移民史》（第六卷），福建人民出版社，1997，第 78 页。

④ 郭松义：《清初四川外来移民和经济发展》，《中国经济史研究》1988 年第 4 期。

晓萍等学者亦对清初四川人口残存状况做过一些估算，其概况如下表所示：

表 2–3　清初四川人口估算

学者	时间	估算之人口数	出处
胡昭曦	康熙二十四年	约 92000 人（18590 丁）	《张献忠屠蜀考辨——兼析湖广填四川》，四川人民出版社，1980，第 51 页。
李世平	康熙二十四年	50 万人	《四川人口史》，四川大学出版社，1987，第 6 页。
柯建中等	康熙九年	76980 丁（不含老少妇孺）	《四川古代史稿》，四川人民出版社，1988，第 445 页。
孙晓芬	清初	60 万左右	《清代前期的移民填四川》，四川大学出版社，1997，第 15 页。
王炎	康熙二十四年	9 万多人	《清代四川农村社会经济史》，天地出版社，2001，第 68 页。
牛晓萍	康熙二十四年	约 9 万人	《清代以降四川城乡人口变迁研究》，人民日报出版社，2005，第 6 页。
谭红	清初	约 10 万人	《巴蜀移民史》，巴蜀书社，2006，第 471 页。
王笛	康熙二十四年	92545 人	《跨出封闭的世界——长江上游区域社会研究（1644—1911）》，中华书局，2001，第 67 页。

由表 2–3 可见，研究者们对清初四川人口残存数量的估计，差异甚大，最多约 60 万人，少者仅有八九万人。对于这些数据，学界素有争议。① 即便是按 50 万～60 万人计算，也只相当于当今内地一个中等县的人口规模。

综上可见，在经历了明清之际的战争与动乱之后，四川人口损耗之

① 目前学界多认为，即便是按清初四川残存的 50 万～60 万人计算，也仅指的是当地汉族，并不包括川西川南的民族地区的人口，而这些地区的人口应有 100 万～200 万。为此，有学者估计，若加上川西川南的民族地区的人口，清初四川的人口应有 200 万～250 万（蓝勇、黄权生：《"湖广填四川"与清代四川社会》，西南师范大学出版社，2009，第 85 页）。实际上，要客观而科学地统计出清初四川的人口数，还是一个大难题。

严重，正如时任四川巡抚张德地所说："有川之名，无川之实。"①

二、四川人口锐减的社会影响

史籍载，历经明末清初的战乱，四川不少地区"几无人迹"，土地几"无人种"。客观地说，这些记载有夸张之嫌，但四川人口锐减，则是无可争辩的事实。对此，时人于成龙曾说："今日之蜀川，非昔时全盛可比，田地荒芜，烟火绝灭，赋役户口，载在由单，历历可数。"②《圣教入川记》载四川"地广人稀，除少数人避迹山寨者，余皆无人迹。所有地土，无人耕种，不啻荒郊旷野"③。人口的锐减，给四川经济社会造成的影响是惨重且全方位的。这在清初四川地方行政管理、财政收支和民生等方面，表现得尤为突出。

（一）因人口锐减而裁并州县

清沿明制，地方行政机构的基本建制分为省、府、州、县等层级。嘉庆时，四川省共设有 12 个府、8 个直隶州、11 个属州、4 个厅、111 个县，较之明代四川的 13 个府、6 个直隶州、15 个属州、110 个县有所增加。④ 但是，清初四川地方行政机构的建制情况，并不是这样。当时，由于各地人民或死或遁，人口减员十分严重，部分州县官员上任之际，发现自己竟处于无民可安的境地，"坐衙署如居深山"⑤，几乎无法设官置署。对此，顺治九年（1652），礼科给事中刘余谟建议四川原设州县"未有地方人民者，应行裁并，俟地熟人多，再复旧制"⑥。清廷采纳了这一建议，对四川部分州县进行了调整，裁并人口太少的州县，以减少财政开支。川北之保宁、顺庆、潼川、龙州三府一州二十九县，"焚屠

① （清）蔡毓荣等：《四川总志》卷 10，康熙十二年刻本，四川大学图书馆藏，第 15 页。
② （清）于成龙：《于清端政书》卷 1，（台）《景印文渊阁四库全书》第 1318 册，第 559 页。
③ ［法］古洛东：《圣教入川记》，四川人民出版社，1981，第 62 页。
④ （清）常明、杨芳灿等：《四川通志（1）》卷 2，巴蜀书社，1984，第 512 页；（清）张廷玉等：《明史》卷 43，中华书局，1974，第 1021 页。按：此处统计数字包括重庆。又据《清史稿》卷 69 第 2208 页记载，共有府 15、直隶州 9、直隶厅 3、州 11、厅 11、县 118、土司 29。《四川郡县志》记载，有府 12、直隶州 8、州 9、厅 6、县 149。
⑤ 《道光安岳县志》卷 3，《中国地方志集成·四川府县志辑（24）》，巴蜀书社，1992，第 488 页。
⑥ 《清世祖实录》卷 67"顺治九年八月戊午"，中华书局，1985。

之后，一望丘墟，各属开荒册籍汇算，所垦熟田止二百三十五顷，不及别省中县十分之一……蜀民死于寇攘灾荒者十室而九，邑不满三十户。有司历年招徕册籍，三府一州一十九县，共得九千三百五十余口，数不及别省半县”。为此，岳池因“户丁无几，奉旨并入南充”；“射洪归并潼川，遂宁归并蓬溪。乐至、安岳虽经开复，奈无一民一户，石田空城，有名无实，久成旷土”。[①] 其中，岳池在康熙七年（1668），改隶广安。[②] 历来人口密集的成都、重庆府，亦在裁并之列。成都府“旧领州六，县二十五。顺治十六年，省罗江入德阳，省彰明入绵。康熙元年，省崇宁入郫，省彭入新繁。九年，省华阳入成都”[③]。又如重庆府“顺治初，因明制，领州三，县十七。康熙元年，省铜梁、安居入合州，省璧山入永川，省武隆入涪州。八年，省定远入合州”[④]。有学者统计，经过顺治年间和康熙年间初期的裁并，四川之州县数较之明代，共精减了近40个，曾一度下降至80余个。[⑤]

表2-4　清代四川州县裁并与复置情况[⑥]

裁→并入	裁并时间	复置时间	废置年限
罗江→德阳	顺治十六年	雍正七年	70
彰明→绵州	顺治十六年	雍正七年	70
双流→新津	康熙元年	雍正七年	67

① 《明清史料》丙编第10册，（台北）“中央研究院”历史研究所，1999，第987页。

② 《清圣祖实录》卷27“康熙七年九月丁未”，中华书局，1985。

③ 赵尔巽等:《清史稿》卷69，中华书局，1977，第2208—2209页。关于将崇宁归入郫县、彭县归入新繁的时间，《清实录》记载是康熙七年（1668）。参见《清圣祖实录》卷27“康熙七年九月丁未”，中华书局，1985。

④ 赵尔巽等:《清史稿》卷69，中华书局，1977，第2211页。关于将武隆归入涪州的时间，《清实录》记载是康熙七年。参见《清圣祖实录》卷27“康熙七年九月丁未”，中华书局，1985。

⑤ 郭松义:《清初四川外来移民和经济发展》，《中国经济史研究》1988年第4期。关于清初四川地区裁减、归并州县之具体情形，可参见赵泉澄:《清代地理沿革表》，中华书局，1955。

⑥ 资料来源:胡恒《皇权不下县？——清代县辖政区与基层社会治理》，北京师范大学出版社，2015，第281—282页。

（续表）

裁→并入	裁并时间	复置时间	废置年限
崇宁→郫县	康熙七年	雍正七年	61
彭县→新繁	康熙七年	雍正七年	61
华阳→成都	康熙九年	雍正五年	57
江油→平武	顺治十年	康熙元年	9
璧山→永川	康熙元年	雍正七年	67
大足→荣昌	康熙元年	雍正七年	67
铜梁→合州	康熙元年	康熙五十九年	58
定远→合州	康熙元年	雍正七年	67
大宁→奉节	康熙七年	雍正七年	61
新宁→梁山	康熙七年	雍正七年	61
岳池→广安州	康熙七年	康熙五十九年	52
射洪→潼川州	顺治十年	康熙元年	9
遂宁→蓬溪	顺治十年	顺治十七年	16
安岳→蓬溪	康熙元年	雍正七年	67
威远→荣县	康熙六年	雍正七年	62
彭山→眉州	康熙元年	雍正七年	67
青神→眉州	康熙元年	雍正七年	67

在中国政区发展史上，县这一级行政机构自春秋创设之后，一直是最稳定的基层政区。历史上，个别地方也曾发生过裁并州县之事，但总体来说，县这一级基层政区“在幅员、数目和名称方面变化起伏最小”①。县级政区的这种存续状况，在清初的四川有所突破，不仅调整的数量较大，而且延续的时间也较长。从表2—4可见，清初所裁撤归并的四川州县，大多延迟至康熙末年至雍正年间才陆续复置，废置时间短则9年，普遍在半个世纪以上。康熙十九年（1680），安岳、乐至两县，因“人稀政简，无可经理”，共置知县1人，而且，该知县“往来无定所，

① 周振鹤：《中国历史政治地理十六讲》，中华书局，2013，第134页。

皆以道林寺为衙舍，除春秋二祭外，无事则假馆遂宁”。康熙三十一年(1692)，始营建衙署。次年，县城中始有铺肆。据时人估计，安、乐两县的元气当时“犹不过十复其五”①。雍正年间，随着大规模的移民入川，四川被裁撤的州县陆续复设。雍正七年（1729），四川巡抚宪德建议：“川省州县先因地广事简，将双流等县裁并。今生聚日繁，请复其旧。成都府复设双流、崇宁、彭三县，绵州复设彰明、罗江二县，重庆府复设大足、璧山、定远三县，夔州府复设大宁、新宁二县，潼川州复设安岳县，眉州复设彭山、青神二县，嘉定州复设威宁县，设知县、训导、典史各一。”② 雍正九年（1731），户部批准“复设双流等一十四县”③，四川被裁并的县基本恢复。此外，“白莲教”起义被镇压后，当局又“割原夔州府的达州、新宁、东乡、太平和顺庆府的渠、大竹共六县为绥定府。后又增设城口厅。于是四川所辖有十二府，八直隶州、六直隶厅，共管一百六十余州、厅、县。”④ 四川的这一置县格局，直到清末未曾改变。

（二）人口锐减之社会经济影响

经过明末清初的连年战乱和各种自然灾害的侵袭，四川地荒丁亡，社会经济遭到灾难性的破坏。康熙六年（1667），四川巡抚张德地上奏：

> 蜀土开复最先者，惟川北保属一隅户口稍聚，而顺庆则不及。以川西成都一府，则四方流氓艺业贸易，凑成省会，其属邑之荒凉如故也。至于龙、威、茂、汶、保，又皆番倮，寒塞艰苦尤甚。上南如嘉、雅州县，户赋较之他属稍可，及归版之后，又遭郝逆蹂躏，亦复归于残敝；他如眉、邛州县，则仅备名数而已。下南如马湖，隶在边徼，户赋尤微。叙属虽有十县两厅，荒残者十居其八，

① 《（乾隆）安岳县志》卷5、卷1、卷8，姚乐野、王晓波：《四川大学图书馆馆藏珍稀四川地方志丛刊》（第五册），巴蜀书社，2009，第384页、297—298页、461页。

② 《清史列传》卷15，王钟翰点校，中华书局，1987，第1112页。

③ 《清世宗实录》卷103“雍正九年二月庚戌”，中华书局，1985。

④ 任乃强、任新建：《四川州县建制沿革图说》，巴蜀书社、成都地图出版社，2002，第40页。

稍可充邑治者，仅一二处耳。泸属滨江地瘠，所属江安、纳溪，民可指数。建昌设在天末，深山穷谷，荒残之状不能殚述。遵义附郭之额赋，较通省称沃，然与水西接壤，王师征剿连年，合属皆疲于供运。至于川东，除重属归附稍先，然而兵民杂处；夔属则逆寇十三家负隅多年，蹂躏之惨更甚。新登版籍，有土无民。屈指两府，所辖四州二十九县，如奉节、建始、永川、璧山、铜梁、定远、安居等县，或无民无赋，城邑并湮；或哀鸿新集，百堵未就。类皆一目荒凉，萧条百里，惟见万岭云连，不闻鸡鸣犬吠，伤心蒿目，无过此者。①

中国古代素以“以农立国”著称，农耕乃基本经济形态，一个地区的人口锐减，意味着该地区的劳动力资源短缺，社会生产难以正常进行。康熙二年（1663）张德地任四川巡抚②，走北路入川赴任，到达广元之后，“沿途瞻望，举目荆榛”，其民“一二孑遗，鹑衣菜色”；其“郡邑，城鲜完郭”；③ 其“乡镇市集，昔之棋布星罗者，今为鹿豖之场”④。时隔三四年之后，四川之情形仍然是“一目荒凉”。张德地为此发出“伤心蒿目，无过此者”的感叹。这突出地表现在以下几个方面。

一是军需粮饷无着落，多靠邻省协济。对于这一问题，顺治三年（1646）随肃王豪格率清军入川的李国英有痛彻的感受。李国英在奏疏中说，四川“劫后奇荒，饥孽枕藉，我寥寥兵将，无粮无饷，日见饥疲”⑤。顺治四年（1647），李国英率领清军第二次攻占成都，兵将弱又“缺粮，采野菜草子为食”⑥。有鉴于此，李国英奏请在四川力兴屯垦，同时，在“川北已恢地方，勉同镇司道将府州县等官，殚力拊辑，开垦

① （清）蔡毓荣等：《四川总志》卷10，康熙十二年刻本，四川大学图书馆藏，第15页。
② 赵尔巽：《清史稿》卷256，中华书局，1977，第9800页。
③ 鲁子建：《清代四川财政史料》（上册），四川省社会科学院出版社，1984，第45页。
④ （清）蔡毓荣等：《四川总志》卷10，康熙十二年刻本，四川大学图书馆藏，第15页。
⑤ 中国人民大学历史系、中国第一历史档案馆：《清代农民战争史资料选编》（第1册上），中国人民大学出版社，1984，第313页。
⑥ （清）费密：《荒书》，何锐等校点：《张献忠剿四川实录》，巴蜀书社，2002，第437页。

兴屯”，但欲以此支撑起庞大的军需，“自揣奏效无期”[①]。四川仅“保城（保宁，即今阆中）储有秦粮，为平蜀根本”[②]。而就全省来看，“自川北以至西南，荆棘满目，千里无烟……牛租无几，有司尚若追比，即使勉力征输，亦杯水难救车薪之火”[③]。“蜀省频经荒乱，公私交罄，新旧介士之刍粟，概仰给于秦。”[④] 据有学者研究，至顺治末年，四川虽然西、南、北三方地区已经平定，但川东仍有南明与大西政权的残余力量在活动，而征剿所需要的粮饷则依赖陕西省的支援。[⑤]

二是州县“粮饷不敷”，地方财政极其困难。清初，除川北的“保、顺、潼、龙为抚军辖，废耕者仅一二年或三四年”外[⑥]，其他地区自明末以来，“民尽为兵，废耕绝食”[⑦]，“所有地土，无人耕种，不啻荒郊旷野，一望无际”[⑧]。特别是，素有“天府”之称的成都平原，因多年绝耕，杨展部将“招抚残民，给以谷种。民始见稻，以为奇物，用碗分稻，锄地而种，乐生之心初生。”[⑨] 这些记载虽有夸张之嫌，但仍可窥见成都平原废耕之久，农业几至瘫痪的基本面相。以农耕为基本经济形态的传统社会，一个地区耕地的进退和盈缩，是反映该地区的经济是发展抑或衰退的重要指标。有学者统计，顺治十八年（1661），四川全省耕

① 中国人民大学历史系、中国第一历史档案馆：《清代农民战争史资料选编》（第1册上），中国人民大学出版社，1984，第316、317页。史载，顺治五年（1648），李国英奏办屯政，并派人赴陕西采买籽种，陆续运入川，转发保宁、顺庆、龙安、潼川等府、州、县兵民就地开垦耕种。[（清）常明、杨芳灿等：《四川通志（2）》卷87，巴蜀书社，1984，第2799页] 关于四川军民屯田问题的研究，可参见王纲：《清代四川史》，成都科技大学出版社，1991，第213—221页。

② 中国人民大学历史系、中国第一历史档案馆：《清代农民战争史资料选编》（第1册上），中国人民大学出版社，1984，第314页。

③ 中国人民大学历史系、中国第一历史档案馆：《清代农民战争史资料选编》（第1册上），中国人民大学出版社，1984，第234页。

④ 《明清史料》丙编第8册，（台北）“中央研究院”历史语言研究所，1999，第749页。

⑤ 陈鹏飞：《清初四川招民垦荒与“啯噜”的形成》，《中国农史》2021年第1期。

⑥ （清）刘景伯：《蜀龟鉴》卷3，何锐等校点：《张献忠剿四川实录》，巴蜀书社，2002，第307页。

⑦ 《（乾隆）江津县志》卷15“艺文”，乾隆三十三年刻本。

⑧ ［法］古洛东：《圣教入川记》，四川人民出版社，1981，第62页。

⑨ （清）费密：《荒书》，何锐等校点：《张献忠剿四川实录》，巴蜀书社，2002，第438页。

地面积为 118 万余亩，仅及明万历六年（1578）四川耕地面积的 8.8%。[①] 也就是说，以明万历六年四川的耕地数为参照，顺治十八年四川就有 91.2%相当于 1229.5 万亩的耕地抛荒。耕地抛荒，各州县“额赋”急剧减少。顺治十四年（1657），清朝在四川的统治基本稳固以后，四川地方政府就一直受到财政危机的严重困扰。顺治十六年（1659），四川巡按高民瞻奏称：“蜀自久罹兵火，人民凋瘵，见归版图，止保宁、顺庆、龙安三府属，每年实征丁亩条银一项仅共五千七百余两，留充本省文职俸薪、科场经费、买备上供白蜡。此外并无起征别项本折解京钱粮。”[②] 可见，清廷在四川仅能于川北川西部分地区实行有效统治，所能征收到的赋税十分有限。这种状况到康熙初年亦无改观。这一时期，由于战争等原因，四川绝大部分地区仍未被纳入版图，大量土地与人口逸出于国家体系，很多地区甚至到了“无民无赋”的地步。康熙二十二年（1683），方象瑛入川，据他说，四川各地能征收的赋税，“大县不过五十金，或一二十金，甚至四五金”。[③] 康熙初年，当局曾以“现驻投诚之兵垦其荒，增赋省粮”，但“蜀省九府六州，总计其人丁赋税，不及六省中一大县之多”[④]。据梁方仲先生统计，康熙前期，四川地丁银征收额仅占全国总量的 0.22%，在各直省中排名倒数第一。[⑤] 四川各州县普遍存在“粮饷不敷”[⑥] 的现象，州县官吏之薪俸及办公用费，亦因“蜀中无从征编”而难有着落，不得不拨给耕牛，“权令自耕以资养廉”[⑦]。

除此之外，明末清初的战乱给四川城镇造成了毁灭性的破坏，以至州县无衙署、官员无居所。历史上，成都作为省级地方行政机构所在地，素以“嚣然都会”著称，但遭此战乱之后，“举城尽为瓦砾，藩司

---

① 鲁子健：《清代四川财政史料》（上册），四川省社会科学院出版社，1984，第 755 页。

② 鲁子健：《清代四川财政史料》（上册），四川省社会科学院出版社，1984，第 43 页。

③ （清）方象瑛：《使蜀日记》，《昭代丛书》丁集补卷 12，道光世楷堂刻本。

④ （清）蔡毓荣等：《四川总志》卷 10，康熙十二年刻本，四川大学图书馆藏，第 25 页。按：文中“六省”指河南等省。

⑤ 梁方仲：《梁方仲文集·中国历代户口、田地、田赋统计》，中华书局，2008，第 572 页。

⑥ 中国人民大学历史系、中国第一历史档案馆：《清代农民战争史资料选编》（第 1 册下），中国人民大学出版社，1984，第 410 页。

⑦ 《明清史料》丙编第 8 册，（台北）“中央研究院”历史语言研究所，1999，第 749 页。

公署久已鞠为茂草矣。国朝藩蜀者，率皆驻阆州视事”①。在清初较长的一段时间内，四川以清军最先收复的保宁为临时省会。但是，保宁府的城镇，基本情况是“城郭倾颓”②，破损率几乎达到100%③。其他州县，大多是“圮城败堞、咸封茂草”④，“民散城荒”⑤，个别城镇甚至到了“虎迹纵横”的地步⑥。重建这些毁坏严重的城镇，不仅需要数额巨大的财政资金，而且需要较长的时间。⑦ 就财政资金而言，四川各州县百废待兴，财政极其困难，仅修建衙署工程一项，就面临“钱粮何措”之窘境。⑧ 这就造成不少州县官员上任之际，无衙署供办公，无官舍可居住。顺治五年（1648），巴州知州许广大上任之前，“州中无主凡七年”。许氏到任后，因衙署“崇祯末毁于贼”，只好“权治石城堡”，借驻民居十余年。⑨ 顺治十七年（1660），邻水知县赴任之后，“问其城郭庙舍，已茫然不可复识矣！城东数十里许有宗姓寨，因僦居焉”⑩。康熙十九年（1680），乐至知县王大贵到县赴任时，亦处于“无官舍，寄居城西关外报国寺，数月解组归”之困境。⑪ 于此，张元凯在所撰《重修名山县志记》中沉痛回忆说：“明季兵凶，县制俱废，往今兹邑者，惟于断垣荒草中，诛茅结屋，以竹篱数片槛护官衙，草掾数枝遮盖厅事而已。”⑫ 故有史家说：“迨至一千六百六十年间，川省稍定，始行设官。所有官长，

---

① 鲁子健：《清代四川财政史料》（上册），四川省社会科学院出版社，1984，第46页。
② （清）蔡毓荣等：《四川总志》卷10，康熙十二年刻本，四川大学图书馆藏，第15页。
③ 谭红：《巴蜀移民史》，巴蜀书社，2006，第501页。
④ 鲁子健：《清代四川财政史料》（上册），四川省社会科学院出版社，1984，第50页。
⑤ 《民国云阳县志》卷8，《中国地方志集成·四川府县志辑（53）》，巴蜀书社，1992，第73页。
⑥ （清）王士祯：《蜀道驿程记》卷下，康熙三十年刊本。
⑦ 如叙州府所属州县的城池重建，前后耗时近百年。谭红：《巴蜀移民史》，巴蜀书社，2006，第501—503页。
⑧ 中国第一历史档案馆：《清代档案史料丛编》第6辑，中华书局，1978，第349页。
⑨ 《民国巴中县志》，《中国地方志集成·四川府县志辑（62）》，巴蜀书社，1992，第947页、第913页。
⑩ 《道光邻水县志》卷5，《中国地方志集成·四川府县志辑（61）》，巴蜀书社，1992，第745页。
⑪ 《道光乐至县志》卷12，《中国地方志集成·四川府县志辑（24）》，巴蜀书社，1992，第118页。
⑫ 《乾隆雅州志》卷14，《中国地方志集成·四川府县志辑（63）》，巴蜀书社，1992，第655页。

皆无一定地点居住，亦无衙署，东来西往，如委员然。”①

三是物资短缺、物价飞涨，百姓生产生活难以为继。“四川大饥，民互相食。盖自甲申为乱以来，已三年矣。州县民皆杀戮，一二孑遗亦皆逃窜，而兵专务战，田失耕种，粮又废弃，故凶饥至。……米一斗银十余两，嘉定州三十两，成都、重庆四五十两。保宁赖大清运陕西之粮，亦有十余两。”② 顺治五年（1648），巴县“时值岁饥，斗米数十金亦无卖者。木叶、草根取食俱尽。有裹珍珠二斗易一面不得而毙，有持数百金买一饱不得而死，于是人皆相食”③。当时的富顺县，“鸡豚绝种已数年”，“斗米数十金。耕牛一头售银三百两，皆是遵、黔重利轻生之辈运贩而至”④。四川各州县“乱久牛尽，以人代牛……耕织俱废”⑤。四川人民的生存条件恶劣，能保全性命者，大多是“鹑衣菜色”，甚至“人遇且相食”的悲剧也时有发生。“自乙酉以迄戊巳……田地荒废，食尽粮空，未经大剿地方或有险远山寨，间有逃出三五残黎。初则采芹挖蕨，继则食野草，剥树皮，草木俱尽而人且相食矣！”⑥

三、结语

综上可见，号称“天府”的四川，历经明末清初连年兵乱和各种自然灾害的困扰，其社会经济遭到的破坏是触目惊心的，人亡地荒，社会经济几近崩溃。四川地方政权建立之初，清廷为了维持地方政权的基本运转，“一切经费多从外省协济”⑦。在康熙平定“三藩之乱”之前，全

---

① ［法］古洛东：《圣教入川记》，四川人民出版社，1981，第 62 页。

② （清）费密：《荒书》，何锐等校点：《张献忠剿四川实录》，巴蜀书社，2002，第 436—437 页。

③ 《民国巴县志》卷 21，《中国地方志集成 · 四川府县志辑（6）》，巴蜀书社，1992，第 682—683 页。

④ 《乾隆富顺县志》卷 5，四川省地方志编纂委员会：《四川历代地方志集成》（第三辑第 29 册），国家图书馆出版社，2015，第 178 页。

⑤ （清）刘景伯：《蜀龟鉴》卷 3，何锐等校点：《张献忠剿四川实录》，巴蜀书社，2002，第 292 页。

⑥ （清）欧阳直：《蜀警录》，何锐等校点：《张献忠剿四川实录》，巴蜀书社，2002，第 197—198 页。

⑦ 四川省地方志编纂委员会：《四川历代方志集成》第 4 辑《（雍正）四川通志》卷 15，国家图书馆出版社，2017，第 22 页。

川军饷、耕牛、种子、口粮等“仰给外济，岁不下数十万。蜚挽道难，甚烦司农帷筹而厪重”[①]。这不仅使清廷为之背负沉重的财政包袱，也使四川地方官员承受着巨大的压力。巡抚张德地因“增赋无策”，而“踞蹐不安，夙夜图维”[②]。因此，尽快恢复四川社会生产，走出经济极度凋零的困境，是关系到清王朝在四川的统治是否稳固的根本性问题。

农业是清朝国民经济的基础和命脉，没有一定数量的农业劳动力，难以支撑起农业经济恢复和发展的重任。然而，清初之四川，“丁户稀若晨星”，田地抛荒，社会经济衰败不堪。不少地方州县官员上任之初，几乎无民可安，甚至连衙署办公和居住之官舍都无着落。因此，对清廷而言，稳定四川政局的当务之急，是解决四川当时人口不足、劳动力严重缺乏的问题。田有人耕，赋有人纳，才是恢复四川经济进而稳定四川地方政局的唯一出路。

第二节
来者不拒：顺治、康熙时期的移民入川政策

清初，为解决四川“有可耕之田，而无耕田之民”的严峻问题，恢复和发展四川经济，清廷先后实施了“安民为先”“裕民为上”“便民为要”的治蜀方略。[③] 其中，“招民开垦”被认为“洵属急务”[④]，舍此“别无可为裕国之方”[⑤]。为此，顺治、康熙时期，清廷颁布并实施了一系列旨在吸引外省民众入川落籍置业的优惠政策和措施。从“招集流移”对象看，先后有“以川民实川户”（招抚流落他省的川籍民众返乡）和“湖广填川”（招徕外省移民入川落籍）两个层面。

---

① （清）蔡毓荣等：《四川总志》卷首，康熙十二年刻本，四川大学图书馆藏，第 6 页。
② 《明清史料》丙编第 10 册，（台北）“中央研究院”历史语言研究所，1999，第 1000 页。
③ 贾大全、陈世松：《四川通史》卷 6，四川人民出版社，2010，第 12—16 页。
④ 《清圣祖实录》卷 36“康熙十年六月乙未”，中华书局，1985。
⑤ 《明清史料》丙编第 10 册，（台北）“中央研究院”历史语言研究所，1999，第 1000 页。

一、以川民实川户：招抚流落他省的川籍民众返乡

清廷实施招抚流落他省的川籍民众返乡之策，发端于顺治三年（1646）。当年王遵坦随肃王豪格入川，以右副都御史出任四川巡抚。王遵坦“披荆榛，坐戎幕，招辑流亡，极意抚恤，民气渐苏”①。这里所说的“招辑流亡”，就是指招抚流落他省的川籍民众返乡。正因如此，川北保宁等地“民气渐苏”，在保宁（今四川阆中）暂时办公的四川公署得以艰难维持。顺治十年（1653），清廷颁布“准四川荒地，官给牛种，听兵民开垦，酌量补还价值”之优惠政策，此乃招抚流落他省的川籍民众返乡的重要举措。顺治十三年（1656），四川巡按御史高民瞻奏报，要改变四川凋敝的状况，“惟招流垦荒为急耳。臣入境后，即大张条示，谕令军民人等，凡抛荒田地，无论有主无主，任人尽力开垦，永给为业。又行令地方官，凡流移在外者，设法招徕，以实户口”②。顺治十七年（1660），四川巡按张所志“遍历四履，招徕约束”③。

顺治年间，清廷招抚流落他省的川籍民众返乡，揭开了复业兴川的序幕，四川的巴县、綦江和遂宁等地初见成效。④ 但查诸史籍，有关顺治年间流落他省的川籍民众返乡之记载较少，这反映出以招抚流落他省的川籍民众返乡“复业”之策，“未有成效可观”⑤。究其缘由，按当政者的说法是，“蜀民流寓各处，皆缘地方未靖，若故里宁谧，自欣然乐归”⑥。即是说“地方未靖”，川籍流寓之民为之顾虑重重，观望者甚多。

---

① （清）常明、杨芳灿等：《四川通志（3）》卷115，巴蜀书社，1984，第3564页。

② 鲁子健：《清代四川财政史料》（上册），四川省社会科学院出版社，1984，第49页。

③ 四川地方志编纂委员会：《四川历代主志集成》第4辑《（雍正）四川通志》卷7，国家图书馆出版社，2017，第404页。

④ 如顺治三年（1646），四川按察司佥事杨三知在巴县“招徕流民千三百余家”［《民国巴县志》卷9，《中国地方志集成·四川府县志辑（6）》，巴蜀书社，1992，第309页］；顺治九年（1652），綦江知县张师素“招回綦民之逃去黔者数十家”（《同治綦江县志》卷6，“政绩”）；顺治十七年（1660），吏部在议复四川巡按张所志的疏奏时说：“遂宁县向因地荒民稀，归并蓬溪，今百姓既渐来归，且系行盐之地，应如按臣所请，复设县令。”（《清世祖实录》卷142“顺治十七年十一月辛巳”，中华书局，1985）

⑤ 鲁子健：《清代四川财政史料》（上册），四川省社会科学院出版社，1984，第49页。

⑥ （清）蔡毓荣等：《四川总志》卷10，康熙十二年刻本，四川大学图书馆藏，第16页。

加之保宁等川北地区，“石田瘠薄，年若丰稔，尚足相偿，苟雨旸不时，举终岁勤苦付之乌有；比及三年又起科矣！是未必食开耕之利，而复愁差粮之扰。此又劝垦之难也。居者恐差粮为累而不肯疾于开垦，流者愈虑资身无策而不敢轻于复业”①。清军最先收服的保宁府等川北地区，自然条件相对较差，若无税负优惠，流落者不敢轻易返乡复业。

康熙初年，四川战乱平息，招抚流落他省的川籍民众返乡，以恢复四川社会经济，再次成为四川地方当局关注的焦点和工作重心。康熙三年（1664），四川巡抚张德地上“招徕疏”，疏中说：

> 前者臣过秦境，闻有川民避难汉中，即出示招徕，遂有杜文秀等一百一十五名见臣告示，赴臣禀控，皆愿归还故里。臣悉给以口粮脚力，随带回川，分发原籍州县安置乐业，取有收管在卷，可见流民之不忘故土矣。备察流移之众，秦中最多，楚、滇、黔亦有，或阻于关隘之盘诘，或苦于途费之艰难，欲归不得者当不下数万人。此辈身处异乡，徒作飘零，归之蜀中，载芟载柞，经营阡陌，版籍之户口矣。②

康熙二年（1663），张德地任四川巡抚③，走北路入川赴任，途经汉中看到为数众多的四川人在此避难。四川邻接陕西，在明末清初的战乱中，川民逃往近邻之地陕西，是符合情理之事。但就明末清初的战事进行方向看，逃往四川南方的滇、黔乃至“江南”的川人④，有可能比逃往北方之陕西者更多。因此，张德地推测，“不忘故土”，“欲归不得者当不下数万人”。这批人之所以欲归不得，是因回乡之路“或阻于关隘之盘诘，或苦于途费之艰难”。为此，张德地进一步建议：

---

① 鲁子健：《清代四川财政史料》（上册），四川省社会科学院出版社，1984，第49页。

② （清）蔡毓荣等：《四川总志》卷10，康熙十二年刻本，四川大学图书馆藏，第16页。

③ 赵尔巽等：《清史稿》卷256，中华书局，1977，第9800页。

④ 有史籍上说：“（李）自成陷都城，吴三桂逐之，西迁平阳，中原云扰。（张）献忠乘虚入川，屠戮川人无遗类，蜀人士多避地江南。”（清）彭孙贻：《平寇志》卷12，上海古籍出版社，1984，第277页。

敕下各省督抚，于各属郡邑逐一挨查，凡有蜀民在彼，尽将姓名、家口造册咨送过臣。如资斧自具者，给与引照，促令起程；若贫乏缺费，注明册内，俟臣捐措口粮，另发舟车，差官搬取。此以川民而实川户，在他省饶有编氓，当所不靳者也。臣整理荒残，非民无以布置。①

“以川民而实川户”，即招抚流落他省的川籍民众返乡，这是时任清朝官员在解决四川人口问题上首先想到的办法。在张德地看来，为了进一步督促流落川人尽快返乡，需要得到他省督抚大员的支持与配合。其具体办法是“逐一挨查”，凡有能力自行返籍者，“给与引照，促令起程”；如果系“贫乏缺费，注明册内”者，由四川地方当局“捐借口粮，另发舟车，差官搬取”。这些措施若能顺利实施，则可使流落在外的川人成为经营阡陌的版籍之劳动力，复业兴川之目标，可以如期实现。正是基于这一设想，康熙七年（1668），张德地再次上疏：“蜀省荐罹惨劫之后，民无遗类，地尽抛荒。”“臣蒙简命，任此荒土，增赋无策，踞踏不安，夙夜图维，舍招集流移之外，别无可为裕国之方。”② 为使“招集流移”更见成效，建议“请招民承垦。文武吏招民百户、垦田十顷以上，予迁转”③。同时，建议朝廷敕令各省督抚，“于各属郡邑挨查，凡有川绅，尽令启程回籍”④。

关于“招集流移”的工作重心，为什么要放在启令流落乡绅豪富返乡问题上，张德地在其奏疏中，有一段比较详细的表述：

巨室大族，皆地方所倚重者。川省自变乱之后，贵显豪富之家，皆避乱于他省，盖亦时势使然。今平宁日久，而犹弃祖宗之坟

① （清）蔡毓荣等：《四川总志》卷10，康熙十二年刻本，四川大学图书馆藏，第17页。
② 《明清史料》丙编第10册，（台北）“中央研究院”历史语言研究所，1999，第1000页。
③ 赵尔巽等：《清史稿》卷256，中华书局，1977，第9800页。
④ （清）蔡毓荣等：《四川总志》卷10，康熙十二年刻本，四川大学图书馆藏，第24页。

墓不归培植，舍父母之乡井不归复业者，无非恋彼处之繁华，厌本土之凄凉也。此等势力之家，官长与彼交结，保约不敢仰视，行止自由，孰敢强其归里？计其一家之中，弟男子侄童仆人等，多者五七十人以及百人，少者亦不下二三十人，尚有亲朋之依附寄居者，又不可胜纪也；若得彼一家归里，则其附会之众咸亦随之，可抵贫民数十家。况贫民归里，必须安插住址，措给牛种；绅官回籍，则资斧自饶，乡邻俱得通融称贷。将见在外之游佚者，处此荒芜满目之区，惟有力本之可图矣；在外之奢侈者，处此有钱无买之地，惟有节俭之可习矣。人口多而生聚自易，人力广而荒芜自开，户口日见其蕃孳，荆蓁渐变为桑麻矣。①

上引可知，张德地之所以提出这样的建议，在他看来，四川乡绅豪富“旅寄于秦、楚、滇、黔、江、豫等处”，为变乱之时势所逼，即所谓“川方燎原，欲归无路”②。因此，政府的“招集流移”工作，若措施得力，方法得当，乡绅豪富定能响应号召。同时，就“招集”效果而言，乡绅豪富一家“可抵贫民数十家”，而且，政府不仅不需要为他们提供“安插住址”和“措给牛种”等方面安置费，还可依靠他们“通融称贷”，给予归乡的乡邻贫民便利。

应该说，张德地建议将“招集流移”工作的重心放在四川流落乡绅豪富上，是有见地且符合时宜的。乡绅是明清时期活跃于中国乡村中的一个重要而特殊的社会阶层。他们既为“居乡之士”，是“一群特殊的会读书的人物”。③ 这些人曾任过或大或小的官职，他们在地方基层社会，有不可忽视的影响力和号召力。张德地说，蜀省“四民之中，翘楚一方者，莫若士绅。而士绅举动实系民情，资足以披蓁剪棘，望足以萃旧联新，固哀鸿中泽之纲领也”④。为此建议清廷着力招抚流寓他乡的四

① （清）蔡毓荣等：《四川总志》卷10，康熙十二年刻本，四川大学图书馆藏，第22—23页。
② （清）蔡毓荣等：《四川总志》卷10，康熙十二年刻本，四川大学图书馆藏，第18页。
③ 费孝通：《中国绅士》，中国社会科学出版社，2006，第41页。
④ （清）蔡毓荣等：《四川总志》卷10，康熙十二年刻本，四川大学图书馆藏，第18页。

川“巨室”，“敢有抗拒不归者，即以违旨悖祖论”[①]。同时，建议清廷晓谕各省，凡敢于“隐匿容留者，亦以违旨例处分”。如此这般，则“外省不敢姑留……庶士绅归，而流移小民亦将向风川至，残疆或有起色矣”[②]。

为调动四川各级文武官员招抚流民的积极性，康熙七年（1668），四川总督刘兆麒上疏建议，将招抚流寓他乡之川民回籍工作与官员考核挂钩：“蜀中流民，寄居邻省者，现在查令回籍。而山川险阻，行李艰难。地方各官，有捐资招抚，使归故土者，请敕议叙。”[③] 户部批准了刘兆麒的建议。[④]

正是由于部、省官员的多次疏请，力陈招抚流落他省的川籍民众返乡的重要性，康熙七年（1668）清廷颁布谕令：“四川寄寓外省流民，各督抚造册移送川抚，拨给口粮舟车，差官护令复籍。”[⑤] 这就是说，对于清查出来的寄寓外省的川民，各省督抚要加以登记并报送四川，由四川派官前来迎接并妥为安置。显而易见，清初招民复垦之策，已由消极等待转变为积极行动。

随着战乱被逐渐平息，政府招抚政策力度不断加大，招抚流落他省的川籍民众亦有响应，个别地区还取得了比较突出的成效。康熙七年（1668），綦江知县李秉直“殚心护爱，捐清俸招徕人外流离，其四方扶老携幼来者，不下数百家”[⑥]。温江等地因“渐次招徕，人迹所至，烟户递增”[⑦]。然而，清廷鼓励流落他省的川籍民众返乡之策，因吴三桂叛乱而中断。康熙二十年（1681）以后，四川地区大规模战事终于逐渐平息下来，为了鼓励普通百姓回乡落业，清廷再次明确要求流寓外省避难的四川乡绅带头回乡，以给百姓树立榜样。康熙二十四年（1685）九月，

---

① （清）蔡毓荣等：《四川总志》卷10，康熙十二年刻本，四川大学图书馆藏，第23页。

② （清）蔡毓荣等：《四川总志》卷10，康熙十二年刻本，四川大学图书馆藏，第23—24页。

③ 《清圣祖实录》卷27“康熙七年十一月戊午”，中华书局，1985。

④ 《清圣祖实录》卷27“康熙七年十一月戊午”，中华书局，1985。

⑤ 《古今图书集成》第678册《经济汇编·食货典》卷17“户口部汇考九”，中华书局，1934年，第56页。

⑥ 《道光綦江县志》卷6，《中国地方志集成·四川府县志辑（7）》，巴蜀书社，1992，第554页。

⑦ 《民国温江县志》卷3，《中国地方志集成·四川府县志辑（8）》，巴蜀书社，1992，第375页。

姚缔虞赴任四川巡抚，陛辞之际，康熙帝面谕："四川省当明末时，遭张献忠之乱，百姓凋敝，地亦荒残。后又屡经贼变，人民愈加疲耗。尔宜正己率属爱养抚绥，俾远方之人，遂生乐业，以副朕简用至意"①。同年（1685），姚缔虞疏言："四川迭经兵火，荒残已极。官户乡绅，多流寓外省，虽令子弟复业，迨入学乡举登士版后，仍弃本籍他往。百姓见其如此，亦裹足不归。若招回乡宦一家，可抵百姓数户。绅宦既归，百姓亦不招而自至。今察明各属流寓外省绅衿，请敕部移行，饬令复业。"② 康熙二十五年（1686）六月，户部批准了姚缔虞关于"四川乡绅应回原籍"的疏请，并强调："四川土旷人稀，若居官者尽留他省，则川中人益稀少，愈致荒芜矣。"③ 康熙二十七年（1688），康熙帝谕令新任四川巡抚噶尔图，"姚缔虞曾奏四川缙绅迁居别省者甚多，应令伊等各归原籍，则地方富庶，于贫民亦有裨益，此事尔等次第行之"④。

但是，自顺治到康熙初年，清廷和四川地方官府尽管在招抚流落他省的川籍民众返乡的问题上，制定了不少政策，采取了若干措施，但民间的反响平平，招民效果不理想。客观地说，康熙二十年（1681）之前，四川处于兵火连绵、战乱不息的社会动荡状态，民众即使返乡回籍，亦根本没有安生之地。换言之，当时的四川还不具备招徕民众定居、垦荒之基本生存环境。这就使流落他省的川籍民众，"欲归无路，不得不依栖于治安之境，苟为优游岁月之计"⑤。在此形势之下，尽管清廷想方设法，"捐费差员，频频搬取"，但"归鸿仍然寥寥"⑥。按理说，"三藩之乱"被平定以后，四川社会趋于安定，流落外省的川民理应逐渐返乡，"逃亡渐归"，但实际效果远远达不到预期。这就表明，顺治以来，那种将恢复四川人口的希望仅仅寄托于"以川民而实川户"的想法和做法，是有局限性的。这也反映出，当时的朝臣和地方官员对明末清

① 《清圣祖实录》卷 122"康熙二十四年九月甲戌"，中华书局，1985。

② 赵尔巽等：《清史稿》卷 240，中华书局，1977，第 10049 页。

③ 《清圣祖实录》卷 126"康熙二十五年六月戊午"，中华书局，1985。

④ 《清圣祖实录》卷 136"康熙二十七年七月丁丑"，中华书局，1985。

⑤ （清）蔡毓荣等：《四川总志》卷 10，康熙十二年刻本，四川大学图书馆藏，第 18 页。

⑥ （清）蔡毓荣等：《四川总志》卷 10，康熙十二年刻本，四川大学图书馆藏，第 22 页。

初由战争造成的人口损耗的严重程度还估计不足。实际情况是，要填补四川的人口空白，仅仅依靠流落他省的川籍民众返乡，是远远不够的。为了扭转前期招民实川的被动局面，清廷调整招民策略，将招民工作重心转移到招徕外省民众入川落籍置业上。

二、湖广填川：招徕外省移民入川落籍

清廷在推行招抚流落他省的川籍民众返乡的同时，也在逐步探索如何招徕外省移民入川落籍置业，从而形成中国移民史上规模罕见的省际移民运动——“湖广填四川”①。历史表明，清代的移民政策取得了切实的效果，使四川人口快速增加，短缺的劳动力资源得以快速补充，社会经济得以快速恢复和发展。其历史影响之大，正如有的学者所说：“不同省份、不同地区的大量移民的进入，使四川出现了多元文化并存、相互渗透的现象。”② “今天的四川文化是近三百年才形成的一种新文化。”③如今川、渝之地的人们在追述祖籍时，移民及其相关问题，仍然是一个绕不开的话题。

（一）招徕外省移民入川之策的探索

顺治六年（1649），清廷颁布垦荒耕田令，规定：“地方无主荒田，州县官给予印信执照，开垦耕种，永准为业。俟耕至六年之后，有司官

① 湖广指今湖北、湖南两省。元置湖广行中书省，包括今湖南省全境及湖北、广东、广西的部分地区。明设湖广布政使司，将今广东、广西辖地分出，只包括今湖北、湖南，但仍称之为湖广。清初，也称为湖广省。到雍正时，才分为湖北、湖南二省，但两湖总督仍有湖广总督之称。所谓“湖广填四川”，就是指湖北、湖南两省的人口迁居四川。史上之所以有“湖广填四川”的说法，主要是源于魏源在“湖广水利论”中的一段论述：“当明之季世，张贼屠蜀，民殆尽，楚次之，而江西少受其害。事定之后，江西人入楚，楚人入蜀。故当时有江西填湖广，湖广填四川之谣。”（魏源：《魏源集》，中华书局，1976，第388页）另外，清人严如熤也说：“川北、川东风土，与汉南相近……明末，遭张献忠杀戮之惨，遗民所存无几。承平既久，民多外省搬入，而湖广之人尤多，以其壤地相连，易于搬移也。”［严如熤：《三省边防备览点校》（中册），张鹏翂补修，郭鹏点校，西安交通大学出版社，2018，第642页］其实，清初迁入四川的外省人口，远不只是湖北、湖南的人口，还有其他一些省的人，唯以两湖之人居多而已（胡昭曦：《张献忠屠蜀考辨——兼析湖广填四川》，四川人民出版社，1980，第9页）。

② 陈锋：《明清以来长江流域社会发展史论》，武汉大学出版社，2006，第22页。

③ 蓝勇、黄权生：《“湖广填四川”与清代四川社会》，西南师范大学出版社，2009，第327页。

亲察成熟亩数，抚按勘实，奏请奉旨，方议征收钱粮。其六年以前不许开征，不许分毫佥派差徭……各州县以招民劝耕之多寡为优劣，道府以责成催督之勤惰，每岁终，抚按分别具奏，载入考成。”[①] 从这一时期清廷所下发和颁布的条例看，主要还是针对当时国内的普遍状况而采取的措施。此时的四川战争还在继续，处于乱局之中的四川，还谈不上重建问题。另外，清廷当时也还不十分清楚四川受损的程度，自然也就没有把四川视为特别地区而采取特殊治策。[②]

顺治九年（1652）八月，礼科给事中刘余谟上奏，提出在四川地区招民屯田救荒的建议：

> 国家钱粮，每岁大半皆措兵饷。今年直省水旱异常，处处请蠲请赈。大兵直取滇、黔，远则万里，久必经年，即旦晚克平，亦须留兵镇守。兵饥则叛，民穷则盗，关系非小。臣思湖南、四川、两广初定，地方荒土极多，伏祈敕谕统兵诸将及地方官，凡遇降寇流民，择其强壮者为兵，其余老弱悉令屯田。湖南、川、广驻防官兵，亦择其强壮者讲武，其余老弱给与荒弃空地耕种，但不许侵占有主熟田。至川、广部选各官，未有地方人民者，应行裁并，俟地熟人多，再复旧制，其俸禄工食，可为牛种诸费。[③]

刘氏的这份奏议，有三个方面值得注意。一是将“降寇流民”和“驻防官兵”中的老弱就地安置，实行屯田，以保障清政府在四川要塞之地的军需供给。二是将荒芜之州县进行裁并，等到“地熟人多”后再行复设，并将裁官后节省的“俸禄工食”用于购买垦荒所必需的“牛种诸费”。三是“不许侵占有主熟田”，这种提法是很有预见性的。事实上，后来确实有很多因侵占他人熟田而引起诉讼的案例。但是，奏议仅

① 《清世祖实录》卷44“顺治六年四月壬子”，中华书局，1985。
② 谭红：《巴蜀移民史》，巴蜀书社，2006，第476页。
③ 《清世祖实录》卷67“顺治九年八月戊午”，中华书局，1985。

仅提到令“流民”垦荒，还没有提到由政府主导招抚“移民”垦荒的问题。①

顺治十年（1653），清廷特别制定政策，“准四川荒地，官给牛种，听兵民开垦，酌量补还价值”②。应该说，清廷在四川颁布和推行这一政策的本意，仍然在于招抚四川流落外省的川人返回原籍。顺治十一年（1654），规定：“凡外省新旧流民俱编入册，与土著一体当差。新来者，五年当差。”③ 一般情况下，古代中国之流民，在战争状态下往往作为壮丁被招募从军，而在战乱平息、国家急需休养生息之际又易被安置垦荒，并逐步变成当地居民。故这份奏疏中的“新来者”，或应包括部分外来移民，朝廷对他们身份予以肯定，并提供“五年当差”之优惠政策。这一优惠政策的出台，意味着清廷在四川招抚流落外省川人返回原籍的同时，也在试图设法招徕外省民众入川落籍置业。但当时四川战事不断，地方未靖，不仅招徕外省民众入川的可能性不大，即便是返籍川民，也不时出现弃耕再次逃离的现象，致使熟地再次抛荒。有鉴于此，顺治十三年（1656），清廷允准了四川巡按高明瞻的建议，规定：“凡抛荒田地，无论有主无主，任人尽力开垦，永给为业。”④ 有学者认为，这一规定并没有明确的人群指向，还看不出清廷有鼓励外省之人来川垦荒的特别含义。⑤

据现有史料看，至康熙初年，清廷才真正认识到，单纯依靠招抚流落他省的川人返乡复业，很难填补四川的人口空缺，恢复和发展四川经济恢所需之劳动力，仍然是个大问题，于是决定实施鼓励外省人民迁移实川之策。康熙四年（1665），四川总督李国英上疏：“下东底定，藩司应自保宁移驻成都。”⑥ 在剿灭夔东十三家之后，四川地区战事得以最终平息，局势渐趋稳定，四川的重建迫在眉睫。清廷采纳了李国英的建

① 谭红：《巴蜀移民史》，巴蜀书社，2006，第477页。
② （清）常明、杨芳灿等：《四川通志（2）》卷62，巴蜀书社，1984，第2210页。
③ （清）常明、杨芳灿等：《四川通志（2）》卷66，巴蜀书社，1984，第2272页。
④ 鲁子健：《清代四川财政史料》（上册），四川省社会科学院出版社，1984，第49页。
⑤ 曹树基：《中国移民史》（第六卷），福建人民出版社，1997，第78页。
⑥ 《清圣祖实录》卷14“康熙四年二月癸亥”，中华书局，1985。

议，将四川行省机构由保宁迁到成都。但此时的成都，虽有一郡之治，而无一郡之民。李国英为此“招两湖、两粤、闽、黔之民实东西川，耕于野”①。有鉴于四川“杼柚几空”，康熙六年（1667），四川巡抚张德地上奏：“虽休息今近三年，而积痼既深，拯救不易，即竭力招垦，加意抚恤，尚尔户口未孳，饥寒未遂。”② 遂建议朝廷，除继续招抚流落他省的川籍民众返乡复业外，亦可试行将外省投诚官兵及其家属调发四川等“多荒省份”屯田垦荒，特别应调发“福建投诚最多之人，而垦西川荒芜之地”③。按照张氏的设想，“量拨若干名起发至川，给以原额岁支之粮，资以跋涉水陆之具，抵蜀安插之后，一年分垦田地，二年习成土著，三年起科”。“倘虑迁移之不能无费，则以数年后所省之协饷计之”。如此，则“将不数年，而荒少熟多，赋增饷省”。可谓“一劳永逸之道”。④

康熙七年（1668），张德地又提出招徕外省民众入川的建议：“无论各省州县人民，虽册籍有名，而家无恒产，出外佣工度日之人，至于册籍无名而又无家业，流落于彼游手游食之人，准令彼地方官查出，汇造册籍，呈报本省督抚，移咨到臣。臣即措处盘费，差官接来安插。此等游手游食之人……在他省无地可耕，久则势必放辟邪侈之事无所不为。一至蜀土，无产而有产，自为良民；在于蜀省，无人而有人，渐填实而增赋税，一举两得，无逾于此。”⑤ 同时，请求朝廷允准四川扩大招民垦荒范围，实施鼓励湖广等外省人民入川落籍垦荒耕种政策，并参照顺治十四年（1657）朝廷所颁布之官员劝垦考成奖励办法，建议：“无论本省外省文武各官，有能招民三十家入川安插成都各州县者，量与纪录一次；有能招六十家者，量与纪录二次；或至百家者，不论俸满，即准升

① （清）刘景伯：《蜀龟鉴》卷5，何锐等校点：《张献忠剿四川实录》，巴蜀书社，2002，第319页。

② （清）蔡毓荣等：《四川总志》卷10，康熙十二年刻本，四川大学图书馆藏，第21页。

③ （清）蔡毓荣等：《四川总志》卷10，康熙十二年刻本，四川大学图书馆藏，第25页。

④ （清）蔡毓荣等：《四川总志》卷10，康熙十二年刻本，四川大学图书馆藏，第25页。

⑤ 《明清史料》丙编第10册，（台北）“中央研究院”历史语言研究所，1999，第1000页。

转。”[①] 当时，四川总督刘兆麒也有类似的疏请。因此，户部议复：“查招民授职之例，已经停止，但蜀省寇氛之后，民少地荒，与他省不同。其见任文武各官，招抚流民，准量其多寡，加级纪录有差。”[②] 当时全国已经停止招民授职之举措，清廷从四川“民少地荒，与他省不同”之实际情况出发，特许四川现任文武各官，以招民之多寡议叙，希望借此“与他省不同”的非常措施，加速恢复四川人口，缓解清初四川“财困民贫”之窘境。康熙九年（1670）五月，张德地亦因招民有功，按“招民议叙”之规定，被加封工部尚书衔。[③]

不久之后，康熙帝或认为张德地的建议标准门槛设置太低，易致奖励过滥。于是谕令有司对“议叙”标准做了调整，即招民每百家记录一次，四百家加一级，五百家加二级，六百家加三级，七百家不论俸满即升。[④] 对于这一政策标准的变化，时任四川、湖广总督蔡毓荣[⑤]有不同意见。他在康熙十年（1671）上奏：

> 蜀省有可耕之田，而无耕田之民，招民开垦洵属急务。但招民限以七百名之例，所费不赀，能招徕者甚少。臣谓非广其招徕之途，减其开垦之数，宽其起科之限，必不能有济。请敕部准开招民之例，如候选州同、州判、县丞等及举、贡、监生、生员人等，有力招民者，授以署职之衔，使之招民，不限年数，不拘蜀民流落在外及各省愿垦荒地之人，统以三百户为率；俟三百户民，尽皆开垦，取有地方甘结，方准给俸，实授本县知县。其本省现任文武各

① 《明清史料》丙编第 10 册，（台北）“中央研究院”历史语言研究所，1999，第 1000 页。

② 《清圣祖实录》卷 27“康熙七年十一月戊午”，中华书局，1985。

③ 《清圣祖实录》卷 33“康熙九年五月丁亥”，中华书局，1985。

④ 《古今图书集成》第六八一册《经济汇编·食货典》卷 52，中华书局，1934，第 21 页。

⑤ 蔡毓荣(1633—1699)，字仁庵，汉军正白旗人，祖籍锦州，漕运总督蔡士英次子。蔡毓荣官至湖广四川总督、湖广总督、云贵总督。康熙九年（1670），为统筹移民入川事宜，便于招徕，清廷调整川湖行政设置，设川湖总督，驻荆州，节制四川、湖广巡抚。该年四月，蔡毓荣由吏部左侍郎授为川湖总督，成为川湖行政建置合一后的首任长官。川湖总督的这种行政建置，在清代属特例。“三藩之乱”爆发后，因四川、湖广都成为反击叛乱的主战场，清廷遂恢复原有行政建置，分设四川、湖广总督。参见赵尔巽等：《清史稿》卷 256、卷 197，中华书局，1977。

> 官，有能如数招民开垦者，准不论俸满即升。又蜀省随征、投诚各官，俟立有军功，咨部补用者，能如数招民开垦，照立功之例，即准咨部补用。其开垦地亩，准令五年起科。如此，则人易为力，而从事者多，残疆庶可望生聚矣。①

蔡毓荣这一疏议的内容包括现任官员、候补官员、士绅招民奖叙办法，以及放宽新垦土地升科年限等方面。其根本目的只有一个，那就是放宽限制，加大招民入川垦荒之政策力度。在蔡毓荣看来，四川土旷人稀，若以招民700户为作为官员议叙起点，虽“所费不赀”，但很难改变招徕者甚少的现实状况。换言之，如对此政策设限，则不符合当时四川之实际情况，自然不可能满足招徕民众入川垦荒之迫切需要。为此，蔡毓荣明确提出“广其招徕之途”。这种提法，显然比过去的招民政策更进了一步。值得注意的是，蔡毓荣在疏奏中，建议将招民与垦荒结合，待招徕人户“尽皆开垦”，并取得“地方甘结”后，才将议叙奖励政策兑现，这无疑更有利于把招民议叙政策落到实处。至于新垦地亩“准令五年起科”，这与当时其他各省通行的“三年起科”相比，也显得特别优惠。与此同时，蔡毓荣还请求朝廷准许“移驻官兵子弟得入籍应试”，以解决驻川军人的后顾之忧。② 应该说，蔡毓荣清醒地看到了清顺治年间、康熙初年四川人口稀少、急于招民实川之实际需要，因而，再度向清廷提出了扩大所招徕民众的范围和奖励招民有功官吏之政策性意见，以最大限度地奖励“有力招民者”。这也是继前任四川总督刘兆麒之后，再次提出应在四川继续实行“招民授职之例”。

康熙帝采纳了蔡毓荣的建议。为保证这些政策的有效贯彻落实，谕令“吏、户、兵三部会同议行”③。吏部会同户部、兵部遵旨拟定“川省招民垦荒升用例”，凡“蜀省见任文武大小各官，如有三百名以上招徕安插，尽数开垦，五年起科之后，该督抚取具印结，具题到日，准其不

---

① 《清圣祖实录》卷36“康熙十年六月乙未”，中华书局，1985。

② 赵尔巽等：《清史稿》卷256，中华书局，1977，第9788页。

③ 《清圣祖实录》卷36“康熙十年六月乙未”，中华书局，1985。

论俸满即升”[1]。特别规定“如招民三百户，既经安插者”，先准加一级，“俟开垦五年起科之后，仍照原定例照原任不论俸满即升”[2]。从康熙十年（1671）起，清廷连续发布招徕外省民众进川垦殖之诏令，并放宽了“招民议叙”之例。这种把招民垦荒的工作成效与地方官员直接利益挂钩的做法，激发了地方官员招民垦荒的热情，从而调动了他们的积极性和主动性。康熙十二年（1673），四川巡抚罗森就因捐资招民 1428 户，按例“着加一级，为工部右侍郎仍兼都察院右副都御史”[3]。

上述招民政策倘若能持续推行，或能使清初四川地荒人稀的局面得到快速改变，四川社会经济亦有望得以尽早恢复发展。但这一系列招民政策仅实施三年即爆发“三藩之乱”，康熙初年方兴之移民入川之势头被迫中断，甚至出现“小民相率流亡”的被动局面，这使清朝政府深感忧虑。为寻求应对之策，康熙十九年（1680），户部题称：“四川久为贼据，苛虐横征，小民相率流亡。请敕督抚急行招徕抚绥，以副皇上爱民至意。”康熙谕令：“总督杨茂勋等速赴任，督理军饷，并招徕流民，俾安生业，毋误农时。”[4] 但在平吴战争胜利后的几年内，其招民政策没有新的变化，招民效果也没有起色。

随着吴三桂叛乱的平息和四川境内大规模战事的结束，清廷再度关注四川诸省于战乱之后人口过于稀少、劳动力严重缺乏等人口与社会经济恢复之问题，陆续发布谕令，鼓励外省民众迁移入川落籍兴业。康熙二十年（1681）七月，清廷再次重申“招民议叙”之旧例：“前因用兵之际，故招徕流移，准令议叙。今湖广、江西、福建、广东、广西，既已荡平，俱属内地，其招民议叙，不准行。惟四川、云、贵，招徕流移者，仍准照例议叙。”[5] 这一谕令无疑给地方文武官员积极招徕民众，以获得议功升职，提供了政策依据。史载，康熙二十一年（1682）二月，“四川遵义县班衣绣招徕难民五十余口，应照例加一级”。有学者指出，

---

① （清）蔡毓荣等：《四川总志》卷 10，康熙十二年刻本，四川大学图书馆藏，第 29 页。
② （清）蔡毓荣等：《四川总志》卷 10，康熙十二年刻本，四川大学图书馆藏，第 29—30 页。
③ （清）蔡毓荣等：《四川总志》卷 10，康熙十二年刻本，四川大学图书馆藏，第 30 页。
④ 《清圣祖实录》卷 88“康熙十九年二月辛酉”，中华书局，1985。
⑤ 《清圣祖实录》卷 96“康熙二十年七月癸酉”，中华书局，1985。

这仅仅是招徕战乱中的难民，还不是招徕垦民，却仍可以得到中央政府的褒奖，从中可见清廷鼓励移民入川之决心[①]，这也标志着清前期大规模移民实川活动的序幕由此揭开。

康熙二十四年（1685）二月，广西道御史钱珏上疏："秦、蜀、浙、闽、滇、黔、楚、粤投诚之人，安插各省者，请通行督、抚确查，务使得所。愿在他乡入籍者，开明作何生理；愿屯田者，编入保甲，官给牛种，派以田亩开垦；愿为兵者，补入营伍。"[②] 康熙二十九年（1690），清廷颁布《入籍四川例》，议准："以四川民少而荒地多，凡流寓情愿垦荒居住者，将地亩给为永业。"同时，允准四川陕西总督葛思泰的建议："蜀省流寓之民，有开垦田土，纳粮当差者，应准其子弟在川一体考试，着为例。"[③] 康熙五十二年（1713），上谕说："今四川之荒田开垦甚多，果按田起课，则四川省一年内可得钱粮三十余万，朕意国用已足，不事加征。"[④] 清廷对四川新垦土地簿征田赋，给移民以实惠，旨在吸引外省民众迁移入川。

雍正五年（1727），谕令四川巡抚确查入川移民："应准入籍者，即编入保甲，加意抚绥，毋使失所。"[⑤] 同年（1727）九月，雍正允准川陕总督岳钟琪的奏请，要求岳钟琪与四川巡抚宪德等"行令四川州、县，将雍正四年秋冬以后各省入川人户逐一稽查姓名、籍贯，果系无力穷民，酌量安插……所用牛、种、口粮、银两，着落原籍之州县官照数补还"[⑥]。

（二）招徕外省移民入川的政策措施及成效

上述可见，顺治、康熙时期，清廷鼓励向四川移民的过程，事实上是伴随着有关政策的出台和具体措施的制订而展开的。历史证明，清廷所推行的这些政策和采取的措施，取得了相应的成效。

---

① 曹树基：《中国移民史》（第六卷），福建人民出版社，1997，第79—80页。

② 《清圣祖实录》卷119"康熙二十四年二月丁酉"，中华书局，1985。

③ 《清圣祖实录》卷149"康熙二十九年十一月甲午"，中华书局，1985。

④ 《清圣祖实录》卷256"康熙五十二年十月丙子"，中华书局，1985。

⑤ 《清世宗实录》卷58"雍正五年六月戊子"，中华书局，1985。

⑥ 《清世宗实录》卷61"雍正五年九月己卯"，中华书局，1985。

这一时期，清廷招徕移民入川的政策措施，大体可分为鼓励外省移民入川和官员“招民议叙”两个部分。[①] 其中，就鼓励外省移民入川而言，其政策措施包括官给牛种、捐借口粮盘费、差官搬取、招民议叙、招民授官、放宽新垦地起科纳赋年限、流民入籍、移民子弟在川科举考试、承认移民占地的产权、优厚给田、减轻赋税等诸多方面。兹归纳如下：

一是明确移民的户籍权和子孙的科举考试权。顺治十一年（1654），根据部臣建议，准许：“凡外省新旧流民俱编入册籍，与土著一体当差。”[②] 康熙十年（1671），规定“各省贫民携带妻子入蜀开垦者，准其入籍”[③]；康熙十一年（1672），规定“川、湖二省，移驻兵，既经安插，即同土著。伊等子弟，有读书者，似应准其入籍考试”[④]；康熙二十九年（1690），规定“蜀省流寓之民，有开垦田土纳粮当差者，应准其子弟在川一体考试，着为例”[⑤]。雍正五年（1727），移民入川垦荒者，与川省居民一体编入保甲。从这些政令可见，关于移民和驻兵的户籍权，在文字表述上虽有不同，如“准其入籍”“同土著”和“一体编入保甲”等，但其实质都是一样的，即在法律上解决入川兵民的户籍与身份问题。而“准其子弟在川一体考试”，则明确了移民及其子弟在移入地参加科举考试之权利，从而解除了他们的后顾之忧。为防止“考试移民”，特别规定：“如中式之后回原籍并往别省居住者，永行禁止。”[⑥] 这一系列政策措施的颁布与实施，使入川之移民可以在四川安居乐业，其子孙亦可以就地参加科举考试，读书求仕问政。对此，时人给予了这样的评价：“自明季之乱，几至靡有孑遗。其逃在山谷者，又值饥馑频仍，人相食，继以虎灾，道无行人……国朝顺治八年，邑侯刘在晨为保聚计，仅得十

---

① 关于此问题的详细探讨，可参见孙晓芬《清代前期的移民填四川》（四川大学出版社，1997）和谭红《巴蜀移民史》（巴蜀书社，2006）。

② （清）常明、杨芳灿等：《四川通志（2）》卷66，巴蜀书社，1984，第2272页。

③ （清）常明、杨芳灿等：《四川通志（2）》卷64，巴蜀书社，1984，第2246页。

④ 《清圣祖实录》卷40“康熙十一年九月壬子”，中华书局，1985。

⑤ 《清圣祖实录》卷149“康熙二十九年十一月甲午”，中华书局，1985。

⑥ 《清朝文献通考》卷19《户口一》，浙江古籍出版社，1988。

余户，土著之稀少，已可概见。嗣康熙十年定各省贫民携带妻子入蜀开荒者，准其入籍；二十九年定他省民人在川垦荒居住者，即准其子弟入籍考试。此议既定，于是浮民客女随地占籍者，遂相属不绝于道。邑中湖南、（湖）北人最多，江西、广东次之，率皆康熙、雍正间入籍。”①

二是明确移民的土地所有权。顺治六年（1649），清廷颁布垦田令，其中有令：“凡各处逃亡民人，不论原籍、别籍，必广加招徕，编入保甲，俾之安心乐业。查本地方无主荒田，州、县官给以印信执照开垦耕种，永准为业。”② 这是明清易代后，清廷就全国形势而制定的政策。康熙二十九年（1690），议定“入籍四川例”，“凡流寓愿垦荒居住者，将地亩给为永业”。③ 这一规定的实施，从法律上保障了入川移民对土地的开垦权。雍正六年（1728）三月，户部议准四川巡抚宪德的疏请：“入川人民众多，酌量安插。以一夫一妇为一户，给水田三十亩或旱地五十亩。如有兄弟子侄之成丁者，每丁增给水田十五亩或旱地二十五亩。若一户内老小丁多，不敷养赡者，临时酌增，俱给以照票令其管业。”④ 这就保证了入川之移民均有土地可耕种。为解决当地居民与移民之间的地权纠纷，一些地方采取的办法是“拨真荒以安新民，禁侵夺以安土著”⑤，使他们各有土地耕作。土地不仅是中国传统意义上的财富，而且是农民安身立命的基础。清廷的这些规定，在法律层面上保障了入川移民的土地所有权，使之能够安心在移入地安居乐业。其重要意义，有学者认为，如果清廷没有土地所有权的具体规定，“可能四川对外省人没有这么巨大的吸引力，也不可能形成四川历史上最大的移民浪潮”⑥。

三是颁布移民入川垦殖的优惠政策。首先是起科年限的规定。顺治元年（1644），规定全国各州、县、卫、所开垦之荒地，一律“三年起

---

① 《同治仪陇县志》卷2，《中国地方志集成·四川府县志辑（57）》，巴蜀书社，1992，第208页。
② 《清世祖实录》卷43“顺治六年四月壬子”，中华书局，1985。
③ （光绪）《大清会典事例》卷166《户部·田赋·开垦一》，台北新文丰出版有限公司，1976，第九册，第7268页。
④ 《清世宗实录》卷67“雍正六年三月丁丑”，中华书局，1985。
⑤ （清）常明、杨芳灿等：《四川通志（3）》卷116，巴蜀书社，1984，第3602页。
⑥ 谭红：《巴蜀移民史》，巴蜀书社，2006，第607页。

科”。顺治十三年（1656），四川巡按高民瞻鉴于川省招民复垦之政策措施不力、见效不快，遂奏请朝廷在四川推行“五年起科”的特殊政策。“川北石田瘠薄，年若丰稔，尚足相偿，苟雨旸不时，举终岁勤苦付之乌有；比及三年又起科矣！是未食开耕之利，而复愁差粮之忧。”由此造成“居者恐差粮为累而不肯疾于开垦，流者愈虑资身无策而不敢轻于复业”之弊。故奏请朝廷“轸念蜀民困苦已极，大破成格，以示宽恤。凡其复业者，暂准五年之后当差；开荒者，暂准五年之后起科”。① 康熙十年（1671），四川地方官府再度奏请“开垦地亩，准令五年起科”，并提出将此“五年起科”之政由“暂例”改为“定例”，以吸引省外民众入川垦荒②。康熙五十一年（1712），因“湖广民往四川垦地者甚多，伊等去时将原籍房产地亩悉行变卖，往四川垦地。至满五年起征之时，复回湖广，将原卖房产地亩，争告者甚多”③。因此，规定：“凡湖广人民有往四川种地者，着湖广巡抚将往种地人民年、貌、姓名、籍贯查明造册，移送四川巡抚，令其查明，派地耕种，随时派人照料；其自四川复回湖广者，四川巡抚亦照此册移送湖广巡抚，两相照应，查验人民，不得任意往返，以便清查田粮，而息争讼。”④ 如此既可防止无谓的争讼，又可稳定移民队伍，避免因移民时去时返而破坏赋税起科年限规定。雍正六年（1728）特别规定：“奇荒田耕种，六年起科；荒地耕种，十年起科。”“凡有可耕之处，听民相度地宜，自垦自报。地方官不得勒索，吏役亦不得阻挠。”⑤

其次是赋税优惠规定。从赋税征收项目看，“清时川省田赋只地丁一项为正供，然科则极轻”⑥，其余税种，除“盐茶田房而外，并无杂税”⑦。田房契税乃杂税之大头，然年征亦轻，其他杂税的征收量就更少

① 鲁子健：《清代四川财政史料》（上册），四川省社会科学院出版社，1984，第 49—50 页。
② 《清圣祖实录》卷 36“康熙十年五月乙未”，中华书局，1985。
③ 《清圣祖实录》卷 250“康熙五十一年五月壬寅”，中华书局，1985。
④ ［法］古洛东：《圣教入川记》，四川人民出版社，1981，第 63 页。
⑤ 《清世宗实录》卷 67“雍正六年三月乙亥”，中华书局，1985。
⑥ （清）周询：《蜀海丛谈》卷 1，巴蜀书社，1986，第 3 页。
⑦ 《道光城口厅志》卷 7，《中国地方志集成・四川府县志辑（51）》，巴蜀书社，1992，第 636 页。

了，“仅抽分些微，较南北省不及十之一二耳”[①]。再从清前期各省的田赋负担上看，史有“国家赋税莫重于东南，四川为最轻”[②] 之说，实际情况也是如此。顺康时期，清廷为鼓励外省民众入川垦殖，凡“来川之民，田亩任其插占，广开四至，随意报粮。彼时州县惟恐招之不来，不行清查”[③]。其中，“田亩任其插占”即易于获得土地[④]，而“随意报粮”虽有夸大之嫌，但田赋较轻是可以肯定的。基于招民垦荒的需要，四川的田地清丈较晚，田赋正额一直被限制在较低水平。雍正七年（1729）清丈的结果是全省总计有 459027 顷 88 亩耕地，这一数字是明万历年间四川耕地 134827 顷 76 亩的 3.4 倍。[⑤] 而田赋总额为 656426 两，仅为明万历年间四川田赋总额 1616600 两的 40%左右[⑥]，足见四川赋税负担之轻[⑦]。为此，薛福成说：“四川古称饶沃，国初定赋，以其屡经寇乱，概从轻额，故其地五倍江苏，而钱粮不逮五分之一。”[⑧]《民国合江县志》修撰者在回顾清前期四川在朝廷轻徭薄赋政策下物产丰饶、生活方便之优越生活环境时，亦曾感叹道：“其时田土赋税之薄，征召徭役之简，

① 《（乾隆）灌县志》卷 3，四川地方志编纂委员会：《四川历代地方志集成》（第二辑第 12 册），国家图书馆出版社，2015，第 38 页。

② 重庆市江津区档案局、重庆市江津区人民政府地方志办公室：《（光绪）江津县志》卷 4，线装书局，2018，第 1 页。

③ 台北故宫文献编辑委员会：《宫中档雍正朝奏折》第 9 辑，台北故宫博物院，1978，第 767 页。

④ 关于四川土地易于获取的事实，还可从该时期四川的地价上看出，当时四川耕地极其便宜，“一亩之田”，“值银不过数钱”。(《清圣祖实录》卷 256“康熙五十二年十月丙子”，中华书局，1985）或银一两，“可购十亩之地”[《民国荣县志》卷 12，《中国地方志集成·四川府县志辑（8）》，巴蜀书社，1992，第 261 页]。甚至于“鸡一头、布一匹而买田数十亩者”[《民国南溪县志》卷 2，《中国地方志集成·四川府县志辑（32）》，巴蜀书社，1992，第 542 页]。

⑤ 鲁子健：《清代四川财政史料》（下册），四川省社会科学院出版社，1984，第 755 页。

⑥ 孙晓芬：《清代前期的移民填四川》，四川人民出版社，1997，第 23 页。按：彭雨新《四川清初招徕人口和轻赋政策》（《中国社会经济史研究》1984 年第 2 期）一文，亦对清初四川轻赋问题论述甚详。

⑦ 关于此，还可从乾隆三十一年（1766）四川与其他省的田赋负担比较中可以看出，当年四川每亩田地征银额仅及湖北的 70%、浙江的 22.3%、江苏的 28.6%；征粮额仅及湖北的 6%、浙江的 1%、江苏的 0.6%（参见梁方仲：《梁方仲文集·中国历代户口、田地、田赋统计》，中华书局，2008，第 548、549 页）。

⑧ （清）薛福成：《上治平六策疏》，来新夏：《皇朝道咸同光奏议》卷 1，学苑出版社，2010，第 125 页。

稻粱菽麦之饶，材木森林之阜，沼池园圃之裕，衣服器用之朴，营缮建筑之便，百工佣值之低，里闾生活之易，岁时聚会之娱，悬隔霄壤矣。”①

宽年起科和减轻赋税是招徕流民和稳住移民最有吸引力的措施。史载巫山等地：“自募民垦种以后，两湖之民负耒耜而来者几千万人，省耕有助，省敛有助，始遗以钱镈之资，即投为恒产之业，至开垦成熟，乃视则升科。”② 与此同时，清朝以四川和广东作为两个试点省，推行了中国历史上最彻底的赋役制度改革。康熙五十一年（1712），颁布了“自后所生人丁，不必征收钱粮”的著名上谕，即“盛世滋丁，永不加赋”的政策。随即在四川率先进行“摊丁入亩”的改革，将人丁税与土地税一体征收，“田载丁而输纳，丁随田而买卖”③。这一赋税制度的最大特点是“因田起丁”，即按占有田地的数量缴纳赋税，使赋税负担更为均衡、公平。这一赋税制度的试行，激发了农民的生产积极性，同时对于稳住已有移民和进一步的招徕移民，也有非常积极的作用。

此外，清廷还对各省入川军民给予牛具、籽种、口粮等补助。康熙二十四年（1685），准许入川“投诚之人”，愿入籍四川屯田者，“官给牛种，派以田亩开垦”；雍正五年（1727），为安顿入籍四川贫民，用“公项给发牛、种、口粮”。雍正六年（1728），户部准入川开垦之民众“照滇省之例”，每户拨银 12 两，以作牛、种需费之价银。④

清廷在鼓励外省移民入川的同时，也根据各地方官员的招民业绩，推行“招民议叙”之策。查诸史籍，方志中有关顺治、康熙时期四川地方官府及官员招民政绩的记载非常多。兹整理列表于下，以观其概况。

① 《民国合江县志》卷 2，《中国地方志集成·四川府县志辑（33）》，巴蜀书社，1992，第 421 页。
② 《光绪巫山县志》卷 9，《中国地方志集成·四川府县志辑（52）》，巴蜀书社，1992，第 333 页。
③ （清）王庆云：《石渠余纪》卷 3，文海出版社，1967，第 256 页。
④ 《清世宗实录》卷 67“雍正六年三月丁丑”，中华书局，1985。

表 2-5 清顺治、康熙和雍正年间四川地方官员招民之政绩表[①]

官员	任职时间地点	政绩	资料来源
许广大	顺治五年（1648）知巴州	竭力抚绥，保养遗黎，招复流亡	《道光巴州志》卷5《文职》
崔鹿鸣	顺治八年（1651）知射洪	劳徕安辑，实心抚民	《嘉庆射洪县志》卷10《职官·政绩》
熊焯	顺治十一年（1654）知渠县	招集流民	《嘉庆渠县县志》卷36《政绩》
何毓秀	顺治十七年（1660）知重庆	招集流移，劳心抚字	《道光重庆府志·职官志》卷4《题名》
王濂	顺治十八年（1661）知大足	民乐抚绥，流离渐复	《道光大足县志》卷6《官师志·县令》
赵国显	顺治十八年（1661）知永川	招抚流亡	《光绪永川县志》卷7《职官志》
陈野修	康熙元年（1662）知高县	清粮赋，剔弊端，招徕开垦	《光绪叙州府志》卷29《宦绩》
陈洪谟	康熙元年（1662）知合江	招抚流民，清丈田亩	《同治合江县志》卷37《政绩》
何一猷	康熙元年（1662）知黔江	猷锐拊绥，招徕甚众	《同治增修酉阳直隶总志》卷16《政绩志》
李时亨	康熙元年（1662）知邻水	招民定居	《道光邻水县志》卷1《城垣》
杨允昌	康熙三年（1664）知云阳	披荆棘，开城垣，招徕抚字，士民渐归	《道光夔州府志》卷34《政绩》
金汤	康熙五年（1666）知永川	政尚简易，流民复业	《光绪永川县志》卷7《职官志·知县》
王舟	康熙七年（1668）知万源	为民散给牛种，劝垦荒田	《民国万源县志》卷4《职官》
屠直	康熙八年（1669）知德阳	招徕抚绥，民皆乐业。又建衙署，修街道，勤劝课，给牛种	《嘉庆德阳县志》卷37《宦绩》

① 本表资料主要源于谭红：《巴蜀移民史》，巴蜀书社，2006，第492—496页。

（续表）

官员	任职时间地点	政绩	资料来源
杨慧业	康熙十六年（1677）知射洪	招徕抚字，复业者甚众	《嘉庆射洪县志》卷10《职官·政绩》
邹应泗	康熙十九年（1680）知云阳	招抚流离，劝民耕织	《道光夔州府志》卷34《政绩》
周甲徵	康熙十九年（1680）知蓬溪	招策流移，归者如市	《光绪新修潼川府志》卷20《宦绩》
王经芳	康熙十九年（1680）知南江	攀峰揭水，躬寻编户，给牛种，讲条约	《道光南江县志》中卷《名宦》
何源睿	康熙二十年（1681）知屏山	招集流亡复业，问民疾苦	《光绪叙州府志》卷29《宦绩》
魏步南	康熙二十年（1681）知巴州	招抚百姓，建置官舍	《乾隆巴州志略·名宦》
王帝臣	康熙二十二年（1683）知纳溪	蠲三年之正赋，资给百姓以牛种，生齿渐繁	《嘉庆直隶泸州志》卷7《政绩》
卜景超	康熙二十三年（1684）知安县	募民开垦，悉心抚字	《嘉庆安县志》卷24《职官》
蒋擢	康熙二十四年（1685）知邻水	招集散亡	《道光邻水县志》卷1《城垣》
王大骐	康熙二十五年（1686）知南溪	与民休息，多力招徕	《光绪叙州府志》卷末《序录》
郑西锡	康熙二十九年（1690）知安岳	招徕复业，招徕劝垦	《光绪新修潼川府志》卷20《宦绩》
陈公	康熙三十二年（1693）知安岳	招徕黔楚流民，以广生聚	《道光安岳县志》卷3《学校》
谢加恩	康熙四十一年（1702）知安县	招徕而安集，民皆复业	《嘉庆安县志》卷24《职官》
李维翰	康熙四十五年（1706）知中江	先后招徕，履亩亲查，安新民，安土著	《光绪新修潼川府志》卷20《宦绩》
郑吉士	康熙五十年（1711）知安岳	招徕劝垦，大振凋残	《光绪新修潼川府志》卷20《宦绩》
叶新	雍正八年（1730）摄嘉定州知州	视旷土可耕者，招民垦辟	《民国乐山县志》卷8《官师》

（续表）

官员	任职时间地点	政绩	资料来源
刘占魁	雍正八年（1730）知彭山	招还流亡，修明礼教	《民国彭山县乡土志教科书》第31课
胡潍	雍正八年（1730）知雷波厅	开垦田畴，教以播种	《光绪叙州府志》卷29《宦绩》

从表2—5所列顺治初年到雍正八年史志所载四川各州县官员招民劝垦政绩示例可见，清前期在四川招民劝垦的措施，经历了一次由重视招抚流落他省的川人返乡到设法招徕外省移民实川的工作重心的转变。其中，康熙初年，清廷虽已认可外省移民入川的事实，但其工作重心仍然放在如何使流落他省的川人返乡上。随着“三藩之乱”被平息和四川境内大规模战事的结束，清廷已清醒地认识到，对于如四川这样的遭受战乱重创的省份，仅靠鼓励流落他省的川籍民众返乡，是难以解决人口过于稀少、劳动力严重缺乏等人口与社会经济恢复之问题的，遂有康熙中期奖励州县官员“招民议叙”之策，州县官员之政绩便有如“悉心抚育，多方招徕”和“招徕开垦，分给牛具耕种，人烟渐集”等这样的描述。雍正以后，相关记录变少，说明四川劳动力缺乏问题已基本解决，清廷也就不再将如何招徕移民作为官员考核的依据。

关于顺治、康熙时期招民成效问题，这一时期外省移民入川数量，是一个重要的考察指标。事实上，有关顺治、康熙时期移民入川数量的问题，由于缺乏详尽的官方统计和文献记载，难有准确的数据结论。但是，还是可以根据一些时任官员的奏疏和地方志文献材料，探测出这一时期移民入川数量的大体情况。

康熙三十八年（1699），蜀人李先复疏称：“近有楚省宝庆、武岗、沔阳等处人民，或以罪逃，或以欠粮惧比，托名开荒携家入蜀者，不下数十万。”[①] 康熙四十年（1701），湖广提督俞益谟疏奏：“湖南衡、永、宝三府百姓，数年来携男挈女，日不下数百名口，纷纷尽赴四川垦

① （清）常明、杨芳灿等：《四川通志（2）》卷64，巴蜀书社，1984，第2247页。

荒。”[1] 康熙五十二年（1713），候补知县朱尔介奏报：“查楚南徙川百姓，自康熙三十六年以迄今日，即就零陵一县而论，已不下十余万众。”[2] 康熙五十九年（1720），四川总督年羹尧奏报：陕西流民“自去冬至今，有挈其妻子，随带驴骡，数十成群，来川就食，阻之不能，驱之不去”[3]。尽管这些史料显得比较零散，但还是可以大致反映出康熙年间的移民趋势。

当然，据此统计康熙年间各个阶段的外省入川移民数，以及四川户口增长的详细情况，还是相当困难的。兹以垫江、梁山和江津三县地方志所载信息为例，以观其概况。

《光绪垫江县志》载，康熙二十六年（1687），垫江县有 18 户；康熙三十年（1691），有 63 户；康熙三十六年（1697），有 5224 户；康熙六十一年（1722），有 19799 户。[4] 从康熙二十六年（1687）至康熙三十六年（1697）的 10 年间，户数迅猛地增加了近 290 倍；从康熙三十六年（1697）至康熙六十一年（1722）的 25 年间，户数又增加了近 3 倍。

《嘉庆梁山县志》载，康熙三十年（1691），梁山县有纳粮民户 295 户；康熙六十一年（1722），有 5236 户。[5] 31 年间，纳粮民户数额增加了近 17 倍。而且既然是“粮民”，就意味着这一数据还没有包含不纳粮的人户。因此，实际户口数应当比表中的数字更高。

《嘉庆江津县志》载，康熙六年（1667），江津县在籍户 114 户、990 丁口；康熙三十年（1691），有在籍户 1248 户、9985 丁口；康熙六十一年（1722），有在籍户 2090 户、16720 丁口。[6] 从康熙六年（1667）至康熙三十年（1691）的 24 年间，户增约 10 倍，丁口增加约 9 倍；在康熙三十年（1691）至康熙六十一年（1722）的 31 年间，仅仅增加不

① 中国第一历史档案馆：《康熙朝汉文朱批奏折汇编》第 1 册，档案出版社，1984，第 923 页。
② 中国第一历史档案馆：《康熙朝汉文朱批奏折汇编》第 5 册，档案出版社，1985，第 336—337 页。
③ 中国第一历史档案馆：《康熙朝汉文朱批奏折汇编》第 8 册，档案出版社，1985，第 671 页。
④ 《光绪垫江县志》卷 3，《中国地方志集成·四川府县志辑（47）》，巴蜀书社，1992，第 276 页。
⑤ 《嘉庆梁山县志》卷 4，清光绪二十三年重刊本。
⑥ 重庆市江津区档案局、重庆市江津区人民政府地方志办公室：《（嘉庆）江津县志》卷 4，线装书局，2018，第 3 页。

到1倍。究其原因，当是起点提高之故。

从中可见，垫江县人口增长率最高，江津县增长率最低。虽然垫江、梁山和江津三县的户口增长率各有不同，但这些数据足以证实康熙年间自平定“三藩之乱”以后，四川的人口已经进入了迅猛增长的阶段。[①]

为了观察顺治、康熙年间四川人口的增长态势和估算移民的数量，学人常以顺治十八年（1661）、康熙二十四年（1685）和康熙六十一年（1722）这三个时间段的四川载税人丁数，按1∶5之丁口比例测算，进行比较。照此算法，顺治十八年（1661）有16096丁，即有载籍人口8万余人；康熙二十四年（1685）有18509丁，即有载籍人口9万余人；[②]康熙六十一年（1722）有近58万丁[③]，合载籍人口近290万人。由此可见，顺治十八年（1661）至康熙二十四年（1685），这20余年四川人口仅增长1万余人，增速缓慢。但从康熙二十四年（1685）到康熙六十一年（1722），这37年间四川载籍人口净增长56万余丁、280万余人，增长了30余倍，该数据已远远高于人口自然增长值。按照人口自然增长规律，若无天灾人祸，大约每30年即可增长1倍。因此，对于康熙二十四年（1685）到康熙六十一年（1722）这37年四川人口的奇高增速，唯一合理的解释是外省移民的涌入，致使四川人口大量增长。为此，有学者做了这样的推算，假定康熙二十四年四川人口均为当地居民，则自康熙二十四年（1685）至康熙六十一年（1722）的37年间，迁居四川的外省移民的数量“平均每年移入约8000多户”[④]。这些数据表明，顺治、康熙时期所颁布的移民政策和采取的措施，自康熙中期开始大显成效。

---

① 本处论析参引自蒙默、柯建中等：《四川古代史稿》，四川人民出版社，1988，第448—451页。

② 《清朝文献通考》卷19《户口一》，浙江古籍出版社，1988。

③ （清）常明、杨芳灿等：《四川通志（2）》卷64，巴蜀书社，1984，第2247—2248页。

④ 彭朝贵、王炎：《清代四川农村社会经济史》，天地出版社，2001，第87页。

三、结语

综上可见，顺治、康熙时期的移民实川政策，在不同的阶段呈现出不同的特征，也表现出不同的效果。

一是阶段性特征。从顺治中期到康熙初年，这一阶段的移民工作是以招抚流落外省的川人返回原籍，即“以川民而实川户”为重心，以破例“招民议叙”为标志。这一时期的招民工作，取得了一定的成效，“渐次招徕，人迹所至，烟户递增”[①]。但这一阶段的招民工作，因吴三桂叛乱而被迫中断。平吴战争胜利之后，四川结束了长达 40 余年的战乱，进入和平安定时期。地方官招垦更为卖力，或捐资给牛、种，或从宽决狱，放民归垦，或兴修水利。加之国内一些内地省份土地开垦渐近饱和，人地矛盾初现端倪，避难外省多年的川人纷纷回乡应垦，而且还有湖广、陕西等省的民众也开始大量入蜀，他们或单身前行，或结伴而往，或举家迁移，逐步形成中国历史上一次规模空前的人口迁徙大潮。正如有的学者所说：“由于康熙初年的种种行政努力，奠定了康熙中叶起至乾隆中叶止近百年社会大移民的基础。”[②]

二是开放性特征。为“广其招徕之途”，鼓励外省移民携家入川，甚至对那些在原籍犯有罪行或“欠粮避差”及游手好闲之人[③]，四川官府也筹措盘费予以接纳[④]；为稳住移民，不仅承认移民占地的产权，优厚给田，允许移民子弟随籍参加科举考试，而且还放宽了垦地起科年限，延缓土地清丈，大大减轻了民众赋税负担，使那些处于徘徊观望的流落外省的川人和外省移民的顾虑全释，迅速返乡和入川。为调动地方官员招民的积极性和主动性，在当时全国已经停止招民授职的情况下，特许四川现任文武各官以招民之多寡议叙，并将州县官员的升奖、处罚与招民劝垦的实绩结合起来，以使招民劝垦之政策落到实处。诸如此类

① 《民国温江县志》卷 3，《中国地方志集成·四川府县志辑（8）》，巴蜀书社，1992，第 375 页。
② 彭朝贵、王炎：《清代四川农村社会经济史》，天地出版社，2001，第 83 页。
③ （清）常明、杨芳灿等：《四川通志（2）》卷 64，巴蜀书社，1984，第 2247 页。
④ 《明清史料》丙编第 10 册，（台北）“中央研究院”历史语言研究所，1999，第 1000 页。

政策和措施的颁布与实施，吸引了大批外省移民入川，四川劳动力不足的矛盾得到有效缓解，从而加速了四川经济复苏的进程。大致到康熙末年，巴蜀大地“生齿日已繁衍，田土日已开辟”，其“田地开至十之五六”[①]，粮食生产和财政收入实现大幅增长[②]，标志着四川经济恢复和发展已见成效。

第三节
规范与限制：雍正乾隆时期移民入川政策之嬗变

大规模的移民入川，始于康熙中叶。随着移民的不断涌入和落籍置业，四川人口快速增长，农业劳动力缺乏的问题得以解决，社会经济恢复并且得到进一步的发展。与此同时，顺治、康熙时期对移民入川缺乏必要的规范和合理管控的后遗症也显现出来，四川社会问题变得格外突出，当地居民与外来移民之间频发的地权纠纷，就是其中的典型。自雍正、乾隆以降，四川“盗贼滋炽”和“奸匪”增多[③]的问题也愈发突出。这些问题和现象无一不严重扰乱四川社会的治安管理，甚至威胁到清王朝的统治秩序。为此，从雍正七年（1729）起，清廷停止了带有优惠措施的招民之策，规定“赴川民人有愿回籍者，量予盘费口粮”[④]，之后又陆续出台了一些规范和限制移民入川的条例。到乾隆中叶，不少地方官明确请求朝廷采取措施，限制移民入川。

---

① 中国第一历史档案馆：《康熙朝汉文朱批奏折汇编》第3册，档案出版社，1984，第703页。

② 以四川的粮食生产为例，顺治初年，四川临时政权所在地的保宁，其军民用粮亦“赖大清运陕西之粮”。［（清）费密：《荒书》，何锐等校点：《张献忠剿四川实录》，巴蜀书社，2002，第437页］到康熙末年，成为国内有名的“产米之乡”。（《清高宗实录》卷311“乾隆十三年三月癸丑”，中华书局，1985）又以财政收入为例，顺治十八年（1661），征税银27094两；雍正二年（1724），在“隐田漏赋”严重的情况下，征税银225535两。参见陈锋：《清代的移民与社会经济》，《长江文史论丛》2017年年刊。

③ 《清高宗实录》卷63“乾隆三年二月壬子”，中华书局，1985。

④ （清）常明、杨芳灿等：《四川通志（2）》卷64，巴蜀书社，1984，第2249页。

一、移民给四川造成的社会问题

在这场大规模的省际移民迁徙浪潮中，最早出现的社会问题，是四川当地居民与外省移民之间，以及移民与原籍地（迁出地）居民之间的土地、房屋等财产方面的纠纷，这类纠纷在当时的司法诉讼案件中占有很大的比例。关于此，康熙五十二年（1713）十月的一份上谕说："湖广、陕西人多地少，故百姓皆往四川开垦。闻陕西入川之人各自耕种，安分营生。湖广入川之人每每与四川人争讼，所以四川人深怨湖广人。或有将田地开垦至三年后，躲避纳粮，而又他往者。"[①] 由此可见，土地争讼已是当时一个比较严重的现象，以至清朝最高统治者都不得不为之发"上谕"了。按照"上谕"的说法，造成湖广移民与四川当地居民之间土地争讼严重的原因主要有两个方面。一是来自湖广的移民不如陕西移民"安分"。有文献记载，"由陕西来者皆讲道德，与川民相安无事。而由湖广来者多系刁狡之辈，不讲道德，如被官长严拿，若辈乃逃回原籍避之，官亦无可如何。"[②] 也就是说，来自湖广的移民，"多系刁狡之辈"，为非作歹，既不服从于官，也不取信于民。这种从道德层面的评判，给陕西和湖广两省的移民群体贴上了标签。毫无疑问，这是不切合实际情况的。客观地说，在有移民入川的各省中，湖广因与四川相邻，又有水陆路可走，因此，湖广入川人数最多，形成一定势力，张扬跋扈是有可能，遭到川人或其他省的移民怨恨，也是情理中的事。二是"躲避纳粮"。清初以来，为鼓励外省移民入川，准许开垦的土地"三年起科""五年起科"或"六年起科"，个别荒地甚至达到"十年起科"[③]。一些移民为了逃避赋税，利用这一政策上的漏洞，往往到规定起科年限时，抛荒返回原籍。这一现象不断发生，已引起清廷的特别关注。康熙五十一年（1712）五月，康熙帝谕令大学士："湖广民往四川垦地者甚多，伊等去时将原籍房产地亩悉行变卖，往四川垦地。至满五年起征之

---

① （清）常明、杨芳灿等：《四川通志（1）》卷首之一，巴蜀书社，1984，第60—61页。

② ［法］古洛东：《圣教入川记》，四川人民出版社，1981，第63页。

③ 《清朝文献通考》卷3《田户三》，浙江古籍出版社，1988。

时复回湖广，将原卖房产地亩，争告者甚多。”[①] 为了堵住四川与湖广等地区起科年限不同的政策漏洞，保证赋税征收，避免无谓的争讼，清廷责令四川、湖广两地官府严查移民年貌、姓名和籍贯等项，造册互验，以限制移民任意往返。[②]

实际上，在移民与四川当地居民之间之所以存在大量的土地纠纷乃至争讼，还有更为深层的原因。雍正五年（1727），四川巡抚宪德上奏："四川昔年人民稀少，田地荒芜。及至底定，归复祖业，从未经勘丈，故多所隐匿。历年既久，人丁繁衍。奸猾之徒，以界畔无据，遂相争讼。”[③] 可见，当时政府听民自占垦荒而不丈勘田地，以至田地“边界均属混淆”[④]，让“奸猾之徒”有空子可钻，争讼繁兴。当然，出现这种局面主要还是为形势所迫。清军初入四川之时，清廷曾试图在四川清丈田地。“皇清田赋户口，川北久归版籍，于顺治十年已经清丈；上下川南，康熙元年清丈；川西、川东，康熙六年清丈。”[⑤] 但这一工作因平定四川各地的反清势力和吴三桂叛乱而未能一直贯彻落实。当战事结束，四川局势稳定之后，为医治战争创伤，唯有广泛招抚移民。“一时来川之民，田亩任其插占，广开四至，随意报粮。彼时州县惟恐招之不来，不行清查。”[⑥] 这就表明，当时四川各地都急于招民，“惟恐招之不来”，凡招来之民让其在川“任其插占”，“随意报粮”，由此弊端迭生。其中受影响最为直接的是政府的税赋收入。早在康熙中期就有四川官员注意到这一问题，并建议清丈耕地。当时，不但没有得到清廷的支持，反而受到指责。为了防止此类事情再次发生，康熙四十八年（1709），康熙帝还对四川巡抚年羹尧告诫说：“比年湖广百姓，多往四川开垦居住，地方渐

---

① 《清圣祖实录》卷 250“康熙五十一年五月壬寅”，中华书局，1985。

② ［法］古乐东：《圣教入川记》，四川人民出版社，1981，第 63 页。

③ 赵尔巽等：《清史稿》卷 294，中华书局，1977，第 10340 页。按：宪德的前任马会伯就已发现该问题，也曾奏请朝廷准许清丈四川土地，因其调任湖北未能实施。

④ 《钦定大清会典则例》卷 35，《景印文渊阁四库全书》第 621 册，台湾商务印书馆，1986，第 81 页。

⑤ （清）蔡毓荣等：《四川总志》卷 10，康熙十二年刻本，四川大学图书馆藏，第 4 页。

⑥ 台北故宫文献编辑委员会：《宫中档雍正朝奏折》第 9 辑，台北故宫博物院，1978 年，第 767 页。

以殷实。为巡抚者，若一到任，即欲清丈田亩，增加钱粮，即不得民心矣。湖南因清丈地亩，反致生事扰民。当年四川巡抚噶尔图曾奏请清丈，亦未曾清楚。尔须使百姓相安，钱粮以渐次清查可也。”[①] 由此可见，时至康熙末年，清廷所关注的仍然是如何在川招徕和稳住移民，不希望因清丈田亩而挫伤外省民众入川的积极性。正是因为清廷有这样的顾虑，顺治、康熙时期为了能够更多更快地招徕移民，即便是耕地清丈这样重要的事情，也被暂时搁置。

任由入川移民插占土地的另一弊端，是致使土地边界混淆，归属权不清，造成频繁的土地纠纷。顺治年间，为鼓励逃离四川的川人返乡，政府规定：“凡抛荒田地，无论有主无主，任人尽力开垦，永给为业。”[②] 这一规定本身就埋伏着因土地归属权而产生纠纷的隐患。任由外来移民插占土地，移民和当地居民之间经常会因土地归属权产生矛盾。[③] 此外，听任插占土地，常常让那些“强有力者，得地数十丈不止”[④]，乃至个别地方“有一族占田至数千亩者”。[⑤] 这样就使新来者或势力弱者无地可占，从而引起土地归属权争执，并导致土地分配不均，引发社会矛盾。其中，少数不法移民仗势“指荒占熟”，反客为主。据《道光蓬溪县志》载，清初，有湖广入川移民利用“新民承垦，县令向有陋规，每安插一户，缴银四两”之政策，以“讨垦”为名，在川中蓬溪、遂宁、中江、安岳诸县“结党控争，指荒占熟，反虐土著”，导致“土著士民忿其𥌓夺己产，每日与楚民相仇讦”[⑥]，搞得“讼端日起”[⑦]。如此等等。大量移民到来之后，与四川当地居民杂处，之间的摩擦和矛盾日渐增多。在这

① 《清圣祖实录》卷239“康熙四十八年十月己酉”，中华书局，1985。

② 鲁子健：《清代四川财政史料》（上册），四川省社会科学院出版社，1984，第49页。

③ 有关任由移民插占所引发的土地纠纷，可参看陈世松：《大迁徙：湖广填四川历史解读》，四川人民出版社，2005，第442—453页。

④ （清）沈荀蔚：《蜀难叙略》，何锐等校点：《张献忠剿四川实录》，巴蜀书社，2002，第120页。

⑤ 《（光绪）新繁乡土志》卷5，四川省地方志编纂委员会：《四川历代地方志集成》（第四辑第15册），国家图馆出版社，2015，第693页。

⑥ 《（道光）蓬溪县志》卷8，四川省地方志编纂委员会：《四川历代地方志集成》（第三辑第14册），国家图书馆出版社，2015，第211页。

⑦ （清）常明、杨芳灿等：《四川通志（3）》卷116，巴蜀书社，1984，第3602页。

些摩擦和矛盾之中，土地归属权的争讼始终是焦点。为此，宪德说“川省讼词，为田土者十居七八”，其解决之道，“非勘丈无以判其曲直”。[①]

在大规模的入川移民潮中，一些盲流、罪犯等不良之徒混杂其中，他们借迁移之机，或逃避法律惩治，或乘机继续作奸犯科，严重地影响到移民迁出地（原籍）与迁入地（四川）之社会治安管理[②]，破坏了清王朝的统治秩序。一些不法之徒利用清廷鼓励移民入川政策，通过组织民众迁移来牟取功名或经济利益，给清廷及移民所在地方政府在户籍、社会治安管理等方面，造成了一定程度的困扰。雍正六年（1728）二月的一份上谕指出：“今据各省陆续奏闻，大约因川省旷土本宽，米多价贱。而无知之民，平日既怀趋利之见，又有传说者谓川省之米，三钱可买一石，又有一种包揽棍徒，极言川省易于度日，一去入籍，便可富饶，愚民被其煽惑，不独贫者堕其术中，即有产业者亦鬻产以图富足。独不思川省食物价贱之故，盖因地广人稀，食用者少，是以如此。若远近之人云集一省，则食之者众，求如从前之贱价，岂可得乎？”[③] 由此可见，“包揽棍徒”编造虚假信息欺骗外省民众迁居四川已非个案，扰乱了清廷移民政策，以至雍正帝也不得不亲自出来揭穿事实真相，提醒地方大员注意，并要求采取相应的措施。雍正十一年（1733）九月，广东巡抚杨永斌奏称：“臣查入川人民……原非尽系无业贫民，因惠州地方先年多有入川置产安业之人，时有信息往来，历年俱有回粤接取亲属完聚，遂有愚民听信讹言，谓川省地土膏腴，易致富足，卖去现在产业，挟资而行。虽经多方晓示，毋得轻信人言并给以房屋居住，荒地耕垦，无如彼等惑于川省易富之说……再四劝谕；俱不听从，细察情形，实系盘费各足，愿甘前往，并非困苦出境。”[④] 客观地说，四川地处西南，与内地省份彼此相隔千里或数千里，加之当时一般百姓又难以获得有关四

① 赵尔巽等：《清史稿》卷294，中华书局，1977，第10340页。

② 对此问题，有学者撰文做了全面讨论，在此不赘述。参见徐学初：《清代四川游民问题论析》，《中华文化论坛》2007年第3期。

③ 《清世宗实录》卷66“雍正六年二月甲辰”，中华书局，1985。

④ 台北故宫文献编辑委员会：《宫中档雍正朝奏折》第22辑，台北故宫博物院，1979，第100页。

川方面的准确信息。这就让那些“包揽棍徒”等无良之人有机可乘，于是他们夸大甚至编造“川省食物价贱”和赚钱机会多等不实信息，利用民众贪图物价便宜，以及普遍存在的求财图富之心，怂恿广东等外省民众盲目跟随入川。“包揽棍徒”之所以热衷此事，雍正十一年（1733）十月，两广总督鄂弥达说得比较明白：广东各地有一种专门游说鼓动民众移居四川的“包揽棍徒”，他们“造谣川省物价低廉，一去落业立可富饶”，并宣称：“川省膏腴，每亩种一石可收谷百余石，百物俱贱，易于资生。”他们“耸动”“引诱”，甚至还“包揽引路送人入川”，其目的是“从中牟利”。受这类不良棍徒之鼓噪利诱，广东民众遂纷纷“卖弃现在产业，挟资而行”①。

相较于上述“包揽棍徒”对移民的欺诈，混迹于移民中的一些不法乃至犯罪之人，给移民政策带来的冲击和对四川社会造成的危害，则要严重得多，影响也更加深远。关于此，川籍官员李先复在“楚民寓蜀”疏中说：

> 臣系蜀人，伏念巴蜀界连秦楚，地既辽阔，两省失业之民就近入籍垦田，填实地方，渐增赋税，国计民生岂不两有攸赖。乃近有楚省宝庆、武冈、沔阳等处人民，或以罪逃，或以欠粮惧比，托名开荒携家入蜀者，不下数十万。其间果以开垦为业，固不乏人，而奸徒匪类扰害地方，则有占人已熟田地者，掘人祖宗坟墓者，纠伙为窃为盗肆虐行劫者，结党凶殴，倚强健讼。又有私立会馆，凡一家有事，率楚中群凶横行无忌，此告彼诬，挟制官府者……沔阳州郑锡我劫盗郑价玉案内，续获盗犯郑允文供云：“逃出就在四川度了两年。”……夫允文以盗案重犯逃入四川两年，则此数十万楚民，岂遂无郑允文者乎？……臣请敕下四川抚臣……各州县逐户确查。②

① 台北故宫文献编辑委员会：《宫中档雍正朝奏折》第22辑，台北故宫博物院，1979，第185—186页。

② （清）常明、杨芳灿等：《四川通志（2）》卷64，巴蜀书社，1984，第2247页。

上引可见，早在康熙年间，那些来自湖广宝庆、武冈等处的入川移民，虽然大多数人迁到四川是为了“开垦为业”，以求生存或致富，但其中也不乏“罪逃”或“欠粮惧比”之人。这些不法之人入川后，不仅不弃恶从善，反而继续纠伙为窃为盗，结党凶殴，扰害一方，给四川社会造成严重的治安问题。雍正初年以来，清廷已注意到这一问题，便着手对流入四川的移民加以限制。但是，这些措施并未能有效抑制不法之人趁机入川。大致在雍乾之际，在川鄂陕交界的巴山老林地区出现了危害地方更甚的“啯噜子”组织①，就是那些不法流民和无业游民汇集的结果。乾隆八年（1743）十月，四川巡抚纪山奏称：“川省数年来，有湖广、江西、陕西、广东等省外来无业之人，学习拳棒，并能符水架刑，勾引本省不肖奸棍，三五成群，身佩凶刀，肆行乡镇，号曰‘啯噜子’，奸淫劫掠，无所不为。”② 并请求朝廷对那些“无本籍印照者，各该管关隘沿途阻回，毋使积聚多人滋事”③。自此之后，“啯噜”这一称呼开始在官方文献中频繁出现。何谓“啯噜”？官方也一直在强调他们是无籍之徒的身份。对此，乾隆九年（1744）御史柴潮生在其奏折中讲得最为明白，说：“四川一省，人稀地广，近年以来，四方流民多入川觅食，始则力田就佃，无异土居，后则累百盈千，浸成游手。其中有等，桀黠强悍者，俨然为流民渠帅，土语号为‘啯噜’，其下民听其指使。凡为啯噜者，又各联声势相互应援。”④ 邱仰文在《论啯噜状》中对其形成的原因，说得更明白：“居民密比，几于土满，流来如故，无业可栖。一经失所，同乡同类，相聚为匪，势所必至。”⑤ 由此可见，活跃于四川移民区域的“啯噜”，最初是外来移民中无业可就的游民，后因同乡同类而结拜形成这一组织。

---

① 王笛：《跨出封闭的世界——长江上游区域社会研究（1644—1911）》，中华书局，2001，第535页。

② 《清高宗实录》卷203“乾隆八年十月己卯”，中华书局，1985。

③ 《清高宗实录》卷203“乾隆八年十月己卯”，中华书局，1985。

④ 《军机处录副奏折》。转引自中国人民大学清史研究所、中国人民大学档案系中国政治制度史教研室：《康雍乾时期城乡人民反抗斗争资料》（下册），中华书局，1979，第634页。

⑤ 王纲：《清代四川史》，成都科技大学出版社，1991，第914页。

自乾隆中叶以后，“啯噜”组织更多，横行四川各地。[①] 嘉庆初年，由于四川人口剧增，人地矛盾突出，出现大量无业之民，加之白莲教的兴起，不少“啯噜子”加入白莲教，四川“啯匪”组织更加猖獗。嘉庆十年（1805）三月，四川总督勒保奏疏：“川省五方杂处，游手最多，往往结党成群，流荡滋事，日久即成啯匪。”[②] 道光二十三年（1843），四川总督宝兴奏称：“四川田地膏腴，土著稀少，是以各省无业游民纷纷蚁聚，每遇年岁歉（收），流为啯匪。”[③] 时人严如熤亦指出：“川省之啯匪，其源不同，川中膏沃，易以存活，各省无业之民，麇集其间，好要结朋党。其头目必才技过人，众乃共推之，凡数十人结为大伙，先约遇难不许散帮，遇追捕急，公议散去，始敢各自逃生。如未议而一二人先散者，众共追戮之。”[④]

大量事例表明，混迹于“湖广填四川”移民大潮中，流入四川的部分罪犯、会党、游民及其非法活动，已逐渐成为严重影响四川地方治安，扰乱社会秩序的不稳定因素。[⑤] 其中，引人注目的秘密社会组织“啯噜子”，就是流民和无业游民集合的结果。他们小则偷鸡摸狗，危害

---

① 王笛：《跨出封闭的世界——长江上游区域社会研究（1644—1911）》，中华书局，2001，第 536 页。

② 《军机处录副奏折》，嘉庆十年三月二十九日四川总督勒保奏。转引自中国人民大学清史研究所、中国人民大学档案系中国政治制度史教研室：《康雍乾时期城乡人民反抗斗争资料》（下册），中华书局，1979，第 635 页。

③ 道光二十三年川督宝兴奏折。四川大学历史系、四川省档案馆：《清代乾嘉道巴县档案选编》（下册），四川大学出版社，1996，第 358 页。

④ （清）严如熤：《三省边防备览点校》（中册），张鹏翂补修，郭鹏点校，西安交通大学出版社，2018 年，第 406 页。

⑤ 关于“啯噜”等不良移民给清代四川社会造成的诸多问题，学人们已有研究。主要有胡昭曦《“啯噜”考析》（《四川省史学会史学论文集》，四川人民出版社，1982），蔡少卿《关于哥老会的源流问题》（《中国近代会党史研究》，中华书局，1987），戴玄之《啯噜子》（《中国秘密宗教与秘密会社》，台北商务印书馆，1990），王笛《秘密社会（一）——啯噜》[《跨出封闭的世界——长江上游区域社会研究（1644—1911）》，中华书局，2001]，常建华《清代啯噜新探》（《清代的国家与社会》，人民出版社，2006），张学君、张莉红《啯噜》（贾大全、陈世松：《四川通史》，四川人民出版社，2010），刘铮云《啯噜：清代四川的异姓结拜组织》（《档案中的历史：清代政治与社会》，北京师范大学出版社，2017），陈鹏飞《清初四川招民垦荒与“啯噜”的形成》（《中国农史》2021 年第 1 期），等等。

一方百姓财产安全，大则杀人放火，对抗政府，危及清王朝的统治。此外，这些“啯噜子”组织与后来四川各地的各种“会匪”和“邪教”等组织多有渊源关系，成为有清一代四川的一个重要的社会问题。[①] 这些问题的出现，迫使清朝当局加强了对移民数量的控制，规范移民行为管理，以维护四川社会稳定。

二、严稽户籍与编入保甲：加强对移民入川的管控

顺治、康熙以来，外省移民无序入川，造成社会失去控制，不仅扰乱了社会治安管理，而且已威胁到清王朝的统治秩序。这也引起了清廷的高度重视，清廷一方面责令四川地方官府，“务须弭盗安民，以靖地方”[②]，另一面采取停止优惠招民条例、严稽户籍和编制保甲等措施，限制移民入川和加强对入川移民的管理。

（一）停止优惠招民条例与限制移民入川

实际上，针对移民过程中所出现的一些问题，早在康熙三十八年（1699），李先复就建议朝廷对移民加强管控。他在“楚民寓蜀”疏中，建议朝廷责令四川抚臣于养志“将楚民流寓开垦者，令各州、县逐户确查。实系楚省何处人民，妻子、亲戚同居若干人，开明籍贯，仍取联名互结，以防更名易姓之弊。造具清册，咨移楚抚查明原籍。因何事逃出，或系支身，或有妻子兄弟共几名口，并无过犯，取具各州、县印结，转咨川省存案，方准开垦，入籍当差”[③]。但是，当时四川因外省移民的到来，经济社会的复苏稍有起色，清廷所重视和关注的中心问题，仍然是如何更进一步吸引省外移民入川，以解决地多人少和劳动力不足的问题。因此，清廷对类似建议未予重视。康熙四十八年（1709），康熙帝还特别告诫四川巡抚年羹尧，“为巡抚者，若一到任，即欲清丈田亩，增加钱粮，即不得民心矣”！并明确指示年羹尧“须使百姓相安，

① 陈典：《论清代“湖广填四川”的政策导向》，《理论月刊》2005 年第 10 期。

② 《清高宗实录》卷 63“乾隆三年二月壬子”，中华书局，1985。

③ （清）常明、杨芳灿等：《四川通志（2）》卷 64，巴蜀书社，1984，第 2247 页。

钱粮以渐次清查可也。此为川中第一要事”[①]。然而，康熙五十一年（1712），清廷却允准了湖南巡抚潘宗洛的奏请，“楚民入蜀开垦，该地方给予印照，仍造册送四川巡抚查验；有回楚省者，川抚亦给照造册，两相稽查”[②]。雍正五年（1727），清廷又将这一办法转发福建、江西、广东等有移民迁川之省，要求各地官府对入川移民执行“遵例给照”，四川巡抚“转饬确查，其应准入籍者，即编入保甲”[③]。这些措施的推行，标志着清廷移民入川政策开始收紧，对外省移民入川逐步加以规范和限制。

雍正五年（1727）九月，川陕总督岳钟琪奏请：“湖广、江西、广东、广西等省之民，逃荒入川，不下数万户。请开招民事例，给穷民牛具籽种，令其开垦荒地，方为有益。”清廷允准了岳氏之奏请，拨银10万两供四川用于安插入蜀移民之需。同时指出：“此等远来多人，良奸莫辩，不行稽查，必转为良民之扰。”责令岳钟琪会同四川巡抚宪德：“行令四川州、县，将雍正四年秋冬以后各省入川人户逐一稽查姓名、籍贯，果系无力穷民……所用牛、种、口粮银两，着落原籍之州县官照数补还。”[④] 清廷实行这一严格稽查入川移民的政策，特别是要求原籍州、县官府照数补还移民入蜀后所用牛、种、口粮之需费，含有“杜流移之患于将来”之深意，说明清廷开始实行从严从紧控制移民迁居四川之政策。[⑤]

雍正六年（1728），四川巡抚宪德再度疏奏安插入川移民事宜：“入川人户众多，奸良不一。饬令该管官逐户挨查，取结编入保甲。有游手生事者，即行驱逐。其实系匪类，现有过犯者，解回原籍。知情隐匿，暨官员失察者，并加处分。”[⑥] 如果外省来川移民，“实系贫民无可资生者，酌拨地亩，并借给牛、种、口粮。所用银两，移咨本籍各府、州、

① 《清圣祖实录》卷239“康熙四十八年十月己酉”，中华书局，1985。
② 《清世宗实录》卷58“雍正五年六月戊子”，中华书局，1985。
③ 《清世宗实录》卷58“雍正五年六月戊子”，中华书局，1985。
④ 《清世宗实录》卷61“雍正五年九月己卯”，中华书局，1985。
⑤ 彭朝贵、王炎：《清代四川农村社会经济史》，天地出版社，2001，第89页。
⑥ 《清世宗实录》卷65“雍正六年正月乙亥”，中华书局，1985。

县，照数赔补。或有移家落业，依托亲故谋生者，如资本无多，不能经运（营），仍酌量给与地亩，令其自行开垦，不必给与牛、种、口粮”。同时，“愿回籍者，不必给与口粮，将姓名、人数咨明本籍，川省仍造册存案。倘日后复来川省，即行惩治”。“川省无着地亩”，“俟清丈完日，分别科则，编列字号，计留川人户之数，按亩均分认垦。如有占越争竞者，概行驱逐”。[①] 清廷为此下令：“赴川民人有愿回籍者，量予盘费口粮。其愿在川开垦者，量人多寡，分给荒地五六十亩或三四十亩，给以牛、种、口粮；各府州县稽其姓名、籍贯，造册申报督抚咨查原籍，令将本户居址造册报覆。”[②] 同年（1728），户部根据巡抚宪德的建议，准许“以一夫一妇为一户，给水田三十亩或旱地五十亩。如有兄弟子侄之成丁者，每丁增给水田十五亩或旱地二十五亩。若一户内老小丁多，不敷养赡者，临时酌增，俱给以照票令其管业”。[③] 这条规定的出台，标志着清廷废止了康熙年间移民任意报垦的土地政策，开始实行土地有限供给的政策。

雍正七年（1729），户部又议准四川巡抚宪德的奏请：“嗣后各省续到流民，自雍正七年为始，停其造册咨查。行令各省，将实在无业穷民，愿往川省开垦者，给与印照，与先经查验覆到之各户，一体安插。如无照之人，除在川各有生业，准其编入保甲外，所有游手之民，着即查明，令回原籍。”[④] 这里所说“自雍正七年为始，停其造册咨查”，实际上就是开始停止优惠招民的条例，以限制移民入川。停止优惠招民的条例，通常被认为是清代移民入川政策的转折点。乾隆八年（1743），明令限制外省移民入川。四川巡抚纪山奏称：“湖广等省外来之人，皆因误听从前川省地广人稀之说，群思赴川报垦，不知川省已无荒土可辟。嗣后除有亲族可依、来川帮工为活者，令各省地方官给与印照，使彼均有稽查。其无本籍印照者，各该管关隘沿途阻回，毋使积聚多人滋

① 《清世宗实录》卷65“雍正六年正月乙亥”，中华书局，1985。
② （清）常明、杨芳灿等：《四川通志（2）》卷64，巴蜀书社，1984，第2249页。
③ 《清世宗实录》卷67“雍正六年三月丁丑”，中华书局，1985。
④ 《清世宗实录》卷79“雍正七年三月壬子”，中华书局，1985。

事。”乾隆下旨：“所见甚是，妥协为之。”[①] 在此之前，“无照”流民还只是被查明，令其返回原籍，但这时已是“无本籍印照者，各该管关隘沿途阻回”，即不再准许这些人进入四川。自此之后，乾隆年间，清廷虽有所谓的“济灾”纾民困，让外省民众迁入四川就食，但对这些移民的迁入和安置，基本上是遵照有关规定进行管控的。

（二）加强对入川移民的盘查和以“路引”管理流动人口

“路引”，亦称“路牌”，又名“路票”“路照”“印照”“照票”“文引”等，它类似今日城乡居民人人所持有之身份证，或出远门时所随身携带证明身份之通行证。[②] 这是明代为加强户口管理而推行的一种制度。明律：“凡军民人等往来，但出百里即验文引。”如无文引，必须擒拿送官。“仍许诸人首告，得实者赏，纵容者同罪。”[③] 按此规定，但凡军民人等欲出远门且行动范围超出百里，必须向官府申请领取“路引”，并随身携带。若无“路引”而活动范围又超出百里，即等于犯罪。一旦被官府或军队所设置之关卡盘验而不能出示“路引”，“军以逃军论，民以私渡关津论”。按明律，若无“文引”私渡关津者，杖八十；若不经由规定之关门渡口而穿越者，杖九十。[④]

清代在四川推行“路引”制较晚，一般认为，它始于康熙五十一年(1712)。[⑤] 清初，为吸引民众入川落籍置业，官府对外省民众是否持有“路引”入川，并没有按有关规定执行，这一度造成入川移民在原籍与四川两地之间“任意往返”，频繁无序流动。其结果不但使地方政府户籍管理失控，也给四川等地造成日益严重的社会问题。最先出现这一问题的是四川、湖广两省，因两省相邻，民众往来方便，一些湖广移民不守诚信，不断引起土地和房屋等财产纠纷。康熙五十一年（1712）五月，湖南巡抚潘宗洛为此建议：凡湖广人民有往四川种地者，着湖广抚

---

① 《清高宗实录》卷 203“乾隆八年十月己卯”，中华书局，1985。

② 陈世松：《大迁徙：湖广填四川历史解读》，四川人民出版社，2005，第 182 页。

③ （明）申时行等：《大明会典》卷 139，上海古籍出版社，2002，第 442—443 页。

④ （明）申时行等：《大明会典》卷 167，上海古籍出版社，2002，第 46 页。

⑤ 刘正刚：《闽粤客家人在四川》，广西教育出版社，1997，第 77 页。

将往种地人民年、貌、姓名、籍贯，查明造册，移送四川巡抚，令其查明；其自四川复回湖广者，四川巡抚亦照此册移送湖广巡抚。两相照应查验，移民不得任意往返，而事亦得清厘，争讼可以止息。康熙帝对潘宗洛的这一建议非常重视，谕令大学士会同九卿“确议具奏”[①]。之后，清廷开始推行移民凭据“路引”方可入川和在川流动的措施。

雍正、乾隆时期，清廷逐渐加强了对入川移民之“路引”等身份证明文书的核发和稽验管理工作。这表现在两个方面。一是将原来仅针对湖广移民之“凭照入川”之制，推广至其他各省移民入川均须携带、查验“路引”。二是加强了对入川移民“路引”等身份证明文书的申领、颁发、稽核等工作。雍正五年（1727），原任四川巡抚的马会伯奏请朝廷：“乞敕下各省抚臣：凡入川穷民，务令各该地方官给以印照，到日验明安插。”[②] 雍正七年（1729），四川巡抚宪德上奏：“各省入川民户，向经一面造册呈报，一面咨查原籍在案。”凡嗣后各省续到移民，“自雍正七年为始，停其造册咨查，行令各省，将实在无业穷民、愿往川省开垦者，给与印照，与先经查验覆到之各户，一体安插。如无照之人，除在川各有生业，准其编入保甲外，所有游手之民，着即查明，令回原籍。”[③] 清廷采纳了这些建议。由此表明，不同于康熙时期积极吸纳外省移民入川开垦的做法，雍正时期，四川地方官府对于外省移民转而以防备为主，尤其是那些没有获得印照者，严格禁止进入四川。凡无照而已经入川者，即便是没有固定生业的“游手之民”，也要被遣返原籍。

乾隆八年（1743），四川巡抚纪山上奏，湖广等首民众：“误听从前川首地广人稀之况，群思赴川报垦，不知川省已无荒可辟。嗣后除有亲族可依、来川帮工为活者，令各省地方官给以印照，使彼均有稽查。其无本籍印照者，各该管关隘沿途阻回。”[④] 乾隆十年（1745），川陕总督庆复再度奏请：“凡赴川之人，本省给照；无照，阻回。”[⑤] 清廷采纳了

① 《清圣祖实录》卷250“康熙五十一年五月壬寅”，中华书局，1985。
② 《清世宗实录》卷58“雍正五年六月戊子”，中华书局，1985。
③ 《清世宗实录》卷79“雍正七年三月壬子”，中华书局，1985。
④ 《清高宗实录》卷203“乾隆八年十月己卯”，中华书局，1985。
⑤ 《清高宗实录》卷251“乾隆十年十月戊午”，中华书局，1985。

这些官员的建议，并结合四川省已实行的保甲管理办法，进一步明确规定，外省移民迁入四川后，与当地居民一体编入保甲，以强化其户籍管理。

按照“路引”和流移人口管理之规定，外省民众若欲迁居四川，首先必须向原籍地方官府申领“路引”，在得到批准并颁发“路引”后，持“路引”以供迁川沿途之关卡查验。移民入川后，亦须将“路引”缴送迁入地之官府，“以便稽查”，并将其作为移民编入落籍地保甲管理体系之准入证明文书。移民若在四川安居落业后，欲回原籍省亲，或其原籍之亲友欲往四川探亲访友，亦均须禀明该地方官批准并发给“路引”，始可出行。返回时，亦须向所住地之地方官府领取“回文销照”。若无“路引”等身份证明文书，“地方官即行驱逐”。[①]

现存清代四川巴县档案中，有乾隆年间巴县官府所颁发的“路牌”文书。兹引录一份于下。

乾隆四十四年二月初一日　　　　　　为禀给路牌事

本月二十九日，刘光友禀，系湖南宝庆府绍阳县民籍，于三十六年来治城生理，四十年凭媒杨登科娶陈开荣之女为婚。因年岁歉，欲携妻并衣箱、行李、货物回家供养。恐沿途关津阻碍，为此禀给路牌，倘沿途羁阻，照验放行。[②]

从该“路牌”文字可知，这是一份湖广籍移民入川谋生多年，并在四川结婚成家以后，携妻返回原籍之“路牌”。有学者指出，这类外省移民“搬眷回籍”之“路牌”申领程序，大体可分为三个步骤：第一步，需要本人与相关证人（媒人、邻居或保人）联合具结，向当地官府“禀请路牌”，提出申请；第二步，官府接到禀请之呈文后，需进行必要

① 文孚：《钦定六部处分则例》卷19，文海出版社，1973，第432页。

② 四川大学历史系、四川省档案馆：《清代乾嘉道巴县档案选编》（下），四川大学出版社，1996，第411页。

的调查核实工作；第三步，经过核实，若情况属实，官府始发给“路牌”。[①] 当时外省移民迁居四川的旅途中，往往需要随身携带原籍门牌[②]、川省粮票[③]和亲属书信[④]等多种证明文书，以接受沿途关隘、哨卡之盘验与稽查。

实际上，在这一时期，清廷及地方官府对于入川移民在“路引”等身份证明的管理方面，还存在着文书颁发不严、检查不力等问题，既有制度与贯彻落实之间尚存较大差距。雍正五年（1727）六月，曾任四川巡抚的马会伯奏称：“楚民入川落业者，定例令地方官给与印照验放。近有自湖广、福建、江西、广东来川者，竟无执照可验。”[⑤] 又据宣统泸州《李氏族谱》记载，广东长乐籍移民李文兴，于雍正五年（1727）与三弟李文光一道迁移入川，后于乾隆初年欲借回粤探亲之机，将五弟李文元带回四川，并为此特别向四川官府申请办理了相关手续，“开路票与弟”。后因广东连年发生旱灾，其弟未能及时成行。李文元遂将该路票交与其父亲李君旺使用，父子俩凭借这张路票，一同迁移到了四川。[⑥] 如李氏这种父亲冒用儿子身份证明文书却能成功迁移入川之事例，或能说明清廷在管理迁移人口工作上存在明显的疏漏。

（三）移民与当地居民一体编入保甲

保甲制的源头可以追溯到西周时的“乡里制度”。秦国商鞅变法时期，已经拥有了近世保甲制度的实质，但保甲制作为一种正式的社会基层组织，则始于北宋的王安石变法。按照王安石的设想，这种社会基层组织主要是弥补地方政府防御力量的不足，以及保证朝廷对地方社会的

---

① 陈世松：《大迁徙：湖广填四川历史解读》，四川人民出版社，2005，第 187 页。另外，陈著亦引录了“路牌”文书一份。其所引录之“路牌”申领人银宿山从乾隆四十一年（1776）提出申请，至乾隆四十四年（1779）二月巴县官府始发给“路牌”，“前后用去了 3 年多时间，当时官府控制之严、办事效率之低由此可想而知”。

② 即入川移民在原居住地之户籍身份证明。

③ 即已在川省落籍之亲属向四川官府缴纳田粮赋税之证明——以稽核移民入川后是否有地可耕或者有业可就。

④ 即已在川落籍之亲属所发邀请来川信函——以判断迁入地是否还需要劳动力。

⑤ 《清世宗实录》卷 58“雍正五年六月戊子”，中华书局，1985。

⑥ 陈世松：《大迁徙：湖广填四川历史解读》，四川人民出版社，2005，第 188 页。

控制最大限度地下移。清朝继承了保甲制这种社会基层组织的传统，但是，清代州县以下地方基层组织，经历了一个从里甲制到保甲制的历史演变过程。这其中，与清代其他内地省区不同的是，四川州县以下的地方基层组织，从开始就以推行保甲制为主。

顺治元年（1644），清朝在全国推行“总甲法”。“世祖入关，有编置户口牌甲之令。其法，州县城乡十户立一牌长，十牌立一甲长，十甲立一保长。户给印牌，书其姓名丁口。出则注其所往，入则稽其所来。其寺观亦一律颁给，以稽僧道之出入。其客店令各立一簿，书其寓客姓名行李，以便稽查……凡甲内有盗窃、邪教、赌博、赌具、窝逃、奸拐、私铸、私销……并私立名色敛财聚会等事及面生可疑之徒，责令专司查报。”① 同时规定：“凡遇盗贼逃人、奸宄窃发事件，邻右即报知甲长，甲长报知总甲，总甲报知府州、县……若一家隐匿，其邻右九家、甲长、总甲不行首告，俱治以罪。”② 可见，“总甲法”的出台，旨在稽察寇盗奸细和无籍奸棍不法等事。有学者认为，“总甲法”实际上是一道保甲法令。③ 保甲长主要负责本保本甲的户口、治安、诉讼等事，每月底“出示无事甘结，报官备查”。按照清代官员层级规定，保甲长属于国家最低级的半官职人员，虽一般由士民公举，但要报官验充，由官方给予执照、委牌，有的地区加发戳记一颗，以明确其身份地位。

顺治十二年（1655），谕令：“各布政使严饬该道府，责令州县，查照旧册，着落里甲，逐一清厘。”④ 这条规定的颁布表明，清政府开始恢复明代里甲制度。顺治十七年（1660），“令民间设立里社，有里长、社长之名。川省地方，以保名者有保长。其甲长又曰牌头，以其为十家牌之首也。十牌即为甲头，十甲即为保长，又曰保正。各治其乡之事，名称不同，其役一也”⑤。之后，清政府在沿用明制的基础上，对此进一步

① 赵尔巽等：《清史稿》卷 120，中华书局，1977，第 3481 页。
② 《清朝文献通考》卷 21《职役一》，浙江古籍出版社，1988。
③ 孙海泉：《论清代从里甲到保甲的演变》，《中国史研究》1994 年第 2 期。
④ 《清世祖实录》卷 88“顺治十二年正月壬子”，中华书局，1985。
⑤ 《民国苍溪县志》卷 12，《中国地方志集成·四川府县志辑（57）》，巴蜀书社，1992，第 125 页。

规范。[1] 按明制，里长甲长主要负责调查田粮丁数、编造赋役册籍和催办钱粮。由此可见，清朝沿用明里甲制要是为了通过里甲制完成赋役征收任务。

清朝设置保甲和里甲的初衷，是以保甲和里甲作为职役组织，实现对基层社会的赋役征收，并保证基层社会治安稳定。同时，也试图以此作为行政组织终端，使之成为平衡乡村权力的独立单位。但是，清代的里社，其主要功能在于便于官府征派赋役，故自雍正年间实施“摊丁入亩”和“地丁合一”之赋税制度改革后，“里社制”即因人丁、户籍编审与朝廷征派赋税之财政逐渐脱离关系而失去意义，逐渐废弛。至雍乾时期，清政府多次颁布保甲条文，规定地方各种事务均由保甲组织负责，不断强化保甲的作用，淡化里甲的职能，这样就使保甲被赋予了控制地方的职责，即所谓“弭盗之良规”[2]，同时又承担起为官府催征钱粮的责任。雍正、乾隆时期，保甲组织在全国普遍建立起来，并逐渐代替了里甲组织。随着清朝统治的不断巩固，保甲制的地位不断加强。由此可见，这一时期的保甲，虽在国家行政管理体系中不直接与上层政权相衔接，但在贯彻执行上层政权意旨和实现国家对乡村管理等方面，起到了在最基层填补国家控制权力真空的作用。[3] 因此，保甲的地位日益重要，作用愈加明显，逐渐成为清政府控制城乡基层社会和民众的主要基层组织。

清初，四川情况比较特殊，不具备普遍推行里甲的条件。顺治六年(1649)，兵火战乱之余，清廷为了加强对社会上流动人口的管控，消除影响社会秩序和清王朝统治的隐患，规定：“凡各处逃亡民人，不论原籍别籍，必广加招徕，编入保甲，俾之安居乐业。”[4] 顺治十一年

---

① 明制“以一百一十户为里，一里之中，推丁粮多者为长。余百户为十甲，甲凡十人。岁役里长一人，甲首十人，管摄一里之事”。“凡十年一周，先后则各以丁粮多寡为次。每里编为一册，册之首编为总图”。

② 鲁子健：《清代四川财政史料》(上册)，四川省社会科学院出版社，1984，第 8 页。

③ 张研：《清代县以下行政区划》，《安徽史学》2009 年第 1 期。

④ 《清世祖实录》卷 44“顺治六年三月壬子”，中华书局，1985。

(1654)，又规定："凡外省新旧流民俱编入册籍，与土著一体当差。"[①]但此时的四川，正处在战火之中，民众逃离四散，基层政权未稳，官府虽有编民入保甲和建立里社之制，但一无民可编，二无赋可征，难以严格按照规定执行。[②] 从顺治到康熙初年，清廷分别于顺治十年（1653）清丈川北、康熙元年（1662）清丈上下川南、康熙六年（1667）又清丈川西和川东等地的田亩。[③] 但是，随后发生了对四川影响巨大的吴三桂叛乱，这不仅使四川刚开始的土地清丈被迫中断，而且使已进行的土地清丈成果化为乌有。更为严重的是，之前招抚的返乡民众和外省移民又纷纷逃亡，"虽年来招垦屡督，劝课屡申，究竟财困民贫，元气难复，生齿处处凋零，榛莽在在极目"[④]。摆在清廷面前的主要问题，已不是土地清丈，如何招徕民众才是当务之急。而且，战乱造成人口逃亡，有田无人耕，即便是勉强完成土地清丈，也没有什么实际意义。如此状况之下，里长甲长难以真正履行调查田粮丁数、编造赋役册籍和催办钱粮的责任。

随着战事平息，四川社会秩序得以恢复，流落他省的川人陆续返乡，大量外省移民进入四川，四川人口逐步增加，农业劳动力得到补充，田地得以开垦，财政紧缺的状况得以缓解。与此同时，清初以来，不少被撤并的州县相继恢复建制，乡镇以下的基层组织也逐步建立。至此，四川各地才具备了建立里甲组织的条件，而且也有必要建立健全地方基层社会组织，使之承担起催办赋税、弭盗防奸等职责。雍正四年(1726)，户部议定外省贫民入川垦荒，"该督抚将姓名、籍贯开造移咨

① （清）常明、杨芳灿等：《四川通志（2）》卷66，巴蜀书社，1984，第2272页。

② 按：有学者曾引举了清代一条材料，即某位道员的告示曰："每见从来奉行此法者，往往不本实心，虚应故事。不过十家一牌，书写姓名，官府经过，挂之门首，官过则撤，州县官并未汇造成册。即使造册，亦绝不一寓目，不一关心；虽遵奉上行刊刻成书，徒以供覆酱瓿、充废纸之用，岂不可惜！甚至经年累月，只此一牌，并不一查，并不一换，真成故套。"（王庆成：《稀见清世史料并考释》，武汉出版社，1998，第223页）以此证明保甲制度在顺治、康熙两朝往往有名无实，四川等个别省区的情况确实如此，但以偏概全，似有不妥。参见谭红：《巴蜀移民史》，巴蜀书社，2006，第485—486页。

③ （清）蔡毓荣等：《四川总志》卷10，康熙十二年刻本，四川大学图书馆藏，第4页。

④ （清）蔡毓荣等：《四川总志》卷10，康熙十二年刻本，四川大学图书馆藏，第20页。

各原籍，限文到三个月内，各造清册回复川省，核实稽查”，“仍与土著同编入保甲，互相觉察”。[①] 雍正五年（1727），清廷鉴于湖广、福建、江西、广东等省人民“逃荒”至川者“益众”，为了防止外来游民“转为良民之扰”[②]，清廷令“四川州县将人户逐一稽查姓名、籍贯”[③]，要求“其应准入籍者，即编入保甲，加意抚绥，毋使失所”[④]。同时，有鉴于外省民众迁入四川过程中产生的一些社会问题，雍正六年（1728），四川巡抚宪德上奏建议：“入川人户众多，奸良不一。饬令该管官逐户挨查，取结编入保甲。有游手生事者，即行驱逐。”“在本省已犯事故者，即行逐回。”[⑤] 原任四川巡抚马会伯也指出，如果“任其接踵而来，又恐奸良混杂，致滋事端”。建议“一面几饬各属，令其查明丁口编入保甲，安插地方，便之自谋生计。一面移咨各省抚臣，嗣后来川之民均照定例，令地方官给与印照，以便稽查”。[⑥] 清廷采纳了这一建议。可见，清廷已开始通过编民入保甲的方式，加强对外来移民的控制，并通过发给印照的方式，控制入川移民数量。

从雍正五年（1727）开始，历经巡抚马会伯、宪德等人的努力，四川的耕地清丈基本完成。[⑦] 通过这次清丈，按照官方的说法，四川田地由此“疆界既已分明，额赋尤为公溥”[⑧]。这不仅使顺治康熙以来一直困扰四川基层社会的土地归属纠纷问题得以缓解[⑨]，而且为政府征收赋税

---

① 《钦定大清会典则例》卷33，《景印文渊阁四库全书》第621册，台湾商务印书馆，1986，第29—30页。

② 《清世宗实录》卷61“雍正五年九月己卯”，中华书局，1985。

③ 赵尔巽等：《清史稿》卷120，中华书局，1977，第3484页。

④ 《清世宗实录》卷58“雍正五年六月戊子”，中华书局，1985。

⑤ 《清世宗实录》卷65“雍正六年正月乙亥”，中华书局，1985。

⑥ 中国第一历史档案馆：《雍正朝汉文朱批奏折汇编》第9册，江苏古籍出版社，1991，第680页。

⑦ 清代“四川清丈之议，始于马会伯，而成于宪德”。赵尔巽等：《清史稿》卷294，中华书局，1977，第10342页。

⑧ 赵尔巽等：《清史稿》卷294，中华书局，1977，第10342页。

⑨ 当然，四川的这次土地清丈，曾引起社会动荡，“勘丈激乱，四川为最著”（赵尔巽等：《清史稿》卷294，中华书局，1977，第10350页）。但不可因此低估其积极意义。参见梁勇：《清代四川的土地清丈与移民社会的发展》，《天府新论》2008年第3期。王浩：《试论清代康、雍两朝的四川清丈之策》，《科学·经济·社会》2016年第4期。

提供了依据，大致确定了有清一代四川各州县的田赋及相应的赋率，保证了清政府的财政收入。至此，在四川推行保甲制的条件完全成熟。但是，随着移民不断入川，移民之中又奸良混杂，四川官府在民众奸良甄别和编保等工作上，难度大、任务重。有鉴于此，乾隆初年申令："保甲之法，在他省几可缓行，在川省尤为急务。"① 乾隆五年（1740），清廷再次强调："外省入川民人，同土著一体编入保甲。"② 乾隆二十二年（1757），清廷又将保甲法修定为十六条，规定各保甲长须将"户口迁移登记，并责随时报明"③。由此可见，雍正乾隆时期，清廷以推行保甲制和贯彻落实保甲法为抓手，不断加强对四川城乡户籍和人口的管理，进而防范并解决移民过程中出现的问题。

由是观之，清廷在四川地区严格实行保甲制度，稽考户籍和核查人口，其初衷与要旨，在于强化对入川移民之制度规范，并对入川移民予以适当限制，以加强四川人口的管理。既有研究表明，有清一代，保甲制在四川真正实施较晚，但推行得较为彻底。

三、移民入川政策的宽缓与四川人口大省的形成

清初以来，清廷一味鼓励移民入川，致使四川个别地区在康熙末年就初现人地关系矛盾的端倪，到乾隆初年，四川已显露人口压力，社会上出现大量无业游民。乾隆十八年（1753），四川总督策楞为此上奏："川省近年湖广、江西、广东等省入川民人造册咨明者，一岁不下万计，而私行前往者，更不可胜数，兼之两次用兵（金）川后，不能回籍失业留川之人，亦复不少，流寓日众，因而命盗强窃，亦倍多于前。"④ 这表明，因"流寓日众"而产生的诸如"命盗强窃"等社会问题，已使四川地方官府深感忧虑。实际上，因移民的无序流动而滋生的形形色色的社会问题，自康熙中后期以来，就已引起朝臣疆吏的关注，诸多大臣不断

① 转引自谭红：《巴蜀移民史》，巴蜀书社，2006，第486页。

② （清）常明、杨芳灿等：《四川通志（2）》卷64，巴蜀书社，1984，第2249页。

③ （光绪）《钦定大清会典事例》卷158，《续修四库全书·史部·政书类》第800册，上海古籍出版社，2002，第558页。

④ （清）贺长龄、魏源：《清经世文编》卷75，中华书局，1992年，第10页。

向朝廷奏疏献策建议。雍正以来对流入四川人户的限制，以及严稽户籍和编制保甲等举措，正是基于移民过程中所出现的问题而采取的对策。但是，乾隆年间，在移民入川政策上，其把控曾一度有所放松，这也是当时再次掀起移民入川热潮和社会问题日趋严重的原因之一。

雍正五年（1727），清廷责令川陕总督岳钟琪会同四川巡抚宪德“将雍正四年秋冬以后各省入川人户逐一稽查姓名、籍贯，果系无力穷民……所用牛、种、口粮、银两，着落原籍之州县官照数补还”[①]。这一规定的出台，表明清廷开始控制移民迁居四川。但是，移民仍因惯性或自然灾害，不断涌入四川。雍正五年（1727），雍正帝谕令岳钟琪：“去岁湖广、广东并非甚歉之岁，江西、广西并未题成灾，何远赴四川者如此之众？此皆本省大小官吏平日全无抚绥，以致百姓失所。身为司牧，而于地方民瘼漫不经心，尚何以腼颜任职乎！”[②] 可见，雍正帝已对湖广、广东、江西、广西等省地方官吏的失职行为非常不满，在对他们进行严厉申斥的同时，也明确表示，朝廷必须对这些省的失职官员作出惩戒处理。“地方官吏坐视百姓之远徙异乡而不知轸念，断不可不加惩戒。”[③] 与此同时，雍正帝谕令四川地方官，对那些远徙“逃荒入川”的百姓严行稽查。“此等远来多人，良奸莫辨。不行稽查，必转为良民之扰。”以严厉稽查，“杜流移之患于将来矣”[④]。雍正六年（1728）二月，雍正帝“闻湖广、广东、江西等省之民，因本地歉收米贵，相率而迁移四川者不下数万人，已令四川督抚高瀚安插，毋使失所”[⑤]。同年，由长江水路入川之“楚省饥民”，“日以千计”。[⑥] 为缓解灾情，安置流民，朝廷不得不发布谕令，要求四川当局听任灾民“散往各府州县佃种、佣工，为糊口之计”[⑦]。

---

① 《清世宗实录》卷61“雍正五年九月己卯”，中华书局，1985。
② 《清朝文献通考》卷19《户口一》，浙江古籍出版社，1988。
③ 《清世宗实录》卷61“雍正五年九月己卯”，中华书局，1985。
④ 《清世宗实录》卷61“雍正五年九月己卯”，中华书局，1985。
⑤ 《清世宗实录》卷66“雍正六年二月甲辰”，中华书局，1985。
⑥ 《道光夔州府志》卷24，《中国地方志集成·四川府县志辑（50）》，巴蜀书社，1992，第392页。
⑦ 《清朝文献通考》卷19《户口一》，浙江古籍出版社，1988。

在四川移民日多、荒地日少，社会问题日趋严峻的情况下，自雍正七年（1729）起，清廷在停止招民入川优惠条例的同时，还对外省移民入川采取了限制性措施，有“印照”、有“生业”者被接纳，既无“印照”又无“生业”的“游民”，不再受欢迎。但是，这些规定在实际执行过程中，又因济灾安民等原因有所突破。雍正、乾隆之际，福建、广东等省几乎每年都有成批百姓“挈伴入川”。移民长途迁徙规模之大，人数之多，曾引起了官府的忧虑。乾隆初年，清廷再次申令限制移民入川，但仍难以遏制这股移民浪潮，仅乾隆八年至十三年（1743—1748）的5年间，广东、湖南“由黔赴川就食者共二十四万三千余口”[①]。

客观地说，乾隆年间再次形成一个移民入川浪潮，虽然与国内人口日增、人均耕地日少、人民生活日艰，以及水旱自然灾害等因素有关[②]，但也不可忽视乾隆帝在对待移民问题上的个人主张所起的作用。乾隆十五年（1750），乾隆帝谕令军机大臣：“此等搬移入川民人，其不法奸徒及往为啯噜子等类，固应设法究治，并饬一切卡隘加意稽查。至于贫民远图生计，亦不可持之太竣。盖伊本籍如有产业，必不肯轻去其乡，何用阻截？若因亲族可依，就食他处，必尽行逐回，转绝其谋生之路……亦难概行禁止。”“嗣后入川民人给照查察之处，如系奸拐与贩匪类，断宜严行究处；至实系良民觅食他乡者，虽未便明弛其禁，该督抚亦宜酌量办理，不必过于严紧，务期杜奸匪而便民生，两有裨益。”[③]“不必过于严紧”的后果，实际上是放宽了移民限制，无形中开了一道移民入川的口子。乾隆二十五年（1760），针对臣僚们因“各省流寓之民入川者甚多”而“请设法限制”之奏议，乾隆再次强调：“此所谓知其一，不知其二也。国家承平日久，生齿繁庶。小民自量本籍生计难以自资，不得不就他处营生糊口。此乃情理之常，岂有自舍其乡里田庐而乐为远徙者？地方官本无庸强为限制，若其中遇有生事为匪之人，则在随时严行查禁，不得以一二败类潜踪，遂尔因噎废食。今日户口日增，而各省田

① 《清高宗实录》卷311“乾隆十三年三月癸丑”，中华书局，1985。
② 刘正刚：《清代前期广东移民四川原因考述》，《广东社会科学》1995年第1期。
③ 《清高宗实录》卷367“乾隆十五年六月戊子”，中华书局，1985。

土不过如此，不能增益。正宜思所以流通，以养无籍贫民……若如周人骥所奏，有司设法禁止，不但有拂人性，且恐转滋事端，否则徒为增设科条，而日久又成故事。”① 在当时的形势下，乾隆以“流通”“养无籍贫民”的主张，实则是一种不负责任的放任行为。② 乾隆三十二年（1767），四川总督阿尔泰奏请朝廷禁止各省人民入川，乾隆帝不仅没有允准，反而谕斥：“此等无业贫民，转徙往来，不过以川省地广粮多，为自求口食之计。使该省果无余田可耕，难以自赡，势将不禁而自止。若该处粮价平减，力作有资，则生计所趋，又岂能概行阻绝？……倘此等民人，入川或有滋事为匪，致为乡里之害，即按罪严惩，以儆其余，亦督抚等分所应办，又何事鳃鳃过虑？”③ 可见，乾隆对省外“无业贫民”入川以求“口食之计”看得较重，而对于这些人有可能“滋事为匪”，进而引发社会问题的严重性还估计不足。因此，他训令地方督抚实行“明禁暗弛”之政，“妥协办理”，以“不绝小民觅食之道”④。

上述表明，雍正、乾隆时期，清廷在对待移民入川问题上，事实上存在着宽严之别。雍正倾向于严禁与限制，而乾隆则基于减轻他省人口压力的需求，希图四川能接纳更多移民或难民，以维护社会稳定，主张开禁放行并鼓励移民入川谋生。正是看到乾隆帝对待移民入川的这种态度，与移民相关之各省地方官府，也就时而严禁，时而又宽限甚或鼓励移民。当然，这其中也有部分是因为人口移出省份之地方官员乐于顺水推舟。乾隆年间，清廷在处理外省移民四川问题上，其政策又走向宽缓，致使乾隆年间再度出现移民入川的新高潮。

查诸史籍，关于乾隆年间大规模移民入川之事实，大致有以下一些文献记载：乾隆六年（1741），两广总督马尔泰奏称：“广东惠、潮、嘉二府一州，所属无业贫民，携眷入川。”⑤ 其规模“一县之中，至少亦必

---

① 《清高宗实录》卷 604“乾隆二十五年正月庚申”，中华书局，1985。
② 贾大全、陈世松：《四川通史》卷 6，四川人民出版社，2010，第 75 页。
③ 《清高宗实录》卷 784“乾隆三十二年五月壬申”，中华书局，1985。
④ 《清高宗实录》卷 604“乾隆二十五年正月庚申”，中华书局，1985。
⑤ 《清高宗实录》卷 138“乾隆六年三月戊寅”，中华书局，1985。

有千人，以有入川民人各县计之，不下万余”[①]。乾隆八年（1743），四川巡抚纪山奏称：“湖广等省外来之人……群思赴川报垦。”[②] 乾隆十年（1745），川陕总督庆复奏称：“凡赴川之人，本省给照；无照，阻回。后仍有捏造姓名，指称依傍，两月之内，来川者多至三千余名。”[③] 乾隆十三年（1748），云贵总督张允随奏称：“查贵州旧案，自乾隆八年至今，广东、湖南二省人民，由黔赴川就食者，共二十四万三千余口；其自陕西、湖北往者，更不知凡几。国家定蜀百年，户口之增，不下数十百万。而本地生聚，尚不在此数。”[④] 另据史载，乾隆十八年（1753）至乾隆二十年（1755），有来自广东、广西、福建、湖广和江西等省 6374 户移民，从南路经政府所设关卡而正式迁入四川。[⑤] 迄至乾隆二十五年（1760），大规模移民入川之热潮并未衰减，仍旧呈“各省流寓民人入川者甚多”之态势[⑥]。但是，这种态势持续时间并不长，大致到乾隆中期即告结束。此外，在嘉庆初年白莲教起义之后，又有一定数量的外省流民入川，但无论是移民的规模还是涉及的范围，都远不能与之前相比。[⑦]

乾隆年间外省移民入川的数量，是学界关注较多的问题。郭松义认为，顺治、康熙时期，外省移民入川的数量，大致在 50 万到 100 万之间，而雍正、乾隆两朝入川的移民总数，有可能大大超过顺治、康熙时期。[⑧] 曹树基认为，康熙二十年（1681）以后，迁入四川之移民及其后裔约为 98 万人，每年平均增加移民约 2.5 万人。康熙末年的移民占当时四川总人口的 42%。而从康熙末年至乾隆四十一年（1776），四川新增移民及其后裔约 337 万人，每年平均增加移民约 6.2 万人。至乾隆四十一年（1776），当地居民占四川总人口的 38%，移民占总人口的

① （清）杨锡绂：《四知堂文集》卷 17，嘉庆十年刊本，第 38 页。
② 《清高宗实录》卷 203“乾隆八年十月己卯”，中华书局，1985。
③ 《清高宗实录》卷 251“乾隆十年十月戊午”，中华书局，1985。
④ 《清高宗实录》卷 311“乾隆十三年三月癸丑”，中华书局，1985。
⑤ 彭朝贵、王炎：《清代四川农村社会经济史》，天地出版社，2001，第 90 页。
⑥ 《清高宗实录》卷 604“乾隆二十五年正月庚申”，中华书局，1985。
⑦ 陈典：《论清代“湖广填四川”的政策导向》，《理论月刊》2005 年第 10 期。
⑧ 郭松义：《清初四川外来移民和经济发展》，《中国经济史研究》1988 年第 4 期。

62%，移民及其后裔约为617万。[1] 此外，曹树基还以云阳、南溪、合州、简阳、井研五县作为个案，根据旧地方志中有关移民氏族迁入之时间、数量等资料，进行了分析研究。因其颇能说明问题，兹转引于下，以观其梗概。

表2-6　云阳、南溪、合州、简阳、井研五县清代氏族迁入时间统计情况表

（单位：族）[2]

州县	顺治至康熙十九年	康熙二十至六十一年	雍正	乾隆	嘉庆	嘉庆后	合计
云阳	16	22	12	51	14	2	117
南溪	24	13	1	6		2	46
合州	44	39	3	6	1	3	96
简阳	8	41	25	68	5	1	147[3]
井研	9	14	2	26	8	4	63
合计	97	129	43	157	28	12	469
年均迁入	2.6	3.1	3.3	2.6	0.9	0.1	

从上表可见，云阳、简阳、井研三县于乾隆时期迁入之移民氏族，均远多于其他时期，占到统计总数的一半。

此外，若将明、清两代不同时期的四川册载人口做比较，进而观察四川人口在不同时段的变化，也有助于了解乾隆时期四川人口的增长态势。明洪武二十六年（1393），四川的册载人口为215719户、1466778口，到万历六年（1578），增至2162694户、3102713口。[4] 清代，四川册载人口数量在雍正、乾隆时期已逐步超过明代。雍正二年（1724），四川“布政司人丁”409311丁。[5] 乾隆初年，清廷改变以往人口统计方

---

① 曹树基：《中国移民史》（第六卷），福建人民出版社，1997，第95—96页。

② 曹树基：《中国移民史》（第六卷），福建人民出版社，1997，第85页。

③ 此处数据，曹文有误，今照录，疑乾隆栏当为“67”。

④ （清）张廷玉等：《明史》卷43，中华书局，1974，第1022页。

⑤ 此处统计为赋役人数，“1丁”折算成实际人口当为五口至八口。

式，户口统计以“大小男妇”为标准。按此标准统计，乾隆十四年（1749）四川在册人口为2506780丁，乾隆二十二年（1757）为2682893丁，乾隆三十六年（1771）为3068199丁，乾隆四十一年（1776）为7789791丁，乾隆四十八年（1783）为8142487丁。[①] 这些数据显示，乾隆年间，四川册载人口的增速是非常快的。即使不考虑财政赋役统计口径上的“1丁”折算成实际人口（一丁五口或一丁八口）之丁口比例因素，至清乾隆中期时，四川册载人口总数亦已明显高出明代四川册载人口总额。到乾隆五十六年（1791）四川人口已达948万，是万历六年（1578）四川人口的3倍多；到嘉庆十七年（1812），四川人口超过2000千万，是万历六年（1578）四川人口的6倍多。[②] 按照王笛的说法，从乾隆五十六年至嘉庆十七年（1791—1812），四川人口猛增一倍多，“这在大规模的移民运动已经结束的情况下是难以想象的”。嘉庆十七年（1812）的数据是由四川布政司根据各州县呈报的户口数编制而成的，较为可靠。而乾隆五十六年（1791）及之前的数据，一般来说，皆有隐匿和漏报的情况。[③] 清中叶以前，虽有每五年编审一次户丁之制，但政府所关注的是统计纳税人丁，而不是真正的人口统计。这其中，凡年老残疾、妇幼及逃亡者，皆不在编造之列，加之隐匿和漏报，在册人口与实际人口可能有四五倍的差距。[④] 凡此种种，都可以作为观察雍正、乾隆时期四川人口的增长情况之依据。以之作为参考，可以认为，至少在乾隆末年，四川已步入清代国内人口大省的行列。

四、结语

上述可见，雍正、乾隆时期，是清代四川移民史上的一个比较重要

---

① 关于清代四川人口统计数据，参引自鲁子健：《清代四川财政史料》（上册），四川省社会科学院出版社，1984，第737页。

② 谢忠梁：《二千年间四川人口概况》，《四川大学学报》1978年第3期。

③ 王笛：《跨出封闭的世界——长江上游区域社会研究（1644—1911）》，中华书局，2001，第71—72页。

④ 关于此，康熙帝就曾说过：“朕凡巡幸地方所至，询问一户或有五六丁，止一人交纳钱粮，或有九丁、十丁，亦止二三人交纳钱粮。”参见《清圣祖实录》卷249“康熙五十一年二月壬午”，中华书局，1985。

而特殊的时期，这一时期的移民政策，对四川社会经济产生了重要而深远的影响。

首先，与顺治、康熙时期相比，这一时期，清廷已逐步重视并规范对移民的管控。顺治、康熙时期，清廷和四川地方政府急于医治明末清初战乱给四川经济社会造成的创伤，以尽快安抚流落他省的川人返乡和招徕外省民众入川为手段，旨在恢复四川经济，稳定和巩固四川地方政局，因而在移民入川问题上，无论是其制定的政策还是所采取的具体措施，都明显存在着基础工作不到位、必要的规范和合理的管控缺失等问题。当时，四川部分地区基层政权还未完全建立，外省移民入川后，由谁负责具体安置落实，部分地区还缺乏责任主体，这不仅让那些外来民众承受背井离乡之苦，也使政府对基层社会的管理失序。四川除个别地区外，大部分地方的土地未曾清丈，任由移民“插占”，任意报税，其结果是既影响政府的财政收入，又造成大量的土地纠纷。随着那些脱离了“编户齐民”身份的无籍或无业游民不断涌入四川，给四川造成了日益严重的社会问题。自雍正、乾隆以降，四川“盗贼滋炽”，“奸匪”增多。在一定程度上讲，这些是顺治、康熙时期政府对移民入川缺乏必要的规范和合理的管控之后遗症。因此，自雍正五年（1727）特别是从雍正七年（1729）以来，清廷停止了带有优惠措施的招民之策，并同时在四川清丈土地、严稽户籍、编制保甲，以限制移民入川和加强对入川移民的管理。

其次，清廷在执行移民政策方面的弹性和移民运动的惯性使雍正、乾隆时期再次出现移民入川高潮。四川地方大，自然地理条件适宜农耕，加之入清以来，一度让入川移民“插占”土地、轻徭薄赋，对外省民众有较大的吸引力。雍正以来，政府虽力图限制移民入川，但湖广、广东等省民众在求生存求富余的经济动因驱使下，以及在自然灾害的迫使下，不断涌入四川。而乾隆帝在移民政策上的宽缓主张，致使乾隆年间再度出现移民入川的大潮。历经康熙、雍正、乾隆三朝移民的大迁徙，使四川人口构成发生了巨大的变化，外来人口数量很大，造成四川当地居民与移民的比例悬殊，在中国历史上，可以说是一个极为罕见的个案。雍正五年（1727）六月，原湖北巡抚宪德由夔州途经顺庆、潼川等府州，到成都赴任，见沿途居民“原系本籍者不过十之二三，其余十有六七，非秦即楚”[①]。乾隆元年（1736），四川布政使窦启英在为《四川通志》作序时说：“其民则鲜土著，率多湖广、陕西、江西、广东等处迁居之人。”[②] 今人研究发现，嘉庆十七年（1812），四川人口中移民及其后裔至少占85%。[③] 四川的人口总量实现了几何式的快速增长。人口总数由清初的不足百万，排全国各省倒数第二位[④]，至嘉庆十七年（1812）增至2070.9万，成为全国人口大省。[⑤] 再至道光二十一年（1841），无论是绝对数量，还是在全国的人口占比上，四川已成为名副其实的第一人口大省。[⑥] 毫无疑问，单靠四川人口的自然增长是根本无法达到这种效果的。

最后，移民对四川社会经济的影响，也是具有双重性的。仅就移民对四川农业经济的推动而言，随着大规模的移民入川，四川人口实现了机械性的大幅度增长，人口的增长意味着农业劳动力的增加，四川荒芜的土地得以被迅速开垦，伴随着移民的到来，各省先进农业生产经验与技术也传入四川，四川农业经济得到了迅速的恢复和发展。至雍正时，“蜀中元气既复，民数日增，人浮八口之家，邑登万户之众”[⑦]。凡“人迹所至，烟户递增，城镇田庐，载筑载兴，鸡鸣狗吠，声闻田野”[⑧]。人口增长与社会经济发展已形成良性互动，四川社会安宁、经济繁荣，时

① 台北故宫文献编辑委员会：《宫中档雍正朝奏折》第8辑，台北故宫博物院，1978，第397页。
② 四川省地方志编纂委员会：《四川历代方志集成》第4辑《（雍正）四川通志》卷首，国家图书馆出版社，2017，第132页。
③ 王笛：《跨出封闭的世界——长江上游区域社会研究（1644—1911）》，中华书局，2001，第61页。
④ 梁方仲：《梁方仲文集·中国历代户口、田地、田赋统计》，中华书局，2008，第543页。
⑤ 鲁子健：《清代四川财政史料》（上册），四川省社会科学院出版社，1984，第737页。
⑥ 郭松义：《清初四川外来移民和经济发展》，《中国经济史研究》1988年第4期。
⑦ 四川省地方志编纂委员会：《四川历代方志集成》第4辑《（雍正）四川通志》卷5，国家图书馆出版社，2017，第324页。
⑧ 《民国温江县志》卷3，《中国地方志集成·四川府县志辑（8）》，巴蜀书社，1992，第375页。

人说：四川“盈宁富庶，虽历代全盛之时，未能比隆于今日也”[①]。当然，也应看到，四川人口的过快增长与土地等资源的相对有限，使农民无地可耕、无业可就，失地农民生计无着落，从而引发了一系列的社会问题，造成社会动荡。又因为社会生产力和生产方式没有适时地变革，有限的土地资源难以养活数量如此庞大的人口，庞大的人口逐步成为制约清代四川社会经济可持续发展的一大障碍。

① 四川省地方志编纂委员会：《四川历代方志集成》第4辑《（雍正）四川通志》卷5，国家图书馆出版社，2017，第324页。

第三章

清代四川人口流移与经济社会的变迁

古代中国以农立国，是世界著名的农业大国。其中，四川是国内著名且被清廷高度重视的农耕经济区和粮食产区。在清前期，因大量外省移民入川，四川人口高速增长，促进了四川农村经济的恢复与快速发展，并使四川农村社会呈现出若干引人注目的新面貌。关于这些问题，学界既有之研究成果十分丰富，不再赘述。笔者在此拟就丘陵山地开发、边远民族地区开发和四川粮食运销等问题试做探讨，以窥移民给四川经济社会带来的新变化。

第一节 移民与四川丘陵山地开发及其影响

四川是一个多山的农业经济区，“全川田地，惟近省数州县为平畴沃壤，其余皆属高山峻岭，密箐深沟……犬牙交错……荒熟相间”①。其中，平原仅占全省面积的 2.54%，丘陵占 18.64%，其余全部为山地。②顺治、康熙时期，清廷听任移民入川插占为业，又宽年起科和轻徭薄

① 中国第一历史档案馆：《雍正朝汉文朱批奏折汇编》第 7 册，江苏古籍出版社，1991，第 184 页。

② 中共四川省委研究室：《四川省情》，四川人民出版社，1984，第 43 页。

赋，从而大大激发了外省民众移民入川的热情，移民源源不断涌入四川。大致在“康雍复垦”时期，巴蜀大地的平原区、浅丘区，人口便已饱和，那些地势平坦、土质肥沃、灌溉方便和交通便利的土地，已被开垦无遗。在此之后，移民开始垦辟丘陵山地，形成了以垦辟坡地为主的“乾嘉拓殖”运动。[①] 丘陵山地的开发和利用使四川耕地面积大幅度增加。耕地面积的增加，实际上就是农业经济中不变资本的相对增加。劳动力数量与耕地面积的增长，夯实了四川农业恢复和发展的基础。在这期间，玉米、马铃薯和红薯等高产耐旱耐寒坡地作物被引入，丘陵山地得到进一步的开发和利用，使得养活更多人口具备了可能性。但同时也应看到，由于土地资源的过度利用，四川不少地方开始频繁出现因生态失衡导致的自然灾害。

一、乾隆嘉庆时期四川的丘陵山地开发

四川地处长江上游，其地理形态可分为盆地内部、盆地边部和盆地外部三大区域。盆地内部又可分为四部分，川西平原区、川北浅丘区、川南微褶区、川东山地区；盆地边部可分为三部分，北部边缘、西南边缘峨（边）马（边）雷（边）地方、南部边缘；盆地外部分为东南边区、西北边区二部分。[②] 前文已述，清前期，无论是流落川人返乡还是外来移民，他们主要是对盆地内易于耕作的平原、浅丘地区进行复垦和开垦。而至“乾嘉拓殖”时期，湖广及江南等省区的移民渐次向盆周山区进发，山区的垦殖指数由雍正时的4%上升到嘉庆末的5.83%。[③]

平定“三藩之乱”之后，随着流落他省的川人返乡和外省移民入川，四川劳动力增加，土地垦殖速度加快。康熙末年，四川地区明代的熟田已复垦殆尽。为此，康熙五十二年（1713），川陕总督鄂海“招募客民于各边邑开荒种山，邑多设有招徕馆”。“募人领地承赋，其承纳之

① 郭声波：《元明清时代四川盆地的农田垦殖》，《中国历史地理论丛》1988年第4期。

② 王笛：《跨出封闭的世界——长江上游区域社会研究（1644—1911）》，中华书局，2001，第16页。

③ 郭声波：《四川历史农业地理》，四川人民出版社，1993，第458页。

国课不过几钱几分，领地辄广数里”，“一纸执照之内，跨山逾岭常数十里”。[①]

实际上，自清初以来，历经近百年的休养生息，国内“生齿殷繁”，雍乾之际，内地省区人地矛盾已是普遍现象。这也引起清廷的特别注意和忧虑，雍正元年（1723）四月，谕令户部：

> 朕临御以来，宵旰忧勤，凡有益于民生者，无不广为筹度。因念国家承平日久，生齿殷繁，土地所出，仅可赡给，偶遇荒歉，民食为艰。将来户口日滋，何以为业？惟开垦一事，于百姓最有裨益。但向来开垦之弊，自州县以至督抚，俱需索陋规，致垦荒之费浮于买价，百姓畏缩不前，往往膏腴荒弃，岂不可惜！嗣后各省，凡有可垦之处，听民相度地宜，自垦自报，地方官不得勒索，胥吏亦不得阻挠。至升科之例，水田仍以六年起科，旱田以十年起科，着为定例。其府州县官，能劝谕百姓开垦地亩多者，准令议叙；督抚大吏能督率各属开垦地亩多者，亦准议叙。务使野无旷土，家给人足。[②]

上引可见，这道谕令实质上是一份针对全国的垦荒令。为“务使野无旷土”，其政策导向无论是对民还是对官都有激励之意，足见当时内地省份人地关系已十分紧张。为此，雍正帝试图以垦荒为手段，尽快达到缓解这种矛盾的目标。

关于四川的垦荒问题，雍正帝多次责令四川地方官员设法劝垦。雍正四年（1726），雍正帝谕令：“四川近水田地闻说已开垦了，即不近水之处，有可开垦者，尔宜酌量尽心务令开垦。”[③] 雍正七年（1729），谕令户部：“国家承平日久，户口日繁，凡属闲旷未耕之地，皆宜及时开垦，以裕养万民之计，是以屡颁谕旨劝民垦种。而川省安插之民，又令给予牛种口粮，使之有所资藉，以尽其力。今思各省皆有未垦之土，即

---

① （清）严如熤：《严如熤集》（3），黄守红标点，朱树人校订，岳麓书社，2013，第1089页。

② 《清世宗实录》卷6“雍正元年四月乙亥”，中华书局，1985。

③ 台北故宫文献编辑委员会：《宫中档雍正朝奏折》第6辑，台北故宫博物院，1978，第1页。

各省皆有愿垦之人。或以日用无资，力量不及遂不能趋事赴功，徘徊中止，亦事势之所有者。着各省督抚各就本地情形转饬有司，细加筹划。……总在该督抚等董率州县因地制宜，实心经理，务使田畴日辟，耕凿惟勤，以副朕爱养元元之至意。”①并于次年下令，凡四川所垦的荒地荒山，其起科年限一律放宽至 10 年。雍正十一年（1733），朝廷允准：“川省新设苗疆河东、河西各处，高田下地已经成熟，而山林坡冈之间犹未尽辟，应招徕树艺。但苗民耕耘无力，每户赏给牛具、籽种，以资耕种。如苗民不能全垦，招民垦耕，酌定年分分别升科。”②

乾隆初年以来，内地各省人口压力进一步加大，人地矛盾更加突出。乾隆五年（1740）七月，朝廷颁布“开垦闲旷地土谕”，其中有“从来野无旷土，则民食益裕。即使地属畸零，亦物产所资。民间多辟尺寸之地，即多收升斗之储……各省生齿日繁，地不加广，穷民资生无策，亦当筹划变通之计。向闻边省山多田少之区，其山头地角，闲土尚多，或宜禾稼，或宜杂植，即使科粮纳赋，亦属甚微，而民夷随所得之多寡，皆足以资口食。即内地各省，似此未耕之土，不成坵段者，亦颇有之。皆听其闲弃，殊为可惜”。同时，还特别指出：“凡边省内地零星土地，可以开垦者，嗣后悉听该地夷民垦种，免其升科。”③由此可见，为缓解内地各省人地矛盾，清廷已采取“免其升科”的办法，鼓励民众开垦“不成坵段”的“零星土地”。针对四川的具体情况，清廷下令“四川所属，地处边徼，山多田少，田赋向分上、中、下三等。如上田、中田不足五分，下田与上地、中地不足一亩，以及山头地角间石杂砂之瘠地，不论顷亩，悉听开垦，均免升科”④。正是在乾隆帝的这种“民间多辟尺寸之地，即多收升斗之储”的指导思想下，在一系列具体措施的推动之下，移民不断涌向四川丘陵山地落籍置业。

关于这一时期移民开发四川丘陵山地的效果，清人严如熤有一段表

---

① 《清世宗实录》卷 80“雍正七年四月戊子”，中华书局，1985。

② （清）常明、杨芳灿等：《四川通志（2）》卷 62，巴蜀书社，1984，第 2220—2221 页。

③ 《清高宗实录》卷 123“乾隆五年七月甲午”，中华书局，1985。

④ 《道光夔州府志》卷 9，《中国地方志集成·四川府县志辑（50）》，巴蜀书社，1992，第 112 页。

述："益州沃野千里，地肥美，民殷富，三楚三吴流徙之众麋聚其间。川东北边境土沃不及川西，而地广赋轻，开垦易以成业，故流徙亦多。"[①] 事实证明，严如熤的看法，还是大体属实的。"流徙"丘陵山地民众之多，有关数据显示，自雍正五年（1727）到乾隆元年（1736），川西北高原之松茂道又新增人口 13216 户，川东道新增 8819 户，永宁道新增 5813 户，建昌道新增 5178 户，川北道新增 9854 户，共计新增 41230 户。[②] 由于外省入川移民及其后裔不断向盆地闲隙、丘陵和山地中上部聚集，在乾嘉年间形成了"一个向丘陵、山地中、上部进军的'山地开发运动'"[③]。

关于这一时期"山地开发运动"的具体情况，史志多有记载。威远县在明代，设有东、南、西、北四乡。清代为安置外来移民，有司增设新乡。"东南西北，半多老户，或复故业，新乡一隅，山深而道险，老木箐林，猿猱为宫，荆楚闽广黔粤之民，背负提携，杂还而至，有司虑无以处之，于是捐兹一隅之土处客民焉。"[④] 盐亭县内山多田少，耕地瘠薄，过去"潼属各县俱有楚民新集，向惟盐邑独少，缘土瘠矣"。乾隆年间，"楚、陕、闽、粤之人，依亲觅戚，佃地耕种，视为乐土，渐集渐多，四乡场镇客户与土著几参半矣"[⑤]。特别是秦巴山及其沿线地区，"高山深谷，千峦万壑"，"狐狸所居，财狼所嗥，而虎祸尤多"，历来人迹罕至，"土著人少"[⑥]。乾隆中期以后，川、鄂、陕等省流民"扶老携幼"而入，他们"取石支锅，拾柴作饭。遇有乡贯，便寄住写地开垦，伐木支椽，上覆茅草，仅蔽风雨。借杂粮数石作种，数年有收，典当山

① （清）严如熤：《严如熤集》(3)，黄守红标点，朱树人校订，岳麓书社，2013，第 1088 页。

② （清）常明、杨芳灿等：《四川通志（2）》卷 64，巴蜀书社，1984，第 2249 页。

③ 彭朝贵、王炎：《清代四川农村社会经济史》，天地出版社，2001，第 108 页；郭声波：《四川历史农业地理》，四川人民出版社，1993，第 109 页。

④ 《（乾隆）威远县志》卷 3，四川省地方志编纂委员会：《四川历代地方志集成》（第三辑第 11 册），国家图书馆出版社，2015，第 694 页。

⑤ 《乾隆盐亭县志》卷 1，《中国地方志集成・四川府县志辑（20）》，巴蜀书社，1992，第 226 页。

⑥ （清）严如熤：《三省边防备览点校》（中册），张鹏翾补修，郭鹏点校，西安交通大学出版社，2018 年，第 648 页。

地，方渐次筑土屋数板。否则，仍徙他处”，故谓之“棚民”①，或谓之“客家”。他们“始则贸易或佃耕，继则置业者居多”②。道光年间，这些所谓的“棚民”或“客家”之规模，“数以百万计”③。其置业除“开荒之外，有铁厂、木厂、纸厂、耳厂各项。一厂恒数百人，少者亦数十人”④。在川、滇、黔交界地区，移民迁入买田置地，“凋敝之区，因之填实开垦”⑤。

也就是在这一时期，玉米、番薯、马铃薯等旱地高产作物被引入四川，为丘陵山地开发创造了可能性。在四川民间，玉米又称之为“包谷”“玉（御、芋）麦”。按照“玉米出于西番”和玉米原产于美洲等说法，玉米是明清时期从国外引进的旱地粮食作物新品种。有关在四川种植玉米的历史记载，最早见于康熙二十五年（1686）的《四川成都府志》，时称“御麦”⑥。这就表明，成都及川西平原或为清代四川最早种植玉米之农耕经济区。乾隆年间，大量外省移民蜂涌入川，山地垦殖运动高潮迭掀，玉米亦在四川盆地西部与盆周山区逐渐推广开来。川西之雅安、川南之屏山、川北之昭化和川东石柱、奉节等州县地方志中，均有关于种植玉米的历史记录。嘉庆、道光时期，玉米种植进一步推广，普遍种植于岷江上游和川西北高原，即今阿坝、甘孜等民族地区。大巴山南麓之广元、昭化、通江、南江、阆中、城口诸县，山大涧深，农以包谷杂粮为重：“遍山漫谷皆包谷矣。包谷高至丈许，一株常二三包。山民言大米不耐饥，而包米能果腹，蒸饭作馍，酿酒饲猪，均取于此。”⑦ 因此，这些地方的居民普遍以玉米为主食，“民赖以为食，十居

① （清）严如熤：《三省边防备览点校》（中册），张鹏翂补修，郭鹏点校，西安交通大学出版社，2018 年，第 648 页。

② 《道光城口厅志》卷 6，《中国地方志集成·四川府县志辑（51）》，巴蜀书社，1992，第 635 页。

③ 《清宣宗实录》卷 10“嘉庆二十五年十一月壬辰”，中华书局，1985。

④ （清）严如熤：《三省边防备览点校》（上册），张鹏翂补修，郭鹏点校，西安交通大学出版社，2018 年，第 273 页。

⑤ 徐学初：《论清代四川人口增长及其对社会经济发展的影响》，四川大学历史系硕士学位论文，1988，第 63 页。

⑥ 彭朝贵、王炎：《清代四川农村社会经济史》，天地出版社，2001，第 20 页。

⑦ （清）严如熤：《三省边防备览点校》（中册），张鹏翂补修，郭鹏点校，西安交通大学出版社，2018 年，第 648 页。

其九”[①]。川东之巫山、大宁（今巫溪）、奉节、秀山、云阳等盆周山区与峡江诸州县，“包谷、洋芋、红薯三种，古书不载。乾嘉以来，渐产此物，然犹有高低土宜之异。今则栽种遍野，农民之食全恃此矣”[②]。乾隆中叶，玉米传入大凉山。[③] 玉米耐旱耐瘠，其产量又较高，应用范围较广，故而成为清代四川民众尤其是盆周山区居民主要的粮食作物，而且也对清代四川的丘陵和山地开发产生了积极的影响。[④]

番薯，又有“红苕”“红薯”“朱薯”等多种称呼。番薯传入四川，据说“是直接由东南移民带来”[⑤]，初始于康熙、雍正时期，时间当在17世纪后期或18世纪前期。[⑥] 与玉米最早传入四川相似，红薯也最先在成都地区种植。因其具有耐旱耐瘠且高产的特性，乾嘉时期，红薯进一步传播于川中丘陵和盆周山区，并日渐成为民众最主要的食物来源。[⑦] 但红薯畏寒，因而在川西北高原和盆周高寒山区种植较少，即使种植，产量亦不甚高，故主要种植于川中海拔800米以下的丘陵地区。据学者研究，清代四川红薯种植，或两年三作，或两年五作，或一年二作，或一年三作，或与其他作物轮作。其亩产，或可高达三四千斤，或在一二千斤。[⑧]

马铃薯，俗名土豆、洋芋。原产于南美洲，明代传入我国台湾地区，清初传入大陆。乾隆时期，随着秦巴山区的逐渐开发，江淮移民将马铃薯带入四川盆周山区。马铃薯最先在川东夔州府和川北保宁府等巴山老林地区播种。嘉庆年间，又逐渐在四川盆地东部山区、盆中丘陵地区和盆地西南地区播种。在此期间，马铃薯向南传入四川盆地东北山区之城口等州县，向西传入龙门山区、邛崃山区，向北传入涪江流域。咸

① 《道光城口厅志》卷首，《中国地方志集成·四川府县志辑（51）》，巴蜀书社，1992，第596页。
② 《光绪奉节县志》卷15，《中国地方志集成·四川府县志辑（52）》，巴蜀书社，1992，第640页。
③ 秦和平：《清代农作物交流与四川山地民族交融》，《中山大学学报》2020年第1期。
④ 关于玉米在清代四川的传播与广泛种植，前贤们已做过较详细而深入之研究。有意者，可参见王笛：《跨出封闭的世界——长江上游区域社会研究（1644—1911）》，中华书局，2001，第140—143页；郭声波：《四川历史农业地理》，四川人民出版社，1993，第178—183页。
⑤ 郭声波：《四川历史农业地理》，四川人民出版社，1993，第171页。
⑥ 王纲：《清代四川史》，成都科技大学出版社，1991，第550页。
⑦ 彭朝贵、王炎：《清代四川农村社会经济史》，天地出版社，2001，第18—19页。
⑧ 彭朝贵、王炎：《清代四川农村社会经济史》，天地出版社，2001，第19页。

丰年间，又进一步传播于川西南凉山等民族地区。晚清时，再传播于川西北高原的德格、甘孜、炉霍、康定等地。[①] 马铃薯具有高产易贮，对土壤适应性强等种植优势，在一些不适宜其他作物生长的高寒山地也能种植。清中叶以后，四川盆周山区和川西北高原地区人民普遍栽种马铃薯，马铃薯成为比较重要的旱地高产粮食作物。

玉米、番薯、马铃薯等旱地高产作物的引进与种植，有效地促进了四川丘陵山地的开发和利用。番薯、玉米和马铃薯这三种作物按丘陵低山区、中山区和高山区的地势形态呈现垂直分布、遍地种植的格局，从而拓展了四川土地的有效使用面积，增加了粮食产量。大巴山南麓的南江等地，“民食所资包谷杂粮，故在川北最为瘠苦”[②]。川东山区“山中多包谷之家，取包谷煮酒，其糟喂猪，一户中喂猪十余口，卖之客贩，或赶赴市集，所得青蚨，以为山家盐、布、庆吊，终岁之用”[③]。川东南的黔江地区，“民食稻米而外，包谷为大宗，兼以酿酒，贫富利赖山野，居民多种番薯、洋芋，或掘蕨粉以备食用之不足”[④]。为此，有学者指出，对四川这样一个多山、以旱地为主的地区来说，玉米、番薯、马铃薯等旱地高产作物的普遍种植，“使土地能得到更大限度的利用，扩大了粮食种植面积，使粮食总产提高，刺激人口的增殖，同时也使农民挪出部分耕地种植经济作物”，对商品性农业和商品经济的发展起到了重要的支撑作用，因而玉米、番薯、马铃薯等旱地高产作物的普遍种植也是清代四川农业进步的重要表现。[⑤]

综上可见，雍正、乾隆以后，在清朝“开垦边省和内地的山头地角及河滨溪畔”的政策引导下[⑥]，加之玉米、番薯、马铃薯等旱地高产作

① 郭声波：《四川历史农业地理》，四川人民出版社，1993，第173页。

② （清）严如熤：《三省边防备览点校》（上册），张鹏翂补修，郭鹏点校，西安交通大学出版社，2018年，第219页。

③ （清）严如熤：《三省边防备览点校》（上册），张鹏翂补修，郭鹏点校，西安交通大学出版社，2018年，第221页。

④ 《光绪黔江志》卷5，《中国地方志集成·四川府县志辑（49）》，巴蜀书社，1992，第166页。

⑤ 王笛：《跨出封闭的世界——长江上游区域社会研究（1644—1911）》，中华书局，2001，第146—147页。

⑥ 周远廉、孙文良：《中国通史》（第10卷），上海人民出版社，1996，第207页。

物的引进与种植，以及梯田等丘陵山地农耕生产方式的恢复和水利兴修①，巴蜀大地掀起了一个开发利用丘陵山地的高潮。彭县“山坡水涯，耕垦无余”②；安岳，“山头荦确，开垦殆遍，几于野无旷土”③。川东北的巴州等地，“自（嘉庆年间）教匪平定以来，荒山老林，尽行开垦，地无旷土，梯田层矗，弥望青葱”④。川东的城口，“高坡陡岭，皆为开垦”⑤；巫山，“虽悬崖峭壁之处，稍有寸土，无不开垦殆尽”⑥；万县，自乾隆五年（1740）以来，“凡深林幽莽，峻岭层崖，但有微土者，悉皆树艺”⑦。川西的天全，“山无旷土，一隙之地，亦必沾种芋麦”⑧。

二、四川耕地面积的增长概况

一般来说，耕地面积的盈缩，可以视为考察清代四川农业经济发展程度的一个重要指标。为了观察清代移民与四川耕地面积增长的关系，兹以万历六年（1578）的册载耕地面积为参照标准列表如下，以做比较。

表 3－1　四川册载耕地面积状况

年代	面积	人口	资料来源
明万历六年	13482767 亩	3102713	《雍正四川通志》卷 5“田赋”；《明史》卷 43《地理》。
顺治十八年	1188350 亩	布政司人丁 16096	鲁子健《清代四川财政史料》第 755、737 页。
康熙十年	1539338 亩	承赋丁户 25660 丁	同上，第 755、737 页。人丁为康熙九年数据。

① 彭朝贵、王炎：《清代四川农村社会经济史》，天地出版社，2001，第 6—12 页。按：梯田这一丘陵、山地农耕生产方式，最早于宋代即已出现于四川地区。但在元、明两朝，却因川省农业生产萎缩而一度消失。至清乾隆初年，梯田再度出现于四川农业生产之中，并于乾隆中期逐渐扩展至川中丘陵与盆周山区，成为清代四川农田基本建设之重大生产技术进步成果。

② 《光绪彭县志》卷 10，《中国地方志集成·四川府县志辑（10）》，巴蜀书社，1992，第 256 页。

③ 《道光安岳县志》卷 2，《中国地方志集成·四川府县志辑（24）》，巴蜀书社，1992，第 474 页。

④ 《道光巴州志》卷 1，四川省地方志编纂委员会：《四川历代地方志集成》（第二辑第 4 册），国家图书馆出版社，2015，第 45 页。

⑤ 《道光城口厅志》卷 6，《中国地方志集成·四川府县志辑（51）》，巴蜀书社，1992，第 635 页。

⑥ 《光绪巫山县志》卷 15，《中国地方志集成·四川府县志辑（52）》，巴蜀书社，1992，第 359 页。

⑦ 《同治增修万县志》卷 9，《中国地方志集成·四川府县志辑（51）》，巴蜀书社，1992，第 72 页。

⑧ 《咸丰天全县志》卷 2，《中国地方志集成·四川府县志辑（65）》，巴蜀书社，1992，第 545 页。

（续表）

年代	面积	人口	资料来源
康熙二十四年	1726118 亩	布政司人丁 18509①	同上，第 755、737 页。
康熙六十一年	20544285 亩	布政司人丁 409311	同上，第 755、737 页。人丁为雍正二年数据。
雍正六年	45902788 亩	无人丁记载	同上，第 755、737 页。
乾隆十八年	45957449 亩	人丁 1368496	同上，第 755、737 页。
乾隆三十一年	46007126 亩	人丁 3068199	同上，第 755、737 页。人丁为乾隆三十六年数据。
嘉庆十七年	46979291 亩	25665 千人	同上，第 755、737 页。
光绪二十三年至清末	47062495 亩	84749 千人	同上，第 756、737 页。人口为光绪二十四年数据。

由表 3－1 可见，顺治十八年（1661），清朝在四川建立政权之初，全省的册载耕地面积总量为 1188350 亩，仅及明万历六年（1578）册载耕地面积的约 8.8%。这一面积总量，有学者估计，大致相当于同期长江中下游地区的一个大县的平均数。② 即便是至康熙二十四年（1685），平定吴三桂叛乱之初，四川全省册载耕地面积总量亦只有 1726118 亩，仅及明万历六年册载耕地总面积的 12.8%。但到康熙六十一年（1722），四川册载耕地面积总量已增至 20544285 亩，超过了明代册载耕地面积总额，是明万历时册载耕地面积总量的 152.4%。特别是到雍正六年（1728），四川册载耕地面积总量实现了跨越式的增长，达到 45902788 亩，是明万历六年册载耕地面积总额的 340.5%。到乾隆三十一年（1766），四川册载耕地总量又进一步增至 46007126 亩，这一数据已与清末四川册载耕地面积 47062495 亩之数，相差不大。

① 关于康熙二十四年(1685) 四川布政司所统计的人丁数，不仅没有比康熙十年（1671）增加反而减少的问题，是不难理解的。前文已述，在吴三桂叛乱过程中，四川遭受重创。顺治末年以来，曾返乡的川人再次逃亡他省；而曾应清廷招抚迁入四川的外省民众也有不少逃离或返回故乡。

② ［美］何炳棣：《明初以降人口及其相关问题》，葛剑雄译，生活・读书・新知三联书店，2000，第 166 页。

另外，表3－1所列四川耕地面积，是明、清两朝基于征收赋税所需而统计的财经数据。对这种性质的耕地数据的可信度，不能估计过高。有学者明确说："不能反映实际数字恐怕是毫无疑问的。"① 但若以之观察清前期四川耕地增长之概况，了解明、清时期四川耕地面积增长之总体趋势，还是有一定的参考价值。同时，表中人口统计数据，注明"人丁"或"承赋丁户"者，应为政府出于征收赋税或摊派徭役所需而进行的统计，属于一种财政意义上的人口，而不是真实的人口统计数据。②

---

① 王笛：《清代四川人口、耕地及粮食问题》（下），《四川大学学报》1989年第4期。在此文中，王笛认为，清末四川的耕地面积应在9000万至1亿亩。对册载耕地面积与实际耕地面积之间有如此大的差距的原因，作者做了详细论述。

② 徐学初：《论清代四川人口增长及其对社会经济发展的影响》，四川大学历史系1988年硕士学位论文，第12—15页。实际上，就清代四川的人口数据而言，由于缺乏长时段的连续记载，加之统计方法各异，要准确弄清四川各个时段人口的变化状况，是比较困难的。已有数据也存在着明显的缺漏与疏误。如"自国初至康熙六十一年陆续查出成都府属州县有户120076，人丁35416丁4分3厘5毫……重庆府属及石柱、酉阳、石耶、地坝、平茶、邑梅六土司有户111854，人丁145912丁3分2厘5毫……泸州并属县有户14535，人丁5417丁7斗2升6合"（《嘉庆四川通志（2）》卷64，巴蜀书社，1984，第2247—2248页）。揆诸常理，正常的人口户籍统计数据，应只能以"个""人"作为计量单位，像《嘉庆四川通志》这样把人丁统计细化到"分""厘""毫"程度的数据，显然不可能是自然人口数据，而应是清代国家赋役征收体制下对载（承）税人丁的统计数额。换言之，这里的人丁数，并不是通常意义上所说的男丁数，仅仅是一个赋税单位。这就是说，清朝关于人丁统计之数据，多着眼于赋役征收之需要而重视承税人丁的状况，而对实际的户籍人口数据，则"不求实知"。结果定期户籍、人口编审工作，往往注重形式，走过场，呈现出"户则注粮而遗田，口则详男而略女"的状况（《道光内江县志》卷3）。这样的户籍人口统计数据，既有可能小于真实的户籍、人口数额，亦有可能大于真实之户籍与人口数额。对此，柯建中指出：研究清代人口，"首先是没有统一的计量标准。丁数指16岁至60岁的男子，不含妇女、老人和儿童，但女口的年龄界限并不明确。至于承粮花户，应属土地所有者，如果连佃户也排除在外，一大批非农业人口就更不会列入统计之内了。其次，户口编审和官（地方政府）民（人户）之间都有直接的利害关系，而且登记手段落后，现存数字，年代参差不一，即使同一时期的户口统计，在不同的记载中也彼此抵牾。所以，户口的统计数字和户口的实际情况是不完全符合的。清王朝的户口政策，大体上可以把康熙五十一年（1712）宣布滋生人丁永不加赋和雍正初年推行摊丁入亩作为一个分界线，其前期的数字可能偏低，而后期的数字，故意隐瞒的因素消除了，但统计偏高的可能性也不是不存在的"。柯先生进而具体分析指出："顺治末的16000人，应是清王朝管辖下的川北三府的承粮丁数，不能说明全川的情况。""康熙九年（1670）和二十四年（1685）的数字分别为25660丁户和18090丁，后者反而低于前者，应是吴三桂叛乱造成人口重新失控的结果……这同样不一定符合客观实际"（参见蒙默、柯建中等：《四川古代史稿》，四川人民出版社，1988，第444—445页）。王炎的研究成果也同样说明，清初四川一些州县曾经实行过"四户共一丁"乃至"九户共一丁"等赋役征收中的朋比摊派之法（彭朝贵、王炎：《清代四川农村社会经济史》，天地出版社，2001，第69页）。由此而造成户多于人丁的户籍统计状况。此外，若考虑到清初朝廷对四川地区（特别是对盆周山区和川西北高原民族地区）之政治统治、军事控制与人口管理（尤其是对流动人口之管理）的力度极其有限这一现实状况，档案、地方志等所载之人丁统计数据，低于当时四川地区实际户口数额的情况，应是客观存在的。若以这样的户口统计数据为基础，来探讨和论证清代四川人口增减之历史状况，或许难以使今人真正地认识到清代四川人口问题的历史真相，甚至可能会远离历史的本来面目。

清代四川不同时段的耕地和人口的变动数据表明，在清前期，耕地面积的增长是伴随着四川人口的增长而同步实现的。在传统农耕经济社会中，小农经济一直是农业经济中占优势的经济形式。农业作为一种劳动密集型产业，无论是维持社会经济生产，抑或扩大再生产，皆必须以一定劳动力资源的增长作为前提条件。换言之，这种前近代社会生产力水平状态下的传统农耕经济与小农经济，主要是遵循“先庶而后富”的发展规律，其实现路径主要还是依靠人口的增长特别是农业劳动力的增长，而不是像现代农业主要依靠科学技术进步或者资本增量投入。事实上，清初以来，随着大量外省移民入川和四川农业劳动力的增加，最直接的效果就是不仅原有农田得到耕种，更为重要的是荒地也得到进一步的开垦。

关于这一事实，我们还可从四川两位时任官员的奏疏中得到证实。与清初四川地旷人稀形成鲜明对比的是，随着移民的到来，四川人口渐增，土地渐辟，社会经济不仅得到恢复而且渐趋繁荣。康熙三十六年(1697)，四川提督岳升龙奏称，四川境内除川北地区仍“见其人少地荒”外，“川西成都所属与川南邛、雅一带，田野渐辟，人户颇繁”；川东各处“旱涝无虑，丰瘠相均”，“全蜀郡县，俱庆秋成”。[①] 这就表明，顺治康熙以来清廷所推行的招民垦殖之策已见成效。乾隆三十八年(1773)，四川总督文绶上奏说：“查川省昔年地广人稀，均系插占开垦。”[②] 在清代四川地方志文献中，有关事例记载繁多。如川西的新繁县，清初，先有湖广民众移入，其后江西、福建、广东诸省客民亦接踵而至。外省移民“始至之日，田业无主，听民自占垦荒，或一族为一村……有一族占田至数千亩者”[③]。又如定远县（今武胜），湖南移民迁

① 中国第一历史档案馆：《康熙朝汉文朱批奏折汇编》第1册，档案出版社，1984，第23页。

② 转引自李文治、江太新：《中国地主制经济论——封建土地关系发展与变化》，中国社会科学出版社，2005，第330页。

③ 《（光绪）新繁乡土志》卷5，四川省地方志编纂委员会：《四川历代地方志集成》（第四辑第15册），国家图书馆出版社，2015，第693页。

入后，“垦荒占田，遂为永业”①。荣昌县垦民程世瑛，家中劳动力缺乏，“无力开垦”。雍正七年（1729），报垦清丈田地之日，“不敢多认荒土，故粮地止二百八十四亩”。成都东山是远近闻名的客家人聚居地，康熙年间，客家人入蜀始祖初到东山时，这里人烟甚为稀少，荒地很多，因而曾有一个圈地运动，如插旗山便是插旗为界，占了一个丘陵地带。十陵镇太平村二组钟家老宅后曾于十余年前出土了一方袁氏碑记，其中记述了袁氏入蜀始祖在东山插占土地的情况。②

关于四川耕地扩大的整体情况，有学者研究发现，“康雍复垦”前期，清廷招民垦殖政策较有实效的 40 余州县之中，“以盆地西部至南部一带的移民为最盛，这大约与该地抛荒熟地较多、农业条件较好、交通较为便利有关”。故而清代四川盆地西部插垦起家的大户，基本上都是康熙初年的移民。③

表 3-2　康熙年间四川部分插占起家大户示例

姓氏	原籍	插占时间	插占州县	土地状况	资料来源
黄氏	湖南武冈	清初	广汉	2500 亩	《同治续修汉州志》
张氏	湖北麻城	清初	德阳	数十顷	《德阳乡土志》
官氏	江西	康熙初年	灌县	田地遍成都平原诸县	《灌县乡土志》
刘氏	湖南武冈	康熙五年	初居仁寿，后徙德阳	田百顷	《德阳乡土志》
万氏	四川中江	康熙十年	崇庆	熟田 200 块	《万氏宗谱》

另据鲁子健、王笛等人的研究，在顺治、康熙、雍正、乾隆时期，四川荒地报垦数百万亩。④ 为对其进行进一步证明，兹酌引部分清代四川垦荒史料列表如下。

---

① 《（光绪）定远县志》卷 1，四川省地方志编纂委员会：《四川历代地方志集成》（第二辑第 28 册），国家图书馆出版社，2015，第 234 页。

② 谢桃坊：《成都东山的客家人》，巴蜀书社，2004，第 31 页。

③ 郭声波：《四川历史农业地理》，四川人民出版社，1993，第 105—107 页。

④ 参见鲁子健：《清代四川财政史料》（上册），四川省社会科学院出版社，1984，第 752—754 页。

表 3—3 清前期四川荒地报垦示例

年代	报垦情况	资料来源
康熙六十一年	桐梓、井研、犍为、射洪等县及东川府新垦衿民雷泽广等 151 户，报垦上中下坡地 2139 亩，又估种地 16.45 石。	《清代钞档》，《地丁题本》50，四川 2。
雍正八年	松茂道报垦荒田 91267 亩，荒地 727918 亩；川东道报垦荒田 394932 亩，荒地 986268 亩；永宁道报垦荒田 198130 亩，荒地 372768 亩；建昌道报垦荒田 1266 亩，荒地 3721 亩。	《清文献通考》卷 3，《田赋考》3。
乾隆二十九年	屏山县大竹堡等处开垦地亩，成熟、未熟上、中、下地共 118300 亩。	《清文献通考》卷 4，《田赋考》4。
乾隆四十五年	松潘厅属黑河沟一带新开山沟荒地，以成熟下地报垦 1795.3 亩。	《清代钞档》，《地丁题本》50，四川 2。
乾隆五十六年	太平县民人报垦中下田地共 17019 亩。	《清代钞档》，《地丁题本》50，四川 2。
嘉庆七年	盐源县开垦田 37 顷 48 亩。	《清仁宗实录》卷 105。

由表中数据可见，在清政府的鼓励之下，四川移民垦荒速度相当可观，至康熙后期，四川一些地区“生齿日繁”，人口数倍于前，与此相应的是，凡地势平坦、土质肥沃、灌溉方便和交通便利的地区，已荒田尽辟。随着移民的不断涌入，人们开始转向丘陵山地和边远地区。乾隆、嘉庆时期，大量旱地被改造成梯田和水田①，玉米、番薯和马铃薯等耐旱高产作物得以推广，原本荒废的丘陵山坡成为耕地，极大地扩展了耕地面积。土地是人类生存与发展之根本，也是人类社会的财富之源。由于丘陵山地的大规模开发和利用，使四川的耕地面积不断扩大，嘉庆十七年（1812），册载耕地面积达 46979291 亩。按照王笛的说法，这一时期，四川耕地面积实际可达 7783 万余亩。②

农业生产最主要的资源是土地，耕地是农业经济发展的基础。丘陵

① 郭声波：《元明清时代四川盆地的农田垦殖》，《中国历史地理论丛》1988 年第 4 期。

② 王笛：《跨出封闭的世界——长江上游区域社会研究（1644—1911）》，中华书局，2001，第 103 页。

山地的开垦使四川耕地面积大幅度增长，这在四川土地资源利用史上，可以说是一个质的飞跃，社会经济发生了令人瞩目的变化。四川的财政运转从清初的全靠外省协济，到雍正时期，不少地方的“田赋户口，视昔已百倍”①，其财政收入不仅能保证四川地方政府的运转，还能支持西藏等西南边疆地区的用度。② 再以粮食生产为例，四川所产粮食不仅能基本养活本省数量庞大的人口，还有余粮接济他省，成为国内重要的商品粮生产基地之一。到乾隆中后期，四川更是成为“产米最广”的省份③，长江中下游的江苏、浙江等省“全赖川米接济”。若川米不能如期运达，则“各省米价必致腾贵，于民食大有关系”④。乃至一度形成“江浙粮食历来仰给于湖广，湖广又仰给于四川”的局面。⑤ 四川作为清代农业大省的历史地位由此奠定。

三、结语

耕地是农业发展的基石，保有一定数量的耕地，不仅关系农业经济的可持续发展，更关乎属地人口的饭碗问题。在传统的自然经济时代如此，即便是科技发达的今天，保持足量的耕地，仍然是政府关注的话题和政策制定的导向。历经清前期大规模的移民入川之后，四川人口呈几何式翻倍增加，到雍正末年，四川“向之川土荒芜者，今皆已垦辟；向之川民凋瘵者，今皆已生聚”⑥。乾隆初年，四川盆地内的不少人口稠密地区，“已无荒土可辟”⑦。人口的过快增长与土地资源的相对有限，加剧了四川人地关系的矛盾，造成不少社会问题，也引起社会动荡。为

---

① 《嘉庆高县志》卷首，《中国地方志集成·四川府县志辑（35）》，巴蜀书社，1992，第291页。

② 如康熙、雍正、乾隆时期，清廷在西藏所进行的多次用兵平叛和反击廓尔喀入侵，四川不仅担负主力出兵任务，还承担了不少兵饷和赏银支持。这对于清朝维护边疆稳定和反击外来侵略，起到了重要的作用。

③ 《清高宗实录》卷1237“乾隆五十年八月戊戌”，中华书局，1985。

④ 《清高宗实录》卷1286“乾隆五十二年八月甲辰”，中华书局，1985。

⑤ 台北故宫文献编辑委员会：《宫中档雍正朝奏折》第3辑，台北故宫博物院，1978，第400页。

⑥ 四川省地方志编纂委员会：《四川历代方志集成》第4辑《（雍正）四川通志》卷首，国家图书馆出版社，2017，第132页。

⑦ 《清高宗实录》卷203“乾隆八年十月癸丑”，中华书局，1985。

此，清廷在规范和限制移民入川的同时，号召和奖励民众开垦丘陵山地，从而形成被称为“乾嘉拓殖”的丘陵山地开发热潮。这种向丘陵山地进军的热潮，实际上也是一次大规模的移民浪潮，它使川内人口分布趋于合理，人口密集地区的人口压力得到一定程度缓解，人口稀少的地区得到劳动力补给，同时还使闲置的土地得到开垦，耕地面积大幅度增加，并在一定时期内促成四川经济社会呈现出欣欣向荣之象。史载，川内一些过去缺乏吸引力的土地贫瘠地区，也在这一时期有民众迁入，闲置荒地有人开垦，使秦巴山区“低山尽村庄，沟岔无余土”①，涪州“田种禾稻，山种杂粮，相资为用”②。

但是，丘陵山地开垦，在促进四川土地利用与耕地面积增长的同时，也带来一些问题。自清中叶开始，川中和盆地内的一些丘陵山区，由于过度开发引起生态失衡，从而出现水土流失、地力下降、生态环境恶化等问题。

首先，丘陵山地的过度开垦，破坏了天然植被，加速了洪涝灾害发生的频率和破坏程度，危及人民的生命财产安全。丘陵山地往往石多土少，土壤瘠薄且地形陡峭，其地质结构容易发生水土流失等自然灾害。秦巴山区州县，“土壤之性，与平原迥殊。黄壤杂白者，必兼沙，涂泥之土，则多石兼沙，多石之土，晴久坚于顽铁，雨多则沙石各分”。遇雨“城傍溪河，一经水啮，必连基倾覆”。③ 自乾隆以来，大量被称为“棚民”的流民进入该地区垦殖，“江、广、黔、楚、川、陕之无业者，侨寓其中，以数百万计，依亲傍友，垦荒种地，架数椽栖身，岁薄不收则徙去，斯谓之棚民”④。经过这些“棚民”的辛勤垦殖，秦巴山区“虽

---

① （清）严如熤：《三省边防备览点校》（中册），张鹏翂补修，郭鹏点校，西安交通大学出版社，2018年，第420页。

② 《（乾隆）涪州志》卷5，姚乐野、王晓波：《四川大学图书馆馆藏珍稀四川地方志丛刊》（第二册），巴蜀书社，2009，第163页。

③ （清）严如熤：《三省边防备览点校》（上册），张鹏翂补修，郭鹏点校，西安交通大学出版社，2018年，第283页。

④ （清）严如熤：《三省边防备览点校》（中册），张鹏翂补修，郭鹏点校，西安交通大学出版社，2018年，第384页。

蚕从峻岭，老林幽谷，无土不垦，无门不举”①。到嘉庆年间，“自教匪平定以来，荒山老林，尽行开垦，地无旷土，梯田层矗，弥望青葱”②。但是，这种地区的经济发展模式是以天然植被破坏为代价的，加重了洪涝灾害的危害程度。广元“县境大江小河……年必水涨。上游流沙带土，随在壅遏淤圩”③。垫江“每遇暴雨冲突，沟洫填塞，高于平田”④。秦巴山区“数十年来，老林开空，山地挖松，每当夏秋之时，山水暴涨”⑤。乾隆二十五年（1760），四川总督开泰奏称：“川省民居、田地类皆傍水依山，遇山水长发，溪河窄狭，宣泄不及。本年自夏徂秋，据营山、渠县、岳池、广安、广元、苍溪、盐源等七州县陆续具报，大雨连绵，山溪骤涨，沿河民居、田地，间被冲坍，淹毙人口。”⑥ 特别是巫山县境内的坪垅坝，周围300余里，东、西、南、北四面皆山，山形峻峭，水聚则难以消泄。“其初，上中下三坝田地肥美，共征条粮银三百余两，有龙王坝、白擂槽二洞消水，水不能聚。自乾隆已亥年后，四山开垦，山土松滑，大雨时行，土随水下，洞塞田淹，下坝中坝，汇为巨浸。”经道光、同治、光绪年间多次清淤筑渠，均无法遏止水土流失与河渠淤积，以致“人民流离，转徙数十年”⑦。

其次，丘陵山地的过度开垦，缩短了土地资源可持续利用的周期，破坏了民众的生产生活环境。“棚民”进入秦巴山区后，遍地垦荒，洪涝灾害时有发生，造成严重水土流失。水土流失是山地地质结构所决定的内秉性活动，虽然自有人类定居之前就已存在，但人类对这些地区的过度开发，无疑加快了这一现象发生的频率，加重了危害的程度。秦巴

① 《（嘉庆）续修汉南郡志》卷6，陕西省图书馆藏本。转引自马强、杨霄：《地方文献与明清环境史研究——以嘉陵江流域为主的考察》，《西华师范大学学报》2015年第3期。

② 《（道光）巴州志》卷1，四川省地方志编纂委员会：《四川历代地方志集成》（第二辑第4册），国家图书馆出版社，2015，第45页。

③ 《民国广元县志稿》卷9，《中国地方志集成·四川府县志辑（19）》，巴蜀书社，1992，第200页。

④ 《光绪垫江县志》卷1，《中国地方志集成·四川府县志辑（47）》，巴蜀书社，1992，第322页。

⑤ （清）严如熤：《严如熤集》（1），黄守红标点，朱树人校订，岳麓书社，2013，第194页。

⑥ 《清高宗实录》卷619“乾隆二十五年八月辛丑”，中华书局，1985。

⑦ 《光绪巫山县志》卷7，《中国地方志集成·四川府县志辑（52）》，巴蜀书社，1992，第322页。

山区大规模垦荒，“挖土既松，水雨冲洗，三四年后，辄成石骨”[①]。川中射洪等地，“地石多土少，民务垦荒，所垦之地，一年而成熟，二年而腴，四五年而瘠，又久之则为石矣。故民有弃其成熟之地，而别垦荒地者，以地力易尽也”[②]。实际上，这一现象在巴蜀丘陵山区比较普遍，造成土地资源利用的恶性循环。

水土流失的另一后果是，造成土地肥力退化，农作物因而大面积减产。水土流失的直接危害在于它不仅冲走了土壤，也冲走了田间的有机质，造成土地肥力减弱。移民进入四川山区垦殖，客观上缓解了四川平原地区的人地矛盾，增加了耕地面积，扩大了农业生产空间，使“山坡水涯，几无隙地”，“凡山巅水涯田塍土埂，无不栽种麦菽”。[③] 但也应看到，四川的大部分山区，农业生产的自然条件差，原本就先天不足。如川北的仪陇，“农最勤劝，开垦无遗，凡山石之柔脆者，悉辟为地。地有岁三种者，或力不能食，牛以人代之。稻田陆浮于山，山之田不能以时蓄水，暇辄凿堰，春夏间大雨时至，始得先后插禾，否则种杂粮，虽男女并作，而视稻田之所出，则仅十之五六焉”[④]。苍溪，“全县山占十之六七，硗土多而沃土少……无甚特出之品，而农民亦差能自给者，以垦荒辟秽粪田，锄草之勤也”[⑤]。“龙潭至广元县，历二十四坡，路尤诘曲，山多童赭载寸土，居人锄而种之，麦长四五寸即实。”[⑥] 这就意味着，这些地区的农民的艰辛付出，并没有获得相应回报。而移民的不断涌入，致使这些地区的土地过度垦殖，更进一步加重了当地民众的生产环境与生活条件的恶化程度。大渡河流域，“荒山日多，水源无从涵养，

① （清）严如熤：《严如熤集》（1），黄守红标点，朱树人校订，岳麓书社，2013，第194页。

② 《光绪射洪县志》卷4，《中国地方志集成·四川府县志辑（20）》，巴蜀书社，1992，第542页。

③ 四川总督丁宝桢“复陈筹备饷需疏”，光绪六年四月十六日。来新夏：《皇朝道咸同光奏议》卷50，“兵政类·饷需”，学苑出版社，2010，第241页。

④ 《同治仪陇县志》卷2，《中国地方志集成·四川府县志辑（57）》，巴蜀书社，1992，第204页。

⑤ 《民国苍溪县志》卷8，《中国地方志集成·四川府县志辑（57）》，巴蜀书社，1992，第62页。

⑥ 高延弟：《北游纪程》。转引自张建民：《明清长江流域山区资源开发与环境演变——以秦岭一大巴山区为例》，武汉大学出版社，2007，第511页。

下游农区受害之程度与日俱增”[①]。对此，时人柯相作诗慨叹说：“两封元混一，宰割自何年。松桧充官贩，椒茶上贡钱。山童连色惨，地老竟皮穿。治象真萧索，弹琴忆昔贤。”[②]

再次，川中丘陵和盆周山地的过度垦辟致使森林资源遭到严重破坏，生态环境失衡，不少动植物因此绝迹。随着玉米、马铃薯等农作物的传入，移民进入深山老林开垦有了可能。但农业生态环境对垦殖的承载是有限度的，大量山地垦殖，使山地森林大面积消失，如盆地内的垫江“百年前山林蓊翳”，“近日两山童童”。[③] 富顺“有山皆童，无岭不秃”[④]。川东南的秀山，“县四郊盛山，旧时材木不可胜用，今垦辟皆尽，无复丰草长林”[⑤]。即便是素以森林植被著称于世的大小金川等地，“自底定后，改土为屯，兵、民、番练咸令垦耕”[⑥]，“穑事日兴，荒土尽辟”[⑦]，“樵苏所及近山童童”[⑧]。森林被大面积砍伐，除造成洪涝灾害和水土流失加重，以及田地所需的有机质断绝了补充来源外，还剥夺了野生动物赖以生存的环境，破坏了地区生态平衡。明显的例子是，曾被视为明末清初四川人口损耗原因之一的虎患也因四川的毁林垦荒，虎群急剧减少甚至绝迹。[⑨]

---

① 程绍明：《大渡河上游森林调查报告》，《四川之森林》卷3，1938。

② 《道光城口厅志》卷20，《中国地方志集成·四川府县志辑（51）》，巴蜀书社，1992，第857页。

③ 《光绪垫江县志》卷3，《中国地方志集成·四川府县志辑（47）》，巴蜀书社，1992，第291页。

④ 《（乾隆）富顺县志》卷2，四川省地方志编纂委员会：《四川历代地方志集成》（第三辑第30册），国家图书馆出版社，2015，第23页。

⑤ 《光绪秀山县志》卷12，《中国地方志集成·四川府县志辑（48）》，巴蜀书社，1992，第135页。

⑥ 《道光绥靖屯志》卷4，《中国地方志集成·四川府县志辑（66）》，巴蜀书社，1992，第885页。

⑦ 《清高宗实录》卷1297“乾隆五十三年正月乙丑”，中华书局，1985。

⑧ 蓝勇：《乾嘉垦殖对四川农业生态和社会发展影响初探》，《中国农史》1993年第1期。

⑨ 明清之际，因长期战乱，四川境内曾虎患成灾。如富顺县“数年断绝人烟，虎豹生殖转盛，昼夜群游城郭村圩之内”，“遇人即噬，甚至突墙排屋，人不能御”［《乾隆富顺县志》卷5，四川省地方志编纂委员会：《四川历代地方志集成》（第三辑第29册），国家图书馆出版社，2015，第178页］。南充县“遍地皆虎”，“县治、学宫俱为虎窟”［《同治仪陇县志》卷48，《中国地方志集成·四川府县志辑（57）》，巴蜀书社，1992，第59页］。綦江“群虎白日出游，下城楼窥破残人户……行者虽五七同群，执器械，前后中间必有一失”等［《道光綦江县志》卷10，《中国地方志集成·四川府县志辑（7）》，巴蜀书社，1992，第677页］。有关清初四川的虎患问题，可参看蓝勇《清初四川虎患与环境复原问题》，《中国历史地理论丛》1994年第3期。

大规模的移民入川使四川人口高速增长，但土地资源相对有限，势必造成人地矛盾，进而使人们的经济活动愈加艰难。清廷鼓励民众垦辟田边地角，向丘陵山地进军，虽暂时缓解了人地之间的紧张关系，但这种以牺牲自然生态环境为代价的经济活动，不仅造成了更为严重的生态灾难，也成为清代中后期四川农业经济发展的桎梏。对此，有学者指出："清乾嘉时期的人口膨胀和对土地不合理的开发和利用造成农业生态环境破坏是造成清代后期四川经济凋敝、社会残破的重要原因。"[①] 这样的历史经验教训，值得后人省思。

第二节 移民与四川边远民族地区开发

四川是一个多民族的人口大省。历史上，少数民族居住的川西北高原和川西南丛林山地及东南的盆周山区虽拥有丰富的土地资源，但由于自然环境恶劣，生产生活条件艰苦，匪患时有发生，社会治安相对较差[②]，因而地广人稀，土地资源的开发程度很低。清初，这些地区既不被朝廷重视，也不为大多数社会民众所向往。随着四川社会的稳定，随着人口的自然生息繁衍和外省移民的大量迁入，乾隆、嘉庆之后，四川腹地因人口密度大和人口增长速度快，最先产生人口饱和与人口过剩问题，平原与部分丘陵地区的过剩人口被迫挤压到盆周山区和少数民族聚居区。这其中，既有政府倡导下出于经济动因而自愿迁入的内地民众，也有政府主导型的移民。前者涉及的地域最广，人数最多。后者主要是指乾隆年间两次金川之役后，清廷迁移民众屯垦，涉及地域主要为川西北地区，移民规模不及前者。这种人口迁徙，促进了四川民族地区经济社会的恢复和进一步发展。

---

① 蓝勇：《乾嘉垦殖对四川农业生态和社会发展影响初探》，《中国农史》1993年第1期。

② 谭红：《巴蜀移民史》，巴蜀书社，2006，第663页。

一、移民入川与盆地内部的人口压力

在传统的农业社会，土地资源决定着某一地区的人口承载力，当这一地区人地关系的均衡格局被打破以后，人口势必向自然条件相对较差，但仍有开发余地的地区转移。“三藩之乱”后，四川的社会环境日趋稳定，但此时四川面临的根本问题是劳动力人口奇缺，土地资源开发严重不足。为了重建四川，恢复和发展四川社会经济，清廷逐渐意识到仅靠“川人实川土”和顺治以来陕西等地的外省移民，难以承担起从根本上改变四川经济社会极度残破局面这一重任，必须采取增加人口等基于长远需要的移民措施。这就是清初长达一个世纪的四川大规模移民运动的历史背景。前文已述，清代四川的移民政策在各阶段是不同的，事实证明，移民政策之效应，也在不同时期有所体现。总体来说，清代四川的移民政策是成功的，对促进四川经济社会的恢复和发展起到了至关重要的作用。

同时，亦应看到，随着乾隆、嘉庆以来不可遏制的人口增长，四川人口的这种社会发展的动力，逐渐变为地区社会发展的沉重负担。人口的过快增长与土地资源的相对有限，加剧了四川人地关系的矛盾，并引起了清代朝野的关注和忧虑。早在康熙末年，四川个别地区的人地关系矛盾便已露端倪，并引起康熙帝的特别关注。康熙五十一年（1712），康熙帝谕令大学士九卿等：“今海宇承平已久，户口日繁……人丁虽增，地亩并未加广……朕之访闻甚晰者，前云南、贵州、广西、四川等省遭叛逆之变，地方残坏，田亩抛荒，不堪见闻。自平定以来，人民渐增，开垦无遗。或砂石堆积，难于垦种者，亦间有之；而山谷崎岖之地，已无弃土，尽皆耕种矣。由此观之，民之生齿实繁。朕故欲知人丁之实数，不在加征钱粮也。”[①] 人口快速增长的一个最为显著的后果是四川部分地区地价和粮价的上涨。康熙五十二年（1713），康熙帝谕令户部：“（四川）先年人少田多，一亩之田，其值银不过数钱。今因人多价贵，

---

① 《清圣祖实录》卷249“康熙五十一年二月壬午”，中华书局，1985。

一亩之值竟数两不等。”[①] 有鉴于此，康熙五十六年（1717），康熙帝又指出，四川等地“户口殷繁”，为防患灾害，保证民生，要求有司“预筹安养之策”[②]。至雍正、乾隆时期，四川因“户口殷繁”不仅造成地价粮价进一步上涨，而且带来各种社会问题，这也是清廷不断规范和限制移民入川的重要原因之一。雍正六年（1728），雍正帝谕令川陕总督岳钟琪：四省（鄂、赣、粤、桂）“并未题成灾，何远赴四川者如此之众？此皆本省大小官吏平日全无抚绥，以致百姓失所。身为司牧，而于地方民瘼漫不经心，尚何以腼颜任职乎！”[③] 责令岳钟琪等地方大员妥善处理入川移民，“毋使失所”。[④] 同时，要求严行稽查入川移民，辨别“良奸”，不让其“转为良民之忧”[⑤]。清代移民入川政策由重奖转变为杜绝“流移之患”。雍正七年（1729）后，清廷在停止招民入川优惠条例的同时，还对外省移民入川采取了限制性措施。虽然这些规定在实际执行过程中，又因济灾安民等原因没能完全实施，但大规模的外省移民入川在乾隆中期告一段落。

中国国土辽阔，但适宜农耕的土地资源却很有限，人口的增加必然导致人均耕地面积的下降，进而产生人口增加与粮食供应不足的矛盾。历史上，清代以前，中国的人口一般为6000万，最多也只有约7000万。到了清代，中国人口数量增长迅速，康熙二十四年（1685），全国人口1.1亿多。人口增长带来的社会问题在康熙、雍正之际已有显现，到乾隆时，已形成相当大的人口压力。乾隆二十七年（1762），全国人口超过2亿，至乾隆五十五年（1790）人口突破3亿。[⑥] 乾隆末年，全国人口猛增，社会的供养能力到了“天地之力穷”的地步。人口增长造成人均耕地面积减少，由乾隆十八年（1753）的4亩降至乾隆四十九年

---

① 《清圣祖实录》卷256“康熙五十二年十月丙子”，中华书局，1985。

② 《清圣祖实录》卷272“康熙五十六年四月丁酉”，中华书局，1985。

③ 《清朝文献通考》卷19《户口一》，浙江古籍出版社，1988。

④ 《清世宗实录》卷66“雍正六年二月甲辰”，中华书局，1985。

⑤ 《清朝文献通考》卷19《户口一》，浙江古籍出版社，1988。

⑥ 王笛：《清代四川人口、耕地及粮食问题》（上、下），《四川大学学报》1989年第3、第4期。

（1784）的 2.65 亩。[①] 国内人口的快速增长与人均耕地面积的急剧下降，令乾隆帝深感忧虑，乾隆五十七年（1792），他特谕内阁："朕查上年各省奏报民数，较之康熙年间，计增十余倍。承平日久，生齿日繁，盖藏自不能如前充裕。且庐舍所占田土，亦不啻倍蓰。生之者寡，食之者众，朕甚忧之。"[②]

总体上讲，清代四川出现人口压力的时间较其他省区稍晚。乾隆元年（1736）二月，四川布政使窦启英在《四川通志》序中说："向之川土荒芜者，今皆已垦辟；向之川民凋瘵者，今皆已生聚。"[③] 乾隆八年（1743）十月，四川巡抚纪山奏称："查湖广等省外来之人，皆因误听从前川省地广人稀之说，群思赴川报垦，不知川省已无荒土可辟。"[④] 从这两位时任四川地方官的说辞看，随着外省移民入川，在雍正、乾隆之际，四川已无荒土可辟。历经半个多世纪之后，嘉庆年间，四川已人满为患，人地矛盾突出。兹以《清朝文献通考》等所载有关史实为例，列表如下。

表 3-4　四川省人丁、土地与全国情况对比表

年代	四川省人丁数	占全国人口比例	四川省田地数	丁均耕地（亩）	全国人均耕地（亩）	资料来源
顺治十八年	16096	0.42%	1188350	73.83	25	《清朝文献通考》卷 1《田赋一》
康熙二十四年	18509	0.44%	1726118	93.26	25.96	《清朝文献通考》卷 2《田赋二》
雍正二年	409310	8%	21445616	52.39	27.04	《清朝文献通考》卷 3《田赋三》
乾隆十八年	1368496	0.7%	45941667	33.57	6.89	《清朝文献通考》卷 4《田赋四》
乾隆三十一年	2958271	1.4%	46007126	15.55	3.53	《清朝文献通考》卷 4《田赋四》

① 郭松义：《清代的人口增长和人口流迁》，《清史论丛》（第 5 辑），中华书局，1984。

② 赵尔巽等：《清史稿》卷 120，中华书局，1977，第 3485 页。

③ 四川省地方志编纂委员会：《四川历代方志集成》第 4 辑《（雍正）四川通志》卷首，国家图书馆出版社，2017，第 132 页。

④ 《清高宗实录》卷 203"乾隆八年十月己卯"，中华书局，1985。

由表3—4可见，四川人口在清初“丁户稀若晨星”，之后人口基数逐渐增大。嘉庆十七年（1812），人口总数高达2000余万，成为清代人口大省。[①] 一般来说，在土地资源相对有限的情况下，人均拥有耕地面积数与人口的快速增长呈反向变化。在清代相当长的一段时期内，四川人均拥有耕地面积数高于全国人均数。以乾隆三十一年（1766）为例，四川人均耕地面积分别是湖北的2.3倍、浙江的5.5倍、江苏的5.6倍、福建的9倍。[②] 到嘉庆时，四川人口和耕地成正比递增的趋势被逆转，人均耕地优势被过快增长的人口打破，人均耕地仅有2.17亩，首次低于全国人均耕地数（2.19亩）。[③] 如果按清代四川农业生产水平计算，人均耕地4亩才能维持一个人的最低生活水平[④]，人均耕地面积的大幅度下降，必然导致普通民众日常生活质量的下降。乾隆中期，四川“油米食物，无一不贱”[⑤]，这就说明，四川普通民众基本的物质生活还不成问题。而至嘉庆以后，四川大部分地区的普通民众为求生存，其日常开销必须精打细算。正如时人所说：“昔之蜀，土满为忧；今之蜀，人满为患。土满者，人可使聚；人满者，土不能增，则食时用礼之经，不可不讲求也。”[⑥] 有关这一问题，还可用以下两个重要指标加以证明，一是川省仓储粮食大幅度减少，二是粮食外运断绝和粮价大涨。[⑦]

当然，乾隆、嘉庆时期，四川省内还不是所有地区都有同等的人口压力。这种所谓的人口压力，在不同地域和不同时间段上，呈现出不均衡性。王笛做过比较研究，他以康熙六十一年（1722）和嘉庆十七年（1812）为例，对四川不同区域人口在全省人口中的比重做对比，研究

---

① 王笛：《清代四川人口、耕地及粮食问题》（下），《四川大学学报》1989年第4期。

② 梁方仲：《梁方仲文集·中国历代户口、田地、田赋统计》，中华书局，2008，第548、549页。

③ 梁方仲：《梁方仲文集·中国历代户口、田地、田赋统计》，中华书局，2008，第554页。

④ 明末清初张履祥说：“百亩之土可养二三十人。”［（清）张履祥：《杨园先生全集》卷5，中华书局，2002，第118页］又清人洪亮吉也说：“一人之身岁得四亩，便可得生计矣。”［（清）洪亮吉：《洪北江诗文集》（上），商务印书馆，1935，第49页］由是可知，在当时的生产力水平之下，养活一个人大约需要4亩耕地。

⑤ 《光绪叙州府志》卷20，《中国地方志集成·四川府县志辑（28）》巴蜀书社，1992，第535页。

⑥ 《（道光）新都县志》卷3，清道光二十四年刻本。

⑦ 王笛：《清代四川人口、耕地及粮食问题》（下），《四川大学学报》1989年第4期。

发现，在嘉庆年间，川内自然条件较好的地区人口过度密集，而边远地区则仍然有待人力去开垦。[①] 一般来说，历史上移民的自发活动，大多是基于经济动因而自然调节人口的空间分布。这在清代移民的跨省区流动是这样，四川省内不同时间段民众的迁徙亦是如此。自顺治、康熙以来，外省移民入川首先“插占”的是盆地内富庶的地区和相对富庶的地区。如此一来，盆地内富庶的地区和相对富庶的地区快速达到人口饱和，出现人地矛盾。与此不同的是，盆周山区特别是边远民族地区，由于自然条件较差，可进入障碍相对较多，即便是在乾隆、嘉庆之际，这些地区也是地广人稀，土地资源有待开发。这就是乾隆、嘉庆时期，四川省内出现二次移民的重要原因。关于此，李世平研究比较发现，在汉、唐、宋和清的几个时间段，四川人口分布情况也大致与上述结论相吻合。嘉庆年间，成都地区虽然仍是四川人口最密集区，但其人口净增率在大幅下降，而相当于汉朝巴郡的山区和犍为郡的丘陵地区，人口净增率反而急剧上涨，其增长率竟然大大高于全省的人口年均增长率。[②]

二、移民与四川边远民族地区的人口增长

（一）政府倡导与移民迁入川西南、川东南边远民族地区

从现存资料看，清廷倡导内地民众迁移到四川边远民族地区安居落业，始于雍正年间。雍正七年（1729），户部议复四川巡抚宪德：“雷波、结觉等处番夷，助逆不法，寻经剿灭。所查出汉民五十余户、男妇三百三十余口，其愿回原籍者，请给予盘费；其不能回籍者，给予房屋牛具等项，一体安插。”[③] 虽然这是清廷基于雷波、昭觉等地已有内地民众安居落业之事实，所采取的一种“安插”措施，但从中亦可见官方对内地民众迁移到边远民族地区的基本态度。

雍正十一年（1733），谕令：“川省新设苗疆河东、河西各处，高田下地已经成熟，而山林坡冈之间犹未尽辟，应招徕树艺。但苗民耕耘无

---

① 王笛：《清代四川人口、耕地及粮食问题》（上），《四川大学学报》1989年第3期。

② 李世平：《四川人口史》，四川大学出版社，1987，第177页。

③ 《清世宗实录》卷80“雍正七年四月己卯”，中华书局，1985。

力，每户赏给牛具、籽种，以资耕种。如苗民不能全垦，招民垦耕，酌定年限分别升科。”[①] 乾隆三十一年（1766），户部议准四川总督阿尔泰的奏请，“叙州府属之屏山县界内，大竹堡一带荒地，勘明可垦田十万六千六百余亩，应招民开垦”[②]。之后，清廷不仅准许在叙州等地招民开垦，而且还对应招之垦民，给予多方面的扶持和优待。“招集流亡复业，问民疾苦。失牛种者，每家给银三两以为耕……每逢秋冬之交，携花红、盐、布巡边犒赏，彝苗向化。”[③] 又《光绪雷波厅志》载：“雷波等处向化苗民，据抚宪德题请每十户赏牛一支，并给稻种、杂粮，以资耕种。应将愿垦夷苗，悉照此例赏给。其招徕流寓之人，亦应照川陕总督所请川省开垦借给牛种银两之例。”[④] 对招徕之民既按“向化苗民”标准，给稻种、杂粮，以资耕种，又按入川移民例，给牛种、银两。这一系列举措表明，雍正、乾隆时期，清廷重视并鼓励移民进入四川少数民族地区垦荒置业。

迫于当时川西平原、川中丘陵等地区已经“到处地虞人满”，又风闻盆周民族地区尚有“荒莱可垦”，加之清廷的鼓励政策，陆续入川的外省移民“挈妻负子，奔走偕来”[⑤]，进入四川民族地区安居落业，并在乾隆、嘉庆年间形成了“一个向丘陵，山地中、上部进军的‘山地开发运动”[⑥]。

清初，川西南之马边、越西、雷波等地，因“四面皆峻岭老林”，交通闭塞，“必翻大山然后入”，不为移民所看重，人户稀少，几至“绝无门户”。但清中叶以后，“沿边山林，价贱粮轻，故川楚贫民争往垦荒。散处崖各”[⑦]。其中，马边“地界边陲，颇乏土著”[⑧]。自“乾隆二十

① （清）常明、杨芳灿等：《四川通志（2）》卷62，巴蜀书社，1984，第2220—2221页。
② 《清高宗实录》卷755“乾隆三十一年二月丙戌”，中华书局，1985。
③ 《光绪叙州府志》卷29，《中国地方志集成·四川府县志辑（29）》，巴蜀书社，1992，第41页。
④ 《光绪雷波厅志》卷2，《中国地方志集成·四川府县志辑（69）》，巴蜀书社，1992，第628页。
⑤ 《嘉庆马边厅志》卷5，《中国地方志集成·四川府县志辑（69）》，巴蜀书社，1992，第546页。
⑥ 彭朝贵、王炎：《清代四川农村社会经济史》，天地出版社，2001，第108页。
⑦ （清）魏源：《圣武记》卷11，韩锡铎、孙文良点校，中华书局，1984，第483页。
⑧ 《嘉庆马边厅志》卷4，《中国地方志集成·四川府县志辑（69）》，巴蜀书社，1992，第514页。

九年，外县来此地耕种之人日渐增加”①。这些移民中有外省之人，也有省内其他州县之人，“他方流寓粤、黔、秦、楚为多，附近如滇省，暨眉州洪雅、犍为、乐山、仁寿，川东诸处尤众。担囊负芨，抱瓮秉耒，栖息而安”②。越嶲厅，“康熙六十一年，宁远属户二千八百三十八，雍正六年，四州县四卫所实户一万四千七百五十”③，六年增加了4倍多。雷波厅，在乾隆二十六年（1761）时，仅有汉民189户、632丁口，汉族与少数民族合计1333户、3086丁口，迄至嘉庆十九年（1814），修省志清查户口时，辖境人口有16335户，6195丁口。④ 昭觉“乾嘉时，矿厂甚旺，汉人之居于斯土者，盖千万计”⑤。会理州，“雍正六年，裁卫改州。七年，编查汉户共二千五百三十六户，共一万九百九十丁；附近夷民共三千三百六十四户，共一万二千五百丁”⑥。可见，会理州的汉、彝族人口，几乎各占一半。嘉庆十九年（1814），清廷清查户口、土地时发现，宁远府属有“汉佃”的54处土司，会理州已有汉族人口25393户，计122404口。⑦ 川滇交界之盐边、盐源地区，地处崇山峻岭之中，交通闭塞，清初，“只有稀疏的少数民族居住，地广人稀，生产芒微。政府视固瓯脱，土司们亦不在意”。乾隆、嘉庆年间，内地汉族移民陆续迁入盐边、盐源，“佃耕土地，披荆斩棘，造屋导水”，终至“沿途数百里，大道康庄，人烟繁密”⑧。其中，盐源县“明季，盐井卫……汉民与番不过廿之一”。随着各地移民的到来，“今则安集滋生，不巡而力，

① 南京国民政府军事委员会委员长行营边政设计委员会：《川康边政资料辑要》（二）“马边概况·沿革”，1940年铅印本，第1页。

② 《嘉庆马边厅志略》卷4，《中国地方志集成·四川府县志辑（69）》，巴蜀书社，1992，第514页。

③ 《光绪越嶲厅厅志》卷4，《中国地方志集成·四川府县志辑（70）》，巴蜀书社，1992，第464页。

④ 《光绪雷波厅志》卷12，《中国地方志集成·四川府县志辑（69）》，巴蜀书社，1992，第664—665页。

⑤ 《宣统昭觉县志》卷2，《中国地方志集成·四川府县志辑（69）》，巴蜀书社，1992，第293页。

⑥ 《同治会理州志》卷9，《中国地方志集成·四川府县志辑（70）》，巴蜀书社，1992，第224页。

⑦ 《同治会理州志》卷9，《中国地方志集成·四川府县志辑（70）》，巴蜀书社，1992，第225页。

⑧ 叶大槐：《盐边县毕苴芦土司调查》，李绍明、童恩正：《雅砻江下游考察报告》，中国西南民族研究学会印，1983，第213页。

不招而来，汉民较番多逾十倍矣……昔患民少，今患民多。每岁中，自秦、楚、吴、黔及川东川北来者以千计……流寓既不能皆有业”①。可见，当时川西南民族地区人口增长很快。

地处川、黔、鄂、湘交界的川东南地区，是土家族、苗族聚居区。改土归流之前，这里土家族、苗族以“峒”为单元，计口授地，属民领份地，听从调遣和纳赋供役，民众受土司控制，“不闻征税吏，薄田微雨即年丰”②。因此，少有内地汉族人民进入该地。加之遭明季之乱，黔江等地至康熙时，仍然是“荒山不毛，数十里寂无人烟”③。雍正改土归流之后，打破了地域壁垒，取缔了封禁，内地民众不断迁入川东南地区。涪州在“康熙间三藩平后，来自外境最先至亦只历六七代”。“惟乾隆间酉、秀改土归流，州属小溪一带地跷确，曾安插土苗数十家。”④ 自乾隆年间开始，不断有移民迁入酉阳、秀山、黔江、彭水、石柱等地。⑤“川、湖，两粤力作功苦之人，皆来此以求生活。”⑥ 清廷以“贷给牛种”等方式，鼓励移民迁入该地区安居落业⑦，川东南地区的人口为之迅速增长。嘉庆年间，“石柱以东，达于黔楚，到处有铜有柴，就山铸钱，穷民以此为生者不可胜数”。秀山县，乾隆九年（1744）统计有1570丁，“丁”即每户承“粮”成年男人，即使按每户五口计，全县也不到一万人。“道光以来，共增户八千一百又二，凡一万六千八百五十四户”⑧，其人口增速，由此可见一斑。

（二）屯田与移民迁入川西北的藏、羌民族聚居区

历史上，川西北地区是藏、羌民族聚居区，内地汉族赴该地区垦作

---

① 《光绪盐源县志》，《中国地方志集成·四川府县志辑（70）》，巴蜀书社，1992，第707页。
② 高润身：《容美纪游注释》，天津古籍出版社，1991，第31页。
③ 《光绪黔江县乡土志》，转引自谭红：《巴蜀移民史》，巴蜀书社2006，第663页。
④ 《同治重修涪州志》卷1，《中国地方志集成·四川府县志辑（46）》，巴蜀书社，1992，第450页。
⑤ 龚义龙：《清代巴蜀移民社会的时空考察》，《长江文明》2020年第1期。
⑥ （清）岑毓英：《奏陈整顿滇省铜政事宜疏》，（光绪）《续云南通志稿》卷45，文海出版社，1966，第2882页。
⑦ 《光绪叙州府志》卷末，《中国地方志集成·四川府县志辑（29）》，巴蜀书社，1992，第735页。
⑧ 《光绪秀山县志》卷5，《中国地方志集成·四川府县志辑（48）》，巴蜀书社，1992，第68页。

生息之事，可溯至秦汉时期，唐、元、明等朝亦有汉族进入该地区，或定居或经商。[①] 但这些地区山高谷深，交通不便，自然条件差。“松潘、龙安等营路，俱在极边……俱属不毛，难议开种。”[②] 至清代，随着清朝不断加强对康藏地区的经营，乾隆时期，大批内地居民或随军或开垦或经商迁移到这些地区[③]，原有地旷人稀、“难议开种”的局面逐步得到改变。

清代，迁移到川西北民族地区的内地民众，有很大一部分属于随军移民。康熙、雍正年间，清朝用兵西藏以驱逐准噶尔和平定罗卜藏丹津叛乱，川陕滇清军途经康区，大批汉民随军进入，有一部分人就此留下。此后，随着川藏线驿站和塘汛的设置，驻兵防守。为就近解决戍边军队的粮饷问题，各地增设粮台，驻军屯田。康熙年间，曾在打箭炉、巴塘、理塘等地，推行军屯。[④] 雍正八年（1730）十月，四川巡抚宪德奏请朝廷，允许松潘镇所辖南坪营及“黑格郎、会龙、隆康等处空隙荒地”，让“各兵安插家口承垦，永为世业。照松潘卫地粮之例，按年起科”。[⑤] 清廷批准了宪德的奏请。乾隆年间，两次金川之役后，军、民屯垦并举，进入川西北民族地区的汉族官员、兵丁、力夫、屯民和商人逐渐增多，并在乾隆年间形成了一个移民小高潮。[⑥] 民国时期，有学者调查发现，川藏道“自打箭炉至拉萨，大路一带，城市村落，多有汉人。其祖先，率皆军台吏丁之落业者也”[⑦]。

屯田是古代中国为开发边陲之地而实行的一种土地开垦制度，一般分为军屯、民屯两种规制。清代，在四川地区大规模屯田，据文献记载，最早见于康熙初年朝臣的建议。康熙六年（1667）九月，湖广道御史萧震上疏：“国用不敷之故，皆由于养兵。以岁费言之，杂项居其二，

---

① 欧泽高、冉光荣：《四川藏区的开发之路》，四川人民出版社，2000，第 62—63 页。

② 《光绪越巂厅志》卷 6，《中国地方志集成·四川府县志辑（70）》，巴蜀书社，1992，第 517 页。

③ 任乃强：《任乃强藏学文集》（中），中国藏学出版社，2009，第 186 页。

④ 冯智：《清代治藏军事研究》，云南民族出版社，2007，第 347 页。

⑤ 《清世宗实录》卷 99“雍正八年十月己未”，中华书局，1985。

⑥ 任乃强：《康藏史地大纲》，西藏古籍出版社，2000，第 34 页。

⑦ 任乃强：《任乃强藏学文集》（上），中国藏学出版社，2009，第 393 页。

兵饷居其八……今黔、蜀两省，地多人少，诚行屯田之制，驻一郡之兵，即耕其郡之地；驻一县之兵，即耕其县之地；驻一乡之兵，即耕其乡之地。如此，则国家养兵之费既省，而两省荒田，亦可渐辟矣。”[①] 至于说清廷是否完全采纳萧震建议，史载不详，难以进一步评议。但是，清代在四川民族地区的屯田是有史可稽的。有学者指出，清代四川屯田，可以分为三种形式：纯粹军事性质之戍边屯田；战事稳定后的军转民之屯田；军兵强占民田之屯垦。[②] 其实，征诸史籍可见，清代四川在民族地区的屯垦，还有其他方式。其中，在川西北民族地区收效最大的屯垦，是乾隆年间平定大小金川叛乱之后，根据新疆的军屯经验所推行的屯田。

乾隆年间，清廷两度用兵金川。战后的善后措施之一，是按惯例异地安置作乱的土司和土民，这就造成金川等地人口空缺严重，劳动力缺乏，田园废弃。为保证金川等地驻军的粮饷等基本生活用度，节省财政支出，同时也为尽快恢复当地的社会生产，稳定社会秩序，清廷在废杂谷等土司之后，设置“土屯”，开展屯田。乾隆四十年（1775）八月，乾隆帝谕军机大臣：“一俟官兵扫平金川，即应于两金川之地，酌安绿营设官驻守……驻兵必先筹粮饷……但现在所有余粮，止可为初立营制之需，将来经久恒规，自当以屯田为妥。两金川地面可耕之土甚多，而绿营兵众屯种又其所习。”[③] 乾隆四十一年（1776），平定金川土司叛乱后，清廷设懋功厅，下辖懋功、抚边、章谷、崇化、绥靖等营，“置游击、守备等官，兵共二千六百有奇”[④]。交由松潘总兵统领，“以控番缴”[⑤]。乾隆四十三年（1778），清廷批准了成都将军明亮、四川总督文绶的建议，“设总理屯务同知及五屯屯务，经营屯种收粮等事，分插懋功五营。选募兵丁及内地人民情愿赴屯开垦者，分户承垦。并于该处头人带领降番投诚者，设立五屯守备及屯千总、把总等官，管领降番，给

---

① 《清圣祖实录》卷24“康熙六年九月戊申”，中华书局，1985。
② 谭红：《巴蜀移民史》，巴蜀书社，2006，第606页。
③ （清）常明、杨芳灿等：《四川通志（1）》卷首“圣训七”，巴蜀书社，1984，第156—157页。
④ 赵尔巽等：《清史稿》卷131，中华书局，1977，第3899页。
⑤ 赵尔巽等：《清史稿》卷137，中华书局，1977，第4069页。

地承垦”[①]。同时，拨专款以支持驻军垦种。为了解决驻扎该地的绿营兵丁的后顾之忧。清廷鼓励绿营兵丁携带眷属进入五屯开垦，“初办屯垦时，先给为各兵口食，一面官办牛具种籽，但必命兵丁携眷来居，始堪称永久。查建昌、松潘、维州等处兵丁，地连番境，男妇皆能习勤苦，如有情愿挚眷来居者，照乌鲁木齐兵丁搬家之例，酌量官为资送。其初到时，照旧于应得钱粮外，给与盐菜口粮，候垦种已成，再行停止”[②]。至于归附的少数民族，则“视屯兵例，概畀以牛具、籽粮……初垦免赋，三年后输粮”[③]，并“择番人之驯谨者，董以土官，编列户籍，与营兵相间耕屯，以资赡给”[④]。屯戍之兵在此娶妻屯垦，成为清王朝的纳粮屯户，“此前不毛之壤，今皆青葱遍野”[⑤]。

同时，为了吸纳更多的内地民众迁入金川，清廷规定：凡“招来民户，每一户给地三十亩，使为子孙恒产。虑其路远不能挈妻子而来也，本籍咨送。准令大口每名日给盘费银一钱，小口银三分，口粮各一升。自本籍至屯所若干程，银粮应若干，由沿途牧令支发，于是得免行旅忧。”当移民到达屯地后，又虑其“何以托足”，准“给屋庐；无屋折价银二两”。同时，还“虑其无耒耜，则资以农具。又虑山田人力不能施，则资以耕牛。两户合一牛，一牛折价银十两，于是民得肆力于耕作。又虑播谷无资，每户给籽种二石。又虑民力未纾，准免五年纳粮”。[⑥] 在诸如此类优惠政策和措施的帮扶之下，加之“节年屯员，广为招徕”[⑦]，便不断有内地民众迁入金川等地。乾隆四十四年（1779），四川总督文绶奏称：“渠县、什邡、长宁等县民人段万儒等十二户，情愿携眷赴金川，请照携眷赴屯兵丁，派赴杂谷屯练之例，官为资送……又洪雅、天全、

---

① （清）常明、杨芳灿等：《四川通志（2）》卷87，巴蜀书社，1984，第2804页。

② （清）常明、杨芳灿等：《四川通志（2）》卷87，巴蜀书社，1984，第2809—2810页。

③ 赵尔巽等：《清史稿》卷120，中华书局，1977，第3513页。

④ （清）常明、杨芳灿等：《四川通志（1）》卷首之十六“宸章四”，巴蜀书社，1984，第373页。

⑤ （清）常明、杨芳灿等：《四川通志（1）》卷首之十六“宸章四”，巴蜀书社，1984，第373页。

⑥ （清）李心衡：《金川琐记》卷3，商务印书馆，1936，第29页。

⑦ 《清高宗实录》卷1297，乾隆五十三年正月乙丑，中华书局，1985。

打箭炉等厅州县民人王文琳等三十户，情愿自备资斧，携眷赴金川屯垦。”[①] 松潘厅“清雍正六年，龙安府新收松潘卫漳明县，共四县一卫，实户七千七百五十；嘉庆元年以后，松潘直隶厅报部户口全数，于原额增添一万五百五十四户，男二万七千二百三十丁，女二万四千七百七十二口，共男女五万二千零二丁口”[②]。懋功直隶厅所辖绥靖屯，“自乾隆四十一年设屯招垦起，陆续安插屯民、番练及绥靖、庆宁两营眷单兵丁屯垦……至道光四年止，现在承粮花户屯番、屯练眷单兵丁，共计二千四百六十二户”[③]。懋功直隶厅所辖章谷屯，“六甲屯民概系平定金川后，由内地安插而来，小川北各县之人居多，按户授地，专以务农为本”[④]。

自古以来，屯田制实际上是另一种模式的移民，这些人“被政府安置到了未开发的土地上”[⑤]，进而实现移民和垦殖的双重目的。实践证明，乾隆年间，清廷在川西北民族地区所推行军屯、土屯和民屯等类型的屯田，都取得了不错的成效。大、小金川“自底定后，改土为屯，兵、民、番练咸令垦耕”[⑥]，穑事日兴，荒土尽辟，“凡前此不毛之壤，今皆青葱遍野，群番欢欣，庆幸安居乐业矣”[⑦]。大、小金川荒地的开垦，其显在效果是基本解决了驻扎军队粮饷等各项物资供应问题。乾隆五十三年（1788），调任四川总督保宁奏：“金川屯务，经前任将军、参赞等，仗出地十一万七千六百六十亩，节年屯员广为招徕，穑事日兴，荒土尽辟，除原仗地已垦外，多垦地一万八千九百七十五亩，仍照例每户给三十亩，并限六年升科。查各屯官役、喇嘛人等及岁修桥梁等项，需粮九百余石，俟升科后，统计新旧地亩，并汉牛一屯，每年共应征粮

---

① 《金川案》，转引自彭通湖：《清代川边民族地区的经济开发》，《清代的边疆开发》，西南师范大学出版社，1994，第 259 页。

② 《民国松潘县志》卷 2，《中国地方志集成·四川府县志辑（66）》，巴蜀书社，1992，第 64 页。

③ 《道光绥靖屯志》卷 4，《中国地方志集成·四川府县志辑（66）》，巴蜀书社，1992，第 885 页。

④ 《（同治）章谷屯志略》，台湾成文出版社，1968，第 53 页。

⑤ 许倬云：《汉代农业——中国农业经济的起源及特性》，广西师范大学出版社，2005，第 143 页。

⑥ 《道光绥靖屯志》卷 4，《中国地方志集成·四川府县志辑（66）》，巴蜀书社，1992，第 885 页。

⑦ （清）常明、杨芳灿等：《四川通志（1）》卷首之十六“宸章四”，巴蜀书社，1984，第 373 页。

一千二十一石零，各项供支，自可有盈无绌。”[①] 同时，屯戍之兵与内地移民，久留金川等地，“渐娶妻领垦，化为粮民，是为屯户”[②]；也有设市经商，变为当地永久居住之商户。屯田制从而初步改变了这些地区少数民族和汉族居民人数悬殊的传统人口分布格局，并为这些地区的开发、开放注入了新的活力。

三、移民对四川边远民族地区开发的贡献

乾隆、嘉庆之后，四川人口向边远民族地区迁移，在一定程度上改善了川省既有人口分布和人口增长的不均衡状况，缓解了四川人地资源不协调的矛盾，推动和促进了这些民族地区社会经济的发展。

首先，促进了落后地区特别是民族地区农业经济的发展。四川周边民族地区，受历史因素与环境因素的影响，农业经济发展缓慢。汉族移民的迁入，为当地增添了农业劳动力，在一定程度上改变了这些地区因自然条件差、人力资源缺乏而农业开发不足的状况。

一是土地资源得到有效利用。清中叶，进入四川民族地区租地垦殖之汉族移民，早已“耕作有年，既渐辟硗卤为膏腴”，“垦荒已久，聚成村落”。[③] 不少地区的荒地得到开垦，耕地面积扩大。李心衡担任绥靖屯屯务时，当地“户口日增，报垦几无隙地”[④]。乾隆二十九年（1764），马边有耕地 7619 亩，到嘉庆十年（1805）达到 145300 亩，耕地面积扩大了 19 倍。[⑤] 到乾隆五十三年（1788），金川军屯垦荒 136635 亩。[⑥] 移民或屯兵辛勤垦荒，使这些地区的土地资源得到有效利用。特别是随着移民的迁入，玉米、番薯等新作物品种传入并推广，使得地尽其用。

二是促进了这些地区农业生产技术的创新和农业经济的蓬勃发展。“康乾复垦”和乾隆年间两次金川之役后的屯垦，大批内地汉族人民迁

---

① 《清高宗实录》卷 1297 “乾隆五十三年正月乙丑”，中华书局，1985。

② 任乃强：《任乃强藏学文集》（上），中国藏学出版社，2009，第 391 页。

③ 赵尔巽等：《清史稿》卷 376，中华书局，1977，第 11578 页。

④ （清）李心衡：《金川琐记》卷 3，商务印书馆，1936，第 29 页。

⑤ 林成西：《移民与清代四川城镇经济》，四川大学历史系硕士学位论文，1988，第 54 页。

⑥ 《清高宗实录》卷 1297 “乾隆五十三年正月戊子”，中华书局，1985。

入四川民族地区，他们带去了较为先进的生产工具和耕作技术。金川等地，“夷俗亦知用牛马耕耨，但牛则扼其两角，马则钩其鞍桥，运犁无力，未得深耕易耨之法，故劳倍功半”。屯田的兵丁和内地移民“把先进的生产工具、农耕技术带到金川地区，使当地的民众不仅懂得了加犁上铧，而且掌握了先进的农耕技术，变刀耕火种为精耕细作，变二牛抬杠为单牛犁地，变木质锄、铧为铁制的耕作工具”[①]。牛耕技术的引进，铁犁、铁铧的使用与推广，施肥、松土等技术的运用，使金川等地的土地得到进一步开发利用。与此同时，移民还将一些新品种作物带入民族地区。过去“两金川只有大麦、小麦、青稞、黍、稷、荞、粱、豌豆、胡豆、天星米之属。有平生未见稻谷者”[②]。移民到金川后，成功在金川种植水稻，增加了当地农作物的品种。此外，一些经济作物引进后，不但试种成功，甚至还培育出独特的新品种。来自河北、山东等地屯兵带到金川的鸭梨，在金川地区的培育嫁接，培育出至今享有盛名的“金川雪梨”[③]。水稻等作物传入金川，既提高了该地区的土地利用率，又丰富了该地区人民食物的种类，改变了单一的食物结构。玉米、番薯等高山高产作物也伴随移民传入四川民族地区，并在这些地区普遍种植成功，这既保障了民族地区人民的基本生活，又吸引了更多移民迁徙于此，使这些地区得到进一步的开发。

值得注意的是，随着移民的步伐，租佃制也在这一时期传入藏、彝民族聚居区。川西南的越西、峨边、马边、雷波四厅，“四面皆峻岭老林，绝无门户，必翻大山然后入。一入其中，即多旷衍，产青稞、包谷、油麦、苦莜、萝葡、红稻，以多畜马、牛、羊以为富。不善耕种，专掳汉人代耕”[④]。嘉庆年间，内地汉族不再是被动掳掠至此，而是主动设法“潜入”彝族地区。马边等地，“汉人潜入夷地者，或由附近相识者援引，否则夷地亲友相招，率由山地小路不令地方约保知之，入则投

---

① 彭陟焱：《乾隆朝大小金川之役研究》，民族出版社，2010，第217页。

② （清）李心衡：《金川琐记》卷3，商务印书馆，1936，第35页。

③ 彭陟焱、张静：《试论清代金川战争后大小金川人口的异地安置及其影响》，《中国藏学》2021年第1期。

④ （清）魏源：《圣武记》卷11，韩锡铎、孙文良点校，中华书局，1984，第483页。

至蛮，承领地方耕种”①。这些移民“佃耕土地，披荆斩棘，造屋导水”②。特别是“自教匪（白莲教）之乱”，四川内地民众为躲避战争，成批涌入宁远府，为了加强对这些租佃移民的管理，嘉庆十七年(1812)，四川总督常明建议：“汉民移居夷地及佃种者，编查入册，不追既往。此后严禁夷人招佃与汉民转佃。”③ 嘉庆十九年（1814），四川地方政府清查宁远府户口和土地，清查发现，宁远府有“汉佃”的 54 处土司、土目辖地，有汉民 87689 户，共 425247 丁，“其姓名、籍贯并地亩四至、银租各数，均于册内详载。不但地界截然不紊，即住耕夷地之汉民，均可按籍而稽”④。川西北懋功直隶厅境内的陶、俞、廖、陈诸姓之民于嘉道年间，从遂宁、安岳、德阳、乐至等县迁居该地区，“承佃土司地土”，至清末人传五六代。⑤ 有学者统计，当时南坪县（今九寨沟县）境内的受雇汉族长工，来自全国 8 省 110 余县。⑥ 随着租佃制的引入和推广，四川藏、彝等民族地区，“夷地招佃，汉民开垦，遂致夷汉杂处，疆界混淆。有汉夷共居一处者，有汉夷间杂零星散出者，有汉民自成村落者”⑦。租佃制生产方式的推行，使这些地区原有的落后的劳役地租剥削方式逐渐改变，生产力得到解放，土地渐被开垦，经济社会有了明显的进步。

其次，促进了边远民族地区商品经济的发展。历史上，川西的藏、羌、彝少数民族聚居区地处边陲，交通不便，与内地语言又多有不通，商品经济发展迟缓，交易方式原始。清初以来，特别是雍正“改土归流”之后，地区间的封锁被打破，民族间的交往交流增多，这些地区的商业市场建设、交易方式乃至人们的商品意识等，都发生了较大变化。

---

① 转引自杨明洪：《论清代对凉山彝区的经济开发》，《民族研究》1995 年第 2 期。

② 叶大槐：《盐边县毕苴芦土司调查》，李绍明、童恩正：《雅砻江下游考察报告》，中国西南民族研究学会印，1983，第 213 页。

③ 赵尔巽等：《清史稿》卷 358，中华书局，1977，第 11347 页。

④ （清）常明、杨芳灿等：《四川通志（2）》卷 65，巴蜀书社，1984，第 2259 页。

⑤ 李涛、李兴友：《绒藏族研究资料丛编》（征求意见本），四川藏学研究所，1995，第 366 页。

⑥ 冉光荣：《川滇民族地区的“蕃租”、“汉佃”》，《平准学刊》第四辑上册，光明日报出版社，1989，第 536 页。

⑦ （清）常明、杨芳灿等：《四川通志（2）》卷 65，巴蜀书社，1984，第 2259 页。

一是促进区域性商业市场的形成和商业的繁荣。康定，旧称打箭炉，康熙“西炉之役”后，“设兵戍守其地，番汉咸集，交相贸易，称闹市焉”[①]。雍正时，“内外汉商蛮客聚集交易，故居址比联，人烟辐辏”[②]。乾隆年间，汉族商贩运物品来此出售，其中有些人就此定居，“贸易民人日引日多”[③]。“邛、雅、荥、天各州县商人领引运茶，皆于炉城设店出售。西藏、金川、巴勒布、廓尔喀连次出师，客民（汉商）贩运食用货物来者益众。军务竣后，贸易渐减，而主客相安，多有留住。土民耳濡目染，日渍华风。近时多通汉语，敬官畏法。旧有水葬、火葬之俗，明正土司率先为父母建立坟茔，并延师课其子侄，习读汉书。”[④]泸定，康熙中期，“汉人渐增，经商之外从事垦殖”，到乾隆、嘉庆时，这些人“居边日久，或遂娶妻生子，垦地经商，乐此不归”[⑤]。巴塘，康熙末年，“内地汉人亦寓此贸易”[⑥]。同治、宣统年间，汉商更是深入康区北路。岷江上游地区是羌、藏两大民族的活动区，大量内地汉族迁入沿岸城镇及河谷地带，河谷和低山地带得到开发。随着经济的发展，松潘、茂县、叠溪、威州等地，逐渐形成颇具规模的集镇与物资交流集散地。松潘，“汉民迁寓者，多居厅城及净腊、南坪、平番各营城，并东南西北三乡塘汛间”。内地移民“其业或于山石隙种稞麦、药材，或入伍，或小贸于市，不论农商，皆习番语，为其便与番民称货交易也”。金川一带，各地屯民“列肆而居，类多秦、晋、豫章诸地人，汉夷日用

---

① 吴丰培：《川藏游踪汇编》，四川民族出版社，1985，第15页。

② 台北故宫文献编辑委员会：《宫中档雍正朝奏折》第21辑，台北故宫博物院，1979，第119页。

③ 台北故宫文献编辑委员会：《宫中档乾隆朝奏折》第1辑，台北故宫博物院，1982，第515页。

④ 中央民族学院图书馆：（乾隆）《打箭炉志略》，“土俗”，中国民族史地资料丛刊之十三（内部参考），1979，第38—39页。按：1979年，中央民族学院（现中央民族大学）图书馆根据吴丰培校订《打箭炉志略》（乾隆传抄本）稿进行油印，供内部研究使用。该志不分卷，设有建置、疆域、职官、山川、津渡、城垣、廨宇、营汛、坛庙、台务、关榷、土司、驿递、夷赋、赏赍、土俗等目。此志虽记载疏略，但颇得要领，与《里塘志略》《巴塘志略》《西康建省记》参考互证，汰其繁见，正其讹谬，对边政研究很有价值。

⑤ 任乃强：《任乃强藏学文集》（中），中国藏学出版社，2009，第186页、第203页。

⑥ 吴丰培：《川藏游踪汇编》，四川民族出版社，1985，第14页。

之需，咸取给于兹”[①]。川西南彝族聚居区的雷波，自雍正八年（1730）建城以后，“边境清平，商贾云集，云、桂、两湖、豫、粤之民，亦群趋此间贩卖货物，彼时城内居民，有二千户，夷汉交易，热闹非常，世有小成都之称”[②]。越西在明代是卫所驻地，至清代“百货交易，文风饶盛”[③]。地处彝区中心的西昌，商业繁荣，《建昌竹枝词》说：“楚语吴音半错讹，各乡场市客人多。”[④] 由于“汉番”交易频繁，在马边等地还产生了“夷人通事”（又称牙口），专门从事译传，以收取“牙口银”为生。[⑤] 同时，随着清廷对藏彝民族地区统治的不断深入，营汛设置完善，粮台驿站修缮，汉、藏、彝等民族之间经济交往日益频繁。雍正六年（1728），川陕总督岳钟琪建议，在“汉番交界之处，每月立定场期三次，彼此公平交易”[⑥]，以加强对这些商业贸易市场的规范管理。

二是商品交易方式以及人们的商品意识，逐步发生变化。历史上，这些地区的商品交换方式原始，以物易物盛行。昭觉等地，“因与汉人接触，始知以钱易物，而知钱之可贵”[⑦]。一些商业集镇的商品交换，普遍使用货币。“国宝源流，遍及边荒之地，而夷倮皆欢忻鼓舞，罔不遵循”[⑧]。此外，当地少数民族民众也用“夷地出产药材，如贝母、黄连、附子、麝香并包谷杂粮之类，入汉地俱换布匹、烟、盐、针线”[⑨]，“贫

① 《道光绥靖屯志》卷7，《中国地方志集成·四川府县志辑（66）》，巴蜀书社，1992，第905页。

② 南京国民政府军事委员会委员长行营边政设计委员会：《川康边政资料辑要》（二），“雷波概况·疆域”，1940年铅印本，第3页。

③ 南京国民政府军事委员会委员长行营边政设计委员会：《川康边政资料辑要》（二），“越嶲概况·乡市”，1940年铅印本，第6页。

④ 林成西：《移民与清代四川民族区域经济》，《西南民族大学学报》2006年第11期。

⑤ 杨明洪：《论清代对凉山彝区的经济开发》，《民族研究》1995年第2期。

⑥ 《清世宗实录》卷66“雍正六年二月壬午”，中华书局，1985。

⑦ 南京国民政府军事委员会委员长行营边政设计委员会：《川康边政资料辑要》（二），“昭觉概况·种族”，1940年铅印本，第7页。

⑧ 四川省地方志编纂委员会：《四川历代方志集成》第4辑《（雍正）四川通志》卷15，国家图书馆出版社，2017，第22页。

⑨ 《嘉庆马边厅志略》卷6，《中国地方志集成·四川府县志辑（69）》，巴蜀书社，1992，第589页。

者负杂粮、柴薪与汉民交易，换布帛、盐、烟等物”①。随着移民不断涌入四川民族地区，民族间交往日益频繁，不少民族地区产生了众多小集市，还形成松潘、康定等这样的商业重镇。不仅活跃了民族经济，还使民族地区涌现出少数民族商人，从而促进了地区间的经济交往，推动了民族地区经济的进步。

最后，推动了民族地区工矿业的发展。四川民族地区大多矿产资源丰富，具备发展工矿业的条件。雍正年间以来，汉族移民尤其是工匠和商人进入这些地区，为这些地区带来了技术与资金，促进了当地工矿业的发展。宁远府的昭觉，乾嘉年间，因“矿厂甚旺”，吸引了成千上万的汉族移民来此定居采冶。② 雷波，乾隆年间由于移民迁入，铜铁、铝矿大盛，“商贾云集，采办铜、铁及茶丝苟木各物，最为富庶”③。宁远府各地铜厂的年产量，据乾隆五十年（1785）川督李世杰奏报，其产量达 1420628 斤。④ 至清中叶，四川铸钱已完全依赖宁远府所产之铜。叙州府属马边厅，自康熙末年开设铜矿厂以来，“历年出铜，自完课外，分商出售，四方贸易接踵而至，号为鼎盛一时，因有小成都之名”⑤。

四、结语

综上可见，清代内地民众向四川所辖的边远民族地区迁移，既有出于经济动因的自发性移民，也有政府主导性的移民。事实证明，无论哪种性质的移民，都使得边远民族地区的人口数量、人口分布和民族成分发生了变化，从而有力地推动了地区经济和社会的发展。可以说，这是其他历史时期无法相比的。

由于内地移民的到来，四川边远民族地区的劳动力增加，土地资源

---

① 《光绪雷波厅志》卷 32，《中国地方志集成·四川府县志辑（69）》，巴蜀书社，1992，第 788 页。

② 《宣统昭觉县志》卷 2，《中国地方志集成·四川府县志辑（69）》，巴蜀书社，1992，第 293 页。

③ 《光绪雷波厅志》卷 4，《中国地方志集成·四川府县志辑（69）》，巴蜀书社，1992，第 632 页。

④ 中国人民大学清史研究所、中国人民大学档案系中国政治制度教研室：《清代的矿业》，中华书局，1983，第 223 页。

⑤ 《光绪叙州府志》卷 20，《中国地方志集成·四川府县志辑（29）》，巴蜀书社，1992，第 536 页。

得到进一步的开发利用。与此同时，内地民众迁居民族地区的历史过程，也是较为先进的生产生活方式和生产技术传入民族地区的历史过程，这一过程对促进民族地区经济社会的变革有不可忽视的作用。四川“土司之地汉人日渐繁多，番夷渐慕华风”①，不仅注重“耕田凿井”，学习先进的生产技术，废弃“饥则求食，饱则弃余”的落后生活方式，还“仿效汉俗”。如巴塘等地，乾隆末年居民“服贾服畴，居然内地矣”②；道光年间，巴塘“旧有蛮城隍庙，神像戎装，近建汉城隍庙及关帝庙”③。有学者研究发现，当时川西高原的城镇中，巴塘并非个案，不少城镇既有汉藏合璧的庙宇，也有土地庙、城隍庙、龙王庙和关帝庙等。④此外，迁入川西高原的内地移民或滞留当地的屯兵和塘汛官兵，他们大多与当地妇女通婚，“打箭炉外，汉民娶番妇，家于其地者，亦多从其俗。男犹汉服，女则俨然番妇矣”⑤。“移民益多，川陕商人，贸迁康地，娶妻生子，久与同化者，更属所在多有。”⑥ 这种民族间不同价值观念与多元文化的碰撞与磨合，不仅促进了民族的融合，而且也有利于区域经济和社会的进一步发展。

概而言之，清代内地民众向四川边远民族地区迁移，不仅对这些地区经济社会发展有重要的推动作用，而且对四川内地以及整个西南地区的稳定与发展，也有不可忽视的影响。正如有的学者所说，四川的川东、川北分别与内地省份的湖北、湖南、陕西、甘肃等省份毗邻，而川南、川西南、川西、川西北等又与云南、贵州、西藏、青海等省（区）为邻，这些地区主要为少数民族聚居地，其发展对于促进开发和重建四川，提高四川在政治、经济和军事上的地位，对清廷进一步管理西藏、青海、云南、贵州等地区，具有重大的意义。⑦

---

① （清）姚莹：《康辅纪行》，欧阳跃峰整理，中华书局，2014，第105页。
② （清）周霭联：《西藏纪游》卷3，张江华、季垣垣点校，中国藏学出版社，2006，第88页。
③ （清）姚莹：《康辅纪行》，欧阳跃峰整理，中华书局，2014，第106页。
④ 张钦：《清代川藏交通研究》，陕西师范大学博士论文，2020，第235页。
⑤ （清）姚莹：《康辅纪行》，欧阳跃峰整理，中华书局，2014，第49页。
⑥ 杨仲华：《西康纪要》，商务印书馆，1937，第244页。
⑦ 刘正刚：《清前期四川和台湾移民政策之比较》，《四川大学学报》1996年第1期。

第三节
米谷"惟四川所出最多"：雍正乾隆时期四川粮食运销

清初，四川因战乱而人口锐减，田地荒芜，农业生产遭到严重破坏，即便是四川临时政权所在地的保宁，军民用粮亦"赖大清运陕西之粮"[①]。随着战乱的平息、政局的稳定和社会秩序的恢复，特别是随着史称"湖广填四川"的鄂、湘、赣、闽、粤等省移民大规模地入川插占和垦荒殖业，四川逐步从粮食奇缺、"斗米数十金"的困境中解脱出来，到康熙末年便已有"产米之乡"的美誉[②]。至雍正年间，四川的粮食生产已发生了根本性的变化，"查各省米谷，惟四川所出最多"[③]，不但本省粮食供应充足，而且还有余粮接济他省，四川成为国内重要的商品粮生产基地之一。到乾隆中后期，四川更是成为"产米最广"的省份[④]，长江中下游的江苏、浙江等省"全赖川米接济"。若川米不能如期运达，

① （清）费密：《荒书》，何锐等校点：《张献忠剿四川实录》，巴蜀书社，2002，第437页。

② "康熙年间户口未繁，俗尚俭朴，谷每有余，而上游之四川、湖南人少米多，商贩日至，是以价贱，遂号产米之乡。"（《清高宗实录》卷311"乾隆十三年三月癸丑"，中华书局，1985）

③ 中国第一历史档案馆：《雍正朝汉文朱批奏折汇编》第7册，"浙江巡抚李卫奏请借动司库赢余银两赴川买米折"，江苏古籍出版社，1991，第364页。按：四川农业经济的这种根本性变化，还表现在粮食价格的变化上。清初四川，"州县民皆杀戮，一二孑遗亦皆逃窜，而兵专务战，田失耕种，粮又废弃，故凶饥至"。顺治年间各地物资短缺、物价飞涨，米价奇高，雅州"米一斗银十余两，嘉定州三十两，成都、重庆四五十两。保宁赖大清运陕西之粮，亦有十余两。"［（清）费密：《荒书》，何锐等校点：《张献忠剿四川实录》，巴蜀书社，2002，第436—437页］康熙初年，"斗米五钱，买无可买"。［（清）蔡毓荣等：《四川总志》卷35，康熙十二年刻本，四川大学图书馆藏，第7页］而到雍正八九年间，川米"每石止止四五钱"（《清高宗实录》卷311"乾隆十三年三月癸丑"，中华书局，1985），其价格之低廉，已成"湖广广东江西等省"民众相率迁入四川的经济动因。［（清）常明、杨芳灿等：《四川通志（1）》卷首之二，巴蜀书社，1984，第71页］粮食价格是粮食供需的晴雨表，也是显示一个地区粮食总产量多少的重要标志。两相对比，清前期四川农业经济的恢复和发展情况，由此可见一斑。

④ 《清高宗实录》卷1237"乾隆五十年八月戊戌"，中华书局，1985。

则“各省米价必致腾贵，于民食大有关系”①。乃至一度形成“江浙粮食历来仰给于湖广，湖广又仰给于四川”的局面。②

对于雍正、乾隆时期四川粮食运销这样一个具有重要学术价值和现实意义的问题，学界先贤已发表过一些颇有灼见的成果。③ 但这些成果大多着力于清前期或有清一代这种长时段的宏观考察和概略论述层面，而对特定历史时段或具体问题的探讨，显得比较薄弱。笔者拟就雍正、乾隆时期四川粮食运销的市场范围、运销方式、交通运输方式和市场层级结构等问题试作探讨，以期推动学界对该问题的进一步关注和思考，进而深化对该时期四川作为国内农业大省和产粮大省这一重要经济地位的历史认识。

一、运销的市场范围

雍正、乾隆时期，四川粮食运销有省内、省外两个市场。其中，外运的主体市场，通常有两大区域：一是经打箭炉销入卫藏，二是绝大部分过夔关“出荆襄，达吴粤”④。四川与江浙等经济作物区逐步形成固定粮食供应关系，大江湖河“帆樯相属，粮食之行，不舍昼夜”⑤。事实上，这一时期四川粮食的外运区域范围要广泛得多。

第一，运销省外市场。关于雍正、乾隆时期四川粮食的外销，首先需要回答的是这一时期有多少粮食运销出省。大米是粮食类中的代表性产品，也是大多数国人的基本生活必需品。雍正、乾隆时期，仅商贩运销出川的大米，“常年动计数百万石”⑥。若遇他省赈灾等特殊需求，外

---

① 《清高宗实录》卷1286“乾隆五十二年八月甲辰”，中华书局，1985。

② 台北故宫文献编辑委员会：《宫中档雍正朝奏折》第3辑，台北故宫博物院，1978，第400页。

③ 关于清前期四川粮食贸易流通问题的研究成果，除散见于清代经济史的论著外，专题研究论文主要有以下篇目。王笛：《清代四川人口、耕地及粮食问题》（上、下），《四川大学学报》1989年第3、第4期；王纲：《论清代四川粮食外援》，《四川地方志》1990年2期；谢放：《清前期四川粮食产量及外运量的估计问题》，《四川大学学报》1999年第6期。

④ （清）常明、杨芳灿等：《四川通志（2）》卷67，巴蜀书社，1984，第2280页。

⑤ （清）贺长龄、魏源：《清经世文编》卷40，中华书局，1992年，第991页。

⑥ 《清高宗实录》卷1263“乾隆五十一年八月庚午”，中华书局，1985。

运川粮有可能达到 500 万～1000 万石。[①] 从运销省区看，在雍正四年（1726）至嘉庆十一年（1806）期间，即有直隶、山东、山西、陕西、甘肃、江苏、安徽、江西、浙江、福建、湖北、湖南、广东、贵州、云南、广西、西藏等省（区）。[②] 不过，从长时段连续性的视域看，雍正、乾隆时期四川粮食运往省外市场行销，主要有以下几个相对固定的区域。

一是运销至鄂、皖、苏、浙等长江中下游各省，乃至广东、福建等东南沿海省区。这是四川粮食外销以“协济临省”的主要区域。有学者统计，雍正、乾隆时期，每年运销到该区域的川粮大致在 100 万～300 万石。若遇这些省因灾歉收或有其他特殊的需求，川粮运销数量会更多，甚至可能高达 500 万石以上。[③] 历史上，江南的苏、扬、杭、湖一带，素以农耕经济发达和粮食丰足著称，是京畿地区的粮食供应基地。[④] 但是，自清初以来，苏、浙等省工商业迅速发展，特别是棉纺和丝织业蓬兴，加大了对蚕桑、棉花等纺织原料的需求。江南农民受利益驱动，或弃农耕而从事工商业，“力田之家，十不二三”[⑤]，或少种、不种粮食而种植经济效益更好的桑、棉等经济作物。乾隆年间，松江、嘉定等

---

① 彭朝贵、王炎：《清代四川农村社会经济史》，天地出版社，2001，第 144 页。按：关于雍正、乾隆时期川粮外运量，限于史料记载阙如，很难得出逐年的确切外运数据。对此，学者们往往根据所能搜集到的材料，甄别研究并做出相应的数量估计。参见谢放：《清前期四川粮食产量及外运量的估计问题》，《四川大学学报》1999 年第 6 期；邓亦兵：《清代前期内陆粮食运输量及变化趋势——关于清代粮食运输研究之二》，《中国经济史研究》1994 年第 3 期；等等。

② 王纲：《清代四川史》，成都科技大学出版社，1991，第 565—570 页；张莉红、张学君：《成都通史 · 清时期》，四川人民出版社，2011，第 172 页。

③ 参见邓亦兵：《清代前期内陆粮食运输量及变化趋势——关于清代粮食运输研究之二》，《中国经济史研究》1994 年第 3 期；郭松义《清代粮食市场和商品粮数量的估测》，《中国史研究》1994 年第 4 期；谢放《清前期四川粮食产量及外运量的估计问题》，《四川大学学报》1999 年第 6 期。

④ 明清时期，这一地区仍然承担着漕粮北运的重任，每年通过京杭大运河或走海路向北方的京畿地区输送数百万石漕粮，以保障官民的食用。参见李文治、江太新：《清代漕运》，中华书局，1995，第 45 页；彭云鹤：《明清漕运史》，首都师范大学出版社，1995，第 184 页；范金民《赋税甲天下：明清江南社会经济探析》，生活 · 读书 · 新知三联书店，2013，第 34 页。

⑤ 《清高宗实录》卷 311“乾隆十三年三月癸丑”，中华书局，1985。

地，“种稻者不过十之三，图利种棉者又十之七八”[①]。“二年种棉，一年种稻。稻较棉少，故农家恃棉为生，以种植瓜菜及喂养猪、鸡为副产。”[②] 华亭、宝山一带，“改禾种花者比比”[③]，“七分棉花三分稻”。江南地区的这种情形，也同时在广东、福建等东南沿海省份有所显现。雍正五年（1727）二月，雍正帝谕内阁：“广东本处之人惟知贪财重利，将地土多种龙眼、甘蔗、烟叶、青靛之属，以致民富而米少……此奏与朕前旨相符，可知闽、广民食之不敷有由来矣。”[④] 此外，明清以来，江南地区及广东、福建等省份市镇繁荣，大量人口涌入城镇，这无疑增加了粮食的消费量。粮食需求量加大，而经济作物又不断挤占耕地，致使粮食产量减少，进一步加剧了粮食供需矛盾。[⑤] 雍正初年，这些省份的民用口粮，即靠湖广、江西等邻省接济。到乾隆时，江南等地“食米常虑不足”[⑥]，“每年仰资川米”[⑦]，“全赖客商贩运”[⑧]。米荒或米价腾涌事件时有发生，严重影响当地百姓的日常生活，并危及社会稳定，因此清朝政府时常关注四川粮食能否顺利运销到江南等缺粮地区。雍正二年（1724）八月，上谕：“江浙粮食历来仰给于湖广，湖广又仰给于四川。”[⑨] 雍正四年（1726）六月，浙江巡抚李卫指出：“湖广汉口地方，

---

① （清）贺长龄、魏源：《清经世文编》卷37，中华书局，1992年版，第911页。

② 《民国嘉定县志》卷5，《中国地方志集成·上海府县志辑（8）》，巴蜀书社，1992，第768页。

③ 《光绪重修华亭县志》卷23，《中国地方志集成·上海府县志辑（4）》，巴蜀书社，1992，第768页。

④ 《清世宗实录》卷53“雍正五年二月乙酉”，中华书局，1985。按：谕中“此奏与朕前旨相符”，是指该年二月乙丑雍正帝谕内阁：“朕思广东之米所以不敷广东之用者，或田畴荒废，未尽地利；或兴作怠惰，未尽人工；或奸民贪得重价，私卖海洋。”（《清世宗实录》卷53“雍正五年二月乙丑”，中华书局，1985）

⑤ 关于清代江南因漕粮北运、工商业发展、经济作物挤占粮田等原因而造成粮食生产和供给不足等问题，前人已有较多研究成果，此处仅赘引史料数则以补充说明，不做进一步论述。参见黄敬斌：《清代中叶江南粮食供需与粮食贸易的再考察》，《清华大学学报》2009年第3期。

⑥ 《清高宗实录》卷218“乾隆九年六月壬子”，中华书局，1985。

⑦ 《清高宗实录》卷1065“乾隆四十三年八月癸酉”，中华书局，1985。

⑧ （清）贺长龄、魏源：《清经世文编》卷37，中华书局，1992，第911页。

⑨ 台北故宫文献编辑委员会：《宫中档雍正朝奏折》第3辑，台北故宫博物院，1978，第400页。

向来聚米最多者，皆由四川，土饶人少，产米有余。”[①] 大致到乾隆四年(1739) 前后，川粮开始大量东运，即便是素有“鱼米之乡”美誉的湖北，也有赖于川粮接济。[②] 为此，乾隆帝说：“川省产米素称饶裕，向由湖广一带贩运而下，东南各省均赖其利。”[③] “闽省米粮短缺，曾谕令江浙、湖广、江西、四川等省，拨运米石百余万。”[④]乾隆帝还屡次谕令：“如川省米船到楚，听其在该省发卖，或运赴江南通行贩售，总听商便，勿稍抑遏。”[⑤] 还赋诗道：“全蜀幸逢年，教开移粟船。不因读汉诏，饥溺自应然。”[⑥] 另外，有学者研究发现，川粮通过长江和珠江水系再转贩至“南洋海外者比例亦不低”[⑦]。

二是运销至滇、黔、甘、藏等四川周边民族省（区）。“滇、黔两省，道路崎岖，富户甚少，既无商贩搬运，亦无囤户居奇，夷民火种刀耕，多以杂粮苦荍为食，常年平粜。”[⑧] 滇、黔两省的不少地区山多田少，土地贫瘠，所产各种杂粮，素不敷本地居民口食之用。如临近四川的东川、昭通等府，“向来米价最贵”，常年都要通过金沙江，从四川运进粮食。[⑨] 乾隆八年（1743），“昭通、东川两府，收成歉薄，米价昂

---

① 中国第一历史档案馆：《雍正朝汉文朱批奏折汇编》第7册“浙江巡抚李卫奏请借动司库赢余银两赴川买米折”，江苏古籍出版社，1991，第364页。

② 大约在雍乾之际的三十年间，湖广特别是江汉及洞庭湖平原的人口逐渐趋于饱和，城镇人口剧增，“湖广熟，天下足”的内涵开始发生变化。湖北虽仍为产粮大省，有粮食输出，但也同样需要四川、湖南等省的粮食接济。史载，雍正、乾隆时期，每年“秋收之后，每日过夔关大小米船，或十余只至二十只不等，源源下楚”。川米落岸汉口，因湖广粮米要接济江浙，以致川米对湖广粮价产生重要影响。如武汉等地，“人烟稠密，日用米谷，全赖四川、湖南商贩骈集，米价不致高昂”。若川省歉收或运输不及时，则米价“每石贵致一两七八钱，民间致有无米可籴之苦”（《宪庙朱批谕旨》第八函第一册，第22页）。特别是每年正、二月间，湖北米价由每石1两4钱、1两5钱增至2两不等，常需从四川调拨或商运大米平抑粮价，致有“向来楚省民食全赖川省商贩”之说（《清高宗实录》卷386“乾隆十六年四月上乙卯”，中华书局，1985)。关于该问题的系统研究，可参见方志远：《明清湘鄂赣地区的人口流动与城乡商品经济》，人民出版社，2001，第218—229页）。

③ （清）常明、杨芳灿等：《四川通志（2）》卷72，巴蜀书社，1984，第2388页。

④ 《清高宗实录》卷1294“乾隆五十二年十二月上丙申”，中华书局，1985。

⑤ 《清高宗实录》卷1064“乾隆四十三年八月丙寅”，中华书局，1985。

⑥ 《清史列传》卷16，王钟翰点校，中华书局，1987，第1176页。

⑦ 王家范：《中国历史通论》（增订本），生活·读书·新知三联书店，2012，第188页。

⑧ 《清高宗实录》卷311“乾隆十三年三月癸丑”，中华书局，1985。

⑨ 《清高宗实录》卷311“乾隆十三年三月癸丑”，中华书局，1985。

贵”，云南总督[1]兼巡抚张允随拨铜息银二万两，“发驻四川永宁转运京铜之同知，于川东一带买米一万石”，“运回滇省”，“以备平粜”。[2] 贵州的情况与云南相似，一般来说，大多数年份都需从川、湘、桂等省输入三四十万石粮食，其中川米占有较大份额。[3] 乾隆三十五年（1770），贵州“上年秋收，今春麦收，俱未丰稔”，巡抚宫兆麟奏请从湖南籴米十二万石，从四川籴米六万石，从广西籴米二万石，以解决本省急需平粜而常平仓米不敷的问题。[4] 自康熙中期以后，滇、黔两省大力发展矿冶业。康熙二十一年（1682）六月，蔡毓荣调任云贵总督，时值平定吴三桂叛乱之后，为解决云南、贵州两省地方财政困难和军饷供给的不足，蔡毓荣上“筹滇善后事宜十疏”。在上疏中，蔡毓荣认为，“云、贵两省，险要边疆，又当新复之初……滇省赋税无多，兵食仰给他省。惟产五金，可令民自开矿铜，而官总其税”[5]。蔡毓荣主政云、贵时期，两省的银、铜等矿冶业得到快速发展。康熙四十四年（1705）“滇铜官为经理”[6] 时，云南有铜矿厂 20 处，到乾隆三十七年（1772），增至 46 处。“大厂率七八万人，小厂亦万人，合计通省厂丁，无虑数十百万，皆各省穷民来厂谋食。”[7] 贵州省有银铜、黑白铅厂“十有余处，每厂约聚万人、数千人不等”[8]。滇、黔两省矿冶业的兴盛，使大批农民从农业生产中游离出来，原本就存在的粮食缺口进一步增大。同时，人数如此庞大的矿工群体，消耗的粮食数量也不小。“厂分既多，不耕而食者约有十余万人，日糜谷二千余石，年销八十余万石。”[9] 这些粮食大多需从外省采办，从而进一步加大了对四川粮食的依赖。

---

① 云、贵两省总督之设置，在清前期有一个变动过程。乾隆元年（1736），分置云南总督及贵州总督，乾隆十二年，仍置云贵总督，并成定制。

② 《清高宗实录》卷 201“乾隆八年九月己酉”，中华书局，1985。

③ 郭松义：《清代粮食市场和商品粮数量的估测》，《中国史研究》1994 年第 4 期。

④ 《清高宗实录》卷 863“乾隆三十五年六月甲午”，中华书局，1985。

⑤ 《清史列传》卷 7，王钟翰点校，中华书局，1987，第 438—439 页。

⑥ 赵尔巽等：《清史稿》卷 124，中华书局，1977，第 3666 页。

⑦ （清）葛士濬：《清经世文续编》卷 26“户政・唐炯筹议矿务拟招集商股延聘东洋矿师疏”，上海书局石印本，1898，第 513 页。

⑧ 《清高宗实录》卷 311“乾隆十三年三月癸丑”，中华书局，1985。

⑨ （清）贺长龄、魏源：《清经世文编》卷 52，中华书局，1992，第 1293 页。

甘肃地处西北战略要冲，是康、雍、乾三朝用兵准噶尔的前沿阵地，但该省土地硗确，物产瘠薄，常需从川、陕等省贩运粮食，以保障军需民食，平抑粮价。乾隆二十三年（1758）六月，乾隆帝谕令军机大臣："前经传谕黄廷桂，先期购办口粮，以备明岁支给添派兵丁之用……倘为数不敷，则应就近移商开泰，令于四川近甘各州、县，广为先时购运，大约务足二万官兵一岁口粮之需。"① 西藏地区，大多"只产青稞，不产米谷"，居民所食之米需从四川贩运，如扎达、盐井等地民众"买盐售卖，或对换油米等物，以资生计"。② 为保障"习于谷食"的驻藏军队和民众日食所需，乾隆五十四年（1789），乾隆帝晓谕四川总督李世杰于"寻常无事，粮价平减之际"，"采买储备"粮食，"择其易于运送时，由雅州一带，陆续运至打箭炉及察木多，两处分贮"，③ 以备不时之需。此外，青海的蒙古族居民也利用到四川松潘黄胜关贸易的机会，从松潘转运粮食至青海。④

第二，运销四川省内粮食市场。这类市场的粮食运销，主要有以下三个流通去向。

一是供应城镇居民、工商业者等非农业人口的口粮。随着移民的不断涌入，在清政府设官分治和恢复社会经济的努力之下，雍乾以后，四川城镇已迈入快速发展的轨道，四川进入城镇发展的鼎盛期。有学者统计，乾隆、嘉庆时期，四川场镇达3000座。⑤ 其中，省、府、州、县治所在地，既是一级地方行政中心，也往往是交通要冲，集聚了大量的从事工商业的城镇人口。据王笛统计，雍正六年（1728），四川册载户为50.5万余户、约252.7万余人，修正户为67.1万户、约335.7万人（按一户五口计）。到乾隆五十六年（1791），四川册载人口增至948.9

---

① 《清世高实录》卷564"乾隆二十三年六月癸亥"，中华书局，1985。

② 台北故宫文献编辑委员会：《宫中档乾隆朝奏折》第4辑，台北故宫博物院，1982，第820页。

③ 《清高宗实录》卷1326"乾隆五十四年四月甲午"，中华书局，1985。

④ 台北故宫文献编辑委员会：《宫中档雍正朝奏折》第13辑，台北故宫博物院，1978，第712页。

⑤ 高王凌：《乾嘉时期四川的场市、场市网及其功能》，中国人民大学清史研究所：《清史研究集》第3辑，四川人民出版社，1984，第78页。

万人，修正人口 1170.1 万人。[①] 若按城镇人口占人口总数 5%至 10%这一平均值测算[②]，那么雍正中期（六年）四川城镇居民 16.8 万～33.6 万人，按其时人均年消费口粮（原粮）1100 斤的全国平均值估算，四川城镇居民每年需消耗口粮（原粮）18480 万～36960 万斤（123.2 万～246.4 万石）。乾隆末年（五十六年）四川有城镇居民 58.5 万～117 万，若按其时人均年消费口粮（原粮）1000 市斤的全国平均值估算，四川城镇居民每年需消耗口粮（原粮）58500 万～117000 万斤（390 万～780 万石）。[③] 这部分粮食只能通过市场渠道购买。质言之，城镇已成为雍正、乾隆时期四川省商品粮流通领域中规模最大、最主要的去处。

二是运销到四川省内民族地区。四川是一个多民族的省份，其西部、西北部、西南部等盆周地区居民以藏、羌、彝等少数民族为主。这些民族以游牧或种植青稞、荞麦、玉米、土豆等杂粮为生，因耕地瘠

---

① 王笛：《清代四川人口、耕地及粮食问题（上）》，《四川大学学报》1989 年第 3 期。

② 以研究近代中国人口史而著名的学者姜涛指出，如果按照宋代城乡人口比例，英国学者提出的宋代“城市人口至少占总人口的 10%以上”的结论，并不比中国学者提出的唐代城市人口比重（可能占比在 10%）更高（姜涛：《传统人口的城乡结构——立足于清代的考察》，《中国社会经济史研究》1998 年第 3 期，第 31 页）。路遇、滕泽之认为，“清朝末年……城镇人口，综合各种情况作历史的分析，至多 4000 万左右，而农业人口则在 4 亿以上”（路遇、滕泽之：《中国人口通史》下册，山东人民出版社，2000，第 902 页），即约占总人口的 9%。人口史研究者曹树基研究清代北方各省城市人口在总人口中所占比例后指出，少或不足 5%（如河南 4.6%、山东 4.9%），多或超过 10%（如直隶 12.5%、山西 10.3%）（曹树基：《清代北方城市人口研究——兼与施坚雅商榷》，《中国人口科学》2001 年第 4 期）。由此可见，清代城镇人口在地区总人口中所占比例，因各地人口密度、城镇发育水平和经济社会发展程度等情况的不同，很难一概而论。另外，目前学界是按照 2000 居民这一现代城镇的标准来研究和统计古代中国城镇人口的，但实际上，在四川等南方省区，还有数量众多的 2000 居民以下的中小场（集）镇，这些场镇上的居民多数因不事农耕而需要买粮维持生活。据此，将清代城镇人口所占总人口的比例，确定为 5%～10%，应是合理的，或可能偏低。

③ 谢放：《清前期四川粮食产量及外运量的估计问题》，《四川大学学报》1999 年第 6 期。当然，对于清代四川居民人均年消费粮食的数量，分别以雍正年间 1100 斤和乾隆时 1000 斤估算，只是一种理论意义上的算法。美国学者珀金斯根据 1957 年中国人均粮食产量 572 斤的情况提出，清代中国人均拥有的粮食生产量及实际消费量应在 500～600 斤，而这已是一个比较高的粮食消费水平，发展中国家很少有超过这一水平的。[（美）德怀特·希尔德·珀金斯：《中国农业的发展（1368—1968）》，宋海文等译，上海译文出版社，1984，第 14 页] 然而，考虑到清雍正、乾隆时期四川社会上存在着大量游民等不耕而食、游手浮荡的非农业人群，该文对于雍正、乾隆时期四川城镇居民口粮消费总量的估计，应明显偏低。

薄，产量较低，“各番收获杂粮，每户或收一石有余，或仅收数斗”①。因此，这些民族地区的民众，大多需要从川内产粮区输入粮食，“以资糊口”②。岷江上游的“杂谷等土司所辖蛮民，家口数万有余，山多地少，一年产谷，仅敷半年食用”。因此，杂谷等地的居民为求生存，要么靠内地买粮接济，要么“每于九月收获后”，大批“入内地各州、县佣工”。③ 保县至茂州以及松潘一带，重山复叠，田地甚稀，且率皆童山顽石，颇鲜树木，加之天气寒冷，鲜产稻谷，其“食米全赖成都府属之灌县，龙安府属之江油、彰明二县商贩”④。川西南彝族聚居的宁远府、越嶲厅一带，“山多田少，即终岁丰稔所产米粮尚不敷本地民食”，其不足部分亦需从成都、嘉定、叙州等四川省产粮区输入。⑤ 甘孜牧区的居民，因适宜种稻的土地少，故其对大米等商品粮的依赖程度不亚于内地城镇居民或其他民族地区的居民。

三是为省内各地工商业作坊提供生产生活用粮。雍正、乾隆时期，是四川糖果和酿酒等食品工业快速发展的重要阶段。康熙中期以后，随着移民的到来，四川糖业逐渐复兴，至雍正、乾隆年间，沱江沿岸的内江、资中、简阳、富顺、资阳、金堂等地民众，多以植蔗作糖致富。这些地区，既需要运进粮食补充居民日用口粮，也需要粮食完成糖果加工。也就在这一时期，四川酿酒业取得了长足发展。令人诧异的是，康熙、雍正和乾隆三朝虽一直严令禁酒，但四川酒业恰恰是在严申禁酒的这段时期，利用得天独厚的条件得以迅猛发展，形成沿岷江、沱江、涪江、嘉陵江和长江沿岸的川酒生产格局。⑥ 糖果和酿酒这类产业的发展，离不开商品粮支撑。道光初年四川平武县唐开兰的一份条陈很能说明问题，兹摘录如下。

---

① 台北故宫文献编辑委员会：《宫中档乾隆朝奏折》第 37 辑，台北故宫博物院，1985，第 494 页。
② 台北故宫文献编辑委员会：《宫中档乾隆朝奏折》第 19 辑，台北故宫博物院，1983，第 304—305 页。
③ 《清高宗实录》卷 307“乾隆十三年正月癸卯”，中华书局，1985。
④ 《清高宗实录》卷 307“乾隆十三年正月己酉”，中华书局，1985。
⑤ 台北故宫文献编辑委员会：《宫中档乾隆朝奏折》第 28 辑，台北故宫博物院，1984，第 471 页。
⑥ 张学君：《清代四川酒业的几个问题》，《社会科学研究》2000 年第 3 期。

> 川省每州县城内京果铺、糖房多二十家，乡场市镇亦十余家……妄费米面不止两月之粮。川省各州县场镇染房染布，刷糨糊米每家数十余石，徒饰一时之伪，百姓穿衣一水洗去，有捐（损）无益。通省妄费之米，亦不止两月之粮。更有烧房一条，除绵竹县大曲烧房、中江县小曲烧房耗费粮食极甚外，每州县有名场镇数十余处，通省约万余处。每处烧房十余家不等，每家每日烤（酒）一桶约费粮食市斗一石余、仓斗二石余。每日一桶谓之单烤单煮，每日两桶谓之双烤双煮。每日合省共计约耗粮食数百万石，每年约耗粮食数亿石，又不止两月之粮。①

这份“条陈”记录的是道光初年四川果铺、糖房、酿酒等食品业与染房染布等轻工业的发展盛况和行业耗粮概况。客观地说，唐氏的这些说法，有夸大的成分。但是，诸如糖房、烧房、染坊等行业，按当时的生产技术和工艺，的确是耗粮且易造成粮食浪费。正是由于糖房、染房、烧房等行业的生存和发展需要大量的商品粮，因此，这些行业的经营者为节约成本，每逢新粮上市，纷纷“争囤”粮食，压价欺民，“致掯穷民不少”②。由此可见，雍正、乾隆时期四川糖果和酿酒等食品工业和染布等轻工业蓬勃发展，已成为川粮内销的消费大户。

二、运销的主要方式

雍正、乾隆时期四川的粮食运销，主要有官府采买和民间商贸两种方式。

第一，官府采办。官府采办通常由朝廷指令从四川仓储调拨，或由需粮省区到四川采买，以协济地方或供给军需。为保证这部分粮食足额，运输畅通，清廷屡次明令四川督抚“驰禁毋遏籴”③。同时，责令沿

---

① 吕小鲜：《四川平武县唐开兰条陈》，《历史档案》1995 年第 4 期。
② 吕小鲜：《四川平武县唐开兰条陈》，《历史档案》1995 年第 4 期。
③ 赵尔巽等：《清史稿》卷 294，中华书局，1977，第 10343 页。

途地方官府疏通粮食运销渠道，更“不得中途拦截”运粮船只。[①] 其中，协济地方是官府采办的主要目的。雍乾时期，清朝当局时常从四川调拨和籴买粮食，供湖北、安徽、江苏、江西、浙江、福建、云南、贵州等省区[②]或救灾，或平抑粮价，或储备。

自然灾害往往对地区经济与民众生产生活造成巨大的负面影响。有学者统计，雍正、乾隆年间是清代自然灾害频发的时期[③]，史志中有不少关于官府从四川调拨或采买粮食用于救灾的记载。为了筹备粮食，以应救灾之急，乾隆八年（1743），谕令川省沿江各州县所贮米谷：“若遇邻省需粮接济，凡碾运各费，令该省交给委官赍带，赴川自行领运，应还粮价，亦令该省照数解川归款。”[④] 具体事例，如乾隆十八年（1753）“江南淮扬一带，被水成灾，赈恤需米”，朝廷“酌拨（川米）二三十万石”，“以资接济”。[⑤] 又如乾隆二十二年（1757）山东遭遇水灾，乾隆帝谕令“借给川米”[⑥]。再如乾隆二十四年（1759）甘肃兰州、平凉旱灾，清廷要求就近由陕西运粮甘肃，同时令四川总督开泰将四川就近州县谷米运至略阳，交收分运，以便应急调拨。[⑦]

自康熙中后期以后，随着国内局势的稳定和人口的增长，国内不少省区粮食短缺，“米价腾贵”[⑧]。乾隆年间，粮价上涨的现象几乎遍存于各省，南方各省尤为突出。乾隆十三年（1748），湖南巡抚杨锡绂上疏：“臣生长乡村，世勤耕作，见康熙年间稻谷登场时，每石不过二三钱，雍正年间，则需四五钱，今则必需五六钱。”[⑨] 特别是到乾隆中后期，粮

① 《清高宗实录》卷1237“乾隆五十年八月庚子”，中华书局，1985。

② 王纲：《清代四川史》，成都科技大学出版社，1991，第574页。

③ 清中前期，自然灾害发生的情况如下：“顺治年间年均受灾 11.8 次，康熙年间年均受灾 8.8 次，雍正年间年均受灾 9.9 次，乾隆年间年均受灾 18.7 次，嘉庆年间年均受灾 18.7 次。”特别是直隶、甘肃、江苏、安徽、山东等省，几乎是年年有灾。参见江太新：《清代救灾与经济变化关系试探——以清代救灾为例》，《中国经济史研究》2008年3期。

④ （清）常明、杨芳灿等：《四川通志（2）》卷72，巴蜀书社，1984，第2387页。

⑤ 《清高宗实录》卷445“乾隆十八年八月壬寅”，中华书局，1985。

⑥ 《清高宗实录》卷572“乾隆二十三年十月丙辰”，中华书局，1985。

⑦ 《清高宗实录》卷587“乾隆二十四年五月壬寅”，中华书局，1985。

⑧ 《清圣祖实录》卷187“康熙三十七年三月戊子”，中华书局，1985。

⑨ 《清高宗实录》卷311“乾隆十三年三月下癸丑”，中华书局，1985。

价上涨更为严重，米价是雍正时的六七倍。[①] 这使普通百姓的日常生活受到严重影响，乾隆帝为此说："（百姓）日食不继，益形拮据，朕甚忧之。"[②] 尤其是每遇歉岁，若政府平粜不及时，或商贾囤积居奇，必至民生维艰，社会为之不稳定。为解决缺粮问题，缓解社会矛盾，一些省份动用官银入川买米，以平抑粮价。雍正四年（1726）七月，浙江巡抚李卫获准"动浙库公项银十万两，委员赴川采买米石，以备浙闽两省缓急"[③]。这次购得川米10.5万石，每石平均价银九钱五分，比浙江米价便宜四五钱不等。[④] 自此之后，湖广、云南等省大多仿效此法，相继派员赴川买米，由此引起四川官府"遏粜"与苏、浙、鄂、滇等省官府反对四川"遏粜"的矛盾纠葛。后经清廷出面干预，一方面令赴川籴买谷米各省缩减在川购粮规模，最高限买两万石，其余部分可赴江西等省采买；一方面令四川地方官府停止"遏粜"，解禁谷米输出，此纠葛才得以告一段落。[⑤]

按制，清代"京师及各直省皆有仓库……其由省会至府、州、县，俱建常平仓"[⑥]，以备平抑粮价和赈济灾荒之用。常平仓的储备粮来源虽然有官府采办、捐监、官民捐输和截存漕粮等多种形式，但主要还是靠官府动用官银采买或由朝廷调拨。如苏、浙、闽、粤等缺粮大省，通常由政府出资到江西、湖广和四川等省买粮，以供仓储。史籍载，自雍正四年（1726）朝廷准许浙江用浙库公项银买川米填仓之后，各省凡遇缺粮的状况，大多效仿此法。乾隆九年（1744）两淮盐场米粮仓储备缺额30万石，从"四川贮备米石内，拨米四万石，运贮扬州盐义仓，以实仓储"，不足之数"仍准予四川拨运，使一时缓急有资"[⑦]。乾隆十六年

---

① 高翔：《康雍乾三帝统治思想研究》，中国人民大学出版社，1995，第429页。
② 《清高宗实录》卷1441"乾隆五十八年十一月戊午"，中华书局，1985。
③ （清）常明、杨芳灿等：《四川通志（2）》卷72，巴蜀书社，1984，第2387页。
④ 王笛：《跨出封闭的世界——长江上游区域社会研究（1644—1911）》，中华书局，2001，第205页。
⑤ 牛贯杰：《17—19世纪中国的市场与经济发展》，黄山书社，2008，第119—121页。
⑥ 赵尔巽等：《清史稿》卷121，中华书局，1977，第3553页。
⑦ 《清高宗实录》卷218"乾隆九年六月壬子"，中华书局，1985。

(1751)，从重庆府巴县常平仓内“支谷五千石拨运楚省，转补浙仓”[①]。乾隆五十年（1785），“湖广饥，告籴于四川，世杰请以近水次诸州县常平仓谷碾米三十万石。既，浙江告粜，世杰以浙江视湖广远，运米济赈，缓且不及，又请以备应湖广籴米，拨十万石先济浙江”。川督李世杰的这一做法，得到乾隆帝的肯定，“嘉世杰得封疆大臣体，命议叙”[②]。

军粮筹办也是雍正、乾隆时期官府粮食采购的一件重要事项。康熙末年反击准噶尔侵藏和雍正初年平定罗卜藏丹津叛乱，“所有粮运事宜，均有办定章程”[③]。这里所说的“章程”，即军用粮草主要从四川筹措。[④]特别是在乾隆五十三年（1788）至乾隆五十八年（1793）两次反击廓尔喀（巴勒布）入侵时，除部分军粮在卫藏就地采买外，其余部分例由“川省筹办”[⑤]。如第二次反击廓尔喀入侵时，除在西藏就地采买军粮外，署理川督孙士毅还在“成都、雅州、邛州等处拨碾米二万石，陆续运炉，预备运察木多，接济西藏兵食”[⑥]。实际上，川粮供给军需，远不止于此。自乾隆十年（1745）以后，史志中不乏官府调拨或采买川米用作军粮的记载。如乾隆十年（1745），云南总督兼巡抚张允随动用地丁银派人赴川买米1万余石，以供昭通大关、永善、鲁甸和东川所属营汛官兵三年额粮[⑦]；又如乾隆二十三年（1758）清廷为向甘肃军营增兵1000人，传谕四川总督开泰“于四川购运，务足二万官兵一岁之用”[⑧]。再如乾隆五十二年（1787），为解决平定台湾军务事，“着保宁再行采买米三十万石……一并委员运往闽省，以资接济”[⑨]。由此可见，四川是雍正、

---

① （清）张九镒：《巴县志》卷3，乾隆二十六年刊本，四川大学图书馆藏，第33页。

② 赵尔巽等：《清史稿》卷324，中华书局，1977，第10838页。

③ 《西藏研究》编辑部：《清代藏事辑要》卷4，西藏人民出版社，1983，第258页。

④ 为此，民国初年吴光耀在其《西藏改流本末纪》中说：“康、雍、乾三朝西藏有事，皇子王公为大将军，西宁、川、滇三路进兵，督抚分驻打箭炉、察木多，躬督粮官购牛马碾运内地仓谷济大兵。”参见赵心愚、秦和平、王川：《康区藏族社会珍稀资料辑要》（上），巴蜀书社，2006，第39页。

⑤ 《西藏研究》编辑部：《清代藏事辑要》卷4，西藏人民出版社，1983，第258页。

⑥ （清）方略馆：《钦定廓尔喀纪略》，季垣垣点校，中国藏学出版社，2006年，第243页。

⑦ 《清高宗实录》卷251“乾隆十年十月戊午”，中华书局，1985。

⑧ 《清高宗实录》卷565“乾隆二十年六月辛巳”，中华书局，1985。

⑨ 《清高宗实录》卷1284“乾隆五十二年七月乙亥”，中华书局，1985。

乾隆时期国内军粮采办的重要供应地。

另外，四川省内驻防军官兵的口粮，例由官府采买。清军入关之后，按“得一省必镇定一省”的原则，在全国建立起庞大的八旗和绿营兵镇守网。四川是西南大省，战略地位重要，驻防任务重，驻军人数多，消费粮食数量大。乾隆帝曾说：“川省地方，原属边徼。而保宁、雅、龙、茂、达等府、州，并叙永、松潘、越嶲、雷波各厅、卫、所，又为川省之极边，积储尤为紧要……或因地处边远，不产米谷，恐外省商贾人等争先报捐，以致米价昂贵，有妨民食……令买本地之粮食，即充常平之仓储，价归于民，粮交于官，下无不足，上即有余，非贩运出境者可比。”① 又乾隆十二年（1747），“户部议覆，四川副都统卓鼐奏称，成都驻防兵丁口粮，共需米二万八千六百余石……每年令成都、华阳二县，采买稻一万八千余石，存贮满城，于青黄不接之时，分给兵丁，在饷银内照原价扣还。但兵丁所领稻少，需用口粮甚多，一遇雨水，购买维艰。请将每年兵丁应领米折银内，扣除二万石米价，存贮藩库，于秋收后，分发附近成都各州县，买运满城，酌量支给兵丁”②。由是观之，官府同样需要通过市场以经济手段解决四川各地驻军的口粮供给、粮食仓储备用及其他消费开支等问题。

至于说雍正、乾隆时期从四川调拨和采买的粮食数量具体有多少，囿于史料记载有限，难以详确。兹辑录有关记载汇成此表，以观其梗概。

表 3-5　雍正、乾隆时期官府在四川地区采办粮食情况

年代	采买数量	资料来源
雍正五年至七年	米 60 万石	《清文献通考》卷 35《市籴四》
乾隆二年	米 2970 石	《清文献通考》卷 36《市籴五》
乾隆三年	谷 1.8 万石	《宫中档乾隆朝奏折》第 23 辑，第 636 页
乾隆八年	米 1 万石	《清高宗实录》卷 201“乾隆八年九月己酉”

① 《清高宗实录》卷 120“乾隆五年闰六月己酉”，中华书局，1985。
② 《清高宗实录》卷 297“乾隆十二年八月丁丑”，中华书局，1985。

（续表）

年代	采买数量	资料来源
乾隆九年	米 1.5 万石	《清高宗实录》卷 213“乾隆九年三月丙午”
乾隆十二年	米 2 万石	《宫中档乾隆朝奏折》第 23 辑，第 636 页
乾隆十六年	谷 40 万石	《宫中档乾隆朝奏折》第 1 辑，第 200 页
乾隆二十二年	米 20 万～40 万石	《清高宗实录》卷 544“乾隆二十二年八月壬戌”
乾隆三十八年	米 30 万石	《宫中档乾隆朝奏折》第 36 辑，第 301 页
乾隆三十九年	米 40 万石	《宫中档乾隆朝奏折》第 36 辑，第 302 页
乾隆五十年	米 4 万石	《清高宗实录》卷 1245“乾隆五十年十二月乙巳”
乾隆五十一年	米 4.5 万石	《清高宗实录》卷 1249“乾隆五十一年二月庚寅”
乾隆五十五年	米 50 万石	光绪《大清会典实例》卷 192《户部积储》

从表 3−5 可见，自雍正五年（1727）以后，官府不断在四川采办粮食。其中，间隔时间较长的是从乾隆二十二年（1757）至乾隆三十八年（1773）这一段时间，官方组织川米外运的次数相对较少。之所以如此，是因川省“办理军需，购粮较多，督抚请暂停夔关出米，以供军储”①。之后，川米外运一直不断。王笛据《（嘉庆）四川通志》统计，雍正至嘉庆年间，有 11 次官运粮食出川的记载，数量达 787 万石。② 此外，王纲据《（嘉庆）四川通志》和《清实录》统计从乾隆八年（1743）至乾隆六十年（1795）有明确调拨粮食数量的记载，共有 20 次之多，总量达 320 余万石。③ 应该说，乾隆年间清廷调拨川粮的实际数量，要远远高于这一数字。

第二，民商贩运。雍正、乾隆时期，除官方组织四川粮食运销外，民间商贩也广泛参与粮食运销，并成为省内外粮食市场的主体运销力

① （清）常明、杨芳灿等：《四川通志（2）》卷 72，巴蜀书社，1984，第 2388 页。

② 王笛：《跨出封闭的世界——长江上游区域社会研究（1644—1911）》，中华书局，2001，第 205 页。

③ 王纲：《清代四川史》，成都科技大学出版社，1991，第 575—577 页。

量。一般来说，在省内初级市场（粮食产地）的粮食交易，通常由农民与需求者之间直接进行，而在跨地区的长距离或高层次市场的交易活动中，民间小贩和商人的作用无可替代。[①] 特别是四川粮食商运出省这样的大宗买卖，能完成者更是非实力雄厚的民商莫属。每到秋收时节，各省商贩纷纷赴川买米，“常年动计数百万石”[②]。既有研究表明，雍乾时期，清朝对粮食贸易少有限制，“俾商贾踊跃从事，则米船多，价值自平，而民食有赖”[③]。每遇丰歉不齐之年，朝廷对粮食自由买卖的作用尤为重视，“各省年岁丰歉不齐，全赖商贩流通，有无贸迁，以资接济”[④]。正是在这一思想指导下，清廷不仅要求民间商人严格遵守市场秩序，即便是官方到川买粮，也“不必先行咨会，俟委员到日，一如市集交易，公平籴买”[⑤]。为了保证粮食商运出川，一方面，朝廷责令四川政府开放米禁，“听商贾贩运”[⑥]。雍正十年（1732），江南沿海遭遇特大潮灾后，雍正帝谕令：“川省为产米之乡，历来听商贾贩运，从长江至楚，以济邻省之用……目今江浙有需米之州县，望济于楚省。”若不令川米赴楚，则湖北“何所资藉”？“着即传谕宪德，速弛米禁，勿蹈遏籴之戒。”[⑦] 同时，还责令四川督抚劝谕粮商，不准囤货居奇。乾隆五十年（1785）八月，乾隆帝谕令川督李世杰“明切晓谕，令川省民人”，当湖北等省商人赴川采买时，“毋得居奇遏籴”。[⑧] 另一方面，明令楚、赣等沿江地方督抚疏通粮食运销渠道，更不得随意阻拦或截留川粮贩运船只。雍正时，“严谕沿途文武官弁，遇有江楚商人至四川贩米，或四川商人往江楚卖米者，立即放行，不可阻遏”[⑨]。乾隆四十三年（1778），因“恐川

① 高王凌：《乾嘉时期四川的场市、场市网及其功能》，中国人民大学清史研究所：《清史研究集》第3辑，四川人民出版社，1984，第83页。
② 《清高宗实录》卷1263“乾隆五十一年八月庚午”，中华书局，1985。
③ （清）昆冈、李鸿章等：《大清会典事例》卷237，《续修四库全书》第801册，上海古籍出版社，1995，第791页。
④ 《清高宗实录》卷502“乾隆二十年十月甲辰”，中华书局，1985。
⑤ 《清高宗实录》卷323“乾隆十三年八月庚戌”，中华书局，1985。
⑥ 《清世宗实录》卷127“雍正十一年正月丁亥”，中华书局，1985。
⑦ 《清世宗实录》卷127“雍正十一年正月丁亥”，中华书局，1985。
⑧ 《清高宗实录》卷1237“乾隆五十年八月戊戌”，中华书局，1985。
⑨ 台北故宫文献编辑委员会：《宫中档雍正朝奏折》第3辑，台北故宫博物院，1978，第400页。

船到楚，仅敷该省之用，不能分运，则江南粮价或至增长”，便谕令湖广当局，“川省米船到楚，听其或在该省发卖，或运赴江南通行贩售，总听商便，勿稍抑遏”。[①] 乾隆五十年（1785）又令：“遇有川省运往江南之米，不得中途拦截……听其运赴安徽、江苏出卖。”[②] 诸如此类措施和禁令的实施发布，保证了四川粮食外销畅通，由此一度形成四川省粮食转运武汉而行销于长江流域诸省之繁荣局面。

至于雍正、乾隆时期历年商运出川粮食的具体数量有多少，虽无明确记载，但比官运数量大，是可以肯定的。为此，乾隆帝就说：“蜀中产米素多，常时商贩搬运外省。”[③]

此外，雍正、乾隆时期，民间商贾还参与了官府的军粮、官粮等贩运活动。乾隆三十八年（1773），四川总督富勒浑奏请：“川省所需军粮，除官为运送外，招集商人挽运。其脚价照金川成例，分别西、南两路，道路险易，食物贵贱，酌量增减。按里计算，每石自六七厘至一分五六厘及二分不等。其新增粮站，日进日远，请照美诺等处每石每站给脚价银五钱，商人得资挽运，自当按期无误。”户部议覆：得旨，“依议速行”[④]。

三、运销的交通运输方式

四川粮食运销主要有水运和陆运两种运输方式。理论上，水运和陆运在商品运输中同等重要，但是，粮食属于易耗品且较笨重，在远程运输中更适合集中装载，加之受制于当时“蜀道难，难于上青天”的陆路交通条件，因而陆路运粮成本远高于水路运输，水运船载比陆运车载、牲驮、人背的运输量更大。所以，四川的粮食运输渠道，主体有长江干流（通往长江中下游各省以及东南、北方地区）、金沙江与赤水河（通往云、贵等西南省份）、嘉陵江与汉水（通往陕、甘等西北省份）等水运干线和川藏陆路运输路线，形成了以水运为主，陆运为辅，水陆联

① （清）常明、杨芳灿等：《四川通志（2）》卷72，巴蜀书社，1984，第2388—2389页。

② 《清高宗实录》卷1237“乾隆五十年八月庚子”，中华书局，1985。

③ 《清高宗实录》卷938“乾隆三十八年秋七月丙寅”，中华书局，1985。

④ 《清高宗实录》卷933“乾隆三十八年四月丁未”，中华书局，1985。

运，水陆运输互相补充的粮食运输格局。兹对相关路线作简单介绍。

第一，长江干流粮食运销路线。长江是我国最长的河流，经过乾隆年间对其上游的大力整治，长江成为全国通航里程最长、货运量最大和运达地区最广的河流，承担着皇木、京铜、京铅、川米的重要转输。[①]“外省贩运川省米粮，概由川江，经重夔一带，顺流而下。如由夔州一带买米，逆流而上，运至成都。”[②] 长江在四川境内长 897 公里，有可通航中小支流 29 条，横贯川南、川东，接云南，通湖北、贵州、湖南，北入陕西、甘肃。[③] 川楚“一水可通，商贩络绎”[④]。四川粮食经长江干流贩运至湖广后，一是继续沿江东下，经湖广运至皖、苏、浙等长江中下游经济发达省份[⑤]，甚至转运贩往福建、台湾等东南沿海省份，即“川省续运之米……由川江顺流而下，亦由江浙海运抵闽可也”[⑥]；二是北上，利用海路、京杭大运河、黄河淮河水系，“过淮渡黄，出入江南、山东、直隶各境”[⑦]，“将川省运楚米石，即由楚交山东……以资接济”[⑧]，或将川粮运销京畿地区。

第二，金沙江与赤水河航道。金沙江起于青海和四川两省交界处的青海省玉树州称多县歇武镇直门达村，止于四川省宜宾市翠屏区合江门的长江干流河段。全长约 3400 公里，流经川、藏、滇三省（区），其间有雅砻江等支流汇入，至四川省宜宾市翠屏区境内与岷江合流始名长江。赤水河发源于云南省镇雄县，东流至川、滇、黔三省交界处的梯子岩后水量增大，经贵州省毕节市的七星关、金沙县与四川省叙永县、古蔺县边界进入仁怀市、习水县、赤水市，至四川省合江县汇入长江。全

① 蓝勇：《四川古代交通路线史》，西南师范大学出版社，1989，第 187 页 。

② 《清高宗实录》卷 938“乾隆三十八年秋七月丙寅”，中华书局，1985。

③ 王笛：《跨出封闭的世界——长江上游区域社会研究（1644—1911）》，中华书局，2001，第 35 页。

④ 《清高宗实录》卷 916“乾隆三十七年九月庚子”，中华书局，1985。

⑤ 台北故宫文献编辑委员会：《宫中档雍正朝奏折》第 3 辑，台北故宫博物院，1978，第 399 页。

⑥ 《清高宗实录》卷 1285“乾隆五十二年七月甲午”，中华书局，1985。

⑦ （清）昆冈、李鸿章等：（光绪）《大清会典事例》卷 188，《续修四库全书》第 801 册，上海古籍出版社，1995，第 133 页。

⑧ 《清高宗实录》卷 547“乾隆二十二年九月乙卯”，中华书局，1985。

长400多公里，流经川、滇、黔三省交界区域。金沙江、赤水河流域的川南地区，也是四川重要的粮食产区。川粮经由金沙江、赤水河，源源不断地运销云、贵两省。[①] 为加强金沙江、赤水河的航运能力，以满足其沿江一带驻兵和运粮等方面的需要，雍正六年（1728），署理贵州总督张允随和四川总督尹继善等会勘金沙江河道，“以次开通川道”，这不仅缓解了当地驻兵和粮饷运输困难，而且对云南防备遭遇水旱、米价腾贵，“可以有备无患”。[②] 乾隆五年（1740），云南总督庆复两次派人查勘和疏浚金沙江运道，并于“沿江险滩旱坝酌设站船，接运川省米盐，以济匠食，兼于回空船内装载铜斤，按站递交”，俾收“水运节省之效”。[③] 之后，随着金沙江水运航道的疏浚通航，“川米流通”，“滇属东（川）、昭（通）二府，向来米价最贵之处，渐获平减”。[④] 乾隆十年（1745），贵州总督张广泗奏请疏浚赤水河运道，解决贵州威宁、大定等府、州、县“崇山峻岭，不通舟楫”“陆运为艰”的运输困境，以便“偶遇丰歉不齐，川米可以运济”。[⑤]

第三，嘉陵江与汉水航道。嘉陵江在四川境内由广元至重庆1006公里，是连结川、陕、甘等省的水运要道，也是清代川粮运销西北的重要通道。[⑥] 经由嘉陵江水系，舟楫下行可将沿江各地粮食运往重庆集散，上行可将四川粮食运往陕、甘等西北地区。汉水流经湖北、陕西两省。经由汉水，四川粮食也可运至陕西。但舟楫只能运粮至汉中略阳，自此之后，需要陆运。乾隆二十四年（1759），谕令：“川省产米尚多，可以通融酌拨。其自川运至汉中略阳地方，皆由水运，自属径捷。自略阳起岸，即须陆运。”[⑦] 因此，略阳便成为四川粮食运销甘肃的中转站，“将

---

① 邓亦兵：《清代前期内陆粮食运输量及变化趋势——关于清代粮食运输研究之二》，《中国经济史研究》1994年第3期。

② 《清史列传》卷16，王钟翰点校，中华书局，1987，第1182—1184页。

③ 《清高宗实录》卷131“乾隆五年十一月丙申”，中华书局，1985。

④ 《清高宗实录》卷311“乾隆十三年三月癸丑”，中华书局，1985。

⑤ 《清高宗实录》卷239“乾隆十年四月庚申”，中华书局，1985。

⑥ 邓亦兵：《清代前期内陆粮食运输量及变化趋势——关于清代粮食运输研究之二》，《中国经济史研究》1994年第3期。

⑦ 《清高宗实录》卷579“乾隆二十四年正月甲辰”，中华书局，1985。

川省附近各州县现存米谷，仍照前旨由水路拨运，至陕省之略阳交收。分运各属，以备储积”[①]。

第四，川藏陆路运输线。清代，四川与西藏交通往来的线路有川藏北道（商道）和川藏南道（官道）两途。其中，川藏北道虽少高山峻岭，“平衍易行”，但因沿途多系草地，居民稀少，甚至“行数程而无人烟”，加上官府的邮传驿递系统不健全，商贾行旅须“自携帐篷，拥饮食各物”而行，因而较为荒凉；川藏南道为其时内地与康藏地区人员、物资交通往返的主要通道。自康熙四十一年（1702）以后，清廷多次整治川藏道驿站和粮台[②]，驻藏官兵的粮饷从四川“源源买运”，不迟误军需。[③] 从总体上看，雍正、乾隆时期经川藏陆路交通线输入涉藏地区的粮食，主要被官府调拨，供给驻藏官员、军队及川藏路沿线邮传驿递系统军政人员，也有相当部分通过市场途径粜卖于打箭炉、理塘、巴塘、乍丫（察雅）、昌都等川藏路沿线城镇的商民。如位于康区交通枢纽的打箭炉，“系通西藏要隘，往来蛮客赴炉贸易者，络绎不绝”[④]。另外，巴塘、理塘与云南省丽江府维西及西藏各寨相通。这些地区的各族居民亦“常在四川巴、里二塘所辖之擦栋安、安天柱各寨及西藏所属之擦瓦岗、左工（贡）、波乌（罗）、曲棕、工布、渣峪（察隅）、扎玉滚、南墩、汉人寺、江卡、扎呀（察雅）、黄连山等处，或与藏来之番商，或与川属之夷客”贸易。[⑤]

此外，岷江、沱江、涪江、渠江等河流，也是当时四川省内重要的

---

① 《清高宗实录》卷587“乾隆二十四年五月壬寅”，中华书局，1985。

② “西炉之役”后，蒙古和硕特部退回雅砻江西岸，康东打箭炉等地土司重新纳入清朝的直接统治之下。为加强对康区的控制和经略西藏，清廷于康熙四十一年（1702）设打箭炉驿和塘汛，康熙五十八年（1719）设打箭炉粮台。自康熙年间在川藏道上设置汛塘与粮台之后，雍乾时期又新设五个粮台（理塘、巴塘、乍丫、昌都和西藏）和数十处汛塘，川藏道为之畅通。参见邹立波：《清代前期康区塘汛的设置及其作用与影响》，《西藏研究》2009年第3期；赵心愚：《清康熙雍正时期川藏道汛塘与粮台的设置及其特点》，《民族研究》2019年第2期。

③ 《清圣祖实录》卷278“康熙五十七年三月丙寅”，中华书局，1985。

④ 台北故宫文献编辑委员会：《年羹尧奏折专辑》（中）“雍正元年二月廿七·奏陈川省地方应行事宜折”，台北故宫博物院，1971，第1页。

⑤ 台北故宫文献编辑委员会：《宫中档乾隆朝奏折》第4辑，台北故宫博物院，1982，第820页。

粮食贩运水道。它们与上述水陆交通干线配合，“北接汉中，南通滇黔，东流水路下楚，西抵西藏松炉”[①]，共同构成雍正、乾隆时期四川粮食贩运的交通运输网络。

四、粮食运销与四川粮食市场层级结构的形成

雍正、乾隆时期，随着常年少则数百万石，多则上千万石的商品粮食贩运出川，四川省内各地逐渐形成了产地（初级）市场、集散市场、转运（口岸）市场、消费市场等多层次、多功能且遍及全川之粮食运销市场体系。为直观展示雍正、乾隆时期四川粮食市场发育状况，兹根据王笛的研究列表如下。[②]

表 3-6　雍正、乾隆时期四川粮食市场及运销情况示例

市场	市场类型	粮食种类	粮食来源	粮食输出方向	市场地位与作用
成都	集散、转运市场	大米、小麦	眉州、嘉定、雅州、顺庆、保宁、广元、叙州及下属州县等地	广元至陕西，雅州到西藏，沿岷江到重庆	清前期四川经济贸易中心
温江	集散、输出市场	大米、小麦	本地生产，部分来自相邻的崇庆、郫县	成都	川西平原的重要粮食集散市场
金堂县赵家渡	集散市场	大米、小麦	新都、广汉、德阳及本地	简州、资阳、成都、内江及本县各场镇	四大商贸重镇之一
郫县	集散、消费市场	大米、小麦	本地及周边地区	成都、新都	

① （清）丁宝桢：《四川盐法志》，《续修四库全书》第 842 册，上海古籍出版社，1995，第 522 页。

② 参见王笛：《跨出封闭的世界——长江上游区域社会研究（1644—1911）》，中华书局，2001，第 209—210 页。

（续表）

市场	市场类型	粮食种类	粮食来源	粮食输出方向	市场地位与作用
重庆	集散、转运市场	大米、小麦等	夔州、保宁，遂宁、泸州、合川、绵州、彰明、江油、安县，成都以及下属州县等地	云南、贵州、两湖、江浙	清中期以后四川经济贸易中心和枢纽
合州	集散、转运市场	大米	渠县、广安、射洪、遂宁、定远、南充	涪州、万县等地	川东北及嘉陵江流域之粮运咽喉与商贸重镇
万县	集散、消费市场	大米、小麦	合州、泸州、江津、忠州、涪州	云阳、奉节、巫山、巴东、湖北	川东商贸交通枢纽，一部分粮食沿江东下，输送出川
永川朱家沱	集散市场	大米	慈云、稿子乡、塘河、石磨、永兴、三口、店子等地	重庆、江津、大渡鱼洞等地	川南商贸重镇之一
遂宁	集散、消费市场	大米、小麦	射洪县太和镇、潼南、广安、岳池	重庆、合川等地	大部分本地消费
射洪县太和镇	集散市场	大米、小麦	绵州、彰明、江油、安县	遂宁、潼南、吉祥、同宝寺，洋溪、青堤渡、唐家渡等地	四大商贸重镇之一
绵州	集散市场	大米、小麦	安县、罗江、绵竹等地	重庆、射洪县太和镇等地	
江油中坝	集散市场	大米	江油、彰明等地	太和镇、三台县等地	
三台	集散、消费市场	大米、小麦	绵州、江油、安县、中江、葫芦溪	本地各场镇	本地消费和转输各半
乐山	消费市场	大米	峨眉	本地消费，以供民食	
泸州	集散、消费市场	大米	江安、纳溪、永宁	重庆、内江、自流井、富顺	川南商贸重镇

（续表）

市场	市场类型	粮食种类	粮食来源	粮食输出方向	市场地位与作用
内江	集散、消费市场	大米、小麦	金堂赵家渡、吴家铺、泸州、田家场	自流井、贡井以及内江碑木、史家、牛佛渡、白家等场镇	本地消费较大，一部分输往自流井
蓬溪	消费市场	大米、小麦	广安、岳池、南充、周口	本地消费，以供民食	

从表3-6可见，雍正、乾隆时期四川粮食运销的市场层级结构有以下两大特点。

第一，重庆和成都两大省内中心粮食集散市场形成。重庆是长江上游中心城市和重要的商贸口岸城市，同时也是四川最重要的粮食贸易中心和集散地。重庆地处“三江总汇”，历来“商贾辐辏”[①]。特别是自雍正、乾隆时期起，素有粮仓美誉的湖广，因人口的增加等原因，粮食供给不足，不得不依赖四川的粮食接济。“吴、楚、闽、粤、滇、黔、秦、豫”等地的客商云集重庆，重庆境内的长江水道“舟集如蚁”。[②]大量东运出川的粮食经过重庆中转，重庆成为“换船总运之所”[③]。史载：“米客之汇于渝者，觅朋托友，自为氽粜，颇称便利。”[④]《巴县志》中说：“渝州每岁下楚米石数十万计。”[⑤]既有研究表明，当时每年经由重庆出川的粮食有达百万石之多。这些粮食或从川西平原通过岷江由宜宾进入长江运达，或从川东北产粮区顺嘉陵江、涪江、渠江而来，在此装船出峡，呈现出“千帆蚁聚，百货云屯”的繁盛局面。成都是清代四川乃至西南地区的政治、经济、文化中心城市。成都市区有商业街道数十条，城市周边有场镇数十个。另外，成都平原河网密布，沟渠纵横，凭借舟

① （清）张九镒：《巴县志》卷3“盐法”，乾隆二十六年刊本，四川大学图书馆藏，第48页。
② （清）张九镒：《巴县志》卷2“坊厢”，乾隆二十六年刊本，四川大学图书馆藏，第24页。
③ （清）张九镒：《巴县志》卷3“积贮·社仓”，乾隆二十六年刊本，四川大学图书馆藏，第38页。
④ （清）张九镒：《巴县志》卷3“课税”，乾隆二十六年刊本，四川大学图书馆藏，第43页。
⑤ （清）张九镒：《巴县志》卷3“课税”，乾隆二十六年刊本，四川大学图书馆藏，第43页。

楫水运的交通运输优势，成都成为川西地区的粮食集散中心。“附近内外两江舟楫可通之处，军民日食往往仰藉成都，而外省商贩又在各处市场顺流搬运，每岁不下百十万石。”[①] 陆路运输方面，以官府的官道及邮传驿递系统为基干，形成了以成都为中心而连接川东、川南、川北及陕、甘、云、贵、湘、鄂、藏、青等省（区）的道路交通和商业贸易网络。即：以成都为中心，东路经简州、资州、内江而达重庆；西南路经雅安、打箭炉而至康、藏；北路经德阳、绵州、广元入陕西并可继续北上，“经山西到达直隶”[②]；中路经南充、大竹、达州、万县到川东北。从而形成以重庆和成都为中心，覆盖四川内地大部分境域的粮食流通运销网络。

第二，省内州县区域粮食市场兴盛并形成粮食专业特色集散市场——“米口”。雍正、乾隆时期，四川粮食丰收并有大量剩余，不少产粮州县在满足当地民众基本口粮之后，还有剩余粮食作为商品粮外运。有关事实，史志记载尤多。如温江县常年运销成都之米，“岁值六七十万金”[③]。新都县每年所产之米，运销成都 15 万石，运销重庆及蔗糖产区简州、资州等地 7 万石。[④] 德阳县年产稻谷 35 万石，大多运销省内各州县。[⑤] 广安县所产谷米，“贩输出境，几遍巴蜀”[⑥]。有学者估计，雍正、乾隆时期，四川有 60 亿斤～90 亿斤（即 4000 万石～6000 万石）的余粮需要运销省内外市场。[⑦] 清代府、州、县治所在地，既是一级地方行政中心，又是规模大小不等的场镇，这些场镇即为市井，“市井者，

---

① 台北故宫文献编辑委员会：《宫中档雍正朝奏折》第 18 辑，台北故宫博物院，1979，第 417 页。

② 台北故宫文献编辑委员会：《宫中档乾隆朝奏折》第 8 辑，台北故宫博物院，1982，第 295 页。

③ 《（光绪）温江县乡土志》卷 12，四川省地方志编纂委员会：《四川历代地方志集成》（第四辑第 15 册），国家图书馆出版社，2015，第 434 页。

④ 国家图书馆地方志和家谱文献中心：《乡土志抄稿本选编》（10），《新都县乡土志・商务》，线装书局，2002，第 537 页。

⑤ 国家图书馆地方志和家谱文献中心：《乡土志抄稿本选编》（11），《德阳县乡土志・商务》，线装书局，2002，第 302 页。

⑥ 《宣统广安州新志》卷 13，《中国地方志集成・四川府县志辑（58）》，巴蜀书社，1992，第 702 页。

⑦ 谢放：《清前期四川粮食产量及外运量的估计问题》，《四川大学学报》1999 年第 6 期。

场镇也，利之所在，人必趋之，聚民间日用之需”[①]。商品交易流通是场镇的主要功能，四川大多数场镇都分布于水、陆路交通要道，其中，尤以长江干道、岷江、沱江、涪江、嘉陵江沿岸地区的数量最多。地处长江航道要津的涪江的场镇多达 120 个，涪江和嘉陵江交汇处的合州有场镇 73 个。素称天府之国的成都平原，所属州县中场镇数达到四五十个的都比较普遍。[②] 因而，雍乾时期，四川的一些州、县治所在地，大多成为区域性粮食消费市场和集散市场。

粮食属于大宗商品，其运销大多采取集中装载的方式，尽量利用舟船水运以降低运输成本。正因如此，四川的一些地处交通要道的城镇和水陆路交会处的渡口，粮商云集，这些地方既能接受四方之粮，又能很快将其抛销出去，年集散量少则百万石，多则千万石，逐渐成为远近闻名的粮食集散市场，即“聚米之场”[③]。如成都附近金堂县沱江流域的赵家渡，就是川西平原重要的粮食集散专业市镇，其所聚集的粮食，主要来自附近的新都、广汉、德阳及本县。如赵家渡这样的粮食集散市镇，它们所聚集的大部分粮食，又由水陆路转运口运销至成都、简州、资阳、内江等地，再“由小江水次运至重、泸二处交兑”[④]。雍正、乾隆时期，四川境内的渡口，除合州、内江、泸州、乐山等沿江中等规模城镇外，岷江、嘉陵江、长江、涪江、渠江等江河沿岸的大小渡口，也多为粮食转运的集散市场。其中，岷江上游 18 处渡口，有 11 处为“米口”[⑤]。由于四川粮食外销大多经过水运销往长江中下游各省区，长江干支流的渡口多成粮食汇集的“米口”，这在重庆境内体现得尤为明显。

---

① 《光绪梁山县志》卷 3，《中国地方志集成·四川府县志辑（54）》，巴蜀书社，1992，第 82 页。按：历史时期四川人口较多的农村地区，商品交易主要是通过集市贸易的方式进行。关于集市名称，各地有一定差异。“市肆，岭南谓之墟，齐、赵谓之集，蜀谓之场，滇谓之街子。”（谢肇淛：《滇略》卷 4《异俗》，文渊阁四库全书，台湾商务印书馆，1986）明清以后，四川地区统称集市为场镇。场镇是四川广大农村地区农民之间及农民和商贩之间进行交易的场所。现在，四川的一些农村地区还有赶场的说法和习惯。

② 王笛：《跨出封闭的世界——长江上游区域社会研究（1644—1911）》，中华书局，2001，第 236—237 页。

③ 《（乾隆）巴县志》卷 2“津渡”，乾隆二十六年刊本，四川大学图书馆馆藏，第 40—43 页。

④ 台北故宫文献编辑委员会：《宫中档乾隆朝奏折》第 5 辑，台北故宫博物院，1982，第 741 页。

⑤ 杨文华：《津渡与清代四川城市发展》，《城市发展研究》2014 年第 6 期。

如江北厅寸滩，“置有义渡场，通两路口等处米口”[①]。又如嘉陵江沿岸炭坝渡等16处渡口，有9处为“米口”；长江沿岸的溉兰溪等9处渡口，全为“米口”[②]。

综上可见，清雍正、乾隆时期，随着粮食运销的发展，在乡村基层场市发展的坚实基础上，四川逐渐形成了以重庆、成都两个中心城市为领头，以州县区域粮食集散市场和被称为“米口”的粮食集散专业场镇为骨干的多层级、多功能并覆盖全川的粮食运销市场体系。凡能通舟的大小河流，都有粮船往来；缺少航道的广大地区，则用车载、马驮、人背、肩扛。频繁的粮食运销活动，形成了大大小小的不同层级的粮食市场，对满足城乡的基本生活与经济投入需求，对不同地区调剂余缺以及救灾赈济等方面，都有着举足轻重的作用。

五、结语

粮食是人们的基本生活必需品，也是一种有重要战略价值的大宗物资。粮食生产及其商品化程度，亦是衡量某一时期社会经济发展状态和商品经济发展水平的重要标准。通过对雍正、乾隆时期四川粮食运销的市场范围、主要方式、交通运输方式和粮食市场层级结构等问题的讨论，可以发现，这一时期，四川粮食的生产不仅本省供应充足，而且有大量剩余，或供政府调拨和采买，或供商民贩卖。概言之，清代四川粮食运销，初兴于康熙末年，鼎盛于雍乾时期。清初以来，朝廷在四川颁布和实施了一系列“安民”“裕民”“便民”的政策和措施[③]，激发了官员招民垦殖和从外省移民入川的热情，快速填补了人口空缺，缺失的劳动力得到补充，土地资源得到充分利用，农业生产得到迅速恢复和发展。雍正、乾隆时期，四川粮食的丰产和大量外运，既是四川作为农业生产大省和粮食输出大省的重要标志，也是四川粮食商品化程度显著提高的重要表征。

---

① 《道光江北厅志》卷2，《中国地方志集成·四川府县志辑（5）》，巴蜀书社，1992，第472页。
② 《（乾隆）巴县志》卷2“津渡”，乾隆二十六年刊本，四川大学图书馆馆藏，第43页。
③ 贾大全、陈世松：《四川通史》卷6，四川人民出版社，2010，第12—16页。

同时，也需看到，雍正、乾隆时期四川粮食运销之兴盛，是建立在本省粮食供应有余、外部又有市场需求之上的。当时四川人地关系较为宽松，人均耕地比较富裕[①]，产粮比较丰饶，外省甚至包括湖北在内的长江中下游地区都需要四川的粮食接济，两者结合，既满足了缺粮省份的需求，又促进了四川粮食生产及其商品化的发展。但嘉庆、道光以后，四川人口无节制的增长，导致土地资源日渐紧缺，人地矛盾日益尖锐[②]，四川开始由余粮省渐变为缺粮省，粮食外销逐渐减少，几至断绝。随着粮食商品化前提的渐渐消失，四川粮食商品化与市场化水平渐呈降低的态势。历史上四川粮食商品化发展的这种局限性颇令人深思，其所蕴含之历史经验和教训或可引为鉴戒。

① 清前中期，四川的人均耕地数一直高于全国人均耕地数，以乾隆三十一年（1766）为例，四川人均耕地面积为15.55亩，分别是湖北的2.3倍、浙江的5.5倍、江苏的5.6倍、福建的9倍。参见梁方仲：《梁方仲文集·中国历代户口、田地、田赋统计》，中华书局，2008，第548、549页。

② 到嘉庆时，四川人口和耕地成正比递增的趋势被逆转，人均耕地优势被过快的人口增长打破，人均耕地仅有2.17亩，首次低于全国人均耕地数（2.19亩）（参见梁方仲：《梁方仲文集·中国历代户口、田地、田赋统计》，中华书局，2008，第554页）。

第四章

康区社会的因与革及清王朝的治策

“康”是藏语“喀木”之音译，有“边地”之义。在藏族传统的地域概念中，它是我国藏族三大聚居区（卫藏、康、安多）之一，故称康区或康巴地区。其地域范围大致东起四川的二郎山，西至丹达山，南含云南迪庆高原。[①] 这片区域战略地理位置非常重要，历史上，这里既是各民族部落南上北下的“民族走廊”，也是汉藏交流、交往的要道。因而，自唐代以来，康区就成为历代中央王朝治藏安边的前沿阵地。但是，康区山高谷深，平均海拔多在 3000 米以上，自然环境恶劣，交通闭塞，经济发展条件差。自元朝以来，康区各地方势力和佛教教派常常紧密联合，教靠政而生，政依教而强，逐步形成一种特殊的政教格局。诸因素叠加，致使康区长期处于经济发展缓慢、僧多民少和寺富民贫的落后状态。近代以来，由于外国势力的入侵，康区常常被视为“川滇屏蔽，藏卫根基”[②]，战略地位更加突出。康区的治乱不仅事关西南边疆地区的稳定，而且直接关系到反击外敌入侵和捍卫国家主权的大局。一个多世纪以来，学人对这些问题做了深入而细致的研究，在此不再赘述。笔者拟从康区的藏商与商业、外国教会入康和清末垦务等角度，探讨清

---

① 包括今四川省甘孜藏族自治州、西藏昌都市、云南省迪庆藏族自治州和青海省玉树藏族自治州等地区。参见李绍明：《康巴文化简论》，泽波、格勒：《横断山民族文化走廊——康巴文化名人论坛文集》，中国藏学出版社，2004，第 67 页。

② 吴丰培：《赵尔丰川边奏牍》，四川民族出版社，1984，第 504 页。

王朝在抵御外敌入侵和加强边疆统治的双重任务下，是如何谋求康区这片政治保守、经济和文化落后的民族地区之治策的。

第一节
康区历史上的藏商与商业

历史上，康区藏商和商业的孕育发展，有其特殊的背景与成长轨迹。随着元、明、清王朝治藏力度的不断加大，随着对川藏驿道的整治和粮台建设，汉藏之间的政治、军事、经济、文化交往更加频繁，汉藏关系更加密切。在此之下，康区民众的经济意识逐渐转变，地区商业氛围日趋活跃。在这里不仅有活跃的汉、回等商人，也有藏族商人群体。但是，康区商人群体中，实力最强的是寺庙商和土司商，他们经商带有明显的超经济强制色彩。康区商业的发展，也不是内部经济发展的结果。因此，康区商业的繁荣和藏商群体的壮大，并没有为康区经济结构的变化和区域经济的发展带来实质性的变革，康区经济发展滞后、区域商业整体原始，仍然是当地经济社会的基本面相。正因如此，过去个别学者在探讨康区民族商业时，有这样的认识误区——藏族普遍缺乏商业意识，价值观念淡薄。[①] 客观地说，简单地给整个涉藏地区贴上贱商、无商的标签是不恰当的，当然过分夸大其商业发展的成熟度，亦是不合适的。对于康区藏族商人群体和商业的研究，学界历来有所关注并有成

① 一般认为，雪域高原之“牦牛马背民族”，所处地理环境险恶，交通闭塞，无商业理性发育之环境，是藏族缺乏商业意识、价值观念淡薄的一个原因。藏族传统文化价值观念对商人及商业有特别的偏见是另一个原因。有关猕猴变人的传说文献中，更是把“从事商贾”与“贪欲嗔恚”“五毒炽盛”等人间恶行并论（索南坚赞：《王统世系明鉴》，刘立千译注，西藏人民出版社，1985，第 32 页）。藏传佛教盛行，重来世、轻现世的观念成为整个藏族社会的风尚，也强化了涉藏地区历史上普遍存在的耻于经商、鄙视商业之风气。

果面世[1]，但也不得不说，该问题尚存进一步研讨的空间。

一、等级分明的藏商群体

（一）藏商的形成概况

笔者所说的“藏商”，是指康区历史上从事商业活动的藏族商人。这其中既包括经济实力雄厚的喇嘛商和土司头人商，也包括为求自存营生的小商小贩。关于康区藏商起源史，有学者认为，肇始于唐、蕃时期。“（唐）宪、穆以后，兵戎罢息，蕃人始以土产与近边汉商交易，汉蕃商业，于是勃兴。自蕃输入者，为畜产品与药物、兽皮之属；自唐输出者惟茶与绢。”[2] 不可否认，唐、蕃时期的汉藏经济交流频繁，藏商在唐、蕃交流交往中扮演了重要角色。但是，康区藏商的发展与壮大，主要还是在明、清时期。

实际上，对于康区藏商发展历史的探讨，首先应厘清康区藏族的形成历史。如果把藏商界定在寺庙商、土司头人商、平民商这一范围之内，那么，康区藏商的形成时间，大致应该在唐、蕃以后。在吐蕃东扩之前，康区是部落和民族杂居之地，在大大小小的山谷中分散或聚居着许多不同语言，或者使用同一语言，但有不同风俗习惯的民族和部落，如党项羌、白兰羌、东女国等。自汉至隋唐，他们各部雄长，不相统一。唐代，朝廷曾在康区东部置有 100 多个羁縻州，分隶于松州、雅州和黎州都督府，以当地部落首领为刺史。[3] 在历次唐、蕃战争中，这些民族和部落或附于唐或受制于吐蕃，被贬之曰“两面羌”。吐蕃对康区的征服和长达百余年的统治，是康区藏族形成的重要阶段。吐蕃王朝解体后，那些随军东迁的吐蕃部落、家眷和奴隶，部分留居康区各地，并在那里繁衍生息，成为永久性居民。这些人与康区原有民族或部落，彼

---

① 代表性论文有杨亮升：《宗教文化与四川藏区的寺庙商业》，《西南民族学院学报》1988 年第 3 期；刘君：《康区近代商业初析》，《中国藏学》1990 第 3 期；鲁子健：《清代藏汉边茶贸易新探》，《中国藏学》1990 年第 3 期；陈汛舟：《略论历史上川西北地区的藏汉贸易》，《中国藏学》1990 年第 3 期；等等。

② 任乃强：《康藏史地大纲》，西藏古籍出版社，2000，第 34 页。

③ （后晋）刘昫等：《旧唐书》卷 49，中华书局，1975，第 1142 页。

此通婚、相互交流与碰撞，其血缘与文化习俗渐趋相似。特别是从10世纪以后，经过藏传佛教“后弘期”的洗礼，佛教文化由吐蕃本土不断向今甘、青、川、滇交界地区广泛传播与渗透，不仅使这些地区各部族在文化心理素质和语言上渐趋一致，而且使这些地区与吐蕃本土在文化上成为一个整体。因此，藏传佛教在康区的传播与普及，既是康区居民形成共同语言、共同心理特质的重要标志，也是真正意义上的藏族稳定共同体逐步成熟的重要标志。大约在12世纪，今四川涉藏地区居民在文化心理和语言上才与卫藏基本趋于一致。① 此后仍不断有其他民族的成分以各种方式加入藏族之中，蒙古族就是其中一突出例证。② 因此，从一定程度上讲，经过元朝对涉藏地区近百年的有效统治，一个独具特色的藏民族共同体已趋成熟。西藏及邻省涉藏地区特殊的人文与自然环境，也决定了生活于高原上的藏民族经济基础，一个世俗政治权威彼时在该地区很难建立，而宗教凭借其巨大影响力成为凝聚民族的巨大精神力量，一个以宗教为核心的独特文化圈得以形成。③ 由于特殊的地形地貌，康区民族文化多元，多种宗教并存，但藏传佛教的实力和影响力，还是其他民族宗教所无法比拟的，其表现是僧人众多、寺庙遍地。各地方势力和佛教教派常常联盟，教靠政而生，政依教而强。为此，元、明、清时期，各王朝在康区行“因俗以治”之法，分封土司以管其地。

明代是康区藏商形成和发展的重要时期。明初，明廷在对西藏僧俗首领“多封众建”之后，终明之世，明朝的治藏主要是通过僧俗首领定期与不定期朝贡来实现的。对于明朝治藏的这一特点，有学者归纳为“分封”“朝贡”和“优予贡利”紧密结合的“三级连环式”体系。④ 其中，设置茶马司和建立贡制，以加强对朝贡的管理，是明朝治藏的重要环节之一。永乐十二年（1414），明成祖命杨三保使藏令“阐教、护教、

---

① 欧泽高、冉光荣：《四川藏区的开发之路》，四川人民出版社，2000，第10—11页。

② 李绍明：《李绍明民族学文选》，成都出版社，1995，第541页。

③ 童中心：《失衡的帝国——长期影响中国发展的历史问题》，贵州人民出版社，2001，第232—233页。

④ 石硕：《西藏文明东向发展史》，四川人民出版社，1994，第266页。

赞善三王及川卜、川藏等共修驿站”，自是道路毕通，贡益频数。[①] 当时，明朝虽有贡时和人数等方面的限制，但是，藏族僧俗上层人士“素以入贡为利”，常常突破规定，假进贡之名，行贸易之实。明廷为之“屡申约束，而来者日众”[②]。汉、藏之间逐渐形成一种以朝贡和赏赐为名的特殊贸易形式。可见，明代以“茶马贸易”为特色的汉、藏经济交往，无论是规模还是频率都超出唐、宋时期。这无疑大大刺激了康区的商品交换，促进了康区商业的繁荣，喇嘛商和土司头人商逐渐积累了资金，其实力得以壮大。

清初，汉藏贸易仍保持明代的特点，以茶叶为大宗，附带其他日常用品。当时，朝廷以传统方式严格管理陕甘和云南的茶马贸易，而对经由四川的汉藏贸易控制较弱。[③] 随着清朝国内局势的稳定和康熙、雍正、乾隆三朝治藏、治康力度的加大，川藏线道路的整治，粮台的设置，进入康区的汉族官员、兵丁、力夫、屯民和商人逐渐增多。他们与本地藏族通婚，先进的生产技术及生产方式传入康区，康区生产力水平迅速提高，康区经济得以发展。以茶叶为主的汉藏贸易直线上升，“由打箭炉入口买茶者，络绎不绝于道”[④]。地处川藏线上的康定等市镇成为汉藏贸易中心和商品集散地。这些因素为康区民族商人的成长与商业的发展奠定了基础，其重要标志之一是雍正、乾隆时期，清廷因此每年获得数量可观的关税收入。[⑤] 清季赵尔丰主政川边，推行“商战”安边，采取招揽和保护商人的政策[⑥]，这在一定程度上促进了康区商业的进一步发展，一些喇嘛商和土司头人商甚至发展壮大成为远近闻名的商贸贩运集团。[⑦]

---

① （清）张廷玉等：《明史》卷331，中华书局，1974，第8582页。

② （清）张廷玉等：《明史》卷331，中华书局，1974，第8582页。

③ 中国藏学研究中心历史所：《西藏历史研究论文选》（中）（《西藏通史》资料丛刊30），中国藏学研究中心历史所，2005，第716页。

④ （清）周霭联：《西藏纪游》卷3，张江华、季垣垣点校，中国藏学出版社，2006，第57—58页。

⑤ 陈崇凯：《西藏地方经济史》，甘肃人民出版社，2008，第420—421页。

⑥ 贾霄锋：《藏区土司制度研究》，青海人民出版社，2010，第381页。

⑦ 陈泛舟：《民国时期甘、青、川三省边境的藏汉贸易》，《西南民族学院学报》1990年第6期。

（二）实力差距甚大的藏商群体

在康区藏族商人群体中，各自拥有不同的政治经济权力，各群体的经济实力和影响力差别较大。按其实力和影响力排序，依次是寺庙商、土司头人商和平民商。

1. 寺庙商

寺庙商亦称喇嘛商。明清以来，随着藏传佛教寺庙不断介入地方政治经济生活，寺庙通过各种特权和手段，拥有“地产、大牲畜和小牲畜群、商业财产、利息”① 等寺产。其中，经商在增强寺庙经济实力方面，作用日渐突出，因而，寺庙经商也逐渐成为一种历史传统。② 康区各大寺庙亦不例外，经商也是其积累寺产的一种重要途径。清末赵尔丰说，康区众多寺庙中，“以甘孜寺、达金寺为最富，盖喇嘛善于营商，由康定县购买川茶，以及杂货入藏销售，掉（调）换土产出口。于印度、香港、上海、北京、成都等处，设立分号，采购广货古玩等物，转至康藏出售，一本千利，行以为常，数百年以还，盈余雄厚，常养骡马数千匹，牛数万头，以为运输工具，诚为康藏之巨商也”③。可见，在甘孜等地，寺庙经商很普遍。最具有象征意义的是，甘孜最富的甘孜寺和达金寺都善于经商。

寺庙经商，通常有会首“经营商业”④，由有“充本”或“涅巴”“西巴”“西所”“济娃”等名号之商官具体负责寺庙商业事宜。寺庙商务一般由寺庙出资，公推熟悉商情之喇嘛经营。也有寺庙指定辖区的某富有商人代为经营，如甘孜德格更庆寺委托大商人布楚楚为其“充本”，据说布楚楚经营有方，深受寺庙赏识。⑤ 按规矩，这些经商人员，无论其身份属于本寺还是受托之人，均须定期向寺庙交纳约定之利润。阿坝

---

① ［意］图齐：《西藏宗教之旅》，耿昇译，王尧校订，中国藏学出版社，2012，第 176 页。

② 周智生：《晚清民国时期滇藏川毗连地区的治理开发》，社会科学文献出版社，2014，第 153 页。

③ 吴丰培：《赵尔丰川边奏牍》，四川民族出版社，1984，第 259—260 页。

④ 赵心愚、秦和平：《清季民国康区藏族文献辑要》（上），四川民族出版社，2003，第 506 页。

⑤ 四川档案馆藏《德格写真》，《康藏月刊》卷 2 第 6 期。

格尔底寺规定，经商之“济娃”必须交纳40%的利润[1]，准高不准低，如遇亏损“济娃”不仅负责赔偿，且须在佛前明誓，以示惩戒。这些现象直到20世纪40年代还普遍存在，“每个庙里，都专门派了一批喇嘛，长年在外经营远途贸易，这贸易的数目都非常大，主要以茶叶、皮毛等为交换的货物。因为藏民无不是喇嘛信徒，因此得各方之助，贸易进行都是非常顺利，所获的盈利却都很大。并且庙里对于做贸易的喇嘛，都有一个严格的规定，即是贸易的结果，是只准赚不准蚀的。蚀了得由你自己补出。于是年复一年，贸易资本的积累，都变得非常大”[2]。由此可见，寺庙经商是一种旱涝保收的赢利事业。

从经营业务上看，寺庙商主要热衷于利润丰厚的汉藏地区间或者境外的转口贸易。这种贸易一般是将涉藏地区的土特产品，如羊毛、皮革、药材、黄金等商品运至成都、重庆、上海、广州等内地大中城市，同时贩回本地所需茶叶、布匹、日用百货和铁器等物，当然这其中也包括一些奢侈商品。寺庙商将贩回的货物，或本地销售，或再转销到其他民族地区。近代以来，一些实力雄厚的寺庙商如执康南商业之牛耳的理塘寺，康北德格土司辖区的八邦、更庆、竹庆等寺，不仅在国内大城市设立贸易分支机构，而且在境外设有商号。

与其他个人或商帮相比，在康区这样一个几乎全民信教的地区，寺庙经商占有特别的优势。凭借宗教地位和在政治、经济上享有的特权，寺庙商经营的商品成本较低，甚至无成本。明正统年间，“番僧朝贡……假进贡之名，潜带金银，候回日市买私茶等货。以此缘途多用车船、人力运送，连年累月，络绎道路”[3]。景泰四年（1453），“四川董卜韩胡宣慰司番僧、国师、禅司（师）、喇嘛进贡毕日，许带食茶回还。

① 杨亮升：《宗教文化与四川藏区的寺庙商业》，《西南民族学院学报》1988年第3期。

② 谢天沙：《康藏行》，工艺出版社，1951，第74—75页。按：该书作者得到邓锡侯的帮助，于1941年秋去康藏调查，历时一年，回蓉后写成《康藏行》。

③ 《明英宗实录》卷177“正统十四年四月辛亥”，（台北）“中央研究院”历史语言研究所，1962。

因此货买私茶至万数千斤，其铜、锡、磁、铁等器用”①。正德十三年(1518)，四川天全六番招讨司贡使和乌思藏贡使“得赐番茶六万斤……夹带私茶至六倍所赐，而贿带商茶尤多”②。同时，寺庙商还可通过一些超经济的强制手段，获取一般商人难有之高额利润。如运货可遣农奴和畜力无偿运输，且可免厘税之费；寺庙为涉藏地区文化中心，每年之法会，信徒、游客辐辏，寺商就地开铺经营，占有地利人和之便；藏族民众信教，僧人从商，市场广阔，信徒愿买其商品且不讨价，寺庙商由此多获厚利甚至暴利。大金寺“历经商业，积资甚厚”③，“其他商帮难与争衡”④。

因此，康区的寺庙商，无论是在资金实力上，还是在经营规模与获利难易程度上，都是一般藏商和土司头人商难以比拟的。有学者研究发现，寺庙商中实力雄厚者，主要来自察木多（昌都）、德格和西藏等地，其中，达赖喇嘛和班禅的商队实力尤为雄厚。⑤ 另外，20 世纪 30 年代，甘孜县共有藏商 13 家，寺庙商就占 7 家，且均拥有数额庞大的私营资本。⑥至民主改革前，大金寺和理塘寺分别控制着康北、康南的商业。⑦这些拥有强大商业实力和政治特权的“喇嘛寺在康省实一特殊重要之商业机构，在关外各地常具有决定性之力量”⑧。

2. 土司头人商

土司头人商是藏商群体中实力仅次于寺庙商的又一重要商业团体。

---

① 《明代宗实录》卷 232“景泰四年八月甲辰”，（台北）“中央研究院”历史语言研究所，1962。

② 《明武宗实录》卷 162“正德十三年五月癸亥”，（台北）“中央研究院”历史语言研究所，1962。

③ 任乃强：《任乃强藏学文集》(中)，中国藏学出版社，2009，第 79 页。

④ 四川省档案馆、四川民族研究所：《近代康区档案资料选编》，四川大学出版社，1990，第 222 页。

⑤ 张莉红：《论明清川藏贸易》，《中国藏学》1993 年第 3 期。

⑥ 据20 世纪 50 年代的调查，甘孜州私营商业资本总额约 2500 万元，而寺庙商就占 1800 万元，占比达 72%。参见冉光荣：《中国藏传佛教寺院》，中国藏学出版社，1994，第 263 页。

⑦ 吴传钧：《西康省藏族自治州》，生活·读书·新知三联书店，1955，第 15 页。

⑧ 四川省档案馆、四川民族研究所：《近代康区档案资料选编》，四川大学出版社，1990，第 222 页。

众所周知，元、明、清时在康区有很多土司，土司与寺庙宗教集团始终保持良好的联盟关系，占尽各种便利。众多土司经营商业，并以家族命名其商号。如康区北路有扯里家、孔萨家、登朱家、白利家等，南路有安朱家、甲多家、降措家。[1] 此外，在阿坝州，有杨俊扎西家、索观瀛家，等等。

实力雄厚的土司头人商一般是自出资本，雇人经商。在经商方式上，康区与嘉绒区有异。甘孜土司通常是指派熟悉商情之亲信代为营运，经营之人被称作“涅巴”（意即管理人），两年一换。阿坝土司则采取轮派属下富裕藏民为之经营，这些人被称为“崇娃”，任期三年。无论是“涅巴”还是“崇娃”，为主人经营，均只准盈余不许亏损，土司全年用度均取给于此。若有亏损，则经理之人负赔偿之责。因而，“涅巴”“崇娃”虽有因之发达而自为经商者，但更多的则因此破产。

长期以来，土司头人凭借自身的特权，从事掠夺性商业活动。因而，他们既有独资经营转口贸易方面大宗买卖的实力，又有经营与寺庙商所经营之同类商品之权利，资本积累迅速。这种万般有利而无风险，正是康区土司头人普遍乐于经商的原因所在，也是康区造就了一批有巨大经济实力之土司头人商的原因所在。例如，甘孜县城的 13 家藏商中，土司头人商占 6 家。他们有雄厚之商业资本与繁盛的业务，如“邦达昌”为康藏商道之翘楚，杨俊扎西可执嘉绒地区商业之牛耳。土司头人商与寺庙商几乎垄断了康区之商业，他们的商业行为成为本地商情的晴雨表。

3. 藏族平民商

康区生产力发展水平普遍较低，自给自足的自然经济占主导地位，有的地区甚至无现代意义的商业活动，加之寺庙商、土司头人商对本区商业的垄断，藏族平民从事商业活动的人数少，而且从事商业的人中绝大多数仅以商业为副业。因而，他们在本区商业经济中的地位非常低。

藏族平民商是相对富裕的从事商贸者，习惯以地域命名，如甘孜

[1] 刘君：《康区近代商业初析》，《中国藏学》1990 第 3 期。

娃、理塘娃、德格娃等。他们或独资或合伙经营，资本额不大，经营规模十分有限。其行商地域狭小，有将本地土特产贩至就近集镇贩卖者，有走乡串户兜售茶、布、盐、杂货者。绝大多数无力从事转口贸易等高利润商业。因而，藏族平民商的交易方式较为原始，大多采用以物易物的交易办法，几无以货币为中介的交易。唯一例外的是阿坝州的部分“济娃”或“崇娃”，他们在替寺庙或土司经商过程中，积累了资本并自行经营成为个体商，甚至组成商业集团，如“草地帮”，其经营规模较大，经营地域较广，既有本地区间的买卖，也从事跨地域的转口生意，资本积累较快。

总之，较之本地区之寺庙商、土司头人商，藏族平民经商有许多不利之处。他们的资本少，经营规模小，故抵御天灾人祸的能力弱。同时还有厘税之累，遭受寺庙、土司的盘剥。因此，藏族平民商乃康区藏商集团中的弱势群体，不管是经济实力，还是对本地区商业的影响力，均难与寺庙商、土司头人商相比拟。

当然，以上仅仅是关于康区藏商的一般性概述。实际上，在康区这样一个物产贫乏、经济结构单一、商业意识普遍不强的地区，不仅有不同身份等级的藏商，而且有来自不同地区的汉、回等民族商帮，如陕商、川商、滇商、甘商、青商等。他们“以茶业为大宗，故茶帮亦较其他商帮为大”；各帮“或以地域关系，组成帮口；或以营业种类，别树一帜”①。就藏商而言，其实际情况比较复杂，特别是寺庙商、土司头人商等藏族社会上层经商者，由于各自的地位及影响力不同，营商的条件也并不一致。另外，在明、清这样一个大跨度的历史时期内，藏商与汉商等其他民族商人之间的关系等问题，也非在此所能详尽。值得注意的是，在以农耕为本的中国传统社会，大多视商业为末业，但在吐蕃势力所及地区的寺院有从事商业活动的现象，“在吐蕃统治时期的中亚，寺院都拥有财产和仆人，他们可以从事买卖交易”②。这或许能解释藏传佛

① 杨仲华：《西康纪要》，商务印书馆，1937，第217页。

② ［意］图齐、［德］海西希：《西藏和蒙古的宗教》，耿昇译，王尧校订，天津古籍出版社，1989，第25页。

教寺院从事商业活动，是有历史传统的。事实表明，康区之商人“属于尊贵阶级，地位在土司、喇嘛之下，农牧百姓之上”。有地位之商人曰“充本”，即一般所说的商官。一般的个体营商者，其地位也在普通藏族人之上。对于这一现象，任乃强先生认为与宗教颇有关系。藏传佛教各派特别是格鲁派反对僧人从事生产，但不禁商。其缘由是僧侣之“日用物品，不能自致，固不得不仰给于商贾”，寺庙修建时其“华美”之物亦须“仰给于商”。而土司头人乐于从商。因为经商，他们才得以用度日丰。康区藏商“大都为喇嘛、头人……此其所以尊贵也”①。

二、康区商业发展的二元结构

上述可见，历史上，康区的藏商群体不仅有一定的经济实力，还有较高的社会地位。这就表明，康区虽然经济发展滞后，但该地区商业的发展却呈现出另一番景象。然而，若对康区各历史时期商业发育程度与经济社会发展状况进行相关性考察，不难发现，该地区之商业发展“畸形”②，具有典型的二元结构特征。具体表现在，康区之商业发展不仅有地区差异，还有群体差别。康区寺院商与土司头人商凭借政治、经济特权主宰了地区商业贸易，垄断了茶、布、盐等生产生活必需品的买卖，强买强卖，牟取高额利润，与之形成鲜明对比的是，康区其他商人群体实力微弱；康区交通线上的各城镇商业繁荣，但整个地区的商业发展和经济发展却都比较落后。

（一）康区商业发展的根基脆弱

康区地广人稀，山高谷深，交通闭塞，经济发展滞后，商业发展先天条件严重不足，因此，其商业发展常常受制于某种极易变动的外部因素，并随着外部环境的变化而产生较大的起伏，波动性强，具有明显的阶段性特点。

首先，康区商业的产生与藏商群体的存在，并不是经济发展到一定

---

① 任乃强：《任乃强藏学文集》（上），中国藏学出版社，2009，第218—219页。

② 杨亮升：《十九世纪末二十世纪初帝国主义的侵略与四川藏区的商品经济》，《西南民族学院学报》1987年第3期。

程度的必然结果。不管是从该地区经济发展程度，还是从藏商群体的角度来看，康区商业的兴起并不是农业、牧业、手工业和城镇繁荣的结果，而是在特殊的地理位置，不同区域经济的依赖性、互补性等因素作用下而产生的一种特殊商业。马克思在探索世界各民族间的依存关系时指出，“在古代，每一个民族都由于物质关系和物质利益（如各个部落的敌视等等）而团结在一起”①，“各民族之间的相互关系取决于每一个民族的生产力、分工和内部交往的发展程度”②。以之作为研究我国古代各民族交往之实质的向导，无疑具有十分重要的意义。文献和考古材料证明，在我国这片辽阔的土地上，由于自然环境的差异，生活于不同地理环境的各民族，基于各自所处的自然条件和社会文化传统，形成了各种不同的经济类型及丰富多彩的生产与生活方式。这种按自然条件的特殊性而发展起来的经济类型和产业结构也因此具有地区性差异，而这种地区性差异便决定了各民族之间互通有无与合作的必要性。汉藏茶马贸易，古代中原农耕民族与青藏高原及其周边地区游牧民族的经济交往，便是两种不同类型经济区域之间调剂余缺的一种典型例子。③ 质言之，康区商业就是凭借汉藏民族之间调剂余缺的需要而发展起来的。区域内原始商业占绝对优势，具有现代意义的商业往往存在于跨区域的交易中，而这种贸易又在一定程度上是由政治、宗教特权者来实施的，它的支撑点主要是茶马，以及与普通民众日常消费联系不明显的物品。关于这种现象，在元尤其明至清前期表现得格外突出。正如正史、野史中关于贡使在返回途中把回赠品在内地变卖，并私下购买所需商品的记载。在清中期后，因治藏政策的变化，特别是大量内地商民的涌入，这种状况才有一定程度的改变。但康区与内地之间的交易，往往因前者物品的短缺而表现出极强的不对称性。这种没有完全扎根于区域经济自身土壤的商业，是无力从根本上承担起地区经济变革之重任的，以至“在近

---

① 《马克思恩格斯全集》卷3，人民出版社，1960，第169页。

② 《马克思恩格斯选集》卷1，人民出版社，1995，第68页。

③ 把汉、藏民族聚居区划分为农业经济类型区与畜牧业经济区，这是就总体情况而言。实际上，藏族发源地雅鲁藏布江河谷，亦属农业经济区。

代，在四川藏族部落社会中，有很多方面带有浓厚的原始社会末期农村公社的色彩，处于以公有制为基础的社会向以私有制为基础的社会过渡的阶段”[①]，其生产力发展水平仍然极为低下，产业结构十分单一，分工不明显，生产要素间的整合效应不高。产业结构的分布以天然的自然界限为据，民众或农或牧，或农牧兼营，手工业多为家用之必需品，交换更多地表现为产品交换，其交易方式较为原始。产品的商品转化率极低，从商人数占总人口的比例极小，自给自足的自然经济仍是其主要的经济形式。

其次，康区商业因外部条件而产生，具有一定的脆弱性。从其发展历史看，康区商业的兴起在很大程度上与汉藏茶马贸易相关。一般而论，茶马贸易本属汉藏民族间的一种纯经济物资交流活动。但自发端伊始，就被或多或少地注入了一定的政治色彩。从唐、宋、元、明迄清，统治者无不认为边茶与国政安危相关，以边贸为“驭番”的重要工具。“茶之为物，西戎吐蕃古今皆仰之。以其腥内之物，非茶不消；青稞之热，非茶不解。”[②] 茶叶成了藏族人民不可或缺的生活必需品。唐贞观十五年（641）文成公主入藏，带去中原包括茶叶在内的大量物品。据说，茶叶初被当作一种药材[③]，后来才成为藏民生活必需品，并形成饮茶风尚。唐中期后，鉴于茶税有利可图，根据张滂的建议，朝廷才于德宗贞元九年（793）下令，对茶农、茶商征十一税，为此每年政府财政增收四十万贯。[④] 宋代，汉藏茶马贸易有了空前的发展。[⑤] 为以马备边，北宋前期先在成都、秦州（今甘肃天水）各置榷茶、买马司，派官“入蜀经划买茶，于秦、凤、熙、河博马”[⑥]。不久，再“置群牧行司，以往来督

① 刘俊哲等：《四川藏族价值观研究》，民族出版社，2005，第15页。
② （清）顾炎武：《天下郡国利病书》（第4册），上海古籍出版社，2012，第2220页。
③ 泽旺夺吉：《藏族茶文化论析》，《中国藏学》1994年第4期。
④ （后晋）刘昫等：《旧唐书》卷49，中华书局，1975，第2116页。
⑤ （元）脱脱等：《宋史》卷492、卷198，中华书局，1977。
⑥ （元）脱脱等：《宋史》卷184，中华书局，1977，第4498页。

察市马者”[①]。之后又在成都设都大提举茶马司[②]，专门掌管以川茶与少数民族贸易马匹之事务。元代，“惟茶以权利所在”，“榷成都茶”。而到明代，汉藏茶马贸易发生了根本性的变化。明朝基于“羁縻戎心，充实边厩”[③]的政治需要，以非寻常之法对其加以控制。[④]朝臣疆吏紧紧抓住茶叶这一经济杠杆，甚至认为，茶叶虽“草木之叶”，但驭番之功“实贤于数万甲兵”[⑤]，并制定包括管理机制、交易路线、茶马贸易比价等一整套完备方案。[⑥]明代，康区是内地入藏的重要通道，“其通道有二，一出河州，一出碉门”[⑦]。成化三年（1467），政府规定：“诸自乌斯藏来者皆由四川入，不得径赴洮、岷，遂着为例。”[⑧]随着明中央王朝和西藏地方僧俗之间的频繁往来和汉藏茶马贸易的空前繁盛，康区的商业随政治脉搏的跳动而出现繁荣的景象。

清代，由内地出入西藏有四川、青海两条道路可选，其中，川藏通道虽比青藏通道距离长，但“因有居民，还是远为方便”[⑨]，因此，汉藏使臣往返多走川藏道，即如时人所说，出入西藏“皆由四川、青海二路，而青海路亦出河源之西，未入藏前，先经蒙古草地千五百里，又不如打箭炉内皆腹地，外环土司，故驻藏大臣往返皆以四川为正驿，而互市与贡道亦皆在打箭炉”[⑩]。康区因占居地利，在汉藏经济交往中有突出的优势。此外，清政府在西藏地方统治较元明二朝进一步加强，但官方对茶马贸易的管理却有所放松，尤其是对边马的需求大为减少，致使传统茶马贸易的内容发生了大的改变，西藏与内地之间的民间贸易相对扩

① （元）脱脱等：《宋史》卷198，中华书局，1977，第4952页。

② 宋朝还在全国各地分路设提举盐茶司，专司提举，“摘山煮海之利，以佐国用”。参见（元）脱脱等：《宋史》卷167，1977，第3968页。

③ 《明神宗实录》卷182“万历十五年正月戊午”，（台北）“中央研究院”历史语言研究所，1962。

④ （明）陈子龙等：《明经世文编》卷106，中华书局，1997，第955页。

⑤ （明）陈子龙等：《明经世文编》卷115，中华书局，1997，第1071页。

⑥ 邓前程：《一统与制宜：明朝藏区施政研究》，人民出版社，2011，第167—175页。

⑦ （清）张廷玉等：《明史》卷80，中华书局，1974，第1949页。

⑧ （清）张廷玉等：《明史》卷330，中华书局，1974，第8543页。

⑨ 杜文凯：《清代西人见闻录》，中国人民大学出版社，1985，第136页。

⑩ 《西藏研究》编辑部：《西招图略　西藏图考》，西藏人民出版社，1982，第78页。

大。其贸易除茶叶外，“布匹、绸缎、绫锦等项，皆贩自内地”[①]，产自西藏的羊绒、氆氇、虫草等土特产品销往内地，而茶叶仍然是内地销往西藏的大宗产品。为了便于对茶叶输藏的管理，清廷将川茶分为腹引、边引和土引三类。其中，边引用于从南路和西路销往康藏地区。雍正十三年（1735），清廷撤销官营茶马之制，“川省行茶，原以部引为凭，自应请引行运。但口外番夷贸易多寡，内地州县无从查考。或见番客云集，茶斤易售，方请增引。如必候部颁发，则番客已去，各商未免畏阻不前。请于额颁之外，预颁茶引五千张，收贮巡抚衙门，俟有请增州县，一面题报，一面即将部引发下”[②]。“预颁茶引”制度的推行表明官方对茶叶销藏的控制进一步放松，但由之而来的是茶价波动性较大。“炉不产茶，但系西藏总会，口外番民全资茶食，惟赖雅州府属之雅安、名山、荥经、天全、直隶邛州等五州县商人行运到炉，番民赴炉买运至藏行销，按雅属茶有边引、腹引之分，皆赴打箭炉发卖，茶价贵贱不常。”[③] 特别是第二次鸦片战争之后，腐败的清王朝被迫与西方列强签订一系列不平等条约，为筹措赔款，各地税负加重。加之西藏等中国西南边疆大门被迫打开，川茶销藏受到极大的影响。历史上，“销茶犹巨，然川商运至打箭炉而止，穷荒贩贸，皆冒险阻耐皲瘃以竟锥刀，柔脆者不堪其苦，况川省榷茶已重，无论官运商运，再事取盈，倘征多而值昂，立至印茶侵入”[④]。另外，从道光年间开始，四川地区战乱不断，“印茶充斥”不仅使四川商民交困[⑤]，而且“印度茶叶与英国布匹，大量倾销入藏。炉城之土布商业为之摧破殆尽，茶业亦颇受影响”[⑥]。国内政局的动荡和经济滑坡使康区商业也江河日下。

以茶马为代表的汉藏贸易始于唐朝，前后相沿数百年，但这一贸易形式往往被赋予政治色彩。如原西康省主席刘文辉所说：“边茶为汉藏

① 《西藏研究》编辑部：《西藏志　卫藏通志》，西藏人民出版社，1982，第 32 页。

② 《清朝文献通考》卷 30《征榷五》，浙江古籍出版社，1988。

③ 《乾隆雅州府志》卷 5，《中国地方志集成·四川府县志辑（63）》，巴蜀书社，1992，第 439 页。

④ 《西藏研究》编辑部：《清代藏事辑要续编》，西藏人民出版社，1984，第 170 页。

⑤ 吴丰培：《赵尔丰川边奏牍》，四川民族出版社，1984，第 90 页。

⑥ 任乃强：《任乃强藏学文集》（中），中国藏学出版社，2009，第 474 页。

贸易的中心，亦为汉藏经济联系之纽带。历代中朝政府均以此招致边民，促其内向……对于省民之经营贸易者，虽不吝以便利扶持，然同时亦加以一种道义上的约束。此约束为何？即当事者须随时顾到政府之政策与国家之立场，绝不可囿于商业上之眼光，纯以营利为目的也。”① 由是观之，历史上康区商业之荣枯与康藏地方势力与中央王朝的关系紧密相关。

再次，康区商业的兴衰程度因转口贸易的兴衰程度而变化。康区自然条件恶劣，发展经济的环境差，生产力水平低下，商业发展的先天条件不足；但其地理位置、物产状况以及民族习俗，决定了其转口贸易必然发达。从历史上看，涉藏地区的商业交往以茶马贸易为主要形式，元、明至清中前期，以茶叶为大宗商品，以茶易马。以转口贸易为主的康区商业，呈现出如下特点。一是商业网络布局不均衡。康区商业繁盛之地大多与所处地理位置优势有关，要么是汉藏交往之必经之地，要么是中央政府治藏之战略要冲，要么是寺庙等宗教活动场所或土司衙门所在地，如康北的德格、康南的巴塘等。那些既不当道又无寺庙之地，则几无现代商业可言。民国年间，据任乃强调查，“瞻化县治，仅民户 50 家，又无喇嘛寺在附近，故无商业。民户少则货品滞销，无喇嘛寺则小贩无从借贷资本也”②。二是康区特殊的政教格局决定了康区商人群体中的优势者，只能是寺庙商、土司头人商这些有政治、经济特权的阶层，他们商业实力的盈缩同本地区经济的发展程度关联度不高。如寺庙商“主要是买卖来自汉地和印度的商品，和牧民们的变换无关”③。康区商业转口贸易由此发达，但这种贸易没有真正担负起现代商业集散地对周围地区的辐射带动职能。与转口贸易的繁荣形成鲜明对比，康区内部商业发展较为滞后，商品交换手段较为原始。至清末，时人看到，“草地风俗重交易，不重现款售卖”④。据 20 世纪 50 年代的调查，康区绝大部

---

① 欧泽高、冉光荣：《四川藏区的开发之路》，四川人民出版社，2000，第 227 页。

② 任乃强：《任乃强藏学文集》（中），中国藏学出版社，2009，第 89 页。

③ ［意］图齐：《西藏宗教之旅》，耿昇译，王尧校订，中国藏学出版社，2012，第 177 页。

④ 四川省民族研究所《清末川滇边务档案史料》编辑组：《清末川滇边务档案史料》（中），中华书局，1989，第 568 页。

分地方的民间交换停留在产品交换阶段，物物交换是交易的主要形式。因此，在商品交易中难以建立起稳定、精确的数量概念，往往以“一堆”“某批”等模糊的概念来计量。[①] 同时，交易的时限因季节而定。商品交换不仅数量小且时间短，商业在整个经济活动中不占优势。

（二）康区商业发展的非经济因素

康区商业发展存在着非经济因素，这主要体现在藏族商人群体中的寺庙商、土司头人商，他们经商有明显的超经济强制色彩，区域商业的发展呈现出一种典型的“二元结构”。

一是运送的商品在内地由朝廷指派承运，这成为地方官府的一大负担。这一点在明代表现得尤为突出。明朝因治藏政治需要，对西藏及涉藏地区僧俗首领优予贡市之利，“进一羸马辄获厚值”[②]。而且沿途地方政府、驿站提供“水路递运船，陆路脚力”及食宿。康藏地区的僧俗贡使为之乐此不疲，“前后络绎不绝”，明中央政府因之“赏赐不赀”[③]，贡使进出所经地方的政府难堪迎送之累，“比奉敕番僧人等朝贡京师者……动经数月，疲于供亿”[④]。明英宗时“西宁等处番僧剌麻来朝贡者甚众，缘途军民供给烦劳”[⑤]。贡使进出必经之地的四川，都布二司因之叫苦不迭。“自四川雅州出境过长河西，迤西至乌思藏，约有数月程，皆黄毛野达子之地，无州县驿递，亦无市镇村落，一切供应钱粮、护送军马，俱四川都布二司并各土官衙门出办差拨。”[⑥] 另外，在康区，土司、头人和寺庙常常强迫属民无偿承担运输乌拉差役，大大减少了运费开支，节约了商业成本。如理塘寺做生意，木拉区每年要为其免费提供

---

① 欧泽高、冉光荣：《四川藏区的开发之路》，四川人民出版社，2000，第217—218页。

② （清）张廷玉等：《明史》卷330，中华书局，1974，第8543页。

③ 《明宪宗实录》卷21“成化元年九月戊辰”，（台北）“中央研究院”历史语言研究所，1962。

④ 《明英宗实录》卷319“天顺四年九月甲申”，（台北）“中央研究院”历史语言研究所，1962。

⑤ 《明英宗实录》卷113“正统九年二月壬午”，（台北）“中央研究院”历史语言研究所，1962。

⑥ 《明武宗实录》卷135“正德十年十二月庚申”，（台北）“中央研究院”历史语言研究所，1962。

600 头牲口的差役。[①]

二是购买土特产品可以压价强收，推销商品可以高价摊派。康区农牧业与家庭手工业相结合的自然经济及商品经济更多依赖转口贸易。而地区内部经济发展整体落后，特别是寺庙商、土司头人商凭借特权，采取抬价压价、强迫配售等不等价交换[②]，使该地区商品交换带有很大程度的非经济交换性质。

三是获取资本便利，经营商业可免各种税赋。一些寺庙经济集团，“他们资财的来源，大半因宗教关系而从募化或布施中得来”。“所募施得来的钱财，正是用以营利的资本。”[③] 而且，还可免各种税赋。即便是在中华人民共和国成立之初，如大金寺贩茶去拉萨，仍还可获利近十倍，并享有经达赖批准的西藏免税经商的权利。[④]

四是商业与高利贷结合，重利盘剥，成为康区民众的一大灾难。“喇嘛经营商业，简直可以操纵商民，垄断一切。加以经营商业之利润，于是康属之经济大权”。如理塘之贸易，“其资本全贷喇嘛寺，且须得与债额相等之担保品始肯放债，利率大致是每五十两银月利一元至五元……若喇嘛寺一旦停止放债，则理化商场必马上陷于崩溃”。康区大多数“人民穷苦无告，自不能不向喇嘛贷款，喇嘛便利用贷款机会，敲取人民重利”。[⑤] 如康定喇嘛寺“之打打钱，借一千文，头扣百五十文后，逐日经付五十文，十日内本利交清，后付五百文之利”[⑥]。在强迫销售的过程中，若农牧民无钱支付，他们便将货物转换为高利贷赊放出去，利润更是倍增。“喇嘛寺多以放利为生息之道，其放利之物，以粮

① 四川省编辑组：《四川省甘孜州藏族社会历史调查》，四川省社会科学院出版社，1985，第296页。
② 四川省编辑组：《四川省甘孜州藏族社会历史调查》，四川省社会科学院出版社，1985，第296页。
③ 赵心愚、秦和平、王川：《康区藏族社会珍稀资料辑要》（上），巴蜀书社，2006，第325页。
④ 四川省编辑组：《四川甘孜州藏族社会历史调查》，四川省社会科学院出版社，1985，第307页。
⑤ 赵心愚、秦和平、王川：《康区藏族社会珍稀资料辑要》（下），巴蜀书社，2006，第771页。
⑥ 梁瓯第：《西康喇嘛寺的教育》，赵心愚、秦和平：《清季民国康区藏族文献辑要》（上），四川民族出版社，2003，第506页。

食为大宗，金钱及其他抵押品次之。如借粮一斗，到明年秋季，即还一斗五升。借藏洋五元到秋季还六元，抵借亦然。如债务人今年秋收不能偿还时，则连本带利到明年秋收，增加其利之倍……大约每粮一斗到三年后偿还时，其本利统计，需六斗方能还清。藏洋亦然。”① 有学者研究，康区土司、头人和寺庙经商普遍乐于放高利贷，利率高达30%~50%。② 这往往使欠债人倾家荡产，甚至“其本身和其家属，将沦为债主的奴隶……因高利贷的经济剥削，几乎无地无之。是种关系，往往成为社会治安的一大障碍”③。

康区寺庙商、土司头人商有如此多的特权与便利，“喇嘛寺又为一个经济的集团，运用其在西康社会的优越地位和所特有的人力和财力之集中，而成为一个农牧经济社会中所特出的资本家。人民小贸，固必须受资本家的支配操纵，甚至连这一些仅能小贸的人民，其所经营的资本，大部分也必从喇嘛寺的手中借贷”④。“西康本地经商之人，多为喇嘛，资本领自寺院，贸易亦巨大。”⑤。“大金寺有僧侣千余人，历以经商致富，雄于财势。”⑥

综上可见，在康区商业的发展历程中，寺庙商、土司头人商占据优势地位，其经营活动往往是商业资本与高利贷资本紧密结合，主导地方商业发展的走向。因此，这种商业模式本质上难以促进康区经济的更好发展，不可能对地区经济的发展和繁荣起到更大的作用。所以，尽管康区商业与藏商群体的发展历史悠久，寺院、土司商业资本得以迅速膨胀，但是康区地方的生产力水平仍然极度低下，社会分工极不发达，即便是集镇商业市场也只是停留在初级商品市场的水平上。在广大农牧区，物物交换仍是其商品交易主要形式。社会经济落后，人民生活贫

---

① 许文超：《瞻化上瞻区调查记》，赵心愚、秦和平：《康区藏族社会历史调查资料辑要》，四川民族出版社，2004，第194—195页。

② 贾霄锋：《藏区土司制度研究》，青海人民出版社，2010，第222页。

③ 赵心愚、秦和平、王川：《康区藏族社会珍稀资料辑要》（上），巴蜀书社，2006，第334页。

④ 赵心愚、秦和平、王川：《康区藏族社会珍稀资料辑要》（上），巴蜀书社，2006，第346页。

⑤ 杨仲华：《西康纪要》，商务印书馆，1937，第216页。

⑥ 刘文辉：《建设新西康十讲》，赵心愚、秦和平、王川：《康区社会珍稀资料辑要》（下），巴蜀书社，2006，第771页。

困，自然经济仍然根深蒂固。

三、结语

自元、明以来，特别是至清代，随着中央王朝治藏安边力度的不断加大和汉藏政治经济交流交往的日益频繁，康区商业日益兴盛，藏族商人群体得以壮大。这对密切汉藏关系，共同抵御外来经济侵略，均有非常重要的作用。但是，康区商业的孕育与发展，并不是区域经济发展、社会分工的结果，而是与其特殊的地理位置有关。非常典型的例子是，康区内大凡处于川藏线沿线的地方商业繁荣，而其他地区的商业则较为落后。为此，有学者就说：川藏线既是一条政治线与国防线，也是一条经济线。[①] 换言之，康区商业的产生主要是为适应汉、藏区域经济互补的需要，其兴衰取决于外部环境的变化，特别是汉藏关系的和谐与否。质言之，康区商业的发展并不是其地经济发展的结果，它的繁荣也没能真正带动区域传统经济结构的整体变化。藏族商人群体中，最具实力者，是那些因特权而迅速积累资本的寺庙商、土司头人商，他们垄断市场，强买强卖，掠夺农牧民，因此，普通藏商群体对地方经济发展的影响不明显。正因如此，虽然康区历史上有过商业繁荣期，也有过实力雄厚的藏商群体，但总体上讲，该地区商业仍较为原始，经济发展仍较为滞后。这也是近代以来，清朝面临英俄等列强"交相窥藏"的严峻形势下，为了"保藏固川"，不得不"简员督办川边"经济开发[②]，并将"通商"列为其经济开发重要内容的原因所在。[③]

当然，也不可就此否定康区藏商与商业的历史作用。首先，康区藏商与商业一定程度上活跃了地区经济。康区社会原本发展缓慢，生产技术落后，生产水平不高，加上手工业尚未从农、牧业中分离出来，因此区域内虽有农、牧区的产品交换，但这种商品交换远不能满足人们生产

---

① 四川省社会科学院历史所：《四川藏学论文集》，中国藏学出版社，1993，第31页。

② 四川省民族研究所《清末川滇边务档案史料》编辑组：《清末川滇边务档案史料》（上），中华书局，1989，第2页。

③ 吴丰培：《赵尔丰川边奏牍》，四川民族出版社，1984，第53页。

生活的需要。因而，康区无论是农区还是牧区都必须与内地进行产品交换，农区需要内地的生产工具、手工业品、食用的茶叶及部分粮食和百货，牧区需要内地的粮食和茶叶，而内地则需要康藏地区的畜产品、药材和各种土特产品，这就形成了康藏地区与内地密切的经济联系和物资交流。这对康区原本十分单一的地区产业结构、贫乏单调的消费物品，均有一定的调节作用。

其次，康区的一些高原城镇的兴起和发展，均与汉藏贸易有密切关系。康区现今较有规模的集镇，主要集中在川藏交通线上，这些城镇大多是在清代汉藏之间频繁的政治、经济交往交流的基础上发展起来的。自明代修治川藏驿道之后①，清政府大力整治川藏驿站和建设粮台，与这些驿站和粮台向康藏地区推进的同时，川藏交通要道更加顺畅，汉藏贸易为之日渐繁荣。被誉为川藏交通咽喉之地的康定，“元、明时仅一小村”②，四川成为入藏正驿之后③，汉藏交往通道随之南移，官道、贡道和商道交汇康定。雍正七年（1729），清廷采纳了四川巡抚宪德的建议，天全土司改土归流，设置打箭炉厅，升雅州直隶州为雅州府，设知府一员，管辖打箭炉地区。④ 康定的城市和商业发展步入快车道，“为番夷总汇，因山为城，市井辐辏”⑤。“四方商贾辐辏，为川茶夷货交易之所，设有钦差监督税务”⑥。乾隆年间，康定发展成为康区商业贸易中心，极盛时城内有48家锅庄⑦，专门接待往来客商，存贮货物，接洽生意。地处大渡河边的泸定，虽号称西炉门户，但在明末清初，它还只是

① 赵毅：《论明代四川藏区交通》，四川省社会科学院历史所：《四川藏学论文集》，中国藏学出版社，1993，第62—63页。

② 《甘孜藏族自治州概况》，四川民族出版社，1986，第29页。

③ 内地入藏，一般来说有三条干道，即所谓：“川、陕、滇入藏之路有三，惟云南中甸之路峻戏重阻，故军行皆由四川、青海二路，而青海路亦出河源之西，未入藏前，先经蒙古草地千五百里，又不如打箭炉内皆腹地，外环土司，故驻藏大臣往返皆以四川为正驿，而互市与贡道亦皆在打箭炉。”（《西藏研究》编辑部：《西招图略　西藏图考》卷2，西藏人民出版社，1982，第78页）

④ 《清世宗实录》卷80“雍正七年四月辛巳”，中华书局，1985。

⑤ （清）魏源：《圣武记》卷5，韩锡铎，孙文良点校，中华书局，1984，第229页。

⑥ 吴丰培：《川藏游踪汇编》，四川民族出版社，1985，第62页。

⑦ 杨仲华：《西康纪要》，商务印书馆，1937，第214页。

“番名阿龙”[①]的村落，因是南路边茶运入打箭炉的必经之地，“商旅满关，茶船遍河”[②]。“西炉之役”后，康熙四十五年（1706）于大渡河上动工兴建铁索桥，铁索桥建成后，康熙四十七年（1708）御制碑记，赐桥名“泸定”[③]。自此“凡命使之往来，邮传之络绎，军民商贾之车徒负载，咸得安驱疾驰”[④]。泸定因之“渐有商店成市街”[⑤]。巴塘“蛮民数百户，有街市，皆陕西客民贸易于此”[⑥]。察木多（昌都）为川藏线南北两路入藏交会之地，商旅云集，遂成“口外一大都会”[⑦]。其他如德格、甘孜，以及川西高原的松潘等城镇，亦大多因商而兴。另外，康区的一些大的寺庙如理塘寺、甘孜寺，其周围居民点规模的扩大，也与商业活动有一定关系。

再次，寺庙商、土司头人商凭借自身在康区各地的特殊地位和影响力，对藏民族原本落后的经济意识的改变起到了一定作用。通常认为藏民族普遍轻商，而实际情况是寺庙商、土司头人商的存在与商业的繁盛，极大地影响了当地文化结构中的商业倾向。商人的社会地位比较高，被称为“商官”。这就使康区在思想观念、社会风气等方面发生变化，营造出一种鼓励从事商业活动的氛围，“西康人民有资者，无论农牧，亦喜经营商业”[⑧]。可见，寺庙、土司头人经商对康区经济的导向作用不可忽视。

最后，商业活动对促进各民族互通有无，增进民族感情，增强中华民族的凝聚力，共同抵御外来经济侵略起到了一定的作用。汉商与藏商

---

① 任乃强：《任乃强藏学文集》（中），中国藏学出版社，2009，第203页。

② 《乾隆雅州府志》卷5，《中国地方志集成·四川府县志辑（63）》，巴蜀书社，1992，第439页。

③ 《西藏研究》编辑部：《西藏志　卫藏通志》，西藏人民出版社，1982，第133页。又，乾隆六年（1741），工部议准“四川巡抚硕色疏称，泸定桥乃西藏往来之要路，本年四月间被风吹折应如所请，准拨银七百六两兴修”。（《清高宗实录》卷150，乾隆六年九月甲戌，中华书局，1985）

④ （清）常明、杨芳灿等：《四川通志（1）》卷首之十三“宸章一”，巴蜀书社，1984，第311页。

⑤ 任乃强：《任乃强藏学文集》（中），中国藏学出版社，2009，第203页。

⑥ （清）魏源：《圣武记》卷5，韩锡铎、孙文良点校，中华书局，1984，第232页。

⑦ 吴丰培：《川藏游踪汇编》，四川民族出版社，1985，第105—106页。

⑧ 杨仲华：《西康纪要》，商务印书馆，1937，第195页。

在商业活动中共同承担起汉藏经贸往来的历史任务，如汉、藏商在经商地域、经营商品种类上有大致的分工。① 鸦片战争之后，英国等西方列强迫使清王朝签订一系列不平等条约，大量的印度茶叶等产品倾销西藏和康区，中英双方在货币、茶叶等货物方面展开了一场激烈斗争，川茶的垄断地位遭到空前的冲击，但存在了数百年的汉藏民间贸易仍在进行，这既联络了汉藏等各族人民的感情，也在一定程度上缓解了西方列强对康藏地区经济侵略的危害。

第二节
外国教会入康及其历史定位

西方列强势力侵入康区，是从派遣传教士开始的。18 世纪中叶，外国教会在西藏的传教活动失败，之后便力图将其触角伸入康区。特别是在第二次鸦片战争后，西方列强利用坚船利炮敲开了通往中国涉藏地区的大门，这些国家的教会凭借不平等条约获取传教、游历、经商等特权，开始不断向康藏地区派遣传教士。其中，法国籍的天主教传教士和英美籍的基督教传教士，先后在康定、巴塘、泸定、道孚、盐井、炉霍等地建立教堂，在“尽可能靠近汉藏边缘的地带定居下来，改变当地人的信仰，为进一步深入西藏做准备”②。外国教会渗入康区，使康区局势更加复杂，直接威胁着我国西南边疆内陆地区的稳定。笔者根据现存档案文献资料，就外国教会在康区的渗入历程、势力范围、康区教案发生的原因，以及康区外国教会的本质属性等问题，试做初步探讨。③

---

① 周太玄：《西康通志手稿·工商志》，四川省档案馆藏。

② ［法］施帝恩：《“商人型传教士”的新型宗教 ：法国天主教传教士在滇西北的早期活动（1846—1865）》，尼玛扎西、刘源译 ，彭文斌校，《西南民族大学学报》2011 年第 1 期。

③ 为了对外国教会所涉及问题做长时段考察，本章探讨的部分内容在时段上适当延长至民国时期，特此说明。

一、外国教会渗入康区的过程

本书所说的外国教会，主要是指西方国家以传播耶稣基督信仰为核心的宗教组织，即天主教和基督教的教会。关于这些教会组织渗入康区的时间及其机构设置，大致情况是，按照罗马教廷的划分，康区原属印度亚格那主教区的分支西藏教区，罗马教廷还曾以拉萨为中心成立西藏教区，以管辖西藏、康区和中国境外的锡金等地域。道光二十六年（1846），有人建议将西藏教区交给四川教区托管。但是，这样做会使四川教区管辖地域过大，负担太重。有鉴于此，四川教区主教贝罗书（Msgr Perrocheau）向罗马教廷建议，将西藏教区托付给天主教的分支——“遣使会”管理，但未获允准。咸丰六年（1856），罗马教廷正式成立西藏主教区。咸丰七年（1857）二月十七日，罗马教廷任命德斯马曾（即托马斯·德斯迈洛斯，Thomine DemaZures）神父为第一任主教。八月九日，西藏与川西北、川东南教区的三位主教会同商定了各主教区的地域。咸丰八年（1858）一月，罗马教廷批准了这一方案。自此之后，西藏教区下辖西藏、康区，以及上川南南部地区的一半和下川南的仁寿、井研。[①] 教会备忘录称，当时西藏教区有教徒八九千人。[②] 实际上，这一教徒数有夸大之嫌。但真实数据是多少，尚待考证。咸丰六年（1856），杜多明被任命为西藏教区主教，但由于当时西藏驱逐传教士，杜多明未能入藏赴任。杜多明驻足四川打箭炉（今康定），“设法在西藏大门口布置主教场地，以便等待时机以待将来”[③]。可见，外国教会将其活动重点放在康区，是其觊觎渗透西藏没有得逞而采取的迂回战术。

最早进入康区的外国传教士是法国天主教士罗勒拿（Charles Reuno，汉名罗启桢）。道光二十七年（1847）至道光二十八年（1848），罗勒拿一行假扮成商贩，从康定出发，途经巴塘、芒康，试图进入西藏。当

---

① 四川省档案馆：《四川教案与义和拳档案》，四川人民出版社，1985，第 18—20 页。

② 四川省档案馆：《四川教案与义和拳档案》，四川人民出版社，1985，第 19 页。

③ 四川省档案馆藏“天主教川南教区全宗”法文档案。转引自刘君：《康区外国教会览析》，《西藏研究》1991 年第 1 期。

时，清廷对传教士入藏查禁虽有所放松，但传教士还无条约作护身符。因此，当罗勒拿抵达昌都时即被察台粮务及游击传问，身份被识破，随即被扣留，之后又被押到成都。道光帝下令："该国夷人习教念经，意欲传遍内地，不值计较，各省及四川省办有成案，皆系解广东。着琦善于该夷罗启桢等解到时，详细研鞫。如只系传教一事，即着妥为解粤，咨交徐广晋核办，毋令委员另生枝节，免得藉口。"[①] 按照这一旨令，罗勒拿又被押送至广州。中法之间为此进行了长达近半年的交涉[②]，罗勒拿才获释放，"令其自回本国"[③]。但是，罗勒拿并未遵照指令回国，而是弃汉名罗启桢，用名罗勒拿，"由广东绕至云南"[④]，试图走清军和藏兵把守相对不严的滇藏线进藏。咸丰二年（1852），罗勒拿打着经商的幌子，潜入滇藏边界，创建了崩卡传教点。自此之后，西方传教士试图在康定、理塘、巴塘、江卡和道孚等地建立教堂、医院或学校，伺机侵入西藏。

咸丰七年（1857），法国传教士古德尔装扮成商人潜入康定购地置产，建立教堂、医院、学校。随后又派人到江卡、邦拉、巴塘、盐井、中甸、维西等地活动。[⑤]

上述可见，这一时期，外国传教士进入康区的人数虽少，但采取的手段与古柏察试图闯入西藏的办法一样，都是通过隐瞒身份化妆成他人形象，偷偷摸摸地潜入，区别在于古柏察伪装成格鲁派僧人[⑥]，罗勒拿、

① 中国第一历史档案馆、福建师范大学历史系：《清末教案》第1册，中华书局，1996，第41页。

② 刘瑞云：《1848年清廷驱逐进藏法国传教士罗勒拿之外交交涉》，《世界宗教研究》2020年第2期。另外，在清代档案中，对罗勒拿这次被查获、审讯及被遣返的经过有较为详细的记载。分别参见驻藏大臣穆腾额《奏为盘获法国传教士查照成案解交研鞫折》、四川总督琦善《奏报讯办入藏法国传教士罗启祯情形片》、道光皇帝《着四川总督琦善于法国传教士罗启祯解到时详细研鞫事上谕》和两广总督徐广缙等《奏报将法国传教士罗启祯交该国来人收领片》。参见中国第一历史档案馆、福建师范大学历史系：《清末教案》第1册，中华书局，1996，第32—35页。

③ 王明伦：《反洋教书文揭帖选》，齐鲁书社，1984，第286页。

④ 王明伦：《反洋教书文揭帖选》，齐鲁书社，1984，第286页。

⑤ 向玉成、肖萍：《19世纪40—60年代中期法国传教士"独占"康区的活动及其影响》，《西藏大学学报》2011年第1期。

⑥ ［瑞士］米歇尔·泰勒：《发现西藏》，耿昇译，中国藏学出版社，2012，第102页。

古德尔装扮成商人。

第二次鸦片战争之后，清政府被迫与英、法等西方列强签订了不平等的《天津条约》和《北京条约》。依据条约，允许英、法等国传教士到中国传教、租买土地和兴建教堂等。在中法《北京条约》签订的第二年，法国便迫不及待地向清政府申请，派杜多明、丁德安（Than kmsb garbo）、罗勒拿、吕项、毕天祥、萧法日（Jean Charles Fege，即查尔斯菲格）和顾德尔七位传教士进藏。① 这批法国传教士以不平等条约为护身符，明目张胆地闯入巴塘、维西、德钦、察瓦博木噶、芒康、盐井、扎那、门孔等川滇藏接壤地区，从事所谓的传教活动。

咸丰十一年（1861），罗勒拿和萧法日从驻京法国代表 baron Gros 和总理衙门处领取入藏通行护照，六月四日，窜至藏东重镇江卡（芒康），在此地着手传教活动。同年（1861），传教士丁德安来到芒康，企图将传教活动扩展到卫藏。同年（1861），传教士托马斯·德斯迈洛斯从四川总督骆秉章处领取护照，八月五日，到达芒康并试图经昌都直奔拉萨，遭到三大寺的强烈反对，被押回昌都。② 此外，法国天主教会也在这一时期策划派传教士从滇西经康区侵入卫藏的活动。③

同治元年（1862）六月，罗勒拿从察瓦博木噶前往芒康，与萧法日会合，试图再次闯进拉萨，途中又被藏方官员阻止，罗、萧两人被迫退回察瓦博木噶。之后，罗、萧两人企图以察瓦博木噶为据点，与瞻对土司工布朗结沆瀣一气，“欲善取西藏”。同治二年（1863），噶厦摄政汪曲结布托驻藏大臣满庆和帮办大臣恩庆上奏：“藏界东路法国罗勒拿、萧法日等，为恨西藏官民不令其来藏，与瞻逆工布朗结勾成一气。该罗勒拿于今春派刘姓由炉城运来茶包，在巴、里一带散给汉兵，要买人心。细查该罗、萧二人誓要来藏之意，名为传教，实欲善取西藏。”④ 更

---

① “中央研究院”近代史所：《教务教案档》第1辑，咸丰十一年八月二十九日《四川总督咨文》，1974。

② 刘君：《康区外国教会览析》，《西藏研究》1991年第1期。

③ 郭净：《十九世纪中叶法国传教士罗勒拿滇藏传教史略》，《云南民族大学学报》2016年第1期。

④ （清）刘赞廷：《盐井县志》，1962年4月民族文化宫图书馆复制，第1页。按：炉城即打箭炉，即今康定；巴、里即今巴塘和理塘。

为可恶的是，罗勒拿等人还“捏造谣言，诱惑巴塘正副土司投赴瞻逆”。进而谎称：“景纹奉有谕旨，将前藏所属之察瓦博木噶地方赏交伊等永远管理，凡有天主教之人进藏者，不准阻止。”① 为此，满庆和恩庆建议由四川总督骆秉章查实具奏，“如果属实，是为该教士假传诏旨，殊属可恶”②。同治帝悉知事件原委后，极为震怒，指示总理衙门“向法国驻京公使，据理驳斥”；同时，责令四川总督骆秉章：“严饬沿边各属，认真查察。如有内地传教之人，潜赴藏地者，概行截回，毋令乘间偷越。”③ 有鉴于罗勒拿等传教士的种种不法行为，同治三年（1864）十一月七日，满庆和恩庆再次上奏：“目今藏属地面，并无外来天主教之人，嗣后仍严密防范，不至有失察越入藏界之事。惟以前自云南及打箭炉行至擦（察）瓦、扪（门）孔置业之天主教罗勒拿、萧法日等，在彼数年，任意传教，已扰乱番民数人心意。现在设法将该从（教）者分别查办，并不准彼处人等擅行来藏……应请援情奏明大皇帝，饬由打箭炉地方官，认真清查出关兵民，方免洋人潜越藏地，实于黄教大有裨益等因。奴才等查所拟尚中肯綮，除咨明理藩院、总理各国事务衙门、成都将军及札行打箭炉厅外，理合具奏。”④

自罗勒拿等法国传教士闯入康区之后，法、英、美等国的教会依靠各自国家的支持，不断寻求机会向康区派遣传教士。其中，“英国以政治、外交手段，壁观制胜。法国以垦殖、宗教之浸淫，垄断一切。美国以文化教育为中心……在康之势力，仍当以法国为巨擘，美国次之，英居第三”⑤。这些国家的传教士纷纷在康区修建教堂，抢占地盘。现据有关档案材料记载，将史实罗列如下。

同治元年（1862），德钦燕门茨姑主教堂开始修建，为西藏教区云南主教座堂。

同治二年（1863），法国传教士巴布埃（Bourry）到达巴塘，在城

---

① 《清穆宗实录》卷82“同治二年十月甲申”，中华书局，1985。按：景纹为前任驻藏大臣。
② 《清穆宗实录》卷82“同治二年十月甲申”，中华书局，1985。
③ 《清穆宗实录》卷82“同治二年十月甲申”，中华书局，1985。
④ 王明伦：《反洋教书文揭帖选》，齐鲁书社，1984，第288页。
⑤ 杨仲华：《西康纪要》，商务印书馆，1937，第280—281页。

郊四里龙修建了一座教堂和两座住房，发展了 17 位藏族信徒。

同治四年（1865）九月至十月，察瓦博木噶、门孔等地发生反天主教运动，法国传教士被迫离开其经营了十几年的察瓦博木噶传教据点。

同治十一年（1872），天主教会在云南阿墩子（今升平镇）利用居民地基建中式房屋教堂一所。

光绪二年（1876），中英《烟台条约》和《入藏探路专条》签订后，英国传教士入藏合法化。自此之后，西方各国传教士借机入康，试图侵入西藏，“赴川游历之人，近日已十倍于往昔”[①]。为此，时任四川总督丁宝桢请求朝廷准许“遇有赴打箭炉一带前进者，臣宝桢均预饬该厅同知及各塘委员随时查探。如有入藏洋人，必先婉言阻止，决不令其轻入”[②]。加之西藏地方僧俗极力抵制传教士入藏，西方各国传教士被迫在康区活动。

光绪二年（1876），英国基督教内地会的康慕伦从湖北到四川康定考察，后经理塘、巴塘，进入西藏。[③]

光绪三年（1877），罗马教皇特派法国天主教徒毕朗廷为副主教，并派法、奥、意、德等籍教士 30 余人到康区传教。

光绪十四年（1888），英国基督教圣公会进入阿坝活动。

光绪二十年（1894），美国籍牧师贝克到巴安（今巴塘）租地拟建教堂。

光绪三十年（1904），法国巴黎外方传教士丁荣盛在康定北门传教。

光绪三十一年（1905），英国内地会牧师来康定传教，建福音堂一座。

光绪三十四年（1908），美国基督教徒史德文以行医为名进入巴安（巴塘），建立福音堂。宣统三年（1911），史德文向巴塘粮员租借架炮顶地，“后更沿山筑围墙以与外间分划，内修三级洋楼两座，一作医院，一作华西学校，两级洋楼数所，康式楼房十余所，以供西人及教会人员

---

① 吴丰培：《清代藏事奏牍》，赵慎应校，中国藏学出版社，1994，第 495 页。

② 吴丰培：《清代藏事奏牍》，赵慎应校，中国藏学出版社，1994，第 495 页。

③ 胡洪斌、范建华：《穿越藏羌彝文化走廊》，社会科学文献出版社，2021，第 374 页。

住居。外备花园、草坪、菜圃、运动场、树林、池沼、养畜园等地，无异一雏形之市镇也”[①]。基督教士以巴塘为据点，不断拓展势力范围。经过史德文的经营，至1913年，巴安有外籍男女牧师及家属居留者达30余人、教徒30～40家。1922年3月，史德文在前往江卡传教途中被杀。“巴安事件”后，藏军占领巴安，教堂、学校、医院皆被焚毁，外籍教士纷纷避难回国，教务交由中国籍牧师李国光负责，美国基督教会在巴安势力自此日衰。1939年，基督教会又派倪康思等人来巴安主持教会，办起了康区第一所教会医院巴安医院和第一所孤儿院。

1918年，美国传教士安德烈到康定行医，并购地建教堂，教堂先后负责人为朝德威、巴保罗（1929—1932）、吉明斯（1932）、蒋森（1935—1939）、文梦天（1942—1944年）、龚品（1944年以后）。

1918年，基督教英国美道会又派人到汶川、理县、杂谷脑等地建立教堂和教区，由中国信徒捐款开发边疆布道工作。

1922年，安德烈医生在康定北门安息会以一台9马力的小型发电机用水力发电成功，可供50盏电灯照明，为康定用电灯之始。

1925年，西康教区创刊《西藏回声报》，报道教务、人事和地方新闻，用德文印刷发至全国各教区，并寄发法国、罗马等地。

1929年，法国天主教会在康定开办康化学校，内分高级班和初级班。

1947年，由美国长老会、路德会、美以美会，加拿大福音会、长老会及英国满福音会等差会传教士组成流动布道团体基督教环球布道会。美籍牧师吴扬道（D. B. Woodward）、兰德乐（A. H. C. Landanl）、卫浩德（H. N. Withy）和加拿大传教士吴遵道（E. M. Woodward）、司崇道（E. Eseaqer）及英籍传教士史承恩（N. E. Stoker）等6人在康定建立了康定环球布道会，他们通过行医、救济等方式传教，活动于康定、甘孜之间。在康定，他们以内地会福音堂做礼拜；吴扬道还经常到康定南门各锅庄向少数民族群众宣传教义，宣扬“福音”。在今甘孜县，他们将

① 刘曼卿：《康藏轺征》，商务印书馆，1933，第44页。

教堂设在一教徒家中，但两地仅有教徒 10 余人。1947 年，康定公教医院（法国人主办的修道院）装设康区第一部 X 光机器，并对外营业。

1948 年，云南境内基督教五旬节派教会与美国神召会合并，统称为“神召会”，在维西设立“维西分会”。

1949 年 4 月，美国基督教长老会的基督教遍传福音团美籍女传道员贝悦纳（Halenbaily）也在康定成立教会，但无教堂。同年 9 月，重庆基督教遍传福音团负责人马可派女传道员郑睦天、郑爱贞姊妹（中国人）到康定协助贝悦纳工作，她们在康定发展了教徒 30 人。1950 年 8 月，郑睦天与边疆布道团牧师丁约翰、清洁会传教士刘纯奉去雅江县传教，先后发展教徒七八人。郑氏在雅江曾请藏文教师教藏文，在雅江县八角楼（今八角楼乡）、白孜、噶拉（现更名呷拉）、麻子石（此三地均为行政村，白孜、噶拉属呷拉乡辖，麻子石属河口镇辖）等地都有传教活动。

19 世纪中叶以来，外籍传教士虽在康区苦心经营，但以此为基地踏入西藏的企图，始终未得逞。既有研究表明，天主教在藏经营数百年而无功，教区徒具虚名。为此，1910 年罗马教廷取消西藏教区称号，成立以康定为中心的西康教区，以便加强在川滇边涉藏地区的教务活动。西康教区所辖地域较广，居中国八大教区之首。1939 年，西康建省，宁、雅二属因另设有教区，天主教西康教区后升格为康定教区。1936 年的调查表明，天主教势力已散布于康区的康定、雅江、理化、稻城、贡噶、定乡、怀柔、巴塘、察雅、白玉、宁静、科麦、甘孜、石渠、邓科、昌都、恩达、嘉黎、太昭、武城及云南中甸、维西、德钦等 28 处，有教徒 6000 余人。①

二、外国教会抢占“势力范围”与康区人民反洋教斗争

第二次鸦片战争后，随着中外不平等条约的签订，法英美等国凭借这些条约所窃取的特权，先后派遣传教士潜入康区，以开办教育、建立

---

① 曾广铭：《西康之宗教》，《西北问题季刊》第 2 卷第 1、2 期合刊。

医院和扶弱济困等方式，抢占“势力范围”。在这一过程中，各国教会纷纷从事建房置业、争夺信徒等活动。其间，强占掠夺土地、重利盘剥、侵害当地民众利益等行为，有之；干涉地方政务、包庇罪犯等不法行为，亦有之。这些行为导致教民之间纠纷不断，进而演变成一系列反洋教斗争。外国教会的种种不法行为所引发的众多教案，使康区局势更加动荡不安，直接威胁着西南边疆内陆的稳定，因而受到康区人民的坚决抵制。

（一）外国教会在康区抢占“势力范围”

外国教会在康区争夺“势力范围”的过程中，康定因其区位优势，备受外国教会垂涎。以天主教为例，康定教区主教便常驻此地，设总堂一所，下辖康定真原堂，治在城内陕西街，主管康定县教务。内设教理传习所和女生院，辖驷马桥分堂，设教理传习所，男女合班。1949 年，康定共有天主教徒约 740 人，其中，以城区、驷马桥、榆林宫人数为众。在下鱼通叫鸡沟，设分堂一所，有教民 174 人。在康定的各外国教会，内部均有严密的组织系统，其中以天主教最为完备。康定教区内，设主教一人，总管全区教务；副主教一人，襄助主教。下设当家处，管理全区财政。1944 年设参议会（或谓参事会），由华朗廷委佘廉霭、古纯仁、何光辉、尤加理（意大利籍）、杨华明为参议员，建议教区应兴应革事宜。[①]

泸定总堂为沙坝教堂，沙湾设分堂一所，1949 年有教徒约 454 人；冷碛教堂教徒有 170 人；磨西教堂有教徒 560 人。各堂办有男女教理传习所，沙坝总堂设有孤老院一所，磨西麻风院直属康定总堂。1949 年以前，有 200 余名病人。

巴塘教堂一所，同治元年（1862）法国丁司铎、圣保罗等人来巴传教时建立，后在巴塘事件中被毁，清政府将巴塘副土司官寨赔作新址，教徒 30 余户，汉藏均有。

---

① 《1950 年康定军事管制委员会调查》，西康省人民政府全宗档案，全宗号：建康 7，四川省档案馆藏。

炉霍为宣统元年（1909）（一说光绪三十二年）法国教士石司铎由康定来虾拉沱招垦传教，设有城内与虾拉沱教堂各一所，办有男女合班的教理传习所，并有修道院。1936 年，设小学一所。据 1948 年的调查，有男生 16 人、女生 8 人。1949 年，有教徒 115 人。

道孚教堂于光绪二十九年（1903）由法籍教士佘廉霭与后来之谭敬修开办，设有公会，办理慈善事业，以及男女教理传习所，辖乾宁分堂一所，教徒约 100 人。

丹巴教堂于宣统元年（1909）由佘廉霭开办，在小金喇嘛寺设分堂一所，均办有男女教理传习所，共有教徒 300 余人。

盐井教堂 19 世纪 60 年代由法籍吕司铎开办，有教徒 342 人。

懋功教学为 1918 年佘廉霭所开办，内设男女教理传习所，约有教徒 255 人。

阿坝主要有两所教堂：崇化教堂 1923 年由法籍司铎白禄暹开办，内设男女教理传习所，约有教徒 120 人。绥靖教堂于 1938 年由中国籍司铎杨华明开办，仅有教徒约 20 人，1940 年划由崇化教堂兼管。

此外，康定天主教区尚辖有云南茨中教堂（分堂 2），教民 750 人；小维西教堂（分堂 2），教民 256 人；维西教堂（分堂 1），教民 72 人；百汉落教堂（分堂 5），教民 61 人；曲拉通教堂（分堂 1），教民 30 人。德钦、中甸、茨姑、潞子江等地教堂亦属康定天主教区统辖。

原属西昌教区之富林、皇木厂教堂于 1949 年划归康定教区管辖，前者有教徒 300 人，后者约有 1200 人，可能教徒人数有所夸大。

基督教临安息日会在康定设有医院一所，并于 1937 年开办三育小学。此外，该会在汉源、富林、鱼通、磨西等地派专人筹设教堂，均未成功。该会每年还派人往丹巴、道孚、乾宁、理塘、瞻对、炉霍、雅江等地传道施药，扩展影响。基督教美以美会在巴塘设有福音堂一所，选举董事六人，在外籍牧师主持下负责教务，办有华西小学、中学、医院、孤儿院，并随时派遣教士至宁静、察雅、昌都、盐井、察隅等地布道，并进行考察、摄影、测绘活动。

从外国教会在康区的发展进程中，不难发现一些特点或趋势：一是最早进入康区传教的是法国籍天主教传教士，这与天主教在四川传教布道的历史有关。清代入川的传教士不断增多，至清中叶，四川已成为天主教在中国最大的教区。鸦片战争后，天主教传教士凭借所获得的特权和地利优势，率先向康区扩展势力，以至在 1865 年前形成法国传教士“独占”康区的局面。[①] 基督教新教传入康区较晚，光绪十二年（1886）重庆教案后，基督教在四川的活动才逐渐活跃[②]，内地会、美以美会、安息日会等支系传入康区。

二是外国教会在康区的势力大小，随各国实力的强弱起伏而变化。清至民国前期，天主教在康区的势力远非基督教可比。1928 年，康区有外国教士 21 人，其中，法国教士有 15 人，而英国和美国分别只有 2 人和 4 人。从地域上看，天主教占据康定、泸定等地，而基督教只在巴塘占有优势。然而，通过办学、行医和扶弱济困等活动，基督教在康区势力后来居上。光绪二十四年（1898）前后，美国人开始进入康区，经过贝多的、浩戈登和史德文等传教士的经营，至 1932 年，美籍传教士及其家眷在巴塘者有 30 余人，“成为巴塘实力最雄厚的外国殖民主义者”[③]。与之形成反差的是，20 世纪 40 年代，法国“巴安天主堂，乃日渐式微，教民星散，司铎亦迁盐井，仅留教民邓朝良为之看管房屋而已”[④]。表面上，这与在康两教传教历史的长短先后有关。而实质上，是法国经济实力下降，英、美特别是美国的经济实力剧增的结果。为此，有学者指出：“即以西康而论亦因为法国教士之入康传教，而西康始有天主教，故就事实言之，天主教之传入西康，谓全为法国教士之力不为过也。”基督教虽然入康较晚，但由于其背靠英、美等国强大的经济后盾，“入教者因之日众，其势力已与天主教相对峙矣”[⑤]。

---

① 向玉成、肖萍：《19 世纪 40—60 年代中期法国传教士“独占”康区的活动及其影响》，《西藏大学学报》2011 年第 1 期。

② 邓杰：《基督教与川康边疆建设——以边疆服务运动为中心的考察》，《民族学刊》2010 年第 2 期。

③ 格勒：《甘孜藏族自治州史话》，四川民族出版社，1984，第 190 页。

④ 李中定：《巴安之天主堂与基督教》，《康导月刊》1940 年第 8 期。

⑤ 曾广铭：《西康之宗教》，《西北问题季刊》第 2 卷第 1、2 期合刊。

三是外国教会在康区的势力以甘孜所辖的康定、巴塘为中心，以此逐渐向阿坝、滇西、昌都等涉藏地区渗透。自19世纪70年代以来，“全康区与四川懋、抚、绥、崇，云南之维西、阿敦子为一天主教区，康定天主堂为其首座，其地位直属于罗马教皇，设主教一人，统治各地教民”[①]。

（二）康区的反洋教斗争

历史上，康区是一个多种宗教并存的地区。这里不仅是藏传佛教教派最为集中的地区，也是苯教势力最强的地区。不同宗教和同一宗教内部不同教派之间，常常因争夺信众、属民，以及土地财产等涉及自身利益的问题而纠纷不断、冲突迭起。近代以来，外国教会渗入康区，避开其侵略性不说，仅从宗教生存竞争的角度上讲，也遇到同样的问题，致使康区教案频发，严重影响康区地方社会的稳定。

首先，宗教信仰的排他性，势必导致冲突。藏传佛教传入康区有1000多年的历史，到清代尤为盛行。有清一代，康区每一部落至少有一座寺院。各寺院有众多的喇嘛，“大寺喇嘛多则四五千人”，个别地方竟至“十室九空，僧多民少”[②]。在这样一个藏传佛教信仰根深蒂固的地区，外国教会为了立足布道，尽管常以借贷资金、招诱耕种等小恩小惠招揽信徒[③]，但在打箭炉等地，法国传教士还是感到当地民众“太不好客”[④]；在巴塘、理塘一带，光绪三十四年（1908），川滇边务大臣赵尔丰看到，“巴（塘）、里（塘）虽有外人传教，而恶之者居其大半”[⑤]。康区本地人“受基督教洗礼者，实寥寥无几”[⑥]。这种与当地传统宗教争夺信众的做法，也引起藏传佛教各派的强烈不满。藏族虔诚的佛教观念和特有的生活方式，注定了他们极不愿意同外来宗教直接发生关系。而地

---

① 任乃强：《任乃强藏学文集》（中），中国藏学出版社，2009，第20页。
② （清）王先谦：《东华录》卷191，光绪三十一年正月乙未凤全奏。
③ 杨仲华：《西康纪要》，商务印书馆，1937，第281页。
④ 四川省档案馆：《四川教案与义和拳档案》，四川人民出版社，1985，第21页。
⑤ 四川省民族研究所《清末川滇边务档案史料》编辑组：《清末川滇边务档案史料》（上），中华书局，1989，第178页。
⑥ 刘曼卿：《康藏轺征》，商务印书馆，1933，第45页。

方土司、头人等，出于信仰及政治利害关系，一般不愿主动与外国教会合作。咸丰十一年（1861），驻藏大臣在“藏人不愿洋人入藏游历、传教”折中称，在藏族僧俗看来，外国教会“所传之教皆与地土不宜、佛教不合，是以僧俗大众闻之，不胜震惊。惟有恳请转奏大皇帝，俯念西藏只知遵守佛教，由来已久，不必来藏游历传教；即或借道，亦不必由藏经过。如伊等心中不愿，仍要前来，小的人等只得会合同教部落，帮同竭力阻止，非势穷力尽，万不放弃佛之宗源，失众生之素志”[①]。正因如此，康区僧俗民众对外国教会非常排斥，甚至将天灾人祸归咎于洋教作祟，是他们触犯神灵，冒犯天地，伤及风水，“人地无相安合宜”。巴塘事件的发生，就是“因巴塘上年安设有法国教堂三处，自该外国洋人在台之后，行动冒犯神灵，污秽天地，是以年来人物患疾，代降灾异，五谷荒旱，比先年收成一半无有”[②]。这种根植于信众而又历时悠久的藏传佛教盛行地区，外来异教难以生根。[③] 强就之，必然引发激烈的信仰冲突。康区教案的频发，除了当地各族同仇敌忾反对外来侵略，毫无疑问，因宗教矛盾而引起的冲突占有相当大的比重。

其次，外国教会常以威胁、利诱、讹诈和强占等方式，大肆掠夺康区土地，招民开垦，重利盘剥，侵害当地民众利益。“据天主教堂主华朗廷言，现康定地面已垦四百余亩，泸定已垦万余亩”[④]。在巴塘，“光绪二十九年，在巴安东区亚海工地方，买得地皮约二十亩……宣统元年及民国六年，又在城区购有耕地三十四亩”[⑤]。在盐井，宣统元年（1909）十二月，知县王会同禀报当局说，法国天主教堂建立 50 年来

---

① 《西藏地方历史资料选辑》，生活·读书·新知三联书店，1963，第 146 页。

② 《光绪三十一年三月初二日巴塘百姓禀打箭炉颇本已将凤全及洋人诛戮文》，川滇边务大臣衙门全宗档案，全宗号：清 7，四川省档案馆藏。

③ 据有关资料显示，外国传教士未能在西藏建立一所教堂，发展一户永久的天主教徒。他们在云南、四川等省涉藏地区的传教活动，也同样不佳。据 1949 年统计，在今甘孜藏族自治州内的 18 个县中，仅在康定、泸定、道孚、丹巴、巴塘 5 个县内，建立了 9 个教堂。其中大部分教堂分布在汉族集中的泸定与康定。这就表明，在藏传佛教信仰根深蒂固的区域西方宗教注定不能立稳脚跟。

④ 杨仲华：《西康纪要》，商务印书馆，1937，第 281 页。

⑤ 李中定：《康南八县纪要——巴安》，赵心愚、秦和平：《康区藏族社会历史调查资料辑要》，四川民族出版社，2004，第 386 页。

“诱置民间之地甚多”[①]。康区的良田好地，大多被教会占有。泸定“最肥美富庶之地，殆全为天主堂所收买”[②]，“收租千八百余石”[③]。这些“肥美富庶之地”，除少量用于建立教堂外，其余均用于“基本产业”出租，为教会各项开提供经费，开办各种事业，直接影响到了当地僧俗民众切身经济利益。此外，传教士们还采用欺骗手段抢占民房，如光绪三十四年（1908），英国牧师欺骗藏民，将 6 间房屋议定租期由 3 年改为 6 年。[④]

再次，外国教会利用特权干涉康区地方政务、包庇罪犯，激起民愤。清末著名的外交家薛福成在总结“教务日棘”之由时说：“教士摄于国家之威，无不谨受约束，恪守准绳。惟其前往中国者，不能人人如在本国之驯谨。而中国与法国所立条约，既授以保护天主教之权，中国稍欲裁制教士，辄为法之外（交）部及驻华公使所格。即使情理兼足，法人明知我当行之政，然彼既欲要结教士之心，又欲自示其权力之大，故无不壹意沮挠者。自是中国竟无法以制教士，而教士之偭规错矩者亦愈多。”[⑤] 天主教等外国教会受治外法权的“保护”，其在中国内地的扩展常常利用和依靠地方团阀、袍哥势力[⑥]，收买不法民众信教，以至教民良莠不齐，“惟华人之进教者，大抵愚者多而智者少，明者寡而昧者众”[⑦]。因此，“大约教案滋事之初，由教民恃教欺压平民，积渐既深，平民不胜其忿，随群聚而仇杀教民。寻仇愈深，则结怨愈深”[⑧]。如果说外国教会在中国内地为达到传教目的，其不法勾当还有些微收敛的话，那么，当时“来康传教之人，挟其帝国主义之野心，而以条约为口实，

① 四川省民族研究所《清末川滇边务档案史料》编辑组：《清末川滇边务档案史料》（中），中华书局，1989，第 518 页。

② 杨仲华：《西康纪要》，商务印书馆，1937，第 282 页。

③ 杨仲华：《西康纪要》，商务印书馆，1937，第 281 页。

④ 赵云田：《清末川边改革新探》，《中国藏学》2002 年第 3 期。按：关于外国教会在康区“租用”土地房屋的具体情况，可参见清末“教会统计表”。四川省档案馆：《四川教案与义和拳档案》，四川人民出版社，1985，第 175—176 页。

⑤ 王明伦：《反洋教书文揭帖选》，齐鲁书社，1984，第 41 页。

⑥ 自贡市政协文史资料研究委员会：《自贡文史资料选辑》第 6—10 辑合刊本，1982，第 135 页。

⑦ 王明伦：《反洋教书文揭帖选》，齐鲁书社，1984，第 419 页。

⑧ 丁宝桢：《饬川东道成绵道清理教案片》，《丁文诚公奏稿》卷 13，光绪十九年刻本。

布道行为往往跌出常规”[①]。“康定天主堂之主教，其地位虽真属于罗马教皇，而经费则多为法国政府所补助……当时地方官吏不明外交情形，畏怯西人，莫敢挠阻，法人遂得为所欲为。于康定、泸定、丹巴、道孚、炉霍、巴安、盐井各县，多建教堂，专诱一般乡愚农民，信从其教。其引诱之法，在政治上，则包庇罪犯，使逍遥于法外；在经济上，则以典买之田产，饵教徒耕种。不习农者，或贷以资本。故一般人民，趋之若鹜。入其教者，谓之教民。凡教民之婚丧词讼，均由教中神甫或主教为之主持处理，体恤庇护，无微不至。教民有事，率多诉于主教或神甫。若有灾荒，亦请主教神甫赈恤。因此教民恃有护符，往往欺压百姓，百姓积愤难平，亦时演暴动之举。”[②]

正因上述原因，外国教会自进入康区之始，就遭到官民的抵制，时有砸教堂、逐教士、打教民等暴力行动，酿成一次又一次的反洋教斗争（或称教案）。

同治五年（1866），发生了第一次巴塘事件，法国传教士被当地藏民驱逐，教堂被焚毁。

光绪七年（1881），巴塘法国天主教司铎梅玉林在赴盐井途中被杀。

同治十二年（1873），巴塘又一次发生砸毁教堂事件，民众“初则掷石向击，继则伤害抢掳，后则奋斧将教堂拆毁”，同时波及盐井、莽里地区，当地民众将两教堂焚毁，其司铎、教士逃往康定。

光绪五年（1879），为了阻止洋人过境“游历”，巴塘发生反洋教斗争，一时间民情汹汹，僧俗民众“遍札巴塘、理塘、霍尔章谷、叠盖各土司，及云南所属阿墩子、中甸、维西等处寺院僧俗人等，以后一律不许洋人过境，亦不准各处迎护接送”[③]。

光绪十三年（1887），巴塘僧俗民众“直衡该处教堂，焚毁一空”，

---

① 杨仲华：《西康纪要》，商务印书馆，1937，第 441 页。

② 杨仲华：《西康纪要》，商务印书馆，1937，第 281 页。

③ “中央研究院”近代史研究所：《教务教案档》第 4 辑（二），光绪六年四月二十一日《军机处交出川督丁宝桢抄片》，1976，第 804 页。

驱逐奉教之人出境，分抢其田地财物。①

光绪十四年（1888）、光绪十八年（1892），阿墩子（今云南德钦）响应西藏噶厦地方政府“饬逐洋教”号召，烧毁法国天主教教堂。②

光绪二十六年（1900），泸定发生反对教会斗争。

光绪三十一年（1905），爆发了中国近代史上著名的巴塘事件。巴塘土司和丁林寺僧人300余人放火烧毁当地法国教堂，杀死2名传教士。

光绪三十二年（1906），巴塘事件引发了云南迪庆藏民大暴动，烧毁霸占民户的阿墩天主教堂、茨姑教堂，杀死传教士2人。

宣统三年（1911），道孚发生反洋教斗争，道孚第一大喇嘛寺——灵雀寺召开“坦切”会议，历数洋教洋人与官府罪状，喇嘛民众攻入县衙，焚烧天主教堂，绑架法国传教士谭敬修、中国籍教士熊德隆到灵雀寺。这次斗争波及康定、小金等地，不久为顾占文镇压。③

在康区的反洋教斗争中，康区僧俗民众在抗击外国教会问题上，同仇敌忾，团结一致，构筑起康区反洋教斗争的坚实基础。教案发生最多最激烈的地方，往往是教会势力最猖獗之地，这与内地反洋教斗争的特点别无二致。虽然康区外国教会势力较之内地更加弱小，但在康区所爆发的反洋教斗争却较内地更为激烈，爆发之原因、参加的阶层也更为复杂。

三、外国教会的政治图谋与社会影响

本质上讲，从外国教会进入中国之始，就有为其所在国服务的政治意图。正如马嘎尔尼所说：“这些传教士，由于他们的科学专长或艺术上的天才，常常和那里的神秘而文雅的王朝发生密切联系。他们在传教之外也为他们国家的利益有所尽力。”④ 近代以来，外国教会进入康区，

① “中央研究院”近代史研究所：《教务教案档》第5辑（三），光绪十三年八月二十二日《法国公使苏阿尔照会》，1977，第1419页。

② 周智生：《晚清民国时期滇藏川毗连地区的治理开发》，社会科学文献出版社，2014，第74页。

③ 实际上，康区的反洋教斗争还远不止这些，如1918年，丹巴教案发生。1922年，美籍传教士史德文携带财物从巴塘准备取道芒康到拉萨，遭到藏民伏击，当场毙命。1926年，巴塘民众在关帝庙集会，要求废除不平等条约，高呼“洋人滚出巴塘”“打倒帝国主义，收回租界”等口号，并冲入架炮顶，吓得牧师浩格登急忙请求当地驻军出面干预。

④ ［英］斯当东：《英使谒见乾隆纪实》，叶笃义译，上海书店出版社，2005，第23页。

其政治意图尤为明显。鸦片战争之后，西方列强凭借不平等条约，无论是“入藏探路”和通商，还是向康藏地区派遣传教士，都怀有侵略野心。对此，时人清醒地认识到“英人入藏探路用意狡谲”①，通商“决非注意于西藏，殆暗借此以通四川大道尔”，“藏路一开，则四川全境尽失”。② “比年法国借护教为名，乘隙以阴谋人国。”③ 因此，教会入康是法、英、美等列强侵略康藏的重要手段，是他们侵略中国战略野心的重要组成部分。

17 世纪上半叶，天主教势力侵入西藏，并在今天西藏的札达县建立起第一座教堂。但是，外国教会自入藏之始，即遭到僧俗大众的坚决抵制。在鸦片战争后，英法等西方列强凭借一系列不平等条约，希图通过所谓的“游历”“经商”和“传教”等形式，再次打开通往西藏的大门，但由于自然屏障和政治、宗教等原因，在“1876 年前外国人入藏实乃极为困难之事”④，即便是到“19 世纪下半叶，没有任何一个西方人能成功地到达拉萨，而白种人在这一代又恰恰对全球所有的处女地都进行了探险考察”⑤。外国教会在西藏的传教事业很不顺，出现了百年的沉寂期。从 19 世纪中叶开始，外国教会转变传教策略，在地处西藏边缘的康区抢占“势力范围”，希图以之作为渗入西藏的突破口和中转站。这就是法、英、美等国传教士热衷于在康区各地寻求发展的主要原因。“查天主教传入康地，为时在法国占领安南以后，与修筑滇越铁路以前。其动机为侵略滇康，自无庸讳。”⑥ 而法国之所以率先放弃西藏教区，将注意力放在康定主教区，“真正原因是怕英国不满意，并且俄国也不乐意看见法国人插足西藏。虽然我们已越过界线已取得成功，仍希望对传教士的一切进行保护，但是一点也没成功，他们被迫到四川和云南”⑦。

---

① 吴丰培：《清代藏事奏牍》，赵慎应校，中国藏学出版社，1994，第 490 页。

② 吴丰培：《清代藏事奏牍》，赵慎应校，中国藏学出版社，1994，第 530 页。

③ 王明伦：《反洋教书文揭帖选》，齐鲁书社，1984，第 424 页。

④ 向玉成、肖萍：《19 世纪 40— 60 年代中期法国传教士“独占”康区的活动及其影响》，《西藏大学学报》2011 年第 1 期。

⑤ ［瑞士］米歇尔·泰勒：《发现西藏》，耿昇译，中国藏学出版社，2012，第 93 页。

⑥ 任乃强：《任乃强藏学文集》（中），中国藏学出版社，2009，第 20 页。

⑦ 四川省档案馆：《四川教案与义和拳档案》，四川人民出版社，1985，第 20—21 页。

在康区的外国教会中，天主教代表法国的利益，基督教则代表英美势力。这些国家的传教士不时打着传教的幌子，在背地里干着勘探资源、收集情报、搜刮财富等勾当。如搜集当地的历史文化、社会风俗、山川险阻等方面的材料，“凡康地之民风物产，地势土宜，莫不尽悉。深山穷谷，法教士均能安全出入。游迹所经，必有地图呈缴于主教处”①。并“常将本地地图及种种机密探报回国”②。此外，一些传教士甚至在康区公开掠夺藏族珍贵历史文物，据不完全统计，外国教会仅在巴塘就先后掠夺了《宗喀巴传》《释迦牟尼传》《甘珠尔》《丹珠尔》等珍贵文物数十部，唐卡2000多幅，“色各”100多尊。③ 对于外国教会在康区不断扩大势力，以及传教士们的种种不法行为，也引起了清朝当局的重视和担忧。打箭炉同知李之珂在给川滇边务大臣赵尔丰的“条陈”中说：“外人觊觎边荒，籍口传教，譬如水银泻地，无孔不入。现在打箭炉、巴塘、里塘、炉霍等处以及各土司地方，法、英教民日增一日……外人笼络蛮族，多方诱哄，必至尾大不掉，强据我边界，扰乱我藩篱，虎视眈眈，如蝗虫入境，不食尽不止。”④

但是，近代西方宗教传入康区以及传教士在康区所从事的一系列活动，给当地社会带来什么样的影响，还是一个十分复杂的问题。在这些传教士中，也不乏一些虔诚教士，他们为了培养康区本地教士、发展信徒、扩大教会影响，在康区开展了教育事业、创建医疗机构等活动。

一是开展教育事业，培养了一批本土知识分子，客观上促进了康区文化教育的发展。康区文化教育之落后，民国时期，有人在1936年左右撰写的《治理康区意见书》中说：“西康无文化可言。所谓文化，也只能以喇嘛寺的经典为代表。识字的居民，在一县寥寥无几，则所谓文化程度，可以想见。”⑤ 长期以来，康区本土文化人，大多数出自寺院喇

---

① 杨仲华：《西康纪要》，商务印书馆，1937，第282页。

② 刘曼卿：《康藏轺征》，商务印书馆，1933，第45页。

③ 陈乃加初：《外国传教士在巴塘》，《巴塘志苑》1984年4期。

④ 《打箭炉同知李之珂禀川滇边务大臣赵尔丰条陈》，川滇边务大臣衙门全宗档案，全宗号：清7，四川省档案馆藏。

⑤ 赵心愚、秦和平、王川：《康区藏族社会珍稀资料辑要》（上），巴蜀书社，2006，第327页。

嘛、土司头人，一般民众获得教育的机会较少。基于传教的需要，外国教会在康区开办中小学，以及专业类学校。在康定，天主教创办培养司铎的拉丁修院，各大小教堂均开办男女教班传习所。[①] 在巴塘，基督教会创办了华西学校。[②] 总体看来，这些教会学校在办学理念、教材选用、教学手段等方面，不失可取之处，因而办学效果大多超过当地官办学校。民国年间，出使西藏途经康区的刘曼卿说："西康所有智识分子，多半出身教会学校。"[③]

二是创建医疗机构，引进西医，在破除迷信，改善康区卫生习惯、生育习俗，普及医疗知识等方面起到一定的作用。康区民间长期以来缺医少药，近代医学更是无从谈起。一般藏民"不知医药，有病则以巫为医，一切寒温时疫及痘症等病，只知唪经解厄，以至夭亡甚多"[④]。特别是瘟疫痘症，往往造成人畜大量死亡。外国教会在教堂驻地建医院或设有施药处。其中，光绪三十四年（1908），美国外科医生史德文在巴塘创办华西医院，先后培养了一批康区医学人才。[⑤] 史德文被认为是将西医传入康区的重要人物[⑥]，其外科医术之精湛，声名远播康区。据说，他被邀请到道孚和昌都等地为汉藏军民治病。[⑦] 史德文逝世后，巴塘居民特地为其建立了牌坊一座，上书"墨道西行"四个大字，以资纪念。天主教在康定创办"医院一所，每年来诊治者恒数百人，康定无中医，恃此院而活者，年亦数百人"[⑧]。特别是天主教在泸定开办的磨西麻风

① 任乃强：《任乃强藏学文集》（中），中国藏学出版社，2009，第 20 页。

② 李中定：《康南八县纪要——巴安》，赵心愚、秦和平：《康区藏族社会历史调查资料辑要》，四川民族出版社，2004，第 386 页。

③ 刘曼卿：《康藏轺征》，商务印书馆，1933，第 45 页。

④ 四川省民族研究所《清末川滇边务档案史料》编辑组：《清末川滇边务档案史料》（中），中华书局，1989，第 294 页。

⑤ 李中定：《康南八县纪要——巴安》，赵心愚、秦和平：《康区藏族社会历史调查资料辑要》，四川民族出版社，2004，第 386 页。

⑥ 赵艾东：《20 世纪初美国传教士史德文在康区打箭炉的医疗活动》，《中国藏学》2008 年第 3 期。

⑦ 郑少雄：《汉藏之间的康定土司：清末民初末代明正土司人生史》，生活·读书·新知三联书店，2016，第 161 页。

⑧ 任乃强：《任乃强藏学文集》（中），中国藏学出版社，2009，第 20 页。

院，是教会在康区建立的最大的医疗机构，该机构帮助隔离、收养病人，施以辅助治疗，有效地控制了麻风病在康区的传播。[①] 客观地说，教会在巴塘、理塘和泸定等地开办医疗机构，在一定程度上奠定了这些地方医疗事业发展的基础。

此外，外国教会还在泸定、康定、巴塘、炉霍、盐井等地购买田地，招民开垦，大兴垦殖之风，试办农事试验场，引进、种植各种蔬菜、水果。民国时期，有学者观察到："教堂既开垦得法，卓著成效。五十年前，泸定水田不及今日五分之一，打箭炉附近尚无一片农地，巴塘平原与其四周丘陵，荒地约居半数，今则垦辟殆尽。举凡今日所有之战就，莫非教堂垦务间接所诱导，与勤苦汉人摩仿之成功。"[②]

四、结语

总体上看，传教士在早期的传教活动中，惯用手法是依仗所属国的支持，从清政府手中骗得"护照"，以贸易为名，假扮商贩，选择地处省界、气候温和、民族杂居、难以管理的地区，借宿驻留。进而自下而上地找准目标，为求得民心，以开展"慈善"活动为幌子，不失时机地拉拢当地官员及寺院、头人，骗取他们的信任和许可，以招收信徒，建立据点，扩张势力，其侵略性昭然若揭。从这个角度上说，传教士的宗教活动是为各自国家的扩张寻找立足点，所谓神圣的十字架被染上了一层厚厚的殖民主义毒素。这也是清朝、民国官民极力反对和抵制外国教会入康的根本原因所在。

当然，也应注意到，传教士在后期的传教活动中，确实客观上为康区办了一些实事，如举办文化教育、医疗卫生事业，以及通过社会慈善活动，或为乡民免费治疗，或为家境贫寒者修房买地，或为当地的寺院布施。客观上他们将西方一部分较为先进的实用科学知识、生活方式和价值观念传入康区，促进了康区人民同外部世界的接触与交流，在一定程度上打破了康区封闭落后的格局。

---

① 杨仲华：《西康纪要》，商务印书馆，1937，第 282 页。
② 任乃强：《任乃强藏学文集》（上），中国藏学出版社，2009，第 399 页。

总之，对于外国教会渗入康区的历史事实，我们必须清醒地认识到，这是传教士挟持西方科技和文化的优势，凭借武力为后盾和不平等条约所拥有的特权，企图按照西方殖民主义的意志“夺华人之心”①，正如他们所声称“如果科学不是作为宗教的盟友，它就会成为宗教最危险的敌人”②。但是，若不加区别地将教会在康区所从事的一切活动“一律视为文化侵略，显然有失公允”③。当然，亦如美国学者费正清所说：“如何评价传教团体对中国的影响是一个真正的难题。”④ 对于这一“难题”的解决，首先应看到“传教士对于中国社会的影响是双重的，其影响的双重性源于其身份的二元性。他们既是西方文化的传播者，又是西方殖民势力的一员”⑤。既往的经验教训告诉我们，研究西方宗教传入康区的这段历史时，需要以科学理论为依据，全面深入地挖掘资料，客观公正地分析，审慎地做出结论，任何绝对肯定或否定性的评价，无疑都是片面的。

第三节
移民开垦与自筹利益：清末川边经营述论

川边是指介于四川省腹地与西藏之间的毗邻川、滇、藏三省（区）的少数民族聚居地区，大致相当于今天四川甘孜藏族自治州的全部和西藏自治区昌都的部分区域。因其地域范围涵盖了藏族传统地理概念中“康”的大部分区域，又与四川西边部分辖区重叠，故在清末常被称为“川边”或“边地”⑥。为了抵御西方列强的入侵，捍卫国家主权和维护

---

① 王明伦：《反洋教书文揭帖选》，齐鲁书社，1984，第 37 页。
② 顾长声：《传教士与近代中国》，上海人民出版社，2004，第 422 页。
③ 李喜所：《关于传教士与晚清现代化关系的思考——评〈美国传教士与晚清中国现代化〉》，《历史研究》1998 年第 2 期。
④ 王立新：《美国传教士与晚清中国现代化》（修订本），天津人民出版社，2008，第 359 页。
⑤ 王立新：《美国传教士与晚清中国现代化》（修订本），天津人民出版社，2008，第 284 页。
⑥ “边地在川、滇、甘、藏、青海间，纵横各四五千里。”赵尔巽等：《清史稿》卷 513，中华书局，1977，第 14224 页。

边疆稳定，清廷在谋求川边治策的过程中，与探索北部（蒙古）、西北部（新疆）边疆民族地区治理之“新政”一样，实施了政治改革与经济开发并重的战略，以期达到地区稳定和抵御外敌的近期目标，亦为最终实现边疆与内地的“一体化”奠定基础。历史上，招民开垦通常被作为经边的一种重要手段。这在清廷经营川边的战略中，亦有充分体现，招民开垦不仅被视为“殖财之本”[①]，还是“边地变内地”[②] 的有效途径，特别是在赵尔丰“经边六事”中被排在首要位置[③]，是川边“要政中之先务”。[④] 总体来看，清末川边招民开垦，经历了一个由提出议案—局部试点—全面筹划的过程。在此拟就清末川边招民开垦的实施过程及效果，试做评述。

一、川边垦务议案的提出与垦务章程的拟定

（一）川边垦务议案的提出与巴塘试垦

内地民众赴川边生息置业，可上溯到秦汉时期。唐、元、明等朝亦都有内地居民进入川边，或定居或经商。[⑤] 但由政府有计划、有组织地移民开垦川边，则是在赵尔丰改土归流的“新政”时期。

康熙年间，清朝在打箭炉、巴塘、理塘等地开展过军屯[⑥]，可能由于效果不佳，史载不详。乾隆末年，周霭联向时任四川总督孙士毅建议，在打箭炉等地“仿屯田之法，试令垦种”，但被孙士毅否决：“边氓之气宜静不宜动，此等番民羁縻之足矣。招民开垦，患有不可胜言

① 四川省民族研究所《清末川滇边务档案史料》编辑组：《清末川滇边务档案史料》（下），中华书局，1989，第 924 页。

② 四川省民族研究所《清末川滇边务档案史料》编辑组：《清末川滇边务档案史料》（下），中华书局，1989，第 724 页。

③ 四川省民族研究所《清末川滇边务档案史料》编辑组：《清末川滇边务档案史料》（上），中华书局，1989，第 118—125 页。

④ 四川省民族研究所《清末川滇边务档案史料》编辑组：《清末川滇边务档案史料》（下），中华书局，1989，第 723—724 页。

⑤ 欧泽高、冉光荣：《四川藏区的开发之路》，四川人民出版社，2000，第 62—63 页。

⑥ 冯智：《清代治藏军事研究》，云南民族出版社，2007，第 347 页。

者。”[①] 重提川边兴垦之议，是在英国第一次入侵西藏并觊觎我国西南各省之时。为经略川边，进而“保川图藏”[②]，朝臣疆吏纷纷建言献策。光绪二十二年（1896）八月，给事中吴光奎在“藏事孔棘亟宜筹办”疏中建议：“理塘、巴塘一带，为四川入藏门户……于该处设立汉官，假以事权，招徕川省商民，前往垦荒。”[③] 为此，光绪帝谕令四川总督鹿传霖：“确查理塘、巴塘一带情形，如能招徕商民，垦荒开矿，洵与时局有益。”同时，责令驻藏大臣文海“会商妥办”[④]。但是，鹿传霖等人“确查”后，认为理塘、巴塘等关外地区，乃土司地面，“地气寒冷，五谷不生”。设立汉官、招川民前往垦荒等事，“似多窒碍难行”，勉强推行“反开衅端”[⑤]。因此，光绪帝“着毋庸置议”[⑥]，这一议案再次被搁置。

清廷最终下定决心移民开垦川边，已是 20 世纪初的事情了。当时，英、俄等列强“交相窥藏”，十三世达赖喇嘛潜逃，清廷面临前所未有的严峻形势。若“边事不理，川藏中梗，关系至大。征之前事，藏侵瞻对，川不自救，英兵入藏，川不闻战，藏危边乱，牵制全局者，皆边疆不治，道途中梗所致也”[⑦]。光绪二十九年（1903）七月，清廷采纳“简员督办川边，因垦为屯，因商开矿”，巩固川边以声援西藏的建议，着令四川总督锡良等“察看情形，妥筹具奏”[⑧]。同年（1903）十月，锡良议复朝廷，为了“保藏固川”[⑨]，必须改变川边传统的经略方式。

但是，锡良对于川边“新政”是否以招民开垦为着力点有不同的看

---

① （清）周霭联：《西藏纪游》卷 2，张江华、季垣垣点校，中国藏学出版社，2006，第 62 页。

② 《清德宗实录》卷 394“光绪二十二年八月己巳”，中华书局，1985。

③ 《西藏研究》编辑部：《清代藏事辑要续编》，西藏人民出版社，1984，第 114 页。

④ 《西藏研究》编辑部：《清代藏事辑要续编》，西藏人民出版社，1984，第 114 页。

⑤ 《西藏研究》编辑部：《清代藏事辑要续编》，西藏人民出版社，1984，114—115 页。

⑥ 《西藏研究》编辑部：《清代藏事辑要续编》，西藏人民出版社，1984，第 116 页。

⑦ 四川省民族研究所《清末川滇边务档案史料》编辑组：《清末川滇边务档案史料》（上），中华书局，1989，第 90 页。

⑧ 《西藏研究》编辑部：《清代藏事辑要续编》，西藏人民出版社，1984，第 167 页。

⑨ 四川省民族研究所《清末川滇边务档案史料》编辑组：《清末川滇边务档案史料》（上），中华书局，1989，第 3 页。

法。他认为，“大抵藏之急务，固非屯垦商矿所能解其危迫”[①]，这是其一。其二，川边的自然条件是否适合种植，他也表示了怀疑：“徼外地非不广，而树艺不生，草木不长者恒多。间有可耕，仅产稞麦，非番属之甘于弃也。冰雪弥望，风沙蔽天，盛夏犹寒，弗利稼穑。”[②] 当然，锡良对于朝廷关于在川边招民开垦之决定虽有异议，但还是遵旨进行试点。光绪二十九年（1903），锡良责成四川矿务局负责筹办川边垦务。四川矿务局遵照锡良的指令，一方面，组成以直牧杨兆龙、候补知县田从周为正、副委员，巴塘粮员兼试用知县吴锡珍、都司参将吴以忠为成员的巴塘垦务班子，制定垦务方案和章程。另一方面，由杨兆龙负责，派人前往巴塘查勘地势、绘图，“查明地段，实能开垦水田若干？旱地若干？或宜树艺五谷，或宜青稞杂粮，宜如何雇用工人？宜如何引水灌溉？或由公家办理，或劝番民分垦，限年纳赋。目前试行创办，需用经费若干”？查勘完成之后，按要求“据实禀候核办”。[③]

光绪三十年（1904），吴锡珍遵命先后两次拟定办垦方案，并呈报给锡良。该年正月，吴锡珍第一次草拟“巴塘垦务办法”六条，提出开垦巴塘除必须坚持“巴、里二塘系属川省内地，开垦一事，尽可由我作主，喇嘛不得过问”的原则外，还应特别注意以下问题。

一是官筹经费。开办之初，“所有工食器具、牛、粮、籽种等项，在在皆须制备”，所需费用“宜先筹若干金，即饬办垦委员领解前来，随即招工购器，刻日兴工”。二是先官垦后民垦。“巴塘僻在荒徼，与内地不同，民垦尚难猝办，自宜先就官垦入手，俟著有成效”，再兴民

① 四川省民族研究所《清末川滇边务档案史料》编辑组：《清末川滇边务档案史料》（上），中华书局，1989，第4页。

② 四川省民族研究所《清末川滇边务档案史料》编辑组：《清末川滇边务档案史料》（上），中华书局，1989，第4页。

③ 四川省民族研究所《清末川滇边务档案史料》编辑组：《清末川滇边务档案史料》（上），中华书局，1989，第7页。

垦。[1] 三是垦民以四川内地人民为主。因当地人“不谙耕种，自不得不募之内地”，而“举办垦务本为安插内地计也，用四川之财，拓四川之地，即借以养四川之民”。四是选巴塘营兵精壮者垦田，“垦成之后，兵饷即由此出”[2]。同时，吴锡珍还特别申明所拟办法是否可行，“俟卑职到巴任事后，会同吴都司以忠亲自履勘各处，查地势，审气候，或宜黍麦，或宜稻禾，再为绘图贴说，详细禀复”[3]。

同年（1904）五月，吴锡珍第二次“拟定办垦章程”十二条，其内容主要是对前呈“垦务办法”的细化和必要的补充。主要内容包括以下几点：一是招募内地农夫，因无法预定多少，建议凡招募人数至“百名上下，即可开工，以后勘地既多，逐渐增募”。二是考虑到巴塘系“口外蛮荒，一切食用，异常昂贵”，故“所招雇农夫，拟从招雇之日起，每月每人给工食银三两，小建不扣，俾敷资用”。三是修建农夫住舍，“就地取材，酌量购买”；采购农具，则“路费脚价等项银两，自宜按路远近酌给”。四是“农夫操作，勤惰不一，若无人管束督饬，则相率偷闲”，且“水田旱田垦辟不一其法，种稻种麦播植本异其宜”，“须谙习农务之人为之指示”。拟“每十名选谙练勤慎一人为垦长，如军营什长之类，仍责其随同众人一律操作”[4]。

吴锡珍等人通过对川边的查勘，认为仅在巴塘就有五万余亩地可植黍麦或稻禾[5]，并招民试垦，一年后计垦成熟地三百余亩。光绪三十年

---

① 当时对官垦和民垦的界定是：“可垦之地，官自募民耕之，酌收获之丰歉，定租赋之多寡，数岁之后，着为定额，是曰官垦；募民之稍有资力者，或一、二人自认一段，或数十人分认一段，垦成许其永为己业，三年之后，按地肥瘠升科纳粮，是曰民垦。”参见四川省民族研究所《清末川滇边务档案史料》编辑组：《清末川滇边务档案史料》（上），中华书局，1989，第9页。

② 四川省民族研究所《清末川滇边务档案史料》编辑组：《清末川滇边务档案史料》（上），中华书局，1989，第10页。

③ 四川省民族研究所《清末川滇边务档案史料》编辑组：《清末川滇边务档案史料》（上），中华书局，1989，第10页。

④ 四川省民族研究所《清末川滇边务档案史料》编辑组：《清末川滇边务档案史料》（上），中华书局，1989，第11—13页。

⑤ 赵心愚、秦和平：《清季民国康区藏族文献辑要》（上），四川民族出版社，2003，第24—25页。

(1904)十二月，驻藏帮办大臣凤全赴察木多（昌都）上任，途经巴塘时，看到吴锡珍的试垦初有成效，便奏请朝廷变通驻藏帮办大臣驻地，“驻巴塘半年，炉厅半年”，以便筹办屯垦事务。[①] 同时，又与川督锡良协商“裁汰关防军两营，归并一营，合奴才之军”，计一千人，分驻打箭炉、理塘、巴塘、察木多，“七防三垦，饷章营制悉仿湘军”。[②]又招徕一批民众，在巴塘七村沟开办农场。但凤全在巴塘不到半年即因“巴塘事件”被杀，这一事件震荡剧烈，有人惊呼：“自乾隆十五年前藏朱尔墨特之变，至今百余载，诚西陲所未见。”其影响之大，“卫藏道梗，边事将不堪问”[③]，致使川边垦务的初步尝试刚开头即煞了尾。

（二）川边垦务的全面筹划与章程订立

“巴塘事件”和英军入侵拉萨警醒了清廷，并促使其痛下决心加快川边治理的步伐。“巴塘事件”发生后，清廷迅即派四川提督马维骐、建昌道员赵尔丰率兵剿办，并责令赵尔丰筹划善后。四川总督锡良、成都将军绰哈布联名奏请设置川滇边务大臣一职，“乘此改土归流，照宁夏、青海之例，先置川滇边务大臣”，以便“川、滇、边、藏声气相通，联为一致”[④]，同时驻兵巴塘，以为西藏后援。光绪三十二年（1906）七月，根据锡良等人的建议，清廷正式命赵尔丰任川滇边务大臣，“用以综画全边政治，慎固内地之藩篱，且为经营藏事之根本”[⑤]。

赵尔丰（1845—1911），字季和，奉天（今辽宁）铁岭人，汉军正蓝旗出身。赵尔丰在川边的“新政”改革是多方面的，概括起来有以下几个方面：政治上改土归流，设置州县；经济上招民开垦，开矿办厂；交通上修桥筑路，办理邮政；文教卫生上开办学堂，设立官药局；等

---

① 《清德宗实录》卷541“光绪三十一年正月壬寅”，中华书局，1985。

② 四川省民族研究所《清末川滇边务档案史料》编辑组：《清末川滇边务档案史料》（上），中华书局，1989，第38页。

③ 吴丰培：《赵尔丰川边奏牍》，四川民族出版社，1984，第17页。

④ 四川省民族研究所《清末川滇边务档案史料》编辑组：《清末川滇边务档案史料》（上），中华书局，1989，第90页。

⑤ （清）姚锡光：《筹藏刍议》，张羽新：《中国西藏及甘青川滇藏区方志汇编》（第四册），学苑出版社，2003，第15页。

等。光绪三十二年（1906）十二月，赵尔丰所呈“巴塘善后章程”被批准。[①] 随即正式进行大规模的改土归流，先后将巴塘改为巴安府，理塘改为理化州，打箭炉改为康定府，三坝改为三坝厅，设盐井、定乡、稻城、河口四县和康安盐茶道。其中，取缔土司的传统特权，宣布“勿论汉人蛮人，皆为大皇上百姓”，土地均归“官有”，从而扫清了实施川边招民兴垦的制度障碍。从光绪三十二年（1906）七月到宣统二年（1910）四月，赵尔丰任川滇边务大臣期间，这既是川边“新政”的全面展开阶段，也是川边垦务的全面筹划和实施阶段。

有凤全筹办川边的前车之鉴，赵尔丰在赴任的第二年（1907）五月十七日，即上“复陈川滇边务应办事宜并拟具章程折”（“经边六事”），称屯垦、练兵、设官、兴学、通商、开矿六事，“早夜深思，悉心筹划，实皆缓无可缓”。但“筹办边务，规模虽不可不宏，而见诸施行，要不可不分缓急，漫无次序，拟请敕下该督等先就巴、理塘各土沃美之处，招致内地中户农民，由官资遣，并给籽种。其庐舍、农具等项即令自行备办，迅速前往开垦”。[②]认为“一俟垦辟日广，户口繁盛，然后兴学、通商、开矿等事，随时相度机宜，就地筹款，逐渐举办”。也就是说，唯有兴垦见效，人丁兴旺后，方有兴文教、工商之可能。为此，赵尔丰恳请政府准予筹款三百万两，作为开办的启动经费。[③] 至于如何实施兴垦，赵尔丰赞同先前朝臣关于川边垦辟由政府出资、招募垦夫等原则与办法，同时对原“章程”的部分内容做了必要的修改。认为，垦夫之“庐舍、农具责令自行备办”，断不可行。原因是“川省中户农民，稍有薄产，即安土重迁。其肯于应招赴边者，大都贫苦佃户，自无寸土之人，农具、庐舍责令自备，断难集事”。加之“川地偏暖，关外严寒，五月披裘，六月大雪，天时与内地迥殊。故言及出关，官商兵民无一情

① 四川省民族研究所《清末川滇边务档案史料》编辑组：《清末川滇边务档案史料》（上），中华书局，1989，第95—103页。

② 四川省民族研究所《清末川滇边务档案史料》编辑组：《清末川滇边务档案史料》（上），中华书局，1989，第118—125页。

③ 四川省民族研究所《清末川滇边务档案史料》编辑组：《清末川滇边务档案史料》（上），中华书局，1989，第118页、第121页。

愿，若再不为筹备耕具居处，势必观望裹足”。因此，资遣之费，“暂时由官垫给”，将来开垦成熟，按数分年收回。至于兴垦地域，主张不应限于巴塘。理塘、乡城、维西、中甸等川滇边地，虽天气较寒冷，但“地土均极膏腴，只以僻在蛮荒，不独巴塘、理塘、乡城一带开垦者少，即维西、中甸，久设流官，荒地亦仍居十之七八”。凡适宜农事之荒地，皆可垦辟。同时，他认为招工不成问题，“川省民物繁庶，本有人溢于地之虞，移以实边，洵称殖民善地”①。

次年（1908）四月六日，赵尔丰拟定“办垦章程”十一条，主要内容涉及丈亩定界、招佃立票、相地建房、核实垦费、兼种粮食②，并于宣统元年（1909）十月二十日，上报度支部，次年（1910）三月“准立案”，由此正式形成对川边垦务具有纲领性意义的文件。③ 其主要内容涉及以下两方面。

一是垦夫的招徕与安置。具体做法是招募四川内地农民前往屯垦，鼓励中产农户前往，对愿意赴边的贫佃户，给予特别优待。同时，要求四川各州县地方官妥为劝募，负责将所谴农民及其所携眷属之姓名、年岁造册详报，并“查该州该县距打箭炉若干站”，按站按人头发给川资，其标准是凡年在十二岁以上者，每站发给川资银一钱，十二岁以下者减半。在打箭炉设立招待所，垦夫到达该地后，由炉厅点验名数，发给出关川资，派专人护送出关。考虑到关外物价较内地高，关外每人每站发给川资银一钱五分，幼者减半。④ 所有这些费用，令有司汇案造册上报边务大臣，从边务开办经费中支付。规定“垦夫出关，无论到巴塘、乡城、盐井、稻坝等处，该处委员应妥为安置，毋任失所”，将荒地指令开垦，并给予农器、口食、耕牛、籽种，代建藏式房屋。这些项目所产

① 四川省民族研究所《清末川滇边务档案史料》编辑组：《清末川滇边务档案史料》（上），中华书局，1989，第 120、122 页。

② 四川省民族研究所《清末川滇边务档案史料》编辑组：《清末川滇边务档案史料》（上），中华书局，1989，第 179—181 页。

③ 四川省民族研究所《清末川滇边务档案史料》编辑组：《清末川滇边务档案史料》（上），中华书局，1989，第 467—469 页、第 601 页。

④ 四川省民族研究所《清末川滇边务档案史料》编辑组：《清末川滇边务档案史料》（中），中华书局，1989，第 468 页。

生的费用，由各处垦务委员汇案造册上报边务大臣借领，陆续支付，将来责成各处垦务委员饬由垦夫缴还。其中，农器、口食、耕牛、籽种，分三年照本还清；庐舍费用，使用人分年缴还官价。[①]

二是明确垦地的归属权与起科时限。光绪三十二年（1906）十二月，四川总督锡良颁布“巴塘善后章程”，规定：巴塘所有荒地皆归官招垦，“无论汉、蛮、僧、俗不准私自垦种。如有愿垦此荒地者，无论汉、僧、俗皆准到官府承领执照，方准耕种”。凡招垦之田，“作为官佃，准其世世耕种。若犯有不法等事，官即立时夺佃驱逐”。[②] 凡改土归流地区荒地俱由“川省各州各县资遣农民出关开垦”。在“垦夫还清官款之后，即由委员勘明所垦之地若干，定立届址，发给地契，使该垦夫永远耕种，仍按年按照征粮章程纳粮。其地仍为官地，不准私自买卖”[③]。即垦民仅拥有开垦之地的使用权，而所有权归政府。

关于垦地起科年限，按是否由政府提供垦夫口粮，分别纳粮期限。“由官日给工食者，其地垦熟，并所出稞麦一概归官；第二年若能自备口食，官只借给籽种，准照五成纳粮外，再将籽种还官，平出平入，不取利息，第三年后即照章按等纳粮。其自备口食开垦者，第一年免其纳粮，第二年后，即照章按等完粮。”[④] 可见，官招垦地的起征年限有一年、二年等不同规定。之后，又有“如是佃户自费垦地，准作为民业，三年之后，由官勘丈，发给地契，按每亩计科”[⑤]。自宣统元年（1909）始，为整齐划一，规定官招垦地一律三年起科。[⑥] 但川边各地在具体实

---

① 四川省民族研究所《清末川滇边务档案史料》编辑组：《清末川滇边务档案史料》（中），中华书局，1989，第 468 页。

② 四川省民族研究所《清末川滇边务档案史料》编辑组：《清末川滇边务档案史料》（上），中华书局，1989，第 97—98 页。

③ 四川省民族研究所《清末川滇边务档案史料》编辑组：《清末川滇边务档案史料》（中），中华书局，1989，第 468 页。

④ 四川省民族研究所《清末川滇边务档案史料》编辑组：《清末川滇边务档案史料》（上），中华书局，1989，第 97—98 页。

⑤ 四川省民族研究所《清末川滇边务档案史料》编辑组：《清末川滇边务档案史料》（上），中华书局，1989，第 181 页。

⑥ 四川省民族研究所《清末川滇边务档案史料》编辑组：《清末川滇边务档案史料》（中），中华书局，1989，第 320 页。

施过程中，似并未完全照章执行，以致宣统二年（1910）七月赵尔丰再次申令："各属荒地……三年之后，始予升科。"① 为整齐川边田赋，清廷于宣统元年（1909）十月下令，已改土归流的巴塘、理塘、乡城等地征赋标准，"按其每年下种之数，定为征粮之数。地分三等：上等下种一斗者，征粮一斗二升；中等征粮一斗；下等征粮八升"②。但官招垦地"乃公家所垦"，应"与民间自垦之地纳粮有别"③，特别是由政府提供垦夫口粮者，第二年照准五成纳粮，第三年照章纳粮；垦民自备口粮者，第四年照章纳粮。如属"逆产"，即"查抄丁林寺正副土司，及各匪首逆产"，则由官招人佃种，按五成纳粮，不在三等之例。又如佃户懒惰，或有别故，官即起佃另招。④

综上可见，清末川边移民垦务首在巴塘试点，并逐步推广。其有关政策或措施，也经过了一个不断修正、完善的历程，内容包含了招垦土地类型、招垦负责人、招垦对象、垦夫的待遇，以及垦地的权属、起科年限额度等问题，可谓十分全面。

二、川边垦务的实施

川边垦务的实施经历了一个由查勘可垦荒地、招徕垦夫、设点试办到较大范围推广的过程。在赵尔丰的谋划和推动之下，川边掀起了一个前所未有的垦荒热潮。

（一）查勘荒地与辨别适宜种植作物情况

光绪二十九年（1903）十月，四川总督锡良在《议复川边能否试办屯垦商矿情形折》中提出，办理川边垦务，首先须对该区域实地踏勘，辨别能否试办。次年（1904）正月，吴锡珍向锡良禀呈巴塘"开办垦务

① 四川省民族研究所《清末川滇边务档案史料》编辑组：《清末川滇边务档案史料》（下），中华书局，1989，第 724 页。

② 四川省民族研究所《清末川滇边务档案史料》编辑组：《清末川滇边务档案史料》（中），中华书局，1989，第 457 页。

③ 四川省民族研究所《清末川滇边务档案史料》编辑组：《清末川滇边务档案史料》（上），中华书局，1989，第 179 页。

④ 张羽新：《清朝治藏典章研究》（下），中国藏学出版社，2002，第 1470—1471 页。

办法”，申明“一切应办事宜，俟卑职到巴任事后，会同吴都司以忠亲自履勘各处，查地势，审气候，或宜黍麦，或宜稻禾，再为绘图贴说，详细禀复”①。

但在川边全面开展垦地勘查工作，是在赵尔丰上任川滇边务大臣后。光绪三十三年（1907）五月，赵尔丰奏请在川滇边分段“暂置屯务委员，率同司事，设立局所，专理兵屯民垦诸事”②。负责勘查可垦荒地，安置民夫开垦。同时，下令将打箭炉以西的可垦荒地进行普查，内容包括每年何时开冻，何时见霜，凡有耕稼时期若干日；“土质何似，土宜何种，某段腴沃，某段硗瘠，凡可耕种壤地有若干区”③。

有关部门分别于光绪三十年（1904）、光绪三十四年（1908）和宣统二年（1910），对巴塘、里塘④、三坝、河口、乡城、德格等地可垦荒地数及适宜种植作物的情况进行了全面普查。兹将宣统二年巴塘、里塘等地勘查情况列表如下。

表 4-1　巴塘、里塘等地土地勘查情况

地区	可垦荒地数	自然条件	适宜种植作物	资料来源
巴塘	50600⑤余亩	①县城东：可垦地 28500 余亩，平坝、近靠大河，但经年雨雪，兼下冰雹，难垦。 ②县城西：可垦地 11800 余亩，天气稍暖，土肥水便。 ③其余地方可垦地约有 10300 亩，地势星散，水亦维艰。	县城东，可试种；县城西，可种稞麦。	光绪三十年九月“巴塘粮员吴锡珍禀查勘可垦地亩数及垦成熟地亩数文”。赵心愚、秦和平：《清季民国康区藏族文献辑要》（上），第24—25 页。

① 四川省民族研究所《清末川滇边务档案史料》编辑组：《清末川滇边务档案史料》（上），中华书局，1989，第 10 页。

② （清）姚锡光：《筹藏刍议》，张羽新：《中国西藏及甘青川滇藏区方志汇编》（第四册），学苑出版社，2003，第 14 页。

③ （清）姚锡光：《筹藏刍议》，张羽新：《中国西藏及甘青川滇藏区方志汇编》（第四册），学苑出版社，2003，第 13 页。

④ 里塘，即今甘孜州理塘县，下同。

⑤ 可垦荒地数与表中所列数相加的总和不一致，乃因所举之例不全之故，下同。

（续表）

地区	可垦荒地数	自然条件	适宜种植作物	资料来源
巴塘	约85480亩	①两路口：有水灌溉，垦熟70—80亩。 ②榆林宫：约开成水田200余亩。 ③提茹东南：可开旱田200余亩。 ④安良坝一带：可开熟田约1000亩。 ⑤西俄洛一带：可开旱田120顷。 ⑥长坝春一带：有熟田320顷。 ⑦咱鲁山根一带：可开400顷。	未说明。	光绪三十四年三月初八“武文源详复查勘可垦荒地数目”。《清末川滇边务档案史料》（上），第172页。
巴塘	10400余亩	①东路：水近者50余亩，水远者550余亩，无水200余亩。 ②南路：水近者6000余亩，水远者2500余亩，无水者340余亩。 ③西路：水近者6000余亩，水远者2500余亩，无水者400余亩。 ④北路：无水者460余亩。 ⑤中路：无水者260余亩。	未说明。	宣统二年八月初六“巴塘粮员详复调查可垦荒地及水源情形”。《清末川滇边务档案史料》（下），第742—743页。
里塘	2000余亩	①东路莫拉石：可垦水旱地399亩。此处天气温和、间有风雹，土肥色黑，粗砂碎石少。 ②南路甲哇、脚窝等村：可垦水旱地247亩。此处天时温和、间有风雹，土肥色黑，水夏足冬少，无砂石。 ③南路雄坝：可垦水旱地173亩。此处天气温暖、多风雹，土肥色黑，水源甚便、砂石少。 ④南路藏坝：可垦水旱地390亩。此处天气温暖、夏秋有风雹，冬季风大，土肥色黑，砂石少。 ⑤南路迪窝：可垦水旱地111亩。此处天气温暖、风极大，间有风雹，皆有沟水，可引灌，土肥色黄，砂石少。 ⑥南路拉波、血波、墨哇等村：可垦水旱地114亩。此处天时温和、多风雹，土廋色黑，砂石少。 ⑦西路喇嘛丫：可垦水旱地138亩。此处天时稍寒、多风雹，土质坚色黑黄，间有砂石。 ⑧西路邓波村：可垦水旱地428亩。此处天时稍寒、多风雹，土质坚色黑黄，间有砂石。	①东路莫拉石：有水处，可种稞麦、蔬菜、元根。 ②南路甲哇、脚窝等村：可试种稞麦、豌豆、元根。 ③南路雄坝：可试种稞麦、元根。 ④南路藏坝：可试种稞麦、元根。 ⑤南路迪窝：可试种稞麦、元根。 ⑥南路拉波、血波、墨哇等村：可试种荞麦。 ⑦西路喇嘛丫、邓波村：可试种荞麦、元根等。	宣统二年七月初二十五“里塘粮员详复调查可垦荒地及水源情形”。《清末川滇边务档案史料》（下），第728—732页。

（续表）

地区	可垦荒地数	自然条件	适宜种植作物	资料来源
乡城	1320余亩	①上乡城夹贡、百公、打果等村：可垦地440亩，其中，有水者400亩，可开渠引水者40亩。 ②下乡城熟窝村：可垦地60亩，有水源。 ③火竹乡热打、下哇、哲古、白英、中定波、下定波、上定波等村：可垦地820亩，皆可开渠引水。此外，下乡城的金洞子、打村的地，有无水者荒地610亩。	未说明。	宣统二年六月初六“定乡委员详复调查可垦荒地数目”。《清末川滇边务档案史料》（中），第680—682页。
三坝（今分属巴、理二县）	1775亩	①东路打猴邑等11处：可垦地约855亩，其中，水便者530亩，无水者320亩，未注明者15亩。 ②东南路干青等5处：可垦地约200亩，皆水便者。 ③南路将军台：可垦地约80亩，无水。 ④西路亨仓：可垦地约220亩，已在此地试种。 ⑤北路格莫牛厂：可垦地约500亩，无水。	皆宜稞麦。	宣统二年七月初八“三坝委员邓梁材查报可垦地亩及水源等情形”。《清末川滇边务档案史料》（下），第719—720页。
河口（雅江）	1200—1300亩	噶拉等10村：有可垦坡地100余亩，滩地300余亩，其余未注明。天气和暖，宜种植。其中，近两年有汉民指垦报案者约200亩。	未说明。	宣统二年七月十一日“河口委员乔联沅详复查报可垦荒地亩数”。《清末川滇边务档案史料》（下），第722—723页。
德格	2810亩	①更庆等11寨：可垦地约1480亩，其中，有水源（难筑堰）的平坝地199亩，水源不便的山地1281亩。这些地方天气稍暖。 ②扩络垛等7寨：可垦地约1330亩，其中，有水源（难筑堰）的平坝地320亩，水源不便的山地1010亩。这些地方天气寒暖无常。	未说明。	宣统二年八月初六“万里恩详复调查德格可垦荒地及水源情形”。《清末川滇边务档案史料》（下），第743—745页。

从表4－1可见，查勘工作的展开伴随着该区改土归流而渐次推进，巴塘最早而德格较晚。其中，巴塘荒地的查勘次数最多，每次普查获得的结果也不一致。先前吴锡珍等人虽申明“逐一查勘明确”，但在向川

督锡良禀报时，又声称所报数据为“估计亩数”[①]，其准确性值得怀疑。赵尔丰主政川边后，一再向各地负责人强调对可垦荒地须秉公“按实丈量”，用“丈地弓尺”，以避免之前查勘不实的情况，造成“浮报”现象。[②] 如此，所呈报的可垦荒地数应相对符合实际。在查勘项目上，经办人秉承锡良和赵尔丰的指令，“将辖境确实清查，何处有可垦之地若干亩，水源是否就便。全境荒地，除硗确不产五谷之处外，凡地气温暖，可以耕种之土，逐处调查，造册详报”[③]。即对各地可垦荒地的所处位置、土地类型、水源条件、气候等自然条件，进行了全面摸底，甚至对适宜树艺何物都提出意见。

（二）招徕垦夫与开垦地亩

如何尽可能招徕垦夫，并使垦夫尽心竭力开垦，锡良、赵尔丰等人为之颇费了一番功夫。除制定缜密的章程外，还一再强调“兴垦实为边要政，资人力以辟利源，百计招徕”[④]，要求四川内地各州县设法进行招募或劝募。各州县官也比较配合，出现了如顺庆府蓬州知州戴赓唐那样的劝募典型。[⑤] 此外，赵尔丰还时常致电川边地方官过问有无垦夫出关和如何安置等情况。[⑥]

但是，对于这一时期究竟有多少人应招进入川边，官方并无完整的统计数据。四川省档案馆藏有一份《光绪三十三年十二月打箭炉厅禀报各县垦丁出关人数一览表》[⑦]，表中记录了打箭炉厅禀报光绪三十一年三

---

① 《光绪三十年九月“巴塘粮员吴锡珍禀查勘可垦地亩数及垦成熟地亩数文”》，赵心愚、秦和平：《清季民国康区藏族文献辑要》（上），四川民族出版社，2003，第25页。

② 吴丰培：《赵尔丰川边奏牍》，四川民族出版社，1984，第91—93页。

③ 四川省民族研究所《清末川滇边务档案史料》编辑组：《清末川滇边务档案史料》（下），中华书局，1989，第742页。

④ 四川省民族研究所《清末川滇边务档案史料》编辑组：《清末川滇边务档案史料》（上），中华书局，1989，第152页。

⑤ 参见《蓬州知州戴赓唐呈送垦丁出关文》《蓬州知州戴赓唐招垦白话文布告》，赵心愚、秦和平：《清季民国康区藏族文献辑要》（上），四川民族出版社，2003，第29—34页。

⑥ 四川省民族研究所《清末川滇边务档案史料》编辑组：《清末川滇边务档案史料》（上），中华书局，1989，第116—117页。

⑦ 赵心愚、秦和平：《清季民国康区藏族文献辑要》（上），四川民族出版社，2003，第27—28页。

月至三十三年七月（1905—1907）各县垦丁出关人数，现列表如下。

表 4-2　光绪三十一年三月至三十三年七月打箭炉厅各县垦丁出关人数

时间	垦丁原籍	往垦地方	男丁	口
光绪三十一年三月	罗江	巴塘	6	
光绪三十一年三月	什邡	巴塘	3	
光绪三十一年三月	仁寿	巴塘	3	
光绪三十一年三月	华阳	巴塘	5	
光绪三十一年三月	双流	巴塘	2	
光绪三十一年三月	新津	巴塘	1	
光绪三十一年三月	泸州	巴塘	2	
光绪三十一年三月	新都	巴塘	1	
光绪三十一年三月	蓬溪	巴塘	10	
光绪三十一年四月	合江	乡城	4	
光绪三十一年五月	綦江	巴塘	10	
光绪三十一年五月	彭县	巴塘	8	2
光绪三十一年七月	广元	巴塘	3	4
光绪三十一年十一月	泸州	巴塘	5	2
光绪三十一年十二月	江津	巴塘	2	7
光绪三十二年三月	永川	巴塘	4	
光绪三十二年四月	简州	乡城	2	
光绪三十二年六月	彭县	乡城	10	
光绪三十二年八月	华阳	乡城	2	2
光绪三十二年九月	华阳	乡城	1	4
光绪三十二年九月	彭县	乡城	1	7
光绪三十二年十一月	乐山	乡城	7	
光绪三十三年三月	华阳	稻城	2	7
光绪三十三年三月	泸州	巴塘	5	8
光绪三十三年四月	湖北黄州府	巴塘	3	4

（续表）

时间	垦丁原籍	往垦地方	男丁	口
光绪三十三年六月	资阳	巴塘	5	1
光绪三十三年六月	华阳	巴塘	3	
光绪三十三年七月	华阳	巴塘	9	
合计			119	48

由表4-2大致可知光绪三十一年三月至三十三年七月来自四川各地垦民的户籍及人数。但自此之后，再未见官方对招来垦民人数有过明细的统计。据现存赵尔丰的两次告谕，略知进入川边垦民之概况。光绪三十四年（1908）赵尔丰致电武文源时笼统说，有垦夫800名、眷属370余人，指令分至康定、雅江、稻城、巴塘、盐井、道孚、甘孜等县。[①]宣统二年（1910）五月在“示谕内地农民到察隅开垦”中，又说：“照得关外巴塘、里塘上年改土归流，因见其地土肥美，无人耕种，本大臣就地出示招人开垦，今已三年。各处招徕之人，已有一千多名。”[②]

实际上，这一时期招募垦民的数据，囿于记载材料，难以确知。有些地方的垦民数与官方记载数差距较大。如偏僻的炉霍，按官方记载，垦民人数较少，但至宣统三年（1911），炉霍所辖斯木、宜木、尼拜和雅德四乡有垦民达600余人。[③] 因此，关于这一时期招募垦民的总数，也只有大概数字。有材料上载 ：查西康建省出关之垦夫，共1723名，有眷属者600余人。到宣统三年（1911），政府拟续招垦夫2000名，开辟金沙江以西各县。[④] 也有材料载：招募汉人入康开垦，约有3000家。在中华人民共和国成立前，还有1000家左右。[⑤]

① 四川省民族研究所《清末川滇边务档案史料》编辑组：《清末川滇边务档案史料》（上），中华书局，1989，第278页。

② 四川省民族研究所《清末川滇边务档案史料》编辑组：《清末川滇边务档案史料》（中），中华书局，1989，第666页。

③ 尹子文：《炉霍概况》，赵心愚、秦和平：《康区藏族社会历史调查资料辑要》，四川民族出版社，2004，第129—130页。

④ 吴丰培：《赵尔丰川边奏牍》，四川民族出版社，1984，第91页。

⑤ 《西康概况》，第7册第16页，四川省档案馆藏。

这一时期官方对开垦土地数的记载比较零碎，现将有关巴塘开垦土地的几组数据，分别罗列如下。

光绪三十四年（1908），赵尔丰致电巴塘粮员董涛时说，已开垦1100多亩，并记录在案。[①] 宣统元年（1909）七月，巴塘粮员陈廉禀陈招送垦夫弊端时又说："查巴塘自光绪三十二年开办垦务，迄今三年，出关垦夫不下数百名，新垦之地不过数百亩。"[②]宣统元年（1909）七月，巴塘粮员董涛"详陈开垦及招佃困难情形"时说，记录在案的垦地仅有990余亩。[③] 显然，上列巴塘开垦土地数与光绪三十年（1904）粮员吴锡珍遵命查勘的可垦的五万余亩，相差甚远。[④]

综上可见，现存文献中所载的招民数和垦地数，仅能反映川边各地之大概情况，想要对此做进一步准确估计，还比较困难。至于兴垦筹措经费多少、资兵食几何，只凭现存材料，亦难以详述。

三、川边垦务的成效

川边垦务是清末"新政"时期着力经营的项目。如何评判其成效，首先需要弄清朝廷所设定目标，并以之为参照，方可结论。在地广人稀、经济落后的边疆民族地区，有一定数量的能够固定提供赋税的纳税人，是建立州县的财力保障。正如光绪帝所说："郡县之制，以民为本。"[⑤] 清末朝臣疆吏也正是试图通过移民川边垦殖，达到"地足以养民，民足以养官"的目标[⑥]，一则以抵御外辱保卫边疆，一则为设置州县和建行省做准备。在赵尔丰"平康三策"中，有明确的表述。他说："川藏万里，近接英邻，山岭重沓，宝藏尤富，首宜改造康地，广兴教

---

① 吴丰培：《赵尔丰川边奏牍》，四川民族出版社，1984，第91页。

② 四川省民族研究所《清末川滇边务档案史料》编辑组：《清末川滇边务档案史料》（中），中华书局，1989，第398页。

③ 四川省民族研究所《清末川滇边务档案史料》编辑组：《清末川滇边务档案史料》（中），中华书局，1989，第405页。

④ 赵心愚、秦和平：《清季民国康区藏族文献辑要》（上），四川民族出版社，2003，第24—25页。

⑤《清德宗实录》卷78"光绪四年九月丙子"，中华书局，1985。

⑥ 吴丰培：《赵尔丰川边奏牍》，四川民族出版社，1984，第324页。

化，开发实业，内固蜀省，外捎藏疆，迨势达拉萨，藏卫尽入掌握，然后移川督于巴塘，而四川、拉萨，各设巡抚，仿东三省之例，设置西三省总督，藉以杜英人之觊觎，兼制达赖之外附。”[①] 质言之，“平康三策”之核心是改土归流、建省和卫川、护藏、御外辱。如何才能达到此目的，在赵尔丰看来，设官、练兵、屯垦、开矿、通商、建学等诸项措施中，“应从练兵、屯垦入手”[②]。每辟一地，以招民为先，“俟有田可耕，有民可治，再设流官并建衙署，似不为晚”。至于开办教育，亦“待地辟民聚以后，方有着手地步”。[③] 所以，赵尔丰在宣统元年“咨度支部垦务章程暂行请立案”中称，自己奉命督办川滇边务后，“即殷殷以开办屯垦，广兴地利为重”[④]。

（一）“自筹利益”以解决开办经费和驻军粮食问题

借招民开垦以经营川边是晚清朝廷在藩属体制趋于崩解，“因俗而治”的传统治边思路不能维持边疆民族地区统治秩序的稳定，也难以承担起抵御外来入侵责任的形势下，为顺应时局变化而推行的治策。即所谓欲“固疆圉而弥边患”[⑤]，其首要工作是开发川边。“自门户开放以来，强邻环伺，皆骎骎以辟地为务，中国遂日受侵夺矣。”[⑥] 英国不仅对西藏怀有野心，对川滇边亦怀有野心。若不及时防范，必引发危机，后果不堪设想。赵尔丰言：“惟筹边乃能保藏，若不布置完密，中间隔绝，藏为孤悬。设有缓急，何堪设想。”[⑦] “藏疆区部之繁，以川省为根本，而川、藏经营之略，以边务为关键。”[⑧] 为此，赵尔丰上任川滇边务大臣

---

① 吴丰培：《赵尔丰川边奏牍》，四川民族出版社，1984，第 2 页。

② （清）姚锡光：《筹藏刍议》，张羽新：《中国西藏及甘青川滇藏区方志汇编》（第四册），学苑出版社，2003，第 12 页。

③ （清）姚锡光：《筹藏刍议》，张羽新：《中国西藏及甘青川滇藏区方志汇编》（第四册），学苑出版社，2003，第 14 页。

④ 张羽新：《中国西藏及甘青川滇藏区方志汇编》（第四册），学苑出版社，2003，第 121 页。

⑤ 吴丰培：《清季筹藏奏牍》卷 2，国立北平研究院史学研究会，1938，第 21 页。

⑥ 四川省民族研究所《清末川滇边务档案史料》编辑组：《清末川滇边务档案史料》（中），中华书局，1989，第 592 页。

⑦ 吴丰培：《赵尔丰川边奏牍》，四川民族出版社，1984，第 135 页。

⑧ 四川省民族研究所《清末川滇边务档案史料》编辑组：《清末川滇边务档案史料》（上），中华书局，1989，第 205 页。

后，极力推行一系列政治经济改革措施，以达到治边保藏的近期目标，并为边疆内地一体化的远期目标奠基铺路。在赵尔丰看来，“以现在局势而论，尺寸之土，皆当早为经营，不可再落人后”[①]。赵尔丰认为，解决问题的着力之处，首先是兴垦，以开辟财源。若无此举，经济上依赖四川，不独难以抵御外辱，即便改土归流，所设州县、建行省也当成无本之木。

实际上，赵尔丰主政川边之后，之所以如此重视川边垦务，还在于他上任之初即面临如何解决困扰川滇边务开办的经费和驻军的粮食等问题。

关于边务开办经费问题，按照赵尔丰的初步估算，常年经费大致需要三百万两。在赵尔丰上任后，清廷下令由四川总督和云贵总督共同筹资二百万两，以作开办经费。这在赵尔丰看来，“边地事事皆属初办，则事事无不需费”，即便“内求撙节”[②]，二百万两经费仍旧是不够的。因此，赵尔丰奏请朝廷拨付经费，以补足常年经费三百万两。清廷虽批准了他的这一请求，但当时“各省财力同一拮据，即使勉强搜罗……部款竭力腾挪”，勉强从重庆关、镇江关和江海关勉强凑足一百万两经费，并“令将屯垦、练兵、设官等项章程及初年常年经费银数，均各逐款核实酌定，详细开单俱奏”[③]。为此，赵尔丰深感无奈地说：关外事当创始，需款繁多，“百万之为数不为不多，而用之开办各项，即见甚少”[④]。“部议仅准开办费银一百万两，常年经费遂无的款。部款既请益而未允，川款亦挹注而无从。现虽办油捐，亦为数有限。”[⑤] 另外，经营川边之

① 四川省民族研究所《清末川滇边务档案史料》编辑组：《清末川滇边务档案史料》（中），中华书局，1989，第 593 页。

② 吴丰培：《赵尔丰川边奏牍》，四川民族出版社，1984，第 49 页。

③ 四川省民族研究所《清末川滇边务档案史料》编辑组：《清末川滇边务档案史料》（上），中华书局，1989，第 118—119 页。

④ 吴丰培：《赵尔丰川边奏牍》，四川民族出版社，1984，第 135 页。

⑤ 四川省民族研究所《清末川滇边务档案史料》编辑组：《清末川滇边务档案史料》（上），中华书局，1989，第 206 页。

“兵饷、官俸，与夫制造军装，转运脚费等项，实属不敷甚巨”①。

事实上，对于拨付给赵尔丰的开办经费明显不足的问题，清廷也还是心知肚明的。因此，为支持赵尔丰经略川边，使其办事不受掣肘，光绪三十四年（1908）二月，清廷特将其兄赵尔巽调任四川总督②，由赵氏兄弟分主川、康两地，期望“以手足之戚，泯畛域之分”，以收“和衷筹办，共济时艰”③ 之效，让四川随时接济赵尔丰经营川边的开支。历史上，四川常常因其优势的战略地位和地大物博、人口众多，成为中央王朝经略川边和西藏以及周边其他民族地区的前沿阵地和人、财、物的重要应援基地。但是，此时的四川，其“财政，复正感奇绌，虽欲挹彼注此，勉力支持，亦已一筹莫展”④。“川省岁入，每年不敷百有余万，更无余力供边。”⑤ 可见，这时的四川省已难以承担起“边、藏饷械粮米，向由川省接济”⑥ 的传统责任。同时，赵尔丰亦深切意识到筹办川边，“岁岁仰给他省”，远非治本之道，必须另寻兴利之方，以“自筹利益”。⑦ 试图通过有效经营川边，从根本上解决经费问题。

同时，经营川边还面临着如何解决驻军粮饷这一问题。“川、滇边地辽阔，险隘甚多，处处需兵，须练新军，以资镇慑，巡防之方，足以备不虞而固民志。”⑧ 川边辽阔，为求稳定必须驻军巡防。当时“川边现设巡防五营，滇边约须巡防三营”⑨。驻军、练兵，必须保证粮草的供给。但是，川边的实际情况是“打箭炉以西，无粮食可资采买”，只能

① 四川省民族研究所《清末川滇边务档案史料》编辑组：《清末川滇边务档案史料》（上），中华书局，1989，第 206 页。

② 张羽新：《清朝治藏典章研究》（下），中国藏学出版社，2002，第 1436 页。

③ 四川省民族研究所《清末川滇边务档案史料》编辑组：《清末川滇边务档案史料》（上），中华书局，1989，第 167 页。

④ 张羽新：《清朝治藏典章研究》（下），中国藏学出版社，2002，第 1456—1457 页。

⑤ 四川省民族研究所《清末川滇边务档案史料》编辑组：《清末川滇边务档案史料》（上），中华书局，1989，第 234 页。

⑥ 四川省民族研究所《清末川滇边务档案史料》编辑组：《清末川滇边务档案史料》（上），中华书局，1989，第 246 页。

⑦ 四川省民族研究所《清末川滇边务档案史料》编辑组：《清末川滇边务档案史料》（上），中华书局，1989，第 119 页。

⑧ 吴丰培：《赵尔丰川边奏牍》，四川民族出版社，1984，第 51 页。

⑨ 吴丰培：《赵尔丰川边奏牍》，四川民族出版社，1984，第 51—52 页。

"恃川省接济"。姑且不论川省是否有能力接济，仅就运粮成本而言，也是一笔巨大的开支。"自巴塘练兵，皆由川省购用大米，另加脚费，每斗合银一两八、九钱不等，而于各营每斗只扣价八钱，其余悉公家代付"。"一年所费不赀，断非持久之道"[①]。同时，"打箭炉至巴塘凡一千二百二十五里，而巴塘等处又高出成都省城七百余丈。孤军远戍，兵家所忌；千里馈粮，士有饥色"[②]。"姑以有兵一协论，恐糜五协之饟，尚未养一协之兵。此等情形，何能持久。"[③]"戍边的军队……至于食米一项亦由内地供给，交通困难，时间亦不经济，现今虽设专局输送食米，决非根本之法。"[④]为此，赵尔丰认为，在川边"练兵暂宜不拘镇协防队之名，先从营田入手，而兵屯以外，错以民垦，则练兵、屯垦两事，一气呵成，需费不多，而植基甚固"[⑤]。若在巴塘、乡城招民兴恳，至少有两大好处："俟土地渐辟，人民渐聚，居者有宿糇之备，行者有投宿之方，于是兵事乃有下手地步。"[⑥]至"都邑渐成，既以植富庶之基，且可纾转输之困"[⑦]。"今者筹边之策，似无踰于此。"[⑧]

另外，如何解决经营川边的经费和驻军粮饷问题，凤全当年即有规划。他认为，在川边既招民开垦，又将防兵"七防三垦"，仅在巴塘就有可观收益，"将来以岁入之租，养边防之勇，一劳永逸，计孰便于此

① 四川省民族研究所《清末川滇边务档案史料》编辑组：《清末川滇边务档案史料》（上），中华书局，1989，第206页。

② （清）姚锡光：《筹藏刍议》，张羽新：《中国西藏及甘青川滇藏区方志汇编》（第四册），学苑出版社，2003，第12页。

③ （清）姚锡光：《筹藏刍议》，张羽新：《中国西藏及甘青川滇藏区方志汇编》（第四册），学苑出版社，2003，第12页。

④ 赵心愚、秦和平：《清季民国康区藏族文献辑要》（上），四川民族出版社，2003，第19页。

⑤ （清）姚锡光：《筹藏刍议》，张羽新：《中国西藏及甘青川滇藏区方志汇编》（第四册），学苑出版社，2003，第12页。

⑥ （清）姚锡光：《筹藏刍议》，张羽新：《中国西藏及甘青川滇藏区方志汇编》（第四册），学苑出版社，2003，第13页。

⑦ （清）姚锡光：《筹藏刍议》，张羽新：《中国西藏及甘青川滇藏区方志汇编》（第四册），学苑出版社，2003，第16页。

⑧ （清）姚锡光：《筹藏刍议》，张羽新：《中国西藏及甘青川滇藏区方志汇编》（第四册），学苑出版社，2003，第13页。

者”[①]。清廷采纳了凤全的建议，令其“将（巴塘）有利可兴之地，切实查勘，举办屯垦畜牧”[②]。赵尔丰主政川边后，基本沿袭了凤全的做法。他认为，垦务是解决驻军粮饷问题最为有效的办法，按其设想“招内地贫民携室往垦，俟垦成再议酌量升科。但能分年切实办理，草茅日辟，都邑渐成，既以植富庶之基，切可纾转输之困”[③]。“先募三营，稍加训练，率之出关，一面为防守计，一面试行垦种收养开矿诸政，为殖民计，使知有利可图，即赀送其眷属出关”[④]。与此同时，加大招民开垦的力度，“以利导之，而后趋之者如市，不数年遂广获其利益”[⑤]。朝廷先垫付开办经费，“三年之后，便可分年收回”，而且“递相周转，垦户愈多，收效愈速”[⑥]，仅就驻军粮食而言，“两三年后，或可毋庸关内运米”[⑦]。

（二）垦务面临的困难

然而，清末川边垦务是否尽如朝臣疆吏所愿呢？事实明显未遂人愿。各种缘由中，除开办经费一直困扰着主办者外，自然地理条件、风俗民情、历史原因等方面因素，也给川边垦务造成了各种各样的困难。

首先，难以招来垦民，来者又良莠不齐。四川作为人口大省，“本有人溢于地之虞”[⑧]，但“招人出关之难，尤在道途之险阻，调员、招

① 四川省民族研究所《清末川滇边务档案史料》编辑组：《清末川滇边务档案史料》（上），中华书局，1989，第 38 页。

② 《清德宗实录》卷 534“光绪三十年八月己巳”，中华书局，1985。

③ （清）姚锡光：《筹藏刍议》，张羽新：《中国西藏及甘青川滇藏区方志汇编》（第四册），学苑出版社，2003，第 15—16 页。

④ 吴丰培：《赵尔丰川边奏牍》，四川民族出版社，1984，第 158 页。

⑤ 四川省民族研究所《清末川滇边务档案史料》编辑组：《清末川滇边务档案史料》（上），中华书局，1989，第 120 页。

⑥ 四川省民族研究所《清末川滇边务档案史料》编辑组：《清末川滇边务档案史料》（上），中华书局，1989，第 123 页。

⑦ 四川省民族研究所《清末川滇边务档案史料》编辑组：《清末川滇边务档案史料》（上），中华书局，1989，第 246 页。

⑧ 四川省民族研究所《清末川滇边务档案史料》编辑组：《清末川滇边务档案史料》（上），中华书局，1989，第 122 页。

勇、招商，百呼莫应；运饷、运械、运粮，接济为难”[①]。又川边“藏地奥阻，无论藏民不能容纳，即川民亦不肯迁移”[②]。加之“川地偏暖，关外严寒，五月披裘，六月大雪，天时与内地迥殊。故言及出关，官商兵民无一情愿”[③]。因此，尽管官方想方设法招徕川民，但响应者不多。为此，赵尔丰深感此项工作“断难操之过急”[④]。至于招来者良莠不齐的问题，巴塘粮员董涛察觉到“出关垦夫老弱病疲十居七、八”，且相率偷窃者有之，领钱粮后私逃者亦有之，甚至有充清道夫者。致使“其外来汉民类皆游惰之徒，为数亦不甚众。一经佃领垦地，必借领籽种口食，方能承佃，稍不如意，辄相逃亡，所领籽种口食即归粮员垫赔”，终致巴塘“匪特开地无多，深以为忧；即开成地亩，所苦无人耕佃，尤为可虑”[⑤]。又如宣统元年（1909）七月，巴塘粮员陈廉向赵尔丰诉苦，报该年六月有来自资阳的垦夫 50 名，但实到老弱妇孺仅 21 名，其中“垦夫之年富而力弱者纷纷以素昧农业，不知垦务，请给假另图改业为词。究其始招之由，半属无赖流氓，在籍为烟债所迫，借关外为逋逃薮。既有川资可领，又有行军可投，借垦务之名而来，非真欲来此开垦者也”[⑥]。之所以出现如此情况，陈廉认为，部分原因在于“领垦夫者希图侵渔，难保无临时雇人应点之弊”。因而，他建议通饬川省各州、县，凡送出关垦夫“必查其有无嗜好，是否农民，取具本地绅民铺保。或仿行招募兵勇之例，填造箕斗清册，递送炉城，再由炉丞详加考验，果谙习农业，再行按站发给到里口粮，以免沿途逃逸，改名他适之弊”[⑦]。民国

---

① 四川省民族研究所《清末川滇边务档案史料》编辑组：《清末川滇边务档案史料》（上），中华书局，1989，第 188 页。

② 吴丰培：《赵尔丰川边奏牍》，四川民族出版社，1984，第 157 页。

③ 四川省民族研究所《清末川滇边务档案史料》编辑组：《清末川滇边务档案史料》（上），中华书局，1989，第 120 页。

④ 吴丰培：《赵尔丰川边奏牍》，四川民族出版社，1984，第 157 页。

⑤ 四川省民族研究所《清末川滇边务档案史料》编辑组：《清末川滇边务档案史料》（中），中华书局，1989，第 405 页。

⑥ 四川省民族研究所《清末川滇边务档案史料》编辑组：《清末川滇边务档案史料》（中），中华书局，1989，第 398 页。

⑦ 四川省民族研究所《清末川滇边务档案史料》编辑组：《清末川滇边务档案史料》（中），中华书局，1989，第 398—399 页。

时，有研究者发现，这些垦民之中，“内多奸狡之徒，承充头目，领得旅费，行不数站，相率他逃……军粮府多方护送出关，沿途亦多伤损。经垦务委员考查，十人中可得二三苦力，此外老弱多病者，亦不能持锄负耒”[①]。

垦夫队伍的素质较低造成川边垦荒进度较慢、成本较高。按赵尔丰估算，在巴塘每开垦一亩荒地，需银五六两。[②] 董涛也做过统计，在巴塘自光绪三十二年（1906）二月至三十三年四月，连闰共十六个月，200 名垦夫仅开荒 390 余亩。[③] 巴塘粮员陈廉禀陈：“查巴塘自光绪三十二年开办垦务，迄今三年，出关垦夫不下数百名，新垦之地不过数百亩，所耗川资、口粮、农器及一切费用，曷可胜计。”因此，认为巴塘开垦“实属得不偿失”。[④]

其次，川边自然环境限制了垦务事业的发展。先期负责垦务的四川总督锡良指出：“徼外地非不广，而树艺不生，草木不长者恒多。间有可耕，仅产稞麦，非番属之甘于荒弃也。冰雪弥望，风沙蔽天，盛夏犹寒，弗利稼穑。故蜀民最勤于农事，宁远适秦、黔，而不来垦辟，知其犹石田而无所获也。”[⑤] 锡良虽有夸大川边垦务困难以搪塞朝廷之嫌，但也不得不承认川边垦务的确存在诸多自然障碍。

实际上，在川边招民开垦过程中，首先遇到的问题就是来自内地的垦民难以适应当地的自然环境。巴塘、理塘等地“出产只有小麦、大麦、青稞、荞子、包谷等项”，而“内地吃惯大米”，加之，“地方苦寒”，因此，垦民“出关之后，又有仍回原籍者”[⑥]，如此等等。因内地

---

① 洪裕昆：《民国念五年前西康不能展布与建设之原因》，《康导月刊》第 5 期，四川省档案馆藏。

② 吴丰培：《赵尔丰川边奏牍》，四川民族出版社，1984，第 93 页。

③ 四川省民族研究所《清末川滇边务档案史料》编辑组：《清末川滇边务档案史料》（中），中华书局，1989，第 405 页。

④ 四川省民族研究所《清末川滇边务档案史料》编辑组：《清末川滇边务档案史料》（中），中华书局，1989，第 398 页。

⑤ 四川省民族研究所《清末川滇边务档案史料》编辑组：《清末川滇边务档案史料》（上），中华书局，1989，第 4 页。

⑥ 四川省民族研究所《清末川滇边务档案史料》编辑组：《清末川滇边务档案史料》（中），中华书局，1989，第 666 页。

民众难以适应川边的“居住”“饮食”“衣服”和“生业”等环境，[①] 导致“垦夫则十有九病，屡集屡散”[②]。另外，川边不少地方的荒地“零星坳隅，以一二人垦之，似易为力，以多数人任之，即不见功”[③]。即便开垦成熟，因气候等原因，其收成亦不佳。宣统二年（1910），理塘主办官员呈报：“遵即查勘本台四境各村，遍觅荒地。惟是地方高燥，春夏风雹极多，只东南一带，较为温和，西北及中央秋冬以后，类皆积雪弥漫，不出五谷。是以历年招募关内垦夫，皆是送往巴塘、乡城、稻坝等处，诚以试办，难收效果，得不偿失。”[④] 之后，又陆续有各地主办官员叫苦连连。

再次，由于传统观念与利益关系，部分土司、寺院抵制开垦，阻碍垦务的实施。光绪三十年（1904）六月，四川布政司、商矿局在向川督锡良汇报时说：“本司等遵查拓地开疆，实富强之策，而重农劝垦，古有明训。苟能开土地，辟草莱，于国计民生洵属两有裨益。但巴塘地处蛮荒，汉夷错杂，若非开诚布公，因利以导，使之心悦诚服，办理断难得手。”虽然当地土司及丁林寺堪布允许其查勘开荒，但实属勉强。[⑤]“巴塘事件”的发生，就是血的例证。凤全被杀，有其改革之失误，“清操峻恃，然性忭急，少权变，不能与番众委蛇”[⑥]。当地宗教势力为此蛊惑民众，视凤全为魔鬼，称“神山不可犯，请勿开采”[⑦]，驱逐垦夫，这足以反映当地传统势力对垦务的排斥。即便是改土归流之后，“土司地面，归化已久”，但“一旦开垦其地，必非所愿，规划自属不易”[⑧]。“政

---

① 任乃强：《任乃强藏学文集》（上），中国藏学出版社，2009，第430—431页。

② 吴丰培：《赵尔丰川边奏牍》，四川民族出版社，1984，第154页。

③ 四川省民族研究所《清末川滇边务档案史料》编辑组：《清末川滇边务档案史料》（中），中华书局，1989，第398页。

④ 四川省民族研究所《清末川滇边务档案史料》编辑组：《清末川滇边务档案史料》（下），中华书局，1989，第728页。

⑤ 四川省民族研究所《清末川滇边务档案史料》编辑组：《清末川滇边务档案史料》（上），中华书局，1989，第14页。

⑥ 赵尔巽等：《清史稿》卷453，中华书局，1977，第12601页。

⑦ 吴丰培：《赵尔丰川边奏牍》，四川民族出版社，1984，第2页。

⑧ 四川省民族研究所《清末川滇边务档案史料》编辑组：《清末川滇边务档案史料》（上），中华书局，1989，第2页。

府所认为荒地，即土司牧民所认为牧地，必出死力以争者，所以垦殖事业与土头之利益冲突，为事势之所必然。”① 光绪三十三年（1907），乡城委员吴俣从盐源招募180名垦民，被土司劫去农器牛马，木里喇嘛劫去垦民。② 有人甚至认为：“历来举办垦务之失败，多因土民之攻击而溃散。”因此，“以前汉人移植者，以气候之不适，土质之限制，生产力远不及内地，兼之地权问题，常生纠纷，汉藏情感，尚未协调，故多废然思反，弃地而归”③。

当然，在川边垦殖过程中，农业科技知识与科学方法的缺乏，也大大影响了开垦效果。川边气候本非适宜种水稻，光绪三十三年（1907），有司“饬令垦夫种稻，乃皆秀而不实”④。学农出身的任乃强批评道：“惟时官民两方，全无农垦常识，强欲以稻棉桑蔗之属，种于康地，以是全归失败。其有知机垦夫，改种麦类蔬菜，克成其业者，百分之一而已。”⑤ 另外，主办官员坑害垦民事件，也时有发生。光绪三十四年（1908），乡城垦务委员吴骐“搀杂朽粮，发给垦夫”，遭此坑害，“下乡城垦夫逃往云南或稻坝，亦有逃往盐井者，中乡城垦夫逃往理化或巴安等处”。⑥

除招民开垦外，清廷也曾试图在川边推行军屯。然就其实际情况而言，戍兵屯垦更多停留在议案上。从现存文献记载看，赵尔丰曾招募三个营，“略加训练，率带出关”，屯防兼及，“然后招其眷属续往，化出关之兵为民”⑦。宣统二年（1910），赵尔丰上奏：“炉藏旧案携眷赴屯兵

---

① 《西康概况》，第208页，四川省档案馆藏。

② 《光绪三十三年赵尔丰致边务大臣咨文》，川滇边务大臣衙门全宗档案，全宗号：清7，四川省档案馆藏。

③ 《西康概况》，第208页，四川省档案馆藏。

④ 四川省民族研究所《清末川滇边务档案史料》编辑组：《清末川滇边务档案史料》（上），中华书局，1989，第206页。

⑤ 任乃强：《任乃强藏学文集》（上），中国藏学出版社，2009，第399页。

⑥ 四川省民族研究所《清末川滇边务档案史料》编辑组：《清末川滇边务档案史料》（上），中华书局，1989，第279页。

⑦ 四川省民族研究所《清末川滇边务档案史料》编辑组：《清末川滇边务档案史料》（上），中华书局，1989，第187页。

丁每站大口给盘银一钱二分，小口六分之例，尚属相符，应即照准。”[①] 实际上，这一时期的兵屯，主要是着力“协济兵食”，解救兵饷之困，加之清末川边多事，戍兵原本应变不暇。川边兵屯之事，自然难以进行，收效甚微。

正是由于上述种种原因，清末川边垦务随赵尔丰人亡政息，即所谓：“赵甫离康，中原鼎革，番乱四起，驱逐垦民，赵氏之业，瞬息毁尽。其后各届镇节，皆未议及垦务。”[②] 迄至民国西康建省后，“移民垦殖，自为建省第一要务”，但因前车之鉴，“故自赵尔丰以后，更无敢言垦事”。[③]

（三）垦务对川边社会发展的影响

虽然清末川边招民开垦并没有实现清廷“实边”和“自筹利益”的目标，甚至时人有“得不偿失”的看法，但垦务对川边社会发展所产生的积极影响不容忽视。

首先，内地较为先进的农业生产方式和生产技术得以引入，在一定程度上改变了川边农业的落后状况。特殊的社会和自然环境严重制约了川边农业经济的发展。地广人稀、劳动力不足、生产力水平低下，这些无疑是寻求川边农业经济发展亟待解决的突出矛盾。因而，招徕一定数量的劳动力、提高生产技术，是移民开垦的关键。川边地广人稀，劳动力不足，成批内地移民的到来缓解了其人力不足的状况，改善了原有的劳动力素质，并使当地人地相对均衡。具体表现在川边荒地得到开垦，耕地面积成倍增加。[④] 而且内地垦民还带来了先进的农业耕作技术，并加以推广。过去当地居民大多以畜牧业为主，少事耕种，即使为之，也是“不施肥，不耘草；荒地遍野，不事开垦，惟资天助，坐待收获”[⑤]。

---

① 四川省民族研究所《清末川滇边务档案史料》编辑组：《清末川滇边务档案史料》（中），中华书局，1989，第 601 页。

② 任乃强：《任乃强藏学文集》（上），中国藏学出版社，2009，第 399 页。

③ 任乃强：《任乃强藏学文集》（中），中国藏学出版社，2009，第 556 页。

④ 吴丰培：《赵尔丰川边奏牍》，四川民族出版社，1984，第 2 页。

⑤ 吴振：《今日之九龙》，《康导月刊》第 1—2 期，四川省档案馆藏。

“耕种方法不进步，所得不足以偿所失。”① 内地垦民进入后，“接近垦民的地方，才学会除草并薅耕一二次”。九龙就因“汉人较多”，除“少数照其习惯耕作外，余皆照内地耕种，尤以二三区一带为然”。② “近因汉人住锅庄日多，渐渐汉化，汉人所至，耕种方式顿异。”当地藏族在内地垦民的影响下也开始改变不屯不垦的传统习惯，从事农作，“清季汉人前往生活，渐事垦殖，土人亦稍稍改变其不劳而获之观念，从事培灌”③。

同时，随着川边垦务的展开，赵尔丰针对当地居民“迷信深沉”，致其地土“率多弃而不开”的状况，雇洋技师，测验水性，聘请日本农学专家，改良农业，并派督办官员“出洋调查织绒磨面机器”④。在赵尔丰的号召下，各地还设立农技改良机构。如稻城有农牧研究所，巴塘有农业试验场，登科有农事试验场和农事改良所。其中，以登科农事改良所所辖五路设农事改良分所比较著名，他们从内地引进水稻、玉米、荞麦、高粱以及各种豆类、蔬菜品种试种，所产良种就地推广。⑤ 又如河口学堂教习周裕文见“雅砻江两岸野桑甚多，居民取以饲牛，殊觉失其所用”，故利用野桑养蚕，并获成功。对此具有重大经济价值的创举，赵尔丰极为重视，下令设蚕桑局，并在河口各学堂添设蚕桑科。⑥ 以上这些措施在一定程度上缓解了制约川边经济发展的矛盾。史载：“打箭炉关外北路如道坞、章谷、德格一带沃野纵横二千余里，向来夷民但知游牧不知耕稼，自经边大臣招垦规画……从前榛芜不治地方，转瞬间将成繁盛之都市矣。”⑦

① 张子惠：《理化濯桑垦区调查记》，赵心愚、秦和平：《康区藏族社会历史调查资料辑要》，四川民族出版社，2004，第366页。

② 吴振：《今日之九龙》，《康导月刊》第1—2期，四川省档案馆藏。

③ 陈重为：《西康问题》，第109页，四川省档案馆藏。

④ 杨仲华：《西康纪要》，商务印书馆，1937，第345页。

⑤ 四川省民族研究所《清末川滇边务档案史料》编辑组：《清末川滇边务档案史料》（中）（下），中华书局，1989，第640—642、860—861、818—820页。

⑥ 四川省民族研究所《清末川滇边务档案史料》编辑组：《清末川滇边务档案史料》（中），中华书局，1989，第682—683页。

⑦ 《四川官报》，1909年11月上旬，四川省档案馆藏。

其次，水利工程的兴修打破了制约川边农产品产量提高与产品多样化的瓶颈。川边各地高山大壑，特殊的地质结构和环境风貌使该地区农业发展受水源制约较明显。据载，察隅、盐井等地，清末即产红米，因无水碾，人们只好舂谷而食，颇为不便，水稻亦未能被推广。为此，赵尔丰特别强调兴修水利的重要性，他说："修水堰为第一要义，该令务切实行之，本大臣意以开堰尤当在垦地之先。"① 赵尔丰还多次饬令地方官员督促垦民"开田引水"②。巴塘茶树山一带，"因无水利"，粮员陈廉督促垦民"设法增修堰沟"③。在打箭炉整修永济渠，新开水渠达993丈，引来河水灌溉。④ 除修渠外，还因地制宜地试制筒车引水，在巴塘冲天顶河流安车引水，初见成效。"目前水势渐涨，流转不滞。"因筒车在此系首创，"仅可作为模范，俾蛮民转相则效"⑤。在理塘也兴修河渠一条、水碾三座，每座水碾日磨青稞500至1000斤，提高了磨面工效。又炉霍屯员组织兴修水利，试种水稻成功。宣统二年（1910）五月下旬，《四川官报》报道："章谷屯员杨善征，颇以改良关农业为己任，因于炉霍屯地。就官田区域开沟洫畎浍，就近引雅砻江支流之水，灌溉稻田。本年当首夏时，居然秧针万井。"⑥

川边兴垦前，长期以来粮食不能自给，居民生活用粮靠从外地贩运。随着沟渠等水利设施的兴修，浇灌有了保障，不仅粮食产量有所提高，而且一些新作物也得以种植，川边粮食短缺状况有所改观。"大渡河与铜河流域，汉人种植玉米、莜麦、米、小米与油菜。海拔2500至3000公尺之山谷或平原，其能灌溉者，则能得两次收获……较高山

① 四川省民族研究所《清末川滇边务档案史料》编辑组：《清末川滇边务档案史料》（中），中华书局，1989，第400页。

② 四川省民族研究所《清末川滇边务档案史料》编辑组：《清末川滇边务档案史料》（上），中华书局，1989，第206页。

③ 四川省民族研究所《清末川滇边务档案史料》编辑组：《清末川滇边务档案史料》（中），中华书局，1989，第399页。

④ 四川省民族研究所《清末川滇边务档案史料》编辑组：《清末川滇边务档案史料》（上），中华书局，1989，第240—241页。

⑤ 四川省民族研究所《清末川滇边务档案史料》编辑组：《清末川滇边务档案史料》（中），中华书局，1989，第346—347页。

⑥ 《四川官报》（第32册），1910年5月下旬，四川省档案馆藏。

谷，仅有一次收获，所种为大麦、小麦、豌豆或元根。汉人则曾引种玉蜀黍于其所居之处……据汉人与传教士所作试验，已证明欧洲蔬菜与果树，皆能适应于本地。”[①]即便在藏、彝、汉杂居的九龙县，粮食也有富余。[②]

再次，较为先进的园艺技术的引入大大丰富了川边农副产品的品种，在一定程度上改善了当地以往农作物种植较为单一的状况。在川边兴垦前，当地不仅生产方式原始、生产技术落后，而且产业结构单一，“康人不知采购种子，不知种植之法，故除掉种青稞之外，别无他种”[③]，人们的日常生活品非常单调。随着移民垦殖的推行，各地农事研究机构引进内地粮食、蔬菜品种，并取得一定的成绩。例如稻坝试种稻谷成功，故此于光绪三十三年（1907）改设“稻成县”。又如，蔬菜、水果以前是川边最为珍稀之物，内地垦民到来之后，“现时关外各地之蔬菜栽培，殆为赵氏经边时期引种之结果”[④]。巴塘“即如近时所种之蔬蔌，缘经宪台调集内地垦夫，以内地艺蔬之法，行于遐陬，而官商军民人等，始有菜可购而佐盘飧”[⑤]。川边开始产葱、蒜、芥菜、茄子、辣椒、莴苣、瓜豆等多种蔬菜，也开始产桃、李、杏、梨、葡萄、石榴等水果。[⑥] 康定因“晚清经营川边，汉人居炉者多，粮食虽由丹（巴）、泸（定）供给，而蔬菜不足，遂有迁流农民开垦附近河坝为蔬圃，栽种甘蓝、莴苣、白菘、葱韭、洋芋、碗豆之属，尽获厚利，垦地始渐展拓至距城十里左右”[⑦]。又如“清末经营川边，汉人来者渐多。泸定菜蔬米粮，随之输入，价既奇昂，趋时者渐有开辟菜园之举。现附炉城园地约300余亩，经营者多安岳、遂宁人。曾访河东龚姓业菜者，自云赤手来此，20余年，现有押租300余两。娶妻生子，赡养有余矣。德格玉隆关

① F. Gore：《川边与滇边游记》，《康导月刊》第3卷第8—9期，四川省档案馆藏。

② 吴振：《今日之九龙》，《康导月刊》第1—2期，四川省档案馆藏。

③ 赵心愚、秦和平：《清季民国康区藏族文献辑要》（上），四川民族出版社，2003，第19页。

④ 《西康通志手稿·农牧志》，第60页，四川省档案馆藏。

⑤ 王孟周：《西康实业概况》，《边政》第9期，四川省档案馆藏。

⑥ 《四川官报》（第32册），《巴塘请领籽种》，1910年12月，四川省档案馆藏。

⑦ 任乃强：《任乃强藏学文集》（中），中国藏学出版社，2009，第10页。

曾招夫开垦，试种大豆、马铃薯，现西康遍种马铃薯，成为人民大宗食料，系由此而起也”[①]。

汉人在康种植稻、麦、豆类等粮食作物，以及各种蔬菜、水果。以水果为例，“土人种植果实之手续，至为简单，仅于食后掷其核于地，或以足蹴土复之，及生长时，错有参差，毫不秩序，树身因风吹雪压，多弯曲如弓，或左右三四曲焉。汉人所种者，稍为齐整，居室之后，果树成荫，为土人未有也”[②]。更为重要的是，川边藏民过去“饮馔自糌粑酥油外，植菜蔬者绝少”。赵尔丰督令甘孜、德格和章谷等地“广种各色菜蔬，自夏及秋陆续荣茂，如莲花白、青菜、芹菜、芫菜等，悉与内地无异”。[③] 因此，川边各地有了更丰富的蔬菜、水果产出，“可供汉夷官民采食”[④]，足见移民兴垦之效。

此外，随着移民入康的脚步，内地的行政管理制度、文化传统和社会习俗也被带入川边，不同文化在磨合中得到融合。流动的人口是文化交流的载体，垦民进入川边，他们要学会适应边疆的生存环境，同时，他们也能潜移默化地影响、改变川边的社会风尚。总体上讲，直到 20 世纪 50 年代，川边的社会形态还是封建农奴制，原始的劳役地租占据主导地位。但是，川边各地的情况又不一致，如毗连内地的康东地区，12 世纪后半期即有川省汉族农民常到黎州大渡河以西、以南地区，向当地藏族租种耕地，秋收时，付给藏族收成的十分之一，名为“蕃租”[⑤]。这种实物地租形式使川边原始地租形式的多样化向前进了一步。道光年间，康定即出现土地买卖、租佃、典当等事例。

随着清末改土归流的推进，大量内地移民进入川边，原来以畜牧业为主的川边地区很快成为一个农业、牧业、商业和手工业多种经济形式并存的地区。很多移民在当地定居下来，以租种土地为生，成为佃户。正如杨仲华所说：“西康土人，佃地以耕者甚少。改流以后，垦务进行，

---

① 任乃强：《西康杂记》，《边政》第 2 期，四川省档案馆藏。
② 陈重为：《西康问题》，第 116 页，四川省档案馆藏。
③ 《四川官报》（第 32 册），《菜蔬广种》，1910 年 11 月上旬，四川省档案馆藏。
④ 杨仲华：《西康纪要》，商务印书馆，1937，第 345 页。
⑤ 王辅仁、索文清：《藏族史要》，四川民族出版社，1981，第 49 页。

巴安、道孚、炉霍、甘孜一带流寓之汉人，有佃地以耕者。”① 随着土地的典当、抵押、买卖和租佃关系的流行，地主、富农经济得以萌芽，从而动摇了川边封建农奴制度的基础。

同时，内地移民入川边垦殖、留居，甚至互通婚姻，促进了汉藏民族融合，从而使汉藏等民族间的交流与合作达到了前所未有的深度和广度。据载，“铜河流域，全系汉人或已汉化者居住。打箭炉以西，则系藏人。内部各县治，常能遇见若干华人之聚居，虽多寡不一，但大都与藏人妇女结婚，所生子女，成为藏人。河口、道孚、炉霍、里塘、巴塘等处，早年之屯垦军，其子孙多染汉人之俗……在各中心地点，藏人能说少数汉语，亦似汉人之因交易与往来之需要而知少数藏语也”②。清末道孚觉乐“汛废，兵化为民，凡 20 余户，多成汉番混种，习俗语言，概已康化”③。正是这种不同民族间的交往交流与交融，使得汉族和藏族等少数民族的关系日益密切，逐渐形成谁也离不开谁的民族关系。

四、结语

历史上，川边地区政治保守、经济文化发展相对滞后，但川边又是川藏中间地带，战略地理位置特别重要。清前期，随着清王朝对西藏治理力度的加强，特别是雍正年间川、滇、藏等省区的省际行政边界的划分，理顺了川边地区行政隶属关系，强化了中央权力在川边的权威性。清末清廷对川边的经略是在面临严重的边疆危机同时又要实施边疆与内地“一体化”这样一个背景之下展开的。招民开垦是川边经略的重要一环，它的实施使川边经济社会发生了历史性转变。“百谷繁芜，绣垰如云，而道途宁靖，商贾辐辏，荒地开辟，移民亦日多矣。”④ 这不仅使汉藏等民族间的交往交流与合作达到了前所未有的深度和广度，同时也为川边逐步与内地“一体化”奠定了一定的物质基础。

---

① 杨仲华：《西康纪要》，商务印书馆，1937，第 198 页。

② F. Gore：《川边与滇边游记》，《康导月刊》第 3 卷第 8—9 期，四川省档案馆藏。

③ 任乃强：《任乃强藏学文集》（中），中国藏学出版社，2009，第 43 页。

④ 杨仲华：《西康纪要》，商务印书馆，1937，第 345 页。

比较而言，清末川边垦务与北部边疆的“移民实边”以“开浚利源”之策，有其相似之处。但在具体实施过程中，川边垦务所遇到的困难，以及来自各方的阻力，则是在北部边疆地区所少见的。川边垦务之所以难遂人愿，除时间短促和清廷将倾等因素外，还要特别考虑在川边这样一个自然条件差、观念保守、传统势力顽固的地区，如何处理好各种关系。凤全“虽欲拓兴屯垦，亦未当以峻急行之，只因拟请限制寺僧人数一疏，喇嘛闻知，中怀怨怼，飞诬构谤，鼓惑愚顽”[①]。凤全不仅试垦失败，本人也因此丢了性命。造成这样的结局，主政者凤全的失误是其重要原因。凤全一开始就要触动地区陈年积弊之根本，企图自上而下单凭清朝皇威从寺庙手中夺回地方控制权，不顾藏民感受，初到即挑战传统强权，急于限制寺庙的修建和寺庙僧人的数量，不许藏民施财送物等。在一个充满宗教信仰的民族地区，如此施政显然操之过急，不仅欲速不达，反而使自己陷于孤立境地。后继者赵尔丰有雄才大略，“奏改行省，其为康之诚、爱康之深”[②]。但在他主政川边期间，“过任用夏变夷之术，干涉土民习俗太甚。尤以轻侮喇嘛，蹂躏佛法，大失康藏人心”，致“其事业，随人而圮”。[③] 又“赵氏过于看重武力，一味厉行威服政策，故兵力一懈，康民受藏方鼓动，即乘机起事，赵、傅两氏艰难缔造的事业，因此受到莫大的打击——这一时期系从光绪三十二年起至宣统三年止”[④]。这就不难理解为何在民国时期，在相当长一段时间，当政者虽然有开发川边的议论，但谁也不愿去承担兴垦所带来的风险。这也为我们提供了另一种历史警示：对于边疆民族地区，求其致治的首要途径是进行经济建设，同时必须充分认识到这些地区的民族宗教信仰、风俗习惯的改变有一个极其复杂的过程。如果没有细致周密的可操作方案，只是采取单纯的行政手段和政治运动，急于求成，威权意识太重，

---

① 吴丰培：《赵尔丰川边奏牍》，四川民族出版社，1984，第 17 页。

② 刘曼卿：《康藏轺征》，商务印书馆，1933，第 43 页。

③ 任乃强：《任乃强藏学文集》（中），中国藏学出版社，2009，第 513 页。

④ 赵心愚、秦和平、王川：《康区藏族社会珍稀资料辑要》（下），巴蜀书社，2006，第 519 页。

即便是被视为“当时昏昏中之昭昭者”[①] 的赵尔丰，也只落得个“人亡政息”的下场。[②] 如此之历史教训是十分深刻的，它启迪后人，要对边疆民族地区进行开发，首先必须营造一个稳定和谐的社会环境，尊重科学，合理筹划，否则断难实现预期效果。

① 吴丰培：《赵尔丰川边奏牍》，四川民族出版社，1984，第507页。吴丰培先生称赵尔丰是能吏。任乃强先生的评价更高，说在保土固疆上，“虽鄂尔泰之改流，左宗棠之开疆，与之相较，应无愧色”。（任乃强：《任乃强藏学文集》（中），中国藏学出版社，2009，第513页）

② 刘曼卿：《康藏轺征》，商务印书馆，1933，第43页。

第五章

清朝治藏策略的探索与实践

与元明相比，清朝的治藏制度之完备，使自元朝以来西藏地方与中央的关系达到完善阶段，并使这种关系在制度上趋于定型，其中一些制度或措施具有历史借鉴意义。[①] 但也必须看到，清朝治藏制度的完善经历了一个不断调整的曲折历程。笔者拟从明清政权更替之后清朝间接治藏模式的确立、西藏地域和民族名称的变化，以及清廷处置七世达赖喇嘛奏辖“三塘”等几个侧面，探讨清朝治藏策略的演变进程，并试图回答清朝治藏模式为何会有一个由间接到直接，或者说施政力度不断加大的过程。

第一节 满、蒙、藏民族互动与清初间接治藏模式的形成

从西藏归顺中央王朝的方式看，元、明两个朝代对西藏地方主权和统治权的确立，都是单纯由西藏地方的政教领袖归顺新中央王朝并获得封授而实现的。与之不同的是，清王朝是通过对漠西蒙古和硕特部首领固始汗与藏传佛教格鲁派领袖五世达赖喇嘛的分别封授，从而建立起清

① 邓前程：《一统与制宜：明朝藏区施政研究》，人民出版社，2011，第356页。

廷与西藏地方之间的政治隶属关系。这其中有清初疲于应付国内变局而无暇西顾的原因，但也应看到漠西蒙古和硕特部在西藏归清过程中所扮演的纽带或中介角色①，这是由满、蒙、藏民族长时间的交往交流而形成的错综复杂的政治、文化等方面的密切关系所决定的。因此，系统梳理和深入探讨满、蒙、藏民族历史关系，有助于深化对清前期间接治藏模式的认识，并对其得失做出相对恰当的历史评价。

一、满、蒙、藏民族上层的早期联系与民族关系的加强

（一）蒙藏民族关系的形成、深化与和硕特蒙古入主青藏高原

虽然蒙藏民族先民的联系可以追溯到吐蕃王朝初期②，但在成吉思汗统一漠北以前很长一段时期内，蒙古高原上的诸部落彼此征战，尚无暇顾及更大范围的对外扩张，加之蒙藏民族之间横隔着统治河套和河西走廊的西夏政权，蒙藏民族基本上没有发生过直接的交往，这种状况持续到13世纪初才有了较大改变。宋宁宗开禧二年（1206），成吉思汗统一蒙古诸部，建立蒙古汗国。在巩固了对漠北地区的统治后，日趋衰落的西夏政权便成了成吉思汗对外扩张地盘首先征伐的对象。蒙古军不断征战，于宋宝庆三年（1227）攻灭西夏。也就是在成吉思汗征伐西夏的战争过程中，蒙藏民族上层有了初步的接触。其间，或许是因西夏与西藏在政治、经济与文化等方面有传统联系，通过西夏，蒙古统治者对西藏地方及民族与文化有了朦胧的认识，这在一定程度上激发了蒙古王室主动接触藏传佛教的兴趣。③

但是，促使蒙藏民族关系有实质性转变的，是蒙古统治者基于统一

---

① 札奇斯钦：《蒙古与西藏历史关系之研究》，台北正中书局，1978，第482页。

② 王辅仁、陈庆英：《蒙藏民族关系史略》，中国社会科学出版社，1985，第13页。

③ 西夏王室笃信藏传佛教，特别是与萨迦派关系密切，专门聘请西藏佛教僧人到宫廷担任国师（王辅仁、陈庆英：《蒙藏民族关系史略》，中国社会科学出版社，1985，第13页）。按照伯戴克的说法，大致在1209—1210年，成吉思汗在蒙古地区会见了藏巴东库瓦和他的六名弟子，通过翻译与他们进行了交谈，讨教佛法（伯戴克：《元代西藏史研究》，张云译，云南人民出版社，2002，第6页）。当然，有确切记载的第一个与西藏佛教领袖接触的蒙古王室成员是阔端，而不是成吉思汗。

全国的政治需要而进行的西征南扩行动。在蒙古军攻灭西夏后，散落在今甘肃、青海等地区的吐蕃和党项等部落便成了蒙古军的征讨对象。宋宝庆三年（1227），成吉思汗灭西夏后，顺势将积石、临洮、西宁等府州纳入治下。之后，窝阔台的次子阔端承命经略甘、青等地，端平二年（1235）攻陷秦（天水）、巩（陇西）二州，次年又占领会宁、定西和兰州等地。嘉熙元年（1237），阔端占据凉州（今甘肃武威）。随着蒙古军的不断扩张，西藏地区被纳入阔端的视野，并很快成为其下一个征服目标。

嘉熙三年（1239），阔端派部下多达那波率师取道青海，向藏北挺进，并于次年到达拉萨西北的达索曲卡和盆域河谷。在这些地区，蒙古军遭到当地僧俗民众的强力抵抗。多达那波放火烧毁了热振寺（建于1056 年）和杰拉康寺（建于 1012 年）[①]，斩杀僧人 500 余名，“全藏为之震惊”[②]。之后，这支蒙古远征军又势如破竹地捣毁了“东起工布以上、西至尼婆罗、南抵门域间”[③] 的诸多寨堡。但蒙古军未再像初入拉萨西北时那样大开杀戒，也未长时间驻守。[④] 据说，“被（蒙古军）破坏的寺院，都是藏传佛教噶当派的寺院”。在此之后，“只有噶当派没有受到蒙古统治者的布施，也没有蒙古王公做它的后盾，可是萨迦派和噶举派的一些支系都有蒙古统治阶级做它们的靠山”[⑤]。一般来讲，这不仅仅是一种巧合，说明当时西藏各教派对蒙古入主持有不同意见，而蒙古对西藏佛教各教派的态度也有所偏向。[⑥] 同时，也应看到，政治上长期处于四

---

① 五世达赖喇嘛：《西藏王臣记》，刘立千译注，民族出版社，2000，第 62 页。

② 大司徒·绛求坚赞：《朗氏家族史》，赞拉·阿旺、佘万治译，陈庆英校，西藏人民出版社，2002，第 69 页。

③ 中国藏学研究中心等：《元以来西藏地方与中央政府关系档案史料汇编（1）》，中国藏学出版社，1994，第 3 页。

④ 多达那波率师入藏而未久留，按照五世达赖的说法，是“蒙古汗王发动善心，改向白业”（五世达赖喇嘛：《西藏王臣记》，刘立千译注，民族出版社，2000，第 62 页）。实际上，多达那波这支蒙古军入藏原本就有探路之意，加之又没有遇到什么强有力的抵抗即达到征服的目的，因而很快就退出西藏。另外，1240 年阔端之父窝阔台病重，蒙古王室面临权力之争，这或许是阔端命多达那波班师回甘肃的又一原因。

⑤ 王辅仁、陈庆英：《蒙藏民族关系史略》，中国社会科学出版社，1985，第 17 页。

⑥ 王启龙：《藏传佛教在元代政治中的作用与影响》，《西藏研究》2001 年第 4 期。

分五裂，宗教上各自为宗的西藏，对蒙古大军的入侵，几乎难以组织有效的抵抗。

多达那波率师入藏的这一史实表明，与征服其他地区一样，蒙古统治者欲征服西藏，首先想到的仍然是诉诸武力。然而，多达那波进藏之后发现，西藏的政治生态与其他地方迥然不同，东到贡波，西至尼泊尔，南达门域的广大地区，分布着实力大小不等的割据势力，他们各自为政，不相统属。虽然蒙古军进入这些地区并没有遭遇很强烈的抵抗，但是多达那波还是明显觉察到，对于西藏这样一个自然环境和政教关系皆比较特殊的地区，即便能够靠武力将其一时征服，但统治之道还得另寻他法。为此，多达那波在向阔端汇报西藏形势时说："此边徼藏地，蕞林最多者，唯噶丹派；通情达理者，唯达隆巴（即达隆噶举）；威望最高者，唯止贡京俄；明晓佛理者，唯萨迦派班智达。"① 同时，他还建议：利用当地有威望的宗教领袖协助蒙古进行统治。阔端接受了这一建议，并回函多达那波："今世间的力量和威望没有能超过成吉思汗的，对来世有益的是教法，这最为要紧，因此应迎请萨迦班智达。"② 这便有了之后萨迦班智达·贡噶坚赞和阔端的凉州会谈。

宋淳祐四年（1244），阔端向萨迦派首领班智达·贡噶坚赞发出了一封邀请信。信中说：

> 晓谕萨迦班智达贡噶坚赞贝桑布。朕为报答父母及天地之恩，需要一位能指示道路取舍之喇嘛，在选择之时选中汝萨班，故望汝不辞道路艰难前来。若是汝以年迈（而推辞），那么，往昔佛陀为众生而舍身无数，此又如何？汝是否欲与汝所通晓之教法之誓言相违？吾今已将各地大权在握，如果吾指挥大军（前来），伤害众生，汝岂不惧乎？故今汝体念佛教和众生，尽快前来！吾将令汝管领西

① 五世达赖喇嘛：《西藏王臣记》，刘立千译注，民族出版社，2000，第62页。

② 恰白·次旦平措等：《西藏简明通史——松石宝串》，陈庆英等译，西藏藏文古籍出版社，2018，第356页。

方众僧。[①]

从中可见，邀请信的措辞强硬，萨迦班智达除应招而行外已别无选择。为此，意大利学者杜齐就说："无论如何，萨班此行并不是为了传布佛教，他是服从阔端的命令，为了避免最坏的结局而去的。"[②] 淳祐七年（1247），萨迦班智达携侄子八思巴和恰那多吉到达凉州，并与阔端举行了具有重大历史意义的会谈。双方谈妥了西藏归附蒙古的条件，以及保障这项事业顺利实施的原则。会谈内容以《萨迦班智达贡噶坚赞致乌思藏善知识大德及诸施主信》的形式公布。[③] 对于这次会谈及所达成的协议，"卫藏之僧人、弟子和施主等众生阅读此信件后，无不欢欣鼓舞"[④]。可以说，凉州会谈的成功使蒙藏民族关系进入一个崭新阶段。当然，蒙古统治者与西藏地方实力集团之所以能建立起如此密切的关系，各自的政治利益是最为强大的驱动力。但是，也必须看到，凉州会谈不仅使西藏和平归附彼时蒙古政权，避免了生灵涂炭的战争之灾，而且开辟了此后和平处理西藏地方和历代中央政权关系的先河。[⑤]

忽必烈定都北京建立元朝后，依托萨迦派建立起西藏地方政权，并封八思巴为帝师，以宣政院掌管西藏地方事务。蒙藏两个民族在传统文

---

① 中国藏学研究中心等：《元以来西藏地方与中央政府关系档案史料汇编（1）》，中国藏学出版社，1994，第 4 页。

② ［意］杜齐：《西藏中世纪史》，李有义、邓锐龄译，中国社会科学院民族研究所民族史室、民族学室，1980，第 14 页。杜齐还说："西藏人在此危急之秋（蒙古征服），把希望寄托在萨迦寺住持萨班身上，萨班在全藏似享有最高的权威和最大的影响，所以授权萨班去同阔端进行交涉。"（同上，第 14 页）而就当时的实际情况来看，萨迦派在乌思藏还没有杜氏所说的那么大的实力和号召力，而且萨班之去凉州完全是因被蒙古当政者选中，不得已而为之。因而所谓西藏人"授权萨班去同阔端进行交涉"的看法，是不恰当的。另外，加拿大学者戈伦夫认为，阔端与萨班叔侄在凉州，"经过了几次强制性的谈判，西藏代表团同意承认蒙古人对西藏的宗主权，并按期朝贡"。这里所使用的"宗主权"一词是不妥的。事实上，当时萨班等西藏代表在与阔端谈判中，已完全承认蒙古人对西藏的统治权。参见［加拿大］谭·戈伦夫：《现代西藏的诞生》，伍昆明等译，中国藏学出版社，1990，第 51 页。

③ 该信又称"萨迦班智达致番人书"。书信内容，参见中国藏学研究中心等：《元以来西藏地方与中央政府关系档案史料汇编（1）》，中国藏学出版社，1994，第 5—8 页。

④ 阿旺贡噶索南：《萨迦世系史》，陈庆英、高禾福、周润年译注，西藏人民出版社，2002，第 91 页。

⑤ 苏发祥、马妍：《论西藏铸牢中华民族共同体意识的历史基础》，《中国藏学》2021 年第 1 期。

化等方面相近，蒙古统治者入西藏之始即对藏传佛教这一具有浓厚藏民族特色的地域性宗教有一定程度的认识，后来元朝统治集团甚至皈依藏传佛教。但元朝统治者信仰藏传佛教，本质上是利用藏传佛教，以便更好地统治西藏。《元史》记载：

> 元起朔方，固已崇尚释教。及得西域，世祖以其地广而险远，民犷而好斗，思有以因其俗而柔其人，乃郡县土番之地，设官分职，而领之于帝师。乃立宣政院，其为使位居第二者，必以僧为之，出帝师所辟举，而总其政于内外者，帅臣以下，亦必僧俗并用，而军民通摄。于是帝师之命，与诏敕并行于西土。百年之间，朝廷所以敬礼而尊信之者，无所不用其至。①

从中可见，“郡县土番”与“僧俗并用”是元朝治藏的基本施政策略。其中，“郡县土番之地”是根本目标，而“僧俗并用”仅仅是手段。为了有效地“郡县土番”，元朝极力扶持和优待萨迦派，不仅备受尊崇的帝师例由萨迦派教派领袖出任②，款氏家族也因帝师制度获得了政治上的特权和经济上的优待。其家族成员累封公卿，“号司空、司徒、国公，佩金玉印章者前后相望”。③ 元廷对以款氏家族为代表的西藏僧俗首领的赏赐，数量之大、次数之多，即如时人所说：“国家经费，三分为率，僧居二焉。”④ “今国家财富，半入西番。”⑤ 清人赵翼甚至说：“天下财富为其所耗，说者谓元之天下，半亡于僧。”⑥ 当然，也应看到“萨迦

---

① （明）宋濂等：《元史》卷202“释老”，中华书局，1976，第4520—4521页。按：《元史》认为“元起朔方，固已崇尚释教”，是欠妥的。实际上，元朝入主西藏之前，蒙古社会信仰的是具有典型原始宗教特征的萨满教。

② 自八思巴封帝师始，有元之世，历代皇帝皆有帝师，共计13位帝师和1位摄帝师，除了一两个人的身份尚未明了，其余多属萨迦款氏家族，或与款氏家族关系密切者。参见王森：《西藏佛教发展史略》，中国社会科学出版社，1997，第82—89页。

③ （明）宋濂等：《元史》卷202，中华书局，1976，第4521页。

④ （元）张养浩：《归田类稿》卷2，台湾商务印书馆，1983，第24页。

⑤ （明）黄维、杨士奇：《历代名臣奏议》卷67，上海古籍出版社，1989，第939页。

⑥ （清）赵翼：《陔余丛考》卷18，栾保群、吕宗力校点，河北人民出版社，2003，第338页。

派的宗教上层人士为了巩固和发展自己的势力，以元朝的政治力量为靠山，而元朝为了加强统治西藏地方的政治力量，需要利用当时在西藏社会上有较大名声的萨迦派的上层人士，在这两方面的利益结合的情况下，萨迦派才能够成为西藏政教双方的领主”①。有意思的是，在元朝治藏政制设计中，帝师这一角色最富有特点。宗教上，帝师是元朝皇帝的导师；而在行政隶属上，帝师仅仅是元朝皇帝的众多臣属之一员，即治藏的助手。蒙藏民族上层的这种巧妙联合，以及元廷对藏传佛教的皈依和信仰，使元廷与西藏政教地方势力之间的联系更加紧密。而这种宗教联系，不仅使元朝对西藏的行政与管理更为方便，也使二者之间的统治与被统治关系更为牢固。有学者指出，西藏教派势力与元朝统治集团所建立的特殊宗教关系使西藏教派势力更加依附于元朝统治集团。②

元明易代之后，元室后裔仍盘踞大漠南北并不时南侵，严重威胁着明朝的统治。为了防止蒙藏合力内犯，明朝效“汉武创河西四郡隔绝羌、胡”之法，在甘、青一带设卫驻兵，屯田戍守，以期切断蒙藏交往通道，防止蒙藏联合；同时屯兵九边，以防蒙古各部南侵。而对于西藏地区，则着意安抚，使之成为明朝的稳定后方，以便将主要兵力和注意力都聚焦在如何消除或最大限度地削弱来自北方蒙古的威胁上。明朝推行的这种隔断蒙藏民族联系的防御策略，在一定程度上说，是缘于对付北部边疆的“北元”苦无良策而采取的一种权宜之计。③ 这在明朝前期国力强盛之时确实起到了附境保关、屏蔽内地的作用。西北“诸番”也在明朝的控制之下，有“捍卫之劳，无悖叛之事”④，明朝之西北地区因而维持了一百多年的相对稳定。

在这一百多年里，蒙藏僧俗上层的交往交流受到较大影响，藏传佛教在蒙古地区虽未绝迹，但整体上“非常的消沉”，“一般的宗教又恢复了以往的萨满信仰”。⑤ 有学者甚至认为，这一时期是蒙藏民族联系的低

---

① 东嘎·洛桑赤列：《论西藏政教合一制度》，陈庆英译，中国藏学出版社，2001，第 39 页。
② 石硕：《西藏文明东向发展史》，四川人民出版社，1994，第 211 页。
③ 邓前程：《一统与制宜：明朝藏区施政研究》，人民出版社，2011，第 357 页。
④ 赵尔巽等：《清史稿》卷 517，中华书局，1977，第 14303 页。
⑤ 札奇斯钦：《蒙古与西藏历史关系之研究》，台北正中书局，1978，第 380 页。

迷期或者说是断裂期。[①] 这种状况在明中叶之后逐渐有了变化。明英宗正统年间，明朝国势日渐衰微，长城以北的蒙古部落相继南下，“恃其暴强，迭出与中夏抗”[②]。明朝的西北“边臣失防，北寇得越境阑入，与番族交通，西陲遂多事”[③]。明正德五年（1510），“北部亦卜剌与小王子仇杀。亦卜剌窜西海，阿尔秃厮与合，逼胁洮西属番，屡入寇。巡抚张翼、总兵王勋不能制……八年夏，拥众来川，遣使诣翼所，乞边地驻牧修贡。翼啖以金帛，令远徙，亦卜剌遂西掠乌斯藏，据之。自是，洮、岷、松潘无宁岁”[④]，“甘肃、西宁始有海寇之患”[⑤]。明嘉靖三十八年（1559），蒙古土默特部首领俺答汗西迁进入青海，此时明朝已无力阻止，明穆宗顺势封俺答汗为顺义王，以示羁縻。特别是对于格鲁派首领三世达赖喇嘛和俺答汗在青海相会这一违背明朝祖制的行为，明廷所表现的姿态好似在装聋作哑，无奈地默认。因此，如果说分封蒙古首领顺义王显示明蒙关系有所缓和，那么蒙藏首领的青海相会，则标志着明朝所奉行的“隔绝羌胡”之策宣告失败。

促成藏传佛教在蒙古部落广泛传播，从而使蒙藏民族联系向纵深发展，则是由蒙古土默特部首领俺答汗与藏传佛教格鲁派首领三世达赖喇嘛索南嘉措完成的。当然，蒙藏民族上层之所以能有机会再次联系，除明朝中后期西北防御失策这一客观条件外，还与西藏政教关系之变局和格鲁派寻求外援之努力有重要关系。在藏传佛教发展史上，格鲁派的兴起并后来居上，是一个引人注目的历史现象。格鲁派之所以能迅速崛起，在某种程度上讲，还与元朝对萨迦派的态度有关。正如《卫藏通志》注文曰：

---

① 乌力吉巴雅尔：《蒙藏文明交往论稿》，中国藏学出版社，2012，第 137 页。

② （清）张廷玉等：《明史》卷 327，中华书局，1974，第 8494 页。

③ （清）张廷玉等：《明史》卷 330，中华书局，1974，第 8549 页。

④ （清）张廷玉等：《明史》卷 327，中华书局，1974，第 8477 页。引文中的“小王子”即达延汗，达延汗统一漠南、漠北蒙古之后，命其子巴尔斯博罗特掌管右翼三部（即鄂尔多斯、土默特和喀喇沁）。土默特部首领俺答汗、巴尔斯博罗特的次子亦卜剌是鄂尔多斯的封建领主。至于“阿尔秃厮”，有说是“鄂尔多斯的讹传”（参见札奇斯钦：《蒙古与西藏历史关系之研究》，台北正中书局，1978，第 396 页），有说是鄂尔多斯的封建领主满都赉·阿固勒呼（王辅仁、陈庆英：《蒙藏民族关系史略》，中国社会科学出版社，1985，第 88 页）。

⑤ （清）张廷玉等：《明史》卷 330，中华书局，1974，第 8544 页。

元朝尊重喇嘛，有防政事之弊，至不可问。如帝师亦专席于坐隅，其帝（弟）子之号司空、司徒、国公，佩金玉印章，前后相望，怙势恣睢，气焰薰灼，为害四方，不可胜言。甚至强市民物，捽捶留守，与王妃争道，拉殴随车者，皆释不问，并有民殴西僧者截手，詈之者断舌之律。①

正是由于元朝给予萨迦派所属款氏家族政治特权和经济优待，萨迦派“寺院的戒律慢慢松弛了，大部分喇嘛都结了婚，过着懒散的生活，清贫和禁欲成为空洞的字眼”②。这种过分的偏袒与“溺爱”，不仅使一些萨迦派僧人坐享高官厚禄，还让他们目无法纪，逍遥法外，得不到应有的惩罚，致使萨迦地方政权在世俗和宗教等方面加速衰微。③ 15 世纪初，宗喀巴创立格鲁派（俗称黄教）。这一教派虽在藏传佛教中最晚兴起，但由于主张僧人应严守戒规，强调宗教操守，并且调整显、密二宗的关系，注重修习次第等，不仅赢得卫藏信教民众的赞誉，也得到明中央王朝和帕竹地方政权在政治、经济等方面的扶持。

格鲁派的迅速兴起不可避免地造成与其他教派在政教利益方面的矛盾与冲突，并引起其他教派尤其是噶玛噶举派的猜疑、不满乃至敌意。实际上，自吐蕃王朝瓦解特别是佛教后弘期以来，卫藏地区的各割据势力，以及藏传佛教内部的不同派别之间，因为宗教、政治和经济等方面的利益纠葛，彼此明争暗斗已成常态。这种状况到明代中后期尤为突出，其中，格鲁派与噶玛噶举派的斗争尤为激烈。自第五代第悉扎巴坚

---

① 《西藏研究》编辑部：《西藏志　卫藏通志》，西藏人民出版社，1982，第 149 页。

② ［意］杜齐：《西藏中世纪史》，李有义、邓锐龄译，中国社会科学院民族研究所民族史室、民族学室，1980，第 75 页。

③ 有关事实《元史》之“释老”传，有明确的记载。其中，最典型的事例是，元江南释教总统杨链真珈，依仗桑哥在朝中的支持，无恶不作。其中最为伤天害理者，莫过于他招集喽啰挖掘南宋帝陵。史载：“岁戊寅，有总江南浮屠者杨链真珈，怙恩横肆，势焰烁人，穷骄极淫，不可具状。十二月十有二日，师徒役顿萧山，发赵氏诸陵寝，至断残支体，攫珠襦玉柙，焚其胔，弃骨草莽间。”当时，有义士唐玉潜“闻之痛愤”，遂变卖家产，捐资并“邀里中少年”搜寻被弃南宋皇帝骸骨，重新安葬。杨链真珈的这一恶行，引起了时人的切齿痛恨，骂他为“掘坟贼”。参见（元）陶宗仪：《南村辍耕录》卷 4，文化艺术出版社，1998，第 74 页。

赞去世之后，帕竹政权在乌斯藏的势力和影响力江河日下。帕竹政权的衰微使格鲁派失去了一个重要的依靠。16 世纪前后，得势的仁蚌家族改变了帕竹政权支持格鲁派的传统，转而与噶玛噶举派联合，千方百计地压制格鲁派发展。深感危机的索南嘉措开始寻求摆脱困境的出路。

机缘巧合的是，此时蒙古土默特部首领俺答汗正率部南下进入青海，并试图以青海为据点，进而寻求向西藏发展。[①] 为此，俺答汗接受了侄孙库图克台彻辰的建议，派专人到西藏迎请索南嘉措。

> 第十胜生的铁羊年（公元一五七一年，明隆庆五年，辛未），察哈尔的俺答汗（亦译作阿勒坦汗）产生皈依佛法的信念，向在该地的一个名叫佐格阿桑喇嘛请教。这位喇嘛向他详细地介绍圣·索南嘉措的事迹。于是汗王产生了极其坚定的信仰，派金字使者送去请求光临北方的书信。圣者允许供施双方在青海湖畔晤面，并为了信徒们事先有所供养，特先遣律部教长宗哲桑布前来。[②]

俺答汗之所以迎请索南嘉措，是希望通过与西藏佛教建立起更进一步的关系，以顶住明朝要求他退出青海的压力。当然，这其中也有俺答汗试图寻找一种新的精神力量安抚厌战的部众，以巩固其统治的原因。土默特部首领的政治和宗教需要，为格鲁派争取外援以走出困境带来了转机。当时，对于索南嘉措在收到俺答汗的邀请后，是否应邀前往，西藏僧俗有不少议论。索南嘉措和格鲁派的一些人，也曾有犹豫，但在征求帕竹政权首领阿旺扎巴的意见后，还是做出了由索南嘉措亲自前往的决定，于是便有了两人在万历六年（1578）仰华寺相会一事。值得一提的是，索南嘉措受邀到青海，是出于拯救格鲁派的现实需要的自愿之

① 俺答汗(1507—1582)，亦译作阿勒坦汗，蒙古土默特部首领，是成吉思汗的第十七世孙。他的祖父是蒙古史上有名的达延汗。达延汗时期曾统一大漠南北，盛极一时。俺答汗掌管土默特部后，不断东征西进，以图振兴蒙古。在他西征漠西蒙古之后，于嘉靖三十八年(1559) 率部进入青海，与先期驻牧青海的卜儿孩部发生征战，战后俺答汗之子丙兔留驻青海。

② 智观巴·贡却乎丹巴绕吉：《安多政教史》，吴均等译，甘肃民族出版社，1989，第 35—36 页。

行，还是有被土默特部要挟的原因，蒙文史籍有不同的记载。[①] 真相到底如何，在此毋须做进一步的探究。但不可否认的是，两人会晤的气氛非常友好，并达成了双方的意愿。俺答汗在得到索南嘉措将亲自率领西藏僧俗代表团前来的消息后，立即先后派人分三批前去迎接。当索南嘉措一行到达会晤地点时，又受到俺答汗等土默特部贵族高规格的接待和赏赐。[②] 会晤期间，有两件事值得注意：一是两人都谈到了忽必烈与八思巴的故事。这显然是俺答汗以忽必烈自拟，而将索南嘉措比作八思巴。[③] 俺答汗在这种场合追忆先人忽必烈，与其说是对祖先的怀念，不如说是他对祖先所成就霸业的政治向往。对此，法国藏学家石泰安就说，俺答汗渴望恢复其留名青史的先祖忽必烈的政策。[④] 二是互赠封号。俺答汗尊索南嘉措为"圣识一切瓦齐尔达喇达赖喇嘛"，这也是格鲁派领袖有达赖喇嘛封号之始；索南嘉措则赐俺答汗为"咱克喇瓦尔第彻辰汗"。同时，为使与蒙古贵族的关系更加密切，索南嘉措在俺答汗见证下，为"以三家王族子弟为首的百余名蒙古人出家"剃度和授戒律。[⑤] 会谈之后，俺答汗为使所属部落尊信格鲁派，颁布《十善福经法》。"根据蒙古封建等级制度，还规定了相应的黄教上层僧侣享有的与蒙古贵族同等的政治、经济待遇，并免征赋税。尊奉黄教，尊敬喇嘛成为每个蒙

---

① 另据蒙文史籍记载，对于俺答汗的邀请，索南嘉措和格鲁派上层之所以如此快速回应，除自身需求外，还有来自俺答汗武力威逼的因素。"岁在丙寅，（呼图克台・彻辰・洪台吉）年二十七岁时，行兵吐蕃特地区……驻营于西里木吉的三河汇合口，遣使……等称：'如果你们投降于我，我们可以奉经教；如果不投降，我们就要攻打你们！'他们听到后，非常害怕。"（萨冈彻辰：《蒙古源流》，包额尔德木图、乌仁塔娜译，内蒙古人民出版社，2020，第 188 页）这与元朝建立前，阔端征战吐蕃时，蒙古首领之于萨迦班智达的做法，有惊人的相似之处。

② 五世达赖喇嘛阿旺洛桑嘉措：《三世达赖喇嘛索南嘉措传》，陈庆英、马连龙译，《一世—四世达赖喇嘛传》（《西藏通史》资料丛刊 1），中国藏学研究中心历史所，2003 年，第 314—316 页。

③ 王辅仁、陈庆英：《蒙藏民族关系史略》，中国社会科学出版社，1985，第 94 页。

④ ［法］石泰安：《西藏的文明》，耿昇译，王尧审订，中国藏学出版社，2005，第 72 页。

⑤ 五世达赖喇嘛阿旺洛桑嘉措：《三世达赖喇嘛索南嘉措传》，陈庆英、马连龙译，《一世—四世达赖喇嘛传》（《西藏通史》资料丛刊 1），中国藏学研究中心历史所，2003 年，第 322 页。

古人的义务。”[①]

仰华寺相会之后，俺答汗回到土默特，并于万历十一年（1583）病逝。万历十五年（1587），三世达赖喇嘛索南嘉措应俺答汗之子僧格·都古楼汗之请，在青城（今呼和浩特）主持俺答汗的遗骨火化。同年，僧格·都古棱汗去世，其子扯力克继承汗位。三世达赖喇嘛索南嘉措又为僧格·都古棱汗主持了葬礼。当时蒙古各部的大多数王公赶来参加俺答汗父子的超度法事，这就为三世达赖喇嘛索南嘉措创造了接触更多蒙古部落首领的机会。在此期间，察哈尔万户阿穆岱洪台吉代表图们汗邀请三世达赖喇嘛前去汗帐，喀尔喀的阿巴岱汗专程拜见三世达赖喇嘛，喀喇沁的一位王公甚至“前来请求跟从达赖喇嘛出家”。与此同时，三世达赖喇嘛索南嘉措应承“为一些王公和属民传授了呼金刚和总摄论灌顶”[②]。更为特别的是，三世达赖喇嘛索南嘉措还与蒙古王公达成协定，由栋科尔呼图克图作为三世达赖喇嘛的代理人长驻蒙古，成为蒙藏僧俗领袖之间的特使。[③] 令人遗憾的是，三世达赖喇嘛在俺答汗父子葬礼结束之后，万历十六年（1588）正月底即身患重病，并在应召前往北京的途中圆寂，年仅 46 岁。

万历二十年（1592），格鲁派与蒙古土默特部王公共同认定俺答汗曾孙为三世达赖喇嘛的转世，是为四世达赖喇嘛云丹嘉措。在历辈达赖喇嘛中，唯有四世达赖喇嘛是蒙古族。当时，正值藏巴汗联合噶玛噶举派欺压格鲁派最疯狂的时候，格鲁派的存续受到严重威胁。达赖喇嘛转世于蒙古贵族并进藏坐床，使蒙古贵族不仅更加笃信格鲁派，而且当格鲁派受到威胁时，蒙古贵族可以更加理直气壮地支持格鲁派。万历三十九年（1611），蒙古土默特部、喀尔喀部联合出兵西藏解决格鲁派与噶

① 内蒙古社科院历史所《蒙古族通史》编写组：《蒙古族通史》（中），民族出版社，1991，第592页。

② 五世达赖喇嘛阿旺洛桑嘉措：《三世达赖喇嘛索南嘉措传》，陈庆英、马连龙译，《一世—四世达赖喇嘛传》（《西藏通史》资料丛刊 1），中国藏学研究中心历史所，2003 年，第 336 页、第 335 页。

③ 内蒙古社科院历史所《蒙古族通史》编写组：《蒙古族通史》（中），民族出版社，1991，第592页。

玛噶举派的争端就是明显的例子。[①]

由此可见，蒙古土默特部首领俺答汗与格鲁派领袖三世达赖喇嘛索南嘉措的仰华寺相会，以及之后四世达赖喇嘛转世于蒙古贵族，这一系列事件的发生，不仅使蒙藏双方的宗教关系获得实质性的确立和巩固，而且也为格鲁派在蒙古社会中的迅速传播和发展奠定了更为牢固的基础。[②] 蒙藏联盟的更加稳固，使彼时的蒙古民族自上而下地迈入佛教化的进程。

对蒙藏民族宗教关系具有标志性意义的事件是崇祯十三年（1640）蒙古各部王公在塔尔巴哈台（今塔城）的会盟。与会蒙古的王公，除漠西蒙古各部首领外，还有漠北的土谢图汗、扎萨克图汗和车臣汗。在漠西蒙古准噶尔部首领巴图尔珲台吉的主持下，这次会盟形成了重要的成果——《察津毕其格》(即《卫拉特法典》)。《法典》除明文禁止萨满教在蒙古地区的活动外，还将藏传佛教规定为全蒙古的宗教信仰，规定藏传佛教高级僧人拥有各种特权和崇高地位，这就将蒙古各部与格鲁派的关系从法律上固定下来，为格鲁派在蒙古各部的传播提供了法律保障，从而极大地促进了格鲁派在蒙古地区的传播。正因如此，在明万历后期，不但漠南蒙古、漠北喀尔喀蒙古和漠西卫拉特蒙古皆有藏传佛教高僧传教，而且上至蒙古王公下至庶民百姓都虔诚笃信藏传佛教。这其中，又以格鲁派的影响力最大，信众也最多。这就表明，与元代皇室皈依萨迦派不同，格鲁派走出了蒙古上层贵族的狭小圈子，已成为蒙古社会的普遍信仰。

蒙藏民族上层的又一次联合，是由和硕特蒙古首领固始汗与五世达赖喇嘛和四世班禅共同完成的。蒙藏民族上层的这次联合，推翻了支持噶玛噶举派的藏巴汗政权，镇压了噶玛噶举派的武装反抗，摧毁了西藏各地的噶玛噶举派寺庙，强令其改宗，以至黑帽系十世噶玛巴不得不逃亡丽江寻求木氏土司庇护。诚如东嘎·洛桑赤列所说："固始汗和五世达赖喇嘛、强佐索南群培联合对藏巴汗政权以及追随它的噶玛噶举派的

① 札奇斯钦：《蒙古与西藏历史关系之研究》，台北中正书局，1978，第 577 页。

② 石硕：《西藏文明东向发展史》，四川人民出版社，1994，第 289 页。

各寺院给毁灭性的打击。”① 蒙藏联合后的这一系列行动，从根本上解除了威胁格鲁派的僧俗势力。而蒙藏联合建立的甘丹颇章地方政权，又使格鲁派在西藏政教角逐中逐渐成为占据统治地位的宗教派别，五世达赖喇嘛因此正式登上西藏格鲁派最高首领的宝座。自此之后，藏传佛教的其他教派已难望格鲁派之项背了。和硕特蒙古控制青藏高原，不仅改变了这一地区原有的政治生态，而且使蒙藏民族关系发生了更深层次的变化，还深刻地影响着清初的西藏地方政局的走向。

历史上，蒙藏民族上层有多次联合，尽管彼此之境遇有差异，但其初衷无一不是基于各自的政治需要。三世达赖喇嘛与俺答汗的相会是如此，固始汗与五世达赖喇的结缘还是这样。崇德八年（1643），皇太极在给藏巴汗的敕谕中，就固始汗在保护黄教旗号下的真实用意说得很直白：“初，藏、卫及青海、巴尔喀木皆隶唐古特。顾实汗②袭青海据之，令巴尔喀木纳赋；复侵藏、卫。阳崇释教，阴自强。给地达赖喇嘛、班禅喇嘛，遣长子达延辖其众。”③ 与之相似的是，尽管“格鲁派的最后胜利应完全归功于固始汗的干预”④，但以五世达赖喇嘛为首的格鲁派上层，对于借援固始汗的武力“解决西藏本土的问题慎之又慎”，五世达赖喇嘛等人的初衷“只希望借此解决西藏外围的压力，而不想让固始汗直接插手西藏”⑤。对于蒙藏民族上层以宗教结缘的现象，有学者说：“蒙藏民族之间关系的建立，都是政治优先于宗教的。蒙古统治阶级在向藏区伸展势力时，总是利用其军事优势，在取得军事胜利的基础上进而寻求建立宗教上的联系，以利于实现其政治目的。”⑥ 有深意的是，蒙古征服西藏的过程，也是一个藏族核心文化对蒙古文明“反征服”的过

① 东噶·洛桑赤列：《论西藏政教合一制度》，陈庆英译，中国藏学出版社，2001，第 53 页。

② 即固始汗，下同。

③ （清）祁韵士：《皇朝藩部要略》卷 17，李毓澍：《中国边疆丛书》(7)，台北文海出版社，1965，第 947 页。

④ ［法］石泰安：《西藏的文明》，耿昇译，王尧审订，中国藏学出版社，2005，第 73 页。

⑤ 陈庆英：《历代达赖喇嘛生平研究》（《西藏通史》资料丛刊 17），中国藏学研究中心历史所，2005 年，第 169 页。

⑥ 陈庆英：《蒙藏关系史大系·政治卷》，西藏人民出版社、外语教学与研究出版社，2002，第 168—169 页。

程。藏传佛教传入蒙古地区，自上而下、由表及里地影响着蒙古社会的方方面面，就是这种文明的“反征服”的突出表现。而这种“反征服”，恰恰是促使蒙藏民族关系更加密切的关键所在。质言之，藏传佛教在蒙藏关系的发展中起到了重要的纽带作用。[①] 从某种程度上说，正是这种纽带作用，最终成全了能骑善射的蒙古贵族在当时入主青藏高原的政治愿望，这或许是格鲁派上层始料不及的。也必须肯定的是，正是和硕特汗廷的建立，再次实现了青藏高原的局部统一，为之后清朝的全国统一奠定了基础。

（二）满蒙民族上层密切关系的形成与反明同盟的结成

满族源于历史上居住在东北地区的女真各部，女真各部通过长期经济、文化上的交往、交流和血缘上的融合，以及多次的军事兼并与政治联合，最终由建州女真首领努尔哈赤完成了各部的统一。

在满蒙民族的早期关系中，除宗教文化的相近、生产生活方式的相似外，有史籍上说，满蒙民族还存在一定的亲缘关系，“叶赫国始祖蒙古人，姓土默特，所居地名曰璋，灭呼伦（扈伦）国内纳喇姓部，遂居其地，因姓纳喇。后移居叶赫河，故名叶赫”[②]。也就是说，女真叶赫部的始祖原系蒙古土默特部人。在（金）清政权建立、发展与壮大的过程中，努尔哈赤、皇太极等满族统治者出于巩固（金）清政权和与明王朝争夺中原的政治和军事需要，一直奉行笼络各部蒙古王公之策，认为“夫草昧之初，以一城一旅敌中原，必先树羽翼于同部。故得朝鲜人十，不若得蒙古人一”[③]。希望通过蒙古各部“申以盟誓，重以婚姻”，实现满蒙联盟问鼎中原的政治目的。

首先，优遇蒙古各部头领，归顺者悉予重金厚爵。崛起于东北的满族首领努尔哈赤，于明万历十一年（1583）五月，以“遗甲十三副”起兵，历经30余年的征战，实力渐强，万历四十四年（1616）建元天命

① 陈立明：《西藏民族关系研究——以藏门珞民族关系为中心》，中国社会科学出版社，2021，第357页。

② 《满洲实录》卷1，中华书局，1986，第24页。

③ （清）魏源：《圣武记》卷1，韩锡铎、孙文良点校，中华书局，1984，第9页。

称汗，国号为金（史称“后金”）。以此为起点，努尔哈赤对内加快统一，对外远交近攻，以与蒙古、朝鲜的结盟来最大限度地孤立明朝。清太祖天命四年（1619）的萨尔浒之战，明军大败，努尔哈赤为此信心倍增，甚至扬言“不要幻想汉人政权是永久的，我是暂时的”，“南京、北京、汴京本非一人所居之地，乃女真、汉人轮流居住之地”；皇太极更是“欲得中原”。①

而这一时期蒙古地区的变局，也为努尔哈赤父子之政治宏图带来了机遇。元明政权更替后，蒙古统治者虽退居塞北，但一直有伺机卷土重来的野心。终明之世，明朝对北边蒙古的制驭之道均少有良策。随着明朝国势的衰弱，15世纪后，大部分蒙古部落重回漠南。互不统属的蒙古各部虽是努尔哈赤拓展统治范围的障碍，但也是其分化瓦解、各个击破、化敌为友的良好时机。万历二十一年（1593），努尔哈赤在击败喀尔喀部首领齐赛之后，双方盟誓：“明，敌国也。如往征之，必同心合谋，直抵山海关。负此言者，天与佛鉴之。”② 齐赛的归顺与结盟，为满蒙联合开了个好头。努尔哈赤为此说：“满州蒙古，语言虽异，而衣食起居无不相同，兄弟之国也。”③ 明天启四年（1624）正月，努尔哈赤在八角殿设宴款待来归的蒙古贵族官员，并给予厚赏。赏有金银器皿、布匹、缎衣、貂皮衣帽、鞍具、立柜、盆碗等物，且赐给恩格德尔额驸、莽古尔代各七男丁等。④ 皇太极继位后，不仅对来归的蒙古王公厚予财物，还赐封高爵。清崇德元年（1636），为“叙外藩蒙古诸贝勒功”，先后封给蒙古科尔沁部亲王、郡王、贝勒、贝子等不同等级的爵位，使其“冠诸旗之首”⑤。

其次，着力满蒙上层的联姻，以强化二者间的盟友关系。在清代历

① （清）昭梿：《啸亭杂录》卷1，何英芳点校，中华书局，1980，第2页。
② 《清太祖实录》卷6“天命四年冬十月辛未”，中华书局，1985。
③ 转引自马大正：《中国边疆经略史》，武汉大学出版社，2013，第762页。
④ 李燕光、关捷：《满族通史》，辽宁民族出版社，1991，第219页。
⑤ 《乾隆朝内府抄本〈理藩院则例〉》，赵云田点校，中国藏学出版社，2006，第9页。有关清朝入关前后对蒙古各部首领的封爵，可参看赵云田：《清代藩部封爵探述》，《明清史论丛》（第19辑），故宫出版社，2020，第255—275页。

史上，满蒙联姻，即满族统治集团与蒙古王公之间长期持续的大规模的通婚活动，是一个非常引人注目的现象。这种联姻活动远远超出单纯的家族间通婚含义，并被清朝统治者奉为国策，一开始就有非常明显的政治目的——与蒙古结成政治联盟，使之成为一支自己在政权建设道路上可以直接借助的力量。[①] 在蒙古诸部中，因地缘关系，努尔哈赤首先将科尔沁和内喀尔喀五部作为联姻的对象，“科尔沁，国初，以壤地相接，结为婚姻”[②]。明代后期，科尔沁是漠南东部蒙古中实力较强的部落，在努尔哈赤统一女真各部后，科尔沁蒙古便成为努尔哈赤拓展地盘过程中最早产生联系的蒙古部落。因而，与科尔沁蒙古关系的好坏事关努尔哈赤势力的巩固与发展。万历四十年（1612）春正月，努尔哈赤“闻蒙古国科尔沁贝勒明安之女甚贤，遣使往聘，明安许焉。送女至，上具车服以迎，筵宴如礼”[③]。这是努尔哈赤与蒙古贵族的首次通婚，自此揭开了满蒙联姻的序幕。

努尔哈赤为了推动与蒙古贵族的联姻，强化满蒙两族关系，一方面，迎娶蒙古诸部女子为妻妾，注重诸子迎娶蒙古诸部女子。万历四十二年（1614）四月，努尔哈赤次子贝勒代善聘蒙古扎鲁特部（内喀尔喀五部之一）贝勒钟嫩之女为妻，“上命亲迎，设宴成婚”；同年，第五子贝勒莽古尔泰娶扎鲁特部内齐之妹，“亲迎筵宴如礼”；第八子皇太极娶蒙古科尔沁部莽古思之女为妃，“上命亲迎至辉发扈尔奇山城，大宴成婚”，此女即后来的孝端文皇后[④]；同年（1614）十二月，“扎鲁特部贝勒额尔济格以女妻上第十子台吉德格类”，“亲迎筵宴如礼”[⑤]。另一方面，努尔哈赤把嫁女的重点放在八旗组织内的蒙古族成员上。万历四十

① 这也是满蒙联姻与历代和亲的不同之处。如历史上最有名的汉唐和亲，其目的主要是借此消除双方的对立状态，以求得中原王朝与边疆少数民族政权的和睦相处。参见马汝珩、马大正：《清代的边疆政策》，中国社会科学出版社，1994，第293页。

② 《乾隆朝内府抄本〈理藩院则例〉》，赵云田点校，中国藏学出版社，2006，第9页。

③ 《清太祖实录》卷4“壬子春正月丙申”，中华书局，1985。

④ 此外，皇太极还有5位后妃来自蒙古各部，即孝庄文皇后、敏惠恭和元妃、懿靖大贵妃、康惠淑妃和一侧妃。参见田继周等：《中国历代民族政策研究》，青海人民出版社，1993，第327—328页。

⑤ （清）王先谦、朱寿朋：《东华录》卷1，上海古籍出版社，2008，第20—21页。

五年（1617）二月，努尔哈赤以其弟舒尔哈赤之女，嫁给喀尔喀把岳忒部台吉恩格德尔为妻。① 清太祖天命十年（1625），努尔哈赤又将侄孙女许配科尔沁部的奥巴。② 有学者统计，努尔哈赤时期与蒙古联姻 18 次，皇太极时期与蒙古联姻 39 次。其中，科尔沁部的莽古思家族，自联姻始至顺治朝一共出了三位皇后，科尔沁的王公台吉为额驸者达 31 人。③

努尔哈赤为使那些异地归来之婿效忠后金，公开向蒙古各部头领宣扬："为我婿，以恩抚之。"甚至承诺："傥公主不令额驸适意安居，而虐苦之，朕惟以额驸为是，庇额驸。公主纵死，亦无所庇焉。"④ 努尔哈赤的这种不惜压抑亲生骨肉而偏袒额驸的做法，进一步增强了蒙古各部对后金的向心力，使他们更加卖力于后金政权。努尔哈赤所定立的以婚姻强化满蒙两族关系的策略，也为其后继者所遵循。据不完全统计，清朝入关之前，满蒙联姻多达 80 余人次⑤，终清之世，满蒙联姻有 500 多人次，其中出嫁蒙古的宗女多达 400 余人次。⑥ 满蒙之间制度化的频繁联姻，使清统治者和部分蒙古贵族在血统和情感上逐渐结为一体，使两族上层在原有亲缘关系的基础上"亲上加亲"。满蒙之间，以联姻为基石而结成的联盟，具有稳定性和长久性。清朝入关后，顺治帝曾对蒙古诸王说："尔等秉资忠直，当太祖、太宗开创之时，即诚心效顺，结为姻娅，请为屏藩。太祖、太宗嘉尔等勋劳，崇以爵号，赏赉有加，恩至渥焉……情意和谐，如同父子……我国家世世为天子，尔等亦世世为王，享富贵于无穷，垂芳名于不朽，岂不休乎。"⑦ 客观地说，正是因为这种联姻与联盟，有清一代，蒙古诸部"世更十二，载越廿纪，虔奉约束，聿共盟会，奥矣昌矣"⑧。

此外，努尔哈赤还利用藏传佛教格鲁派从精神上安抚与控制蒙古各

① （清）王先谦、朱寿朋：《东华录》卷 2，上海古籍出版社，2008，第 24 页。
② 杜家骥：《清朝满蒙联姻研究》，人民出版社，2003，第 7 页。
③ 袁闾琨等：《清代前史》，沈阳出版社，2004，第 753 页。
④ 《清太祖实录》卷 9"天命九年正月丙辰"，中华书局，1985。
⑤ 杨强：《清代蒙古族盟旗制度》，民族出版社，2004，第 126 页。
⑥ 杜家骥：《清朝满蒙联姻研究》，人民出版社，2003，第 241 页。
⑦ 《清世祖实录》卷 103"顺治十三年八月丙子"，中华书局，1985。
⑧ 赵尔巽等：《清史稿》卷 518，中华书局，1977，第 14319 页。

部，即所谓“兴黄教，即所以安众蒙古”[①]。这也是清朝入关之前就已确立的国策。自明末以来，蒙古族已完全皈依藏传佛教，藏传佛教深刻地影响着蒙古社会的方方面面。实际上，在清朝入关前，努尔哈赤和皇太极欲使蒙古各部诚心归顺，建立起稳固的满蒙联盟，仅靠联姻与盟誓是不够的。联姻与盟誓只解决了满蒙上层之间的关系问题，而对于收服蒙古民众之心，还得另寻他法。换言之，要牢筑满蒙关系，并使蒙古诸部臣服于金（清）政权，还得充分认清并利用蒙古族几乎完全皈依藏传佛教这一事实，设法修筑“心里长城”[②]。即如有的学者所说：“喇嘛教者实为蒙人信仰之中坚，足以起蒙人强烈之信仰，凡冠婚、丧祭、吉凶、祸福几无一不与喇嘛有关系，其对于喇嘛之德劭者，宛若天神，舍迷信，主持教宗之活佛外，绝不认有其他之权力，潜移默化于神权，彼勇猛善战之民族，遂化为温和萎靡。”[③] 正是基于修“心里长城”，使蒙古“化为温和萎靡”的需要，无论是努尔哈赤还是皇太极，都特别重视藏传佛教对蒙古的精神安抚作用，“优宠而利用之，以为一代驭藩之具”[④]。

在后金政权建立的前一年，即万历四十三年（1615），努尔哈赤就在赫图阿拉城东着手修建七座大庙，以示对藏传佛教的支持。[⑤] 清太祖天命六年（1621）五月，在蒙古科尔沁部传教的西藏高僧囊苏喇嘛抵达盛京（今沈阳），受到努尔哈赤的亲自接见和优礼款待，囊苏喇嘛十分感动，向努尔哈赤表示，希望身后能葬在辽东某一地方。不幸的是，囊苏喇嘛在访期间患病并于天命六年（1621）冬十月圆寂。努尔哈赤下令为囊苏喇嘛“修建宝塔，敛藏舍利”[⑥]，并派人将科尔沁囊苏喇嘛属下的诸申（属民）63户接来后金，拨给尼堪的一堡以妥善安置，守护舍利宝塔。[⑦] 天命十年（1625），漠南科尔沁的一些喇嘛投奔后金，努尔哈赤不

---

① 张羽新：《清朝治藏典章研究》（中），中国藏学出版社，2002，第607页。
② 冯智：《清代前期治藏方略研究》，云南民族出版社，2010，第25页。
③ 临川花楞：《内蒙古纪要》（第三编），文海出版社，1989。
④ 刘小萌、定宜庄：《萨满教与东北民族》，吉林教育出版社，1990，第64页。
⑤ 马汝珩、马大正：《清代的边疆政策》，中国社会科学出版社，1994，第134页。
⑥ 张羽新：《清政府与喇嘛教》，西藏人民出版社，1988，第205页。
⑦ 张羽新：《清政府与喇嘛教》，西藏人民出版社，1988，第10页。

仅免其贡赋，还授予保护其特权的敕书。皇太极即位以后，继承了努尔哈赤重视和优遇藏传佛教的宗教政策，并采取了更进一步的推动措施。清太宗天聪六年（1632），皇太极敕令进军蒙古的后金将领“凡大军所至……勿毁庙宇，勿取庙中一切器皿，违者死！勿扰害庙内僧人，勿擅取其财物”①。天聪八年（1634），藏传佛教僧人内齐·托音一行朝觐盛京，皇太极除亲自迎接外，还赐予他们缝制袈裟的红布和其他物品，并准许他们前往科尔沁传教。② 崇德元年（1636），皇太极下令在盛京修建后金规模最大的藏传佛教寺庙实胜寺③，收聚境内藏传佛教僧人。努尔哈赤和皇太极的这些优遇和尊崇藏传佛教的政策，在当时产生了很好的效果，大批蒙古僧俗民众投奔后金。

由努尔哈赤、皇太极所制定和推行的一系列联蒙政策或措施，有力地推动了蒙古各部特别是漠南蒙古的归附进程。在努尔哈赤时期，漠南蒙古的科尔沁、扎赉特、杜尔伯特、郭尔罗斯四部，先后归附后金。皇太极时期，敖汉部、奈曼部、察哈尔部、喀喇沁部、巴林部全部或部分归附后金。此外，喀尔喀、阿巴亥、土默特等部，也逐渐听命于皇太极。这其中，漠南蒙古的归附对后金政权从地方走向全国具有深远的意义，皇太极为此特祭拜天地告慰神灵：“四境敌国，归附甚众……朝鲜素未输诚，今已称弟纳贡；喀尔喀五部，举国来归；喀喇沁、土默特以及阿禄诸部落，无不臣服。察哈尔兄弟，其先归附者半，后察哈尔汗携其余众，避我西奔，未至汤古忒部落，殂于西喇卫古尔部落打（大）草滩地，其执政大臣率所属尽来归附。今为敌者，惟有明国尔。”④ 客观地说，皇太极的这种兴奋与自豪，并不是盲目乐观。特别是漠南蒙古实力

① 《清太宗实录》卷11“天聪六年五月乙未”，中华书局，1985。

② 刘小萌、定宜庄：《萨满教与东北民族》，吉林教育出版社，1990，第64页。

③ 中国藏学研究中心等：《元以来西藏地方与中央政府关系档案史料汇编（2）》，中国藏学出版社，1994，第215页。实胜寺开建于“崇德元年丙子岁孟秋，至崇德三年戊寅岁告成，名曰‘莲花净土实胜寺’”。实胜寺建成后，皇太极下令立碑，并御制碑文，配以满、汉、蒙、藏四种文字。参见张羽新：《清政府与喇嘛教》，西藏人民出版社，1988，第210—211页。

④ 《清太宗实录》卷20“天聪八年十月庚戌”，中华书局，1985。

最强的察哈尔部归附后金之后，其首领额哲先是将元传国玉玺献给皇太极[①]，之后又在崇德元年（1636）号召漠南蒙古十六部四十九个部落首领聚会盛京，向皇太极上尊号“博格达·车辰汗”。皇太极接受尊号，改元“崇德”，改国号“大清”。皇太极获得元传国玉玺，象征着后金政权拥有了继承元以来正统地位的合法性，在一定程度上，这为（金）清政权之后统一蒙古诸部扫清了障碍。察哈尔部的归附，使“皇太极进攻明朝时，再无后顾之忧，且可以自由地绕道蒙古进攻明朝”[②]。所发生的这一系列事件，其历史意义被清人视为“大清受命之始”[③]。在此之后，漠北蒙古车臣汗部首领硕垒开始上书皇太极，贡驼马；土谢图汗部首领衮布、扎萨克图汗部首领素巴第等，相继向皇太极贡献驼马等物。崇德三年（1638），漠北喀尔喀各部向皇太极进“九白之贡”。“九白之贡”在当时被视为最高的朝贡礼仪，这对清朝与漠北蒙古关系的后续发展具有象征意义。

满蒙民族关系的密切与强化，为（金）清问鼎中原铺平了道路。在清朝入关以前的16世纪末到17世纪初的中国政治舞台上，其基本政治格局是明朝、蒙古、后金三足鼎立。蒙古各部因东接后金，南邻明朝，事实上成为明朝与后金之间一支十分重要的中间力量。就当时局势来看，谁能得到蒙古这支长于弓箭的剽悍铁骑的支持，谁就能掌握战争的主动权。由于满族统治者对蒙古上层采取“申以盟誓，重以婚姻”等笼络之策，在皇太极统治时期，蒙古各部便已先后归顺（金）清政权，确立起对漠南蒙古的直接统治和与漠北蒙古比较松弛的臣属关系，拥有外藩十六部、四十九贝勒[④]，从而改变了明、清之间的力量对比，使清在战略上取得了优势，并在逐鹿中原的过程中深得漠南蒙古的武力配合。

---

① 为躲避后金的追捕，漠南蒙古察哈尔部在其首领林丹汗率领下，于天聪七年（1633）和天聪八年（1634）攻下宁夏，进入河西走廊，准备翻越祁连山，与占领青海的喀尔喀部却图汗会合，共同对付和硕特部，以便向西藏扩展势力，但林丹汗于1634年因痘病死于青海大草滩。林丹汗死后，其妻和儿子额哲率部东归，皇太极趁势出兵，额哲战败被俘。额哲向皇太极献上元传国玉玺，受到皇太极隆重礼遇，皇太极还将次女固伦公主嫁给他。

② 刘祥学：《明朝民族政策演变史》，民族出版社，2006，第423页。

③ （清）魏源：《圣武记》卷3，韩锡铎、孙文良点校，中华书局，1984，第95页。

④ 袁闾琨等：《清代前史》，沈阳出版社，2004，第757页。

“攻城转战，蒙古部多有功。”[①] 特别是最早联姻的蒙古科尔沁部，“以列朝外戚，荷国厚恩，列内札萨克二十四部首，有大征伐必以兵从”[②]。这就表明清入关前满族上层以婚姻和封爵为主要手段与蒙古王公结成的联盟，使蒙古王公成为（金）清进取中原的可靠同盟军。

二、蒙藏联合与清政府对西藏的治理

在与蒙古结成联盟后，雄才大略的皇太极已看到了逐鹿中原的曙光，于是开始将注意力投向藏传佛教的发源地西藏，以期通过加强同藏传佛教的联系，安抚信奉藏传佛教的蒙古各部，巩固并深化满蒙联盟，形成从北部、西北部对明朝的战略包围。

崇德四年（1639）十月，皇太极遣额尔德尼达尔汗格隆、察汉（查罕）格隆等使臣前往西藏，试图构建起与西藏政教首领直接联系的通道。[③] 其间，因漠北蒙古喀尔喀事先向清廷表达过搭伴前往的意愿，故皇太极遣使前往漠北联络，“因汝等曾言请圣僧喇嘛甚善，故我等奉命来请，汝等亦宜遣人同往”[④]。可能是皇太极既致书达赖喇嘛，又致书格鲁派的劲敌藏巴汗的这种做法，引起偏爱格鲁派的漠北喀尔喀蒙古部落的不愉快，满蒙初次联合出使西藏的活动未能成行。

在皇太极寻求与西藏僧俗上层联系的同一时期，漠西蒙古各部也在其势力重组的过程中，希图向外扩展以得到更大的发展空间。[⑤] 和硕特

---

① （清）祁韵士：《皇朝藩部要略》卷1，李毓澍：《中国边疆丛书》（7），台北文海出版社，1965，第29页。

② （清）祁韵士：《皇朝藩部要略》卷2，李毓澍：《中国边疆丛书》（7），台北文海出版社，1965，第128页。

③ 《清太宗实录》卷49“崇德四年十月庚寅”，中华书局，1985。

④ 《清太宗实录》卷51“崇德五年二月辛酉”，中华书局，1985。

⑤ 《卫拉特蒙古简史》编写组：《卫拉特蒙古简史》（上册），新疆人民出版社，1992，第154页。当时在漠西蒙古（又称卫拉特）四部中形成了以和硕特部的拜巴噶斯为首和以准噶尔部哈喇忽喇为首的两大集团。而且随着准噶尔部势力的不断壮大，漠西蒙古四部间的矛盾越来越深，其中势力较弱者只好率部外迁，以求生存。土尔扈特西迁伏尔加河下游，就是这个原因。

部在其首领固始汗[①]的带领下，与藏传佛教格鲁派进行了非常成功的联合，最终获得了青藏高原的控制权。自16世纪末以来，游牧于天山北路的漠西蒙古各部落不断受到来自东蒙古各部落、察合台后王和哈萨克贵族们的夹击，向北发展又受到沙俄的阻遏。[②] 牧场日趋紧张，而人口和牲畜的数量逐年激增，由此产生了严重的社会问题，加剧了诸部的矛盾，在此种情境下，漠西蒙古各部为解决经济问题向外迁徙。当时，格鲁派正遭受来自后藏的藏巴汗、康北的白利土司和袭占青海的喀尔喀蒙古部落却图汗的三面围攻[③]，与蒙古土默特部的联系被阻断，处境也异常艰难。面对如此严峻的形势，格鲁派首领五世达赖喇嘛和四世班禅额尔德尼紧急向新皈依藏传佛教的卫拉特人求援。[④] 而格鲁派的求援，又为正在寻求出路的固始汗带来了突破口。固始汗便抓住这一历史机遇，

---

① 固始汗(1582—1655)，名图鲁拜琥，是成吉思汗之弟哈布图·哈萨尔的十九世孙，"其祖博贝密尔咱始称卫拉特汗，其父哈尼诺颜洪果尔继之。有子六，长哈纳克土谢图，次拜巴噶斯，次昆都伦乌巴什，次即固始汗"(祁韵士：《皇朝藩部要略》卷9，李毓澍：《中国边疆丛书》(7)，台北文海出版社，1965，第422—423页)。固始汗的勇武之相，从小便有展露：13岁时统领军队击败果噶尔和通四万士兵，25岁时又以智慧平息了喀尔喀与卫拉特的军事冲突（马大正、成崇德：《卫拉特蒙古史纲》，新疆人民出版社，2006，第160页)。因此，"栋科法主与喀尔喀王及其臣下皆生随喜之心，遂赠大固始之称号"（五世达赖喇嘛：《西藏王臣记》，刘立千译注，民族出版社，2000，第126页)。文中所说栋科法主，是土默特部族人，为三世达赖喇嘛的弟子。

② 据史籍载，1634年固始汗与俄国地方当局发生冲突，俄国地方当局扣押了固始汗派往塔拉的使者，固始汗则俘获了塔拉和秋民地区的俄国纳税户，双方为此交涉。参见王辅仁、陈庆英：《蒙藏民族关系史略》，中国社会科学出版社，1985，第111页。

③ 这三者之所以结成反格鲁派联盟，是因元明以来，西藏地方政权有一个共同特点——政教合一，即每一个世俗政权都与某一佛教派别结成紧密供施关系，以稳固其统治。藏巴汗政权支持噶玛噶举派红帽系。值得注意的是，白利土司虽是苯教徒，对佛教抱有敌意，尤其是在其辖区内捣毁萨迦派、格鲁派和宁玛派的寺院，逮捕、监禁佛教僧人，但白利土司与藏巴汗政权交好，因而在噶玛噶举派红帽系首领的撮合下，与藏巴汗、却图汗结盟，共同对付格鲁派。

④ 格鲁派在生死存亡的关键时刻，做出向漠西蒙古求援的决定，四世班禅额尔德尼在其中起到了决定性的作用。是因"五世达赖罗桑嘉措才17岁，还是一个政治上不太成熟的青年，四世班禅罗桑曲杰已经63岁，不仅在宗教上获得很高的威望，在政治上也是一个相当成熟的领袖"。参见牙含章：《班禅额尔德尼传》，华文出版社，2015，第28—29页。

在漠西蒙古四部召开的“丘尔干会议”上[①]，自告奋勇表示愿意带兵南下援助格鲁派。固始汗得到其他三部首领的赞同。在经过一番准备之后，固始汗在准噶尔部巴图尔珲台吉的协助下，率兵南下青海。

清崇德二年（1637），固始汗率领的漠西蒙古军与喀尔喀蒙古首领却图汗的军队在青海湖北岸激烈交锋，固始汗以 1 万人战胜喀尔喀蒙古 3 万人（有说是 4 万人），是为“血山之战”[②]。固始汗的这次胜利，在很大程度上得益于格鲁派的支持。却图汗是一个虔诚的噶玛噶举派信徒，他在袭占青海之后，处处与格鲁派为敌，并与噶玛噶举派红帽系联合，“杀死大批在青海地区的黄教僧人，或把他们监禁起来”[③]。此外，却图汗还曾试图与漠南蒙古首领林丹汗联合，共同对付支持格鲁派的蒙藏世俗势力，后因林丹汗死于青海大草滩而没有实现。在“血山之战”遭到惨败的却图汗率其残部败退哈尔盖，被固始汗长子达延台吉一路追歼，最终兵败被杀。[④]

固始汗击败却图汗之后，在当地格鲁派僧人的帮助下，迅速控制了青海地区。也就在占领青海的关键时刻，固始汗做出了一个蓄谋已久的大胆决策：率领和硕特部驻牧青海。固始汗这一决策表明，施救格鲁派只是他为走出困境并成就霸业的借口。与此同时，为了占领青海，缓和与准噶尔部势力最为强大的哈喇忽喇支系的关系，固始汗在土虎和土兔两年间（1638—1639）将在准噶尔地方的部众全迁移至青海地区，并保证再不返乡与准噶尔部等其他漠西蒙古部落争夺牧场。[⑤] 他还将自己的女儿阿敏达喇嫁给巴图尔珲台吉之子，并馈赠巴图尔珲台吉丰厚的礼物[⑥]，以此换请巴图尔珲台吉率部返回天山北路。固始汗此举不但使和硕特部获得了青海这块水草丰美的牧场，也使其能够以青海为根据地，

① “丘尔干”是蒙语会议、会盟的意思。在 16 世纪至 17 世纪初，漠西蒙古四大部各自独立，不相统属。为协调各部关系，商讨重大行动事项，各部推选代表参加会盟。参见马大正、成崇德：《卫拉特蒙古史纲》，新疆人民出版社，2006，第 60 页。

② 王辅仁、陈庆英：《蒙藏民族关系史略》，中国社会科学出版社，1985，第 115 页。

③ 东嘎·洛桑赤列：《论西藏政教合一制度》，陈庆英译，中国藏学出版社，2001，第 52 页。

④ 松巴堪布：《青海史》，谢健、谢伟译，《青海民族学院学报》1983 年第 4 期。

⑤ 松巴堪布：《青海史》，谢健、谢伟译，《青海民族学院学报》1983 年第 4 期。

⑥ 东嘎·洛桑赤列：《论西藏政教合一制度》，陈庆英译，中国藏学出版社，2001，第 52 页。

进一步拓展势力范围。

固始汗占领青海之后，又在格鲁派的支持下谋划进一步征服青藏高原的行动。[①] 先是南下击溃康北魁首白利土司，后在格鲁派的协助下，于崇德七年（1642）消灭藏巴汗政权[②]，将整个青藏高原纳入其控制之下，进而又夺取木氏土司所控制的康南地区。按照五世达赖喇嘛的说法，固始汗已“成为全藏三区之主”[③]。

固始汗在袭占青藏高原之后，意欲以青海作为和硕特蒙古的大本营，并以此为控制西藏、青海和康区等地的据点。为此，固始汗分封诸子为八台吉，保持蒙古原有的会盟理事制度，以康区为其粮草供给基地，即所谓“子孙游牧青海，而喀木纳其赋”[④]。与此同时，固始汗为了更好地控制西藏，极力笼络以五世达赖喇嘛为首的格鲁派。崇德七年（1642），固始汗建立由和硕特汗廷控制的西藏地方政府。在地方政府名称上，固始汗巧妙地以五世达赖喇嘛在哲蚌寺的寝宫甘丹颇章命名，并封授五世达赖喇嘛的旧属贵族为第巴，具体负责西藏地方政务，这种举措无疑对五世达赖喇嘛有很好的安抚作用。此外，固始汗又以卫藏所得赋税供养五世达赖喇嘛，让格鲁派获得经济实惠。固始汗本人则代表和硕特汗廷率军驻扎拉萨以北，以汗王的身份执掌甘丹颇章地方政权，直接掌管西藏的军政大事。

固始汗通过这一系列操作，初步建立起控制青藏高原及周边地区的基本政治框架。但是，固始汗要实现和硕特蒙古对青藏高原长久而稳固的统治，不仅需要解决一些现实问题，还需要寻求一种政治依靠。就时局而言，固始汗必须正视的现实问题，首先就是来自蒙古其他各部的威胁。这其中，同属漠西蒙古的准噶尔部对固始汗所控制的这一大片地

① 近期有学者认为，固始汗出兵灭白利土司和藏巴汗，完全是在格鲁派寺院集团怂恿下采取的两次军事行动。参见达力扎布：《林丹汗西迁“土白特”灭格鲁派考》，《中国藏学》2021 年第 1 期。

② 1639 年，固始汗抵达卫藏，五世达赖喇嘛赐予他“持教法王”称号。这一称号为固始汗攻击藏巴汗提供了道义支持。参见松巴堪布：《青海史》，谢健、谢伟译，《青海民族学院学报》1983 年第 4 期。

③ 五世达赖喇嘛：《西藏王臣记》，刘立千译注，民族出版社，2000，第 128 页。

④ （清）魏源：《圣武记》卷 3，韩锡铎、孙文良点校，中华书局，1984，第 139 页。

区，一直虎视眈眈。漠南、漠北各蒙古王公也未必就对固始汗所取得的成就心悦诚服。[①] 而且以和硕特部有限的人力，要长久地控制和有效地统治青藏高原这一片人口众多、地域辽阔的地区，不仅需要协调并满足高原地区各地方政教势力的既得利益，还需有一个强大的支持力量。为此，固始汗联合格鲁派不断寻求同新兴的清政权接触的机会和途径，以期巩固自己的胜利成果，实现其长远目标。

实际上，早在清崇德二年（1637），即和硕特蒙古确立对青海的控制权的当年，固始汗就遣使通贡盛京，这也是和硕特蒙古朝拜清政权之始。[②] 之后，即便是在与藏巴汗争夺西藏控制权的过程中，固始汗也未停止寻机通贡清廷。当然，此时固始汗向皇太极示好，主要还是为了获取支持，以抗衡来自其他蒙古部落的挑战与威胁。固始汗主动向清廷示好，既满足了皇太极联蒙以抗明并争夺中原的战略愿望，也与西藏一些政教势力寻求新的政治依靠的需求不谋而合。

自藏传佛教后弘期以来，西藏地方世俗割据势力和佛教教派之间常常紧密联合，教靠政而生，政依教而强，这既是西藏政教关系生态的基本面相，也是各政教集团赖以存续并壮大的基础。诚如杜齐所说：西藏"宗教掌握人心到如此程度，贵族不得不披上僧侣的外衣来追求自己的新威望"；宗教领袖也"要求掌握世俗和宗教双重权力，既把寺院精舍变成堡垒和王宫，又集政权和教权于一身"。[③] 萨迦、帕竹噶举分别与款氏家族、朗氏家族相结合，就是明显的例子。西藏社会逐步迈入政教合一的轨道，并由此产生多方面的变化。世俗政治力量日益弱化，宗教号召力不断增强，甚至教权凌驾于政权之上，这是对后世影响最大之处。13世纪之后，萨迦政权之于萨迦派、帕竹政权之于帕竹噶举派、仁蚌巴政权之于止贡噶举派、藏巴汗政权之于噶玛噶举派等，就是明显的例证。世俗政治结构的弱化，更加重了世俗军事制度的缺陷。因而，西藏

---

① 王森：《西藏佛教发展史略》，中国社会科学出版社，1997，第205页。

② （清）祁韵士：《皇朝藩部要略》卷9，李毓澍：《中国边疆丛书》（7），台北文海出版社，1965，第424页。

③ ［意］杜齐：《西藏中世纪史》，李有义、邓锐龄译，中国社会科学院民族研究所民族史室、民族学室，1980，第5页。

各派势力为在彼此的争斗中削弱对方、壮大自己，便选择最便捷的渠道——寻求外来力量，特别是以中原中央王朝为靠山。明清迭代之际，西藏的各政教势力寻求新的依靠的事实，就是这种变化的反映。

所以，几乎与皇太极遣使赴藏的同时，固始汗与五世达赖喇嘛、四世班禅商议，决定联合藏巴汗和噶玛噶举派等西藏地方僧俗首领，派遣名为伊拉古克三呼图克图的蒙藏使团奔赴盛京朝觐。这个首次由西藏僧俗首领派来的使团，其成员几乎囊括了西藏地方各僧俗实力派的代表——既有在西藏地方得势的和硕特部和格鲁派的代表，也有处于颓势的藏巴汗政权的代表。使团高僧中为首的是两位格鲁派高僧戴青绰尔济和戴青俄木布[1]，其中，戴青俄木布是固始汗之兄拜巴嘎斯的义子。使团中其他与固始汗有关的成员还有固始汗的儿子达赖巴图鲁（即第六子多尔济）和拜巴嘎斯之子鄂齐尔图等。[2] 固始汗如此组团之用意，是向清朝统治者显示，固始汗是青藏高原实际控制者，有掌控青藏高原的实力和号召力，以此试探清廷对和硕特蒙古部落掌控西藏政局的态度。以皇太极为首的清朝统治者，对此心领神会。清崇德七年（1642）十月，当使团抵达盛京后，皇太极对此高度重视，并给予高规格的接待，亲率诸王、贝勒“赐大宴于崇政殿”，之后又“命八旗诸王、贝勒各具宴，每五日一宴之，凡八阅月”[3]。

清崇德八年（1643）六月二十日，朝觐使团启程返藏。皇太极特遣察干格隆、巴喇衮噶尔格隆等僧人随同进藏，前往固始汗和格鲁派等政教首领处，分别致书并馈赠礼物。[4] 正是因为伊拉古克三呼图克图朝觐使团的到来，皇太极才对西藏时局有了更加清晰的认识，并对其未来走向有了更为准确的判断。表面上，与皇太极前一次派使入藏一样，入藏使者仍然给各政教势力分别致书并馈赠礼品。然而，这次书信之内容已有明显的亲疏之分，礼品也有轻重之别。如对达赖喇嘛等格鲁派首领，

---

① 《清太宗实录》卷63“崇德七年十月壬戌”，中华书局，1985。

② 陈庆英：《西藏首次遣使清朝史实探讨》，《中国藏学》1998年第1期。

③ 《清太宗实录》卷64“崇德八年五月丁酉”，中华书局，1985。

④ 《清太宗实录》卷64“崇德八年五月丁酉”，中华书局，1985。

不仅信中言辞相对热情，称誉其“拯济众生”“兴扶佛法”，特表“恭候安吉”，而且所赠之礼厚重。与之相反，对于同为藏传佛教分支的噶玛噶举派红帽系活佛，皇太极不仅在信中用语比较冷淡，且所赠礼物也轻得多。[①] 同样，皇太极对藏巴汗和固始汗这两位先后掌控西藏政局者的态度，也有很大的区别。他在给藏巴汗的回信中称：“近闻尔为厄鲁特部落顾实贝勒所败，未详其实，因遣（遗）一函相询。自此以后，修好勿绝，凡尔应用之物，自当饷遗。”而在给固始汗的回信中却说：“朕闻有违道悖法而行者，尔已惩创之矣。”[②] 可见，在皇太极的眼中，居于强势地位的固始汗成了受人尊重的“顾实贝勒”，而落败的藏巴汗却成了受人鄙视的“违道悖法而行者”。由是观之，早在入关之前，清朝统治者对西藏地方政教格局已有一定程度的认知和了解。

在和硕特蒙古与格鲁派联合建立起西藏甘丹颇章地方政权之后，固始汗已掌管了西藏地方的军政大权。但固始汗并没有等到伊拉古克三呼图克图朝觐使团返藏，便急切地再次遣使至盛京，向皇太极建言：“达赖喇嘛功德甚大，请延至京师，令其讽诵经文，以资福佑。”[③] 如果说固始汗在未击败藏巴汗政权以前，遣使朝拜清统治者是基于各地方强势者之间互为声援，以实现以青海为据点进而掌控包括西藏在内的青藏高原的目标的话，那么，在他成为西藏地方的实际统治者之后，仍然不忘向清统治者示好，其目的便是期望以此获得新兴的清政权对其占有西藏这一既成事实的承认和支持。固始汗的这一系列举动表明，他对中原政权将花落谁家已有清醒的预判，即如有学者说：“明朝的皇帝虽然还坐在北京的金銮殿上，但是已经没有必要去理会他了，而东北兴起的清朝，大有取代明朝的可能性。”[④] 事实上，与日暮西山的明王朝相反，此时的清政权显示出蓬勃朝气。蒙古大部分部落的臣服使清之军事实力大增，（金）清统治者入主中原的宏图指日可待，且无后顾之忧。

---

① 顾祖成：《明清治藏史要》，西藏人民出版社、齐鲁书社，1999，第 92 页。

② 《清太宗实录》卷 64“崇德八年五月丁酉”，中华书局，1985。

③ 《清太宗实录》卷 64“崇德八年九月戊申”，中华书局，1985。

④ 王辅仁、陈庆英：《蒙藏民族关系史略》，中国社会科学出版社，1985，第 114 页。

当固始汗所遣使臣到达盛京时，皇太极已经驾崩，新皇帝福临继位，于崇祯十七年（1644）入关定都北京，是年为顺治元年。清朝的当政者多尔衮和年轻的顺治帝仍然全力支持固始汗所扶持的格鲁派，并于进驻北京当年的正月十五日即敕谕五世达赖喇嘛遣使进京朝觐。必须清楚地看到，顺治元年敕谕五世达赖进京，与清朝政权入关前积极主动地争取同西藏宗教首领取得联系的做法，是有本质差异的。表面上，清廷遣使迎请五世达赖，是顺固始汗之请，实质上是承认和默许了固始汗对西藏地方的实际控制权。同时，此时的清朝统治者礼遇藏传佛教领袖，已不是为安抚蒙古众部落，换取北部边疆稳定了，而是以中央王朝的姿态要求西藏地方政教首领归附，以和平的手段实现明清中央王朝更替后西藏地方统治权的传递。

在确立清朝与西藏地方关系的问题上，具有标志性意义的事件是顺治年间五世达赖喇嘛奉命进京朝觐，以及清廷借机分别对五世达赖喇嘛和固始汗的册封。经过清廷的再三邀请和多方敦促，顺治九年（1652）十二月十五日，五世达赖喇嘛一行 300 余人抵达北京南苑。[①] 五世达赖喇嘛之所以精心准备，率领西藏地方政教代表团进京朝觐，旨在以归附新的中央王朝的方式，获得清廷的认可和支持，以巩固其教派在西藏的既得权益，并“藉着满洲皇帝的关系，来牵制和硕特君长们单一的控制”[②]。而对于刚刚定鼎北京的清王朝来说，册封当时西藏最有实力和影

---

① 《清世祖实录》卷 70“顺治九年十二月癸丑”，中华书局，1985。

② 札奇斯钦：《蒙古与西藏历史关系之研究》，台北正中书局，1978，第 597 页。按：有关五世达赖喇嘛及其所代表的格鲁派的这一盘算，在一定程度上说，与当年格鲁派邀援蒙古和硕特部以摆脱困境及其之后的境遇有关。有材料上说，格鲁派当初的盘算是，蒙古和硕特部在帮助其摆脱困境之后，即离开西藏。是因五世达赖喇嘛“了解到一个开放门户招致外力的入侵的政策所带来的危险”（杜齐：《西藏中世纪史》，李有义、邓锐龄译，中国社会科学院民族研究所民族史室、民族学室，1980，第 117 页）。但是，固始汗在消灭格鲁派的敌对势力之后，不仅没有离开西藏，反而以西藏主宰者自居，这有违五世达赖喇嘛的初衷。这一事实，可从五世达赖喇嘛的自传中得到印证，其在自传中说：固始汗出兵青海是一心向佛而非私欲，之后又如何以丰厚赋税布施给五世达赖喇嘛，甚至不厌其烦地描写忽必烈与八思巴的历史事例，这实际上是在隐喻自己应该是西藏地方的统治者，而不应该是固始汗（参见陈庆英：《五世达赖喇嘛与蒙古关系史料》，《西北民族研究》1992 年第 2 期）。客观地说，清朝定鼎中原后，五世达赖喇嘛欲借清王朝的强大力量实现其目的，这是一种现实的选择。

响力的教派领袖，象征着中原王朝更替后西藏地方主权的交接。当然，清廷册封五世达赖喇嘛也还有另外的政治意图，那就是通过此举不但可得到藏传佛教格鲁派的拥戴，还可进一步深化传统的满蒙同盟，招徕尚未归附的蒙古各部。正是基于这一意图，清廷不仅在接待上周密安排，高规格款待来京朝觐的五世达赖喇嘛，而且在封授上将未来对西藏地方的治理构想和盘托出。在封授五世达赖喇嘛时，其印文、册文使用了满、汉、藏三种文字。[①] 册文如下：

> 朕闻兼善独善，开宗之义不同；世出世间，设教之道亦异。然而明心见性，淑世觉民，其归于一也。兹尔罗布藏扎卜素达赖喇嘛，襟怀贞朗，德量渊泓，定慧偕修，色空俱泯，以能宣扬释教，诲导愚蒙，因而化被西方，名驰东土。我皇考太宗文皇帝闻而欣尚，特遣使迎聘。尔早识天心，许以辰年来见。朕荷皇天眷命，抚有天下，果如期应聘而至。仪范可亲，语默有度，臻般若圆通之境，扩慈悲于摄受之门。诚觉路梯航，禅林山斗，朕甚嘉焉。兹以金册印封尔为西天大善自在佛所领天下释教普通瓦赤喇怛喇达赖喇嘛。应劫现身，兴隆佛化，随机说法，利济众生，不亦庥哉。[②]

而对固始汗进行封授时，其印文、册文使用了满、汉、蒙古三种文字，册文如下：

① 《清世祖实录》卷74“顺治十年四月丁巳”，中华书局，1985。按：关于清廷封给五世达赖喇嘛的金印和金册所使用的文字问题，五世达赖喇嘛的说法与《清实录》的记载有差别。他说：“皇帝颁发了印文为‘西天大善自在佛所领天下释教普通瓦赤喇怛喇达赖喇嘛’的汉、蒙古、藏三种文字合璧的金印和金册，金册有最厚的书页那么厚……还有用上述三种文字书写的让我管领西方众生的敕书及赏赐物品”（五世达赖喇嘛阿旺洛桑嘉措：《三世达赖喇嘛索南嘉措传》，陈庆英、马连龙译，《一世—四世达赖喇嘛传》，（《西藏通史》资料丛刊1），中国藏学研究中心历史所，2003年，第290页）。为何会出现这种差别？有学者认为，可能是五世达赖喇嘛误将满文认作了蒙古文［邓锐龄、冯智：《西藏通史·清代卷》（上），中国藏学出版社，2016，第77页］。

② 《清世祖实录》卷74“顺治十年四月丁巳”，中华书局，1985。

帝王经纶大业，务安劝庶邦，使德教加于四海。庶邦君长能度势审时，归诚向化，朝廷必加旌异，以示怀柔。尔厄鲁特部落顾实汗，尊德乐善，秉义行仁，惠泽克敷，被于一境，殚乃精诚，倾心恭顺，朕甚嘉焉。兹以金册印封为遵行文义敏慧顾实汗。尔尚益矢忠诚，文宣声教，作朕屏辅，辑乃封圻。如此则带砺山河，永膺嘉祉。钦此。[①]

从这两件册文可以看出，清廷赐予五世达赖喇嘛和固始汗二人的名分和对他俩的职责要求是明显不同的。其中，五世达赖喇嘛是被当作宗教领袖来封授的，要求他担负起“所领天下释教”的责任。而对固始汗的册封，则是西藏的“庶邦君长”，要求承担的政治责任是“作朕屏辅，辑乃封圻”。从这两个截然不同的分封来看，清朝在西藏实行的是一种严格的政教分离政策。[②] 本质上说，这次封授的意义在于明清易代后，清朝中央政权与西藏地方之间正式建立起一种政治隶属关系。但也必须看到，清朝的这种主权承接方式与元、明两朝所采取的形式，有较大的差异。在清政权刚立未稳，控制青藏地区明显有心无力的情况下，清朝统治者通过优抚达赖喇嘛以笼络蒙古各部，通过封授和硕特蒙古首领以避免达赖喇嘛的权力膨胀，从而形成蒙藏政教势力之间互相钳制的格局。[③] 清初统治者对蒙藏上层的这种分别封授，意味着清朝统治者正式承认了和硕特蒙古对西藏的统治，以固始汗为清廷命官管理西藏来实现主权承接。但从行政管辖模式上看，自此次封授一直到康熙末年清军驱逐准噶尔势力出西藏这半个多世纪内，清王朝对西藏地方的实际控制力还不强，或者说，清中央王朝与西藏地方政权之间所维持的还只是一种

① 《清世祖实录》卷74“顺治十年四月丁巳”，中华书局，1985。

② 王森：《西藏佛教发展史略》，中国社会科学出版社，1997，第188页。

③ 罗布：《蒙藏关系与清朝权威在青藏地区的确立》，《西藏大学学报》2021年第1期。

间接统治关系。①

三、结语

通过对满、蒙、藏民族关系发展脉络的梳理，我们看到，明清更替之后，清朝虽确立了对西藏地方的主权，但只能承认和硕特蒙古掌管西藏军政大权的既成事实，并在清初的相当长一段时期内，与西藏地方政权之间维持着一种间接统治关系。之所以如此，是有历史和现实原因的。从民族关系角度和现实形势看，传统的蒙藏关系与满蒙联系使由蒙古来联接满藏关系有了可能性；而新兴的（金）清政权入关前后，满、蒙、藏民族上层的相互呼应与清朝初年的国内变局，又使由和硕特蒙古首领行使西藏地方的行政管理权，有了客观现实性。换言之，和硕特蒙古成为这种纽带，有其历史的必然性，而这种必然性又是由多种因素促成的。

首先，经过元朝近百年对西藏的治理，蒙藏民族之间已建立了较为密切的政治、经济和文化关系。特别是自 17 世纪之后，藏传佛教格鲁派不仅在西藏得到长足发展，而且其势力已拓展到漠南、漠北和漠西地区，影响较大，即所谓“外藩蒙古惟喇嘛之言是听”②，“凡决疑定计，必咨于喇嘛而后行”③。可见，藏传佛教已广泛扎根于蒙古社会，并成为蒙藏民族共同的信仰。该时期形成的这种基于宗教文化意识趋同而形成的民族关系，在蒙藏民族关系发展史上，是其他历史时期的蒙藏民族关

① 国内学界一般认为清朝在西藏建立起直接统治是以康熙五十七年(1718) 清军驱逐准噶尔势力为标志。其主要依据的是康熙的说法：“今大兵得藏，外边诸番悉心归化，三藏、阿里之地俱入版图。”(《清圣祖实录》“康熙五十九年十一月辛巳”，中华书局，1985) 在此之前清廷对西藏只能说是一种间接统治关系，或者说是一种政治保护关系。但也有人认为应提前到康熙四十八年 (1709) 清廷派赫寿入藏，原因是赫寿此行“目的在于加强清政府对西藏地方的直接领导，防止和硕特蒙古再度控制西藏”(吴丰培、曾国庆：《清朝驻藏大臣制度的建立与沿革》，中国藏学出版社，1989，第 4 页)。而实际上，在“驱准保藏”胜利之前，清廷在西藏的意志还不能无所障碍地得到贯彻执行，如康熙四十五年 (1706) 清廷命拉藏汗“拘假达赖喇嘛赴京”，却遭到拉藏汗的拒绝(《清圣祖实录》卷 227“康熙四十五年十二月丁亥”，中华书局，1985)。

② 《清世祖实录》卷 68“顺治九年壬辰九月壬申”，中华书局，1985。

③ (清) 王芑孙：《西陬牧唱词》，参见吴蔼宸：《历代西域诗钞》，新疆人民出版社，1982。

系难以相比的。因此，清朝统治者对待藏传佛教采取什么态度、执行什么政策，直接关系到对藏族、蒙古族采取什么态度和政策。“卫藏安，而西北之边境安；黄教服，而准、蒙之番民皆服。”① 优僧崇教不仅可以绥服西藏，而且可以强化蒙古地区对清朝的向心力。因此，自皇太极始，即面临着如何稳定蒙藏这片崇信黄教的地区，进而实现全国统一的问题。顺治即位后，多次诏谕五世达赖喇嘛等格鲁派首领来京朝觐。顺治九年（1652）底，当五世达赖喇嘛一行抵京后，清廷以隆重的礼仪迎接，高规格款待，并赏赐大量金银财宝。在五世达赖喇嘛离京返藏时，顺治帝又派亲王及贝子等带兵护送，并派官员赶到代噶（今内蒙古凉城），赐给他金册金印，册封他为“西天大善自在佛所领天下释教普通瓦赤喇怛喇达赖喇嘛”。清廷的这一系列举动，其中就有借之安抚蒙古的政治意图。“因为清朝辖区内的人民，特别是蒙古族人民，很多是信奉喇嘛教的，利用以西藏为发祥地的喇嘛教，更能起到麻痹群众、安定后方的作用，对于清朝用兵中原，统一全国，自然具有很重要的意义”②。

其次，满蒙民族之间，早期宗教文化相近，生产生活方式相似，加上努尔哈赤、皇太极等清朝奠基者对满蒙民族关系的强化，使两族关系得到空前发展。满、蒙、藏民族上层相似的政治追求，使他们相互声援、紧密靠拢。满族统治者努尔哈赤、皇太极等基于巩固政权，以及与明朝争夺中原等政治、军事需要，通过“申以盟誓，重以婚姻”的策略，实现了拉拢和统驭蒙古诸部落的夙愿。又为安抚众蒙古部落，清廷不得不重视同藏传佛教发源地的宗教首领加强联系。巧合的是，藏传佛教格鲁派为求生存和发展的愿望，与漠西蒙古和硕特部首领固始汗为摆脱生存危机，并同其他蒙古部落争夺青藏高原的野心相互碰撞，从而使蒙藏民族上层结盟成为现实。在明清换代之际，二者基于各自的政治考虑，皆积极主动地与势头正盛的（金）清政权联系，以寻求（金）清政权支持来巩固其既得之利益。

---

① （清）魏源：《圣武记》卷5，韩锡铎、孙文良点校，中华书局，1984，第219页。

② 王辅仁、索文清：《藏族史要》，四川民族出版社，1981，第110—111页。

最后，清朝在入关后的一段时间内，满族贵族虽然初步实现了定鼎中原的夙愿，但清朝当局既要面对来自全国各地的反清复明的抵抗力量和农民军余部，还要审慎应对拥兵自重的“三藩”，也要时时关注北方蒙古各部。顺治元年（1644），清军入关之后，整个漠北、漠南、甘肃、宁夏、青海、新疆乃至西藏，大半个中国的广袤土地均控制在蒙古各部手中。在蒙古各部中，特别是占据新疆内外的准噶尔部，时时对中原虎视眈眈。这些势力无一不牵制和耗费清朝统治者的心力。因此，如何在如此严峻之形势下稳固其统治，是清初统治者关注的焦点和首先必须解决的问题。这就使清初统治者根本无力更多地顾及边疆地区的事务，特别是被和硕特蒙古所控制的青藏高原。而清廷采取的赐封五世达赖喇嘛和固始汗之策，虽达到了王朝更替后西藏地方主权的承接和对蒙古各部安抚的目的，但事实上也成全了固始汗以青海为据点并统治西藏的愿望。从这个角度上看，清初统治者默认由固始汗来控制西藏的事实，是为现实所迫。但是，在清初较长一段时期内，固始汗及西藏僧俗首领保持着对清中央王朝忠顺的事实①，或可证明清朝统治者利用和硕特蒙古代行西藏管理权，是一种符合时宜的举措。

第二节
“唐古特” 含义的演变与清朝对西藏认知和强化统治的嬗变

今西藏地区，唐代典籍称之为吐蕃，该称呼既指其地域与政权，又指其民族。元、明两代的一些文献中沿用了吐蕃这一称谓，间或以西番

① 关于此，以下史实可证：顺治十三年（1656），固始汗去世，清廷遣使致祭，谕赞他“崇尚圣德”，有“治理边疆之功，终生为朝廷尽忠之德”［中国藏学研究中心等：《元以来西藏地方与中央政府关系档案史料汇编（2）》，中国藏学出版社，1994，第245页］。又如五世达赖喇嘛受封后，二十余年，恪尽职守，悉心教化，蒙藏静谧。虽其晚年在对待吴三桂叛乱和准噶尔反叛问题上，有负清中央王朝，但在平定“三藩之乱”之后，迅即遣使朝贺，再三悔过，求得清廷谅解不加深究。参见中国第一历史档案馆、中国藏学研究中心：《清初五世达赖喇嘛档案史料选编》，中国藏学出版社，2000，第87、88、91页。

代之。[①] 令人诧异的是，在清代的一些文献特别是西藏地方志中，有关西藏地区及其民族的称谓反而变得更为复杂和含混，其中以“唐古特”这一名称最为突出。“唐古特”又称“汤古特”“唐古忒”“汤古忒”，其含义在不同的文献中大同小异。比较常见的是“唐古特”“土伯特”[②]“西藏”等称谓；在指代上，或被用作指代西藏地方，或被用作称呼青海、四川等省的涉藏地区，亦有被作为民族和部落的一种称谓。学界对此进行了广泛的探讨，发表了一些具有参考价值的研究成果。[③] 这为我们进一步探讨“唐古特”之含义及其演变脉络提供了有价值的借鉴。

“唐古特”这一称谓在清代西藏地方志等文献中出现频次较高，所指代的对象在不同时期的文献中也有差异。总体上看，“唐古特”是一个兼具地域与族属的称谓，其含义演变主要表现为：由泛指青藏地区到专称西藏地区，由既指代地域又指代民族到主要用于称代民族。值得注意的是，这一称谓的演变过程与清朝治藏力度不断加大的历程大致同步。质言之，“唐古特”含义的变化，实际上真实地反映了清前期推进国家统一和加强西藏治理历程。因此，系统梳理地方志等文献中有关“唐古特”含义的演变，深入探讨其演变的原因，有助于进一步深化对清朝治藏史的研究，强化对清朝治藏策略转变过程的认识。

---

① 元代概称西域各族为“西番”，吐蕃往往被视作西番之一，故文献中习惯性地以西番代称吐蕃，这种习称延续到明代（陈庆英：《汉文“西藏”一词的来历简说》，侯仁之、周一良主编：《燕京学报·新六期》，北京大学出版社，1999，第131页）。比较而言，明代文献中的“西番”更多的是指乌斯藏以外的东部涉藏地区，而乌斯藏专称卫藏地区。这在《西番馆来文》中有明确的体现。参见任小波：《明代〈西番馆来文〉研究释例》，达力扎布：《中国边疆民族研究》第1辑，中央民族大学出版社，2008，第191—217页。

② “土伯特”一词，在清代文献中也常常有“图白特”“图白忒”“土伯忒”等写法。

③ 任乃强认为，清朝初期的“唐古特”是对西藏的称呼，“雍乾后，称其（西藏）地曰‘西藏’，其（西藏）人曰‘唐古特’（任乃强：《任乃强藏学文集》（上），中国藏学出版社，2009年第37页）；牙含章指出，“唐古特”是清初对西藏的三种叫法之一，另外两种是“土伯特”和“西藏”（牙含章：《关于“吐蕃”“朵甘”“乌斯藏”和“西藏”的语源考证》，《民族研究》1980年第4期）；柳升祺、常凤玄认为，清朝“最早同卫藏的政教上层交往时，也并不称其地为西藏，而每称之为图白忒（土伯特）、唐古忒”（柳升祺、常凤玄：《西藏名义辨析》，《中国藏学》1988年第2期）；陈庆英、高淑芬指出，清初并不是以西藏之名来称卫藏地区，而是称之为“图白忒”“唐古特”（陈庆英、高淑芬：《西藏通史》，中州古籍出版社，2003，第2—3页）。

一、“唐古忒即突厥”和唐古特、土伯特并列使用

“唐古忒即突厥”和唐古特、土伯特并列使用的情况，主要出现在清军驱逐准噶尔出西藏之前这段时期的文献中，即和硕特蒙古控制青藏高原的这半个多世纪内的文献之中。若仅以地方志为例，则主要出现在清代最初所撰西藏地方志文献之中。之后，或许有的地方志文献中还有同样或类似的表述，但一般是著者按例抄录。这一时期清人关于唐古特的这种历史书写，实质上是从一个侧面真实记录了清朝朝野在这一时期对西藏地方及其民族的认知。

（一）“唐古忒即突厥”

在目前所见的清代所撰西藏地方志中，成书于雍正初年，由李凤彩所著的《藏纪概》被认为是最早的西藏地方志著作。[①] 在《藏纪概》中有多处关于“唐古忒”的叙述，如在“西藏种类”篇中有这样一段文字：

> 唐古忒即突厥。因查典籍所载，突厥本西戎小国，始见于晋，渐盛于梁，自侵克土门之后，遂疆大而有北方，乃奄居匈奴之地，广袤万余里，攀婚天子，大称可汗。族姓阿史那氏之人，得官食采，入居京邸，历宋元明不复表著。[②]

由引文可见，李凤彩所谓的“唐古忒即突厥”，是他“查典籍所载”而得出的结论。为了进一步论证其看法，李氏还对“唐古忒人”的外貌

---

① 《藏纪概》的著者李凤彩，号铁船居士，江西建昌人，康熙末年曾随军由北路入藏，“归来述其见闻”著《藏纪概》。关于该书的成书时间，学界有争议。按《藏纪概》卷首的唐肇“叙”之落款，是在“雍正五年夏至前”，有学者对此表示怀疑（吴丰培：《藏纪概·跋》，《吴丰培边事题跋集》，新疆人民出版社，1998，第128—129页），但即使《藏纪概》不是成书于雍正五年之前，也应为清代西藏的第一部方志著作。当然，也必须承认，从体例上看，《藏纪概》仅具地方志雏形，内容也详略不一且比较简单，与一部完整成熟的地方志相比，还有较大差距。但它对后世西藏地方志所产生的影响不可轻视。参见赵心愚：《〈藏纪概〉现流传版本中的两个问题》，《中央民族大学学报》2014年第4期。

② （清）李凤彩：《藏纪概》，中央民族学院图书馆内部资料，1978，第27页。

特征、服饰及习俗做了细致的描述，并与土伯忒人做了一番比较：

> 今王师定藏，其自诣接军门，复降导路，方知其地包联藏招，人俱不薙发，耳戴大环，项挂念珠有至四五串者；衣大领衫，式同僧之袈裟，色用红绿，彩锦不一；腰缠帛缎，头戴白巾，用极细帛布为之，仿唐进士巾，有拖翅，内起多褶；耳环大小以分等威，足着靴，靴用白皮造底，软而不硬，氆氇为之。人多瘦黑少鬓，间亦有白皙肥胖者。女人辫发下垂，以细为佳……土伯忒人，此种人容貌、衣饰，俱效唐古忒之装饰；性情风俗，亦相似。①

继《藏纪概》之后，乾隆元年（1736）刊行《四川通志》（又称《雍正四川通志》），在该书的“西域”篇中，对于西藏的地域范围做了如是说明：“西藏，在工布江达之西为图伯特国，又称为康、卫、藏。康即今×（察）木多；卫即今之西藏；藏即今之后藏。”②《四川通志》对西藏“种类”的叙述，与上引《藏纪概》表述，只有少数几个文字的差异，如：“唐古忒即突厥。查典籍所载……求婚天子，大称可汗……其头目自诣军门复降，引导路向。始知其地包联藏招。”③ 这些少数文字上的差异，并没有造成内容表达的不同。与此情况类似的还有《乾隆雅州府志》。④ 何以如此，有学者认为，可能是《雍正四川通志》及《乾隆雅州府志》在编撰过程中，著者直接摘抄了《藏纪概》中的材料。⑤ 这就表明，《藏纪概》虽然类目设置和内容均较简略，但对《雍正四川通志》和《乾隆雅州府志》的编撰均产生了一定影响。另外，和宁在《西

① （清）李凤彩：《藏纪概》，中央民族学院图书馆内部资料，1978，第28页。

② 四川省地方志编纂委员会：《四川历代方志集成》第4辑《（雍正）四川通志》卷21，国家图书馆出版社，2017，第222页。

③ 四川省地方志编纂委员会：《四川历代方志集成》第4辑《（雍正）四川通志》卷21，国家图书馆出版社，2017，第231页。

④ 参见《乾隆雅州府志》卷12，《中国地方志集成·四川府县志辑（63）》，巴蜀书社，1992，第619页。

⑤ 赵心愚：《〈藏纪概〉现流传版本中的两个问题》，《中央民族大学学报》2014年第4期。

藏赋》[1] 中，也认为“吐蕃别种，突厥流延”[2]。他在注解中说：“唐古特者，即唐突厥之遗种也。其名突厥者，以其先世居西域之金山，工于铁，作以金山，状如兜鍪，俗呼兜鍪为突厥，因为国号。”[3] 由此可见，在清人眼中，“唐古特”与“突厥”有渊源关系。

关于西藏民族的族属和称谓的历史书写，自古以来就是史家关注且难以厘清的问题。在唐代以前，中原与青藏高原彼此相对隔绝，早期史家并不清楚青藏高原的古人类和古文明。有明确记载的是，在《后汉书·西羌传》种，记载了秦献公年间和东汉时期，羌人进入西藏的有关史实。[4] 受《后汉书·西羌传》的影响，五代后晋所修的《旧唐书·吐蕃传》载：“吐蕃，在长安之西八千里，本汉西羌之地也。其种落莫知所出也，或云南凉秃发利鹿孤之后也。”[5] 到了宋代，欧阳修等人修《新唐书·吐蕃传》，去掉了《旧唐书·吐蕃传》中的含混表述，说：“吐蕃本西羌属，盖百有五十种，散处河、湟、江、岷间，有发羌、唐旄等。”[6] 由此表明，欧阳修等人已认定吐蕃民族是西羌的“发羌”或“唐旄”。欧阳修的这一看法为后世史家所沿袭，流传甚广，影响较大。元、明时期的文献中，虽没有直接称呼吐蕃人为“发羌”或“唐旄”，但常以吐蕃或西番代之。

---

① 《西藏赋》是中国古代文学史上少见的以西藏为题材的赋体文学作品。关于和宁著《西藏赋》的时间，姚莹说：“和赋成于乾隆五十八年癸丑，时为驻藏大臣，故得见之”［（清）魏源：《圣武记》卷 5，韩锡铎、孙文良点校，中华书局，1984，第 208 页］。此说有误。和宁（亦作和映、和瑛），蒙古镶黄旗人。因其“稍谙卫藏情形”，乾隆五十八年（1793）十一月，清廷“赏给副都统职衔”，命他由陕西布政使任上即赴西藏替换年老的成德，“帮同和琳办事”（《清高宗实录》卷 1440“乾隆五十八年十一月甲午”，中华书局，1985）。次年（1794）三月到任（《西藏研究》编辑部：《西藏志　卫藏通志》，西藏人民出版社，1982，第 324 页）。嘉庆五年（1800）正月，和宁接替松筠任驻藏大臣（吴丰培、曾国庆：《清代驻藏大臣传略》，西藏人民出版社，1988，第 98 页）。嘉庆二年（1797），《西藏赋》刊行（《西藏研究》编辑部：《西招图略　西藏图考》，西藏人民出版社，1982，第 239 页）。可见，《西藏赋》是和宁在帮办大臣任上之作，具体著于哪一年，不得而知，但要说此赋创作于乾隆五十八年（1793），还是有点勉强。

② 《西藏研究》编辑部：《西招图略　西藏图考》，西藏人民出版社，1982，第 239 页。

③ 《西藏研究》编辑部：《西招图略　西藏图考》，西藏人民出版社，1982，第 239 页。

④ 石硕：《西藏文明东向发展史》，四川人民出版社，1994，第 42—43 页。

⑤ （后晋）刘昫等：《旧唐书》卷 196《吐蕃传上》，中华书局，1975，第 5219 页。

⑥ （宋）欧阳修、宋祁：《新唐书》卷 216《吐蕃传上》，中华书局，1975，第 6071 页。

由是观之，李凤彩认为唐古忒人即突厥人，他所谓的“查典籍所载”，似乎并没有依照《新唐书》中的说法。那么，李凤彩所查之典籍又是指的什么呢？在《藏纪概》中，李凤彩提到了“圣祖仁皇帝御制文”[①]。《藏纪概》之唐肇“叙”中，对这段“御制文”有所提及：

> 圣祖仁皇帝御制论口外诸水源委文为斯编之冠，继编秦、蜀、滇三路大军顿次、程途、站数，结以招中所有经李公述记者，列天、地、人、物、事五者。彼中所无中华所有，中华所不足道彼中习以为宜然者，多加参论。[②]

以康熙皇帝之御制文为“斯编之冠”，是当时修志的惯例。[③] 从《藏纪概》的谋篇布局来看，其修撰也是遵照修志惯例而行。全书共分为“卷之初”“卷之次”和“卷之尾”三个部分。其中，“卷之初”内容又分为两个小部分。首录康熙皇帝御制论地理水源文，紧接着记录的是“康熙五十九年四月某日”后的行军纪程，即作者于康熙五十九年（1720）四月二十二日从西宁出发，随大军由北路挺进西藏途中的所见所闻。这次军事行动，仅从西宁到拉萨即耗时四个多月。李凤彩返回内地后将其入藏经历与见闻写成《藏纪概》。唐肇在《藏纪概》“叙”中所说的“圣祖仁皇帝御制论口外诸水源委文”，是一份“上谕”[④]，李凤彩

① （清）李凤彩：《藏纪概》，中央民族学院图书馆内部资料，1978，第 28 页。

② （清）李凤彩：《藏纪概》，中央民族学院图书馆内部资料，1978，第 4 页。

③ 在中国方志史上，不少方志设有“皇言”“宸章”篇目，专收皇帝的诏谕、诗文及言论，并置于卷首或作为第一卷的内容。从明代开始，设这一篇目的地方志渐增多，到清代便十分普遍了。

④ 《清圣祖实录》卷 290“康熙五十九年十一月辛巳”，中华书局，1985。

恭录于邸抄所载，这也就是李凤彩所读之“圣祖仁皇帝御制文”[①]。非常清楚，李凤彩强调的“查典籍所载”，主要是查阅了康熙帝御制文，并附和了康熙帝的看法。

但经过查对发现，御制文仅有“今之土伯特即唐之突厥”之语，并无李凤彩所谓的“唐古忒即突厥”之说法。

康熙五十九年（1720）十一月，康熙帝谕大学士九卿等：

> 朕于地理从幼留心，凡古今山川名号，无论边徼遐荒，必详考图籍，广询方言，务得其正。故遣使臣至昆仑、西番诸处，凡大江、黄河、黑水、金沙、澜沧诸水发源之地，皆目击详求，载入舆图。今大兵得藏，边外诸番悉心归化，三藏、阿里之地俱入版图，其山川名号，番汉异同，当于此时，考证明核，庶可传信于后……诸番名号，虽与史传不同，而亦有可据者。今之土伯特即唐之突厥……今番人名招，招者译言如来也。[②]

文中所说“遣使臣至昆仑、西番诸处”，即康熙五十六年（1717），清廷派遣在钦天监学习数学的喇嘛楚儿沁藏布、兰木占巴和理藩院主事胜住等人绘画西藏舆图、测量地形一事。[③] “舆图”指康熙时绘制的《皇舆全览图》。楚儿沁藏布、兰木占巴和胜住等人的这次测绘工作，因准噶尔入侵西藏而被迫中断。所以，在清军进藏驱准过程中，康熙

① 对于此文，学界褒贬不一。其中以任乃强先生的评价最具代表性，他认为：“此文能将西陲山水脉络分成条理，又能参译藏典，解释三普陀与四大出水口之意义，不可谓非三百年前最有价值之纪地文字。”但“查其误人最深者，莫如康熙五十九年（1720）上谕，后世种种谬说，每多援之而起”。[任乃强：《西康图经》，《任乃强藏学文集》（上），中国藏学出版社，2009，第602—605页] 刘凤强先生认为此文体现了“大一统观念下的历史地理认同，此论一出，影响深远，后世莫不奉为圭臬”（刘凤强：《清代藏学历史文献研究》，人民出版社，2015，第138页）。

② 《清圣祖实录》卷290“康熙五十九年十一月辛巳”，中华书局，1985。

③ 《钦定巴勒布纪略》，季垣垣点校，中国藏学出版社，2006，第22页。

帝谕令进藏人员“目击详求，载入舆图”[①]。因此，可以说这篇御制文，代表了这一时期清廷对青藏高原认识的最高水平。按照康熙帝的说法，所谓“今之土伯特即唐之突厥”，还是他旁征博引得出的结论。遵照修志惯例，《雍正四川通志》《西藏图考》等西藏地方志收录了这篇御制文。

在《藏纪概》中，李凤彩说读了“圣祖仁皇帝御制文”，但为何得出的结论却是“唐古特即突厥”呢？在“原由”篇中，他做了这样的解释，兹摘录如下。

> 川蜀之西徼，有地名乌斯藏。考前后汉书，皆未通中国。唐代开通西域，史册亦未见有藏名。相传有达赖佛为释迦四大弟子之一，其两支不知何往，惟达赖佛与班禅佛出世，互为传法。班禅居后藏，达赖居前藏。唐之公主下降突厥，思会太宗，延僧为荐福，遂创建金寺、金塔。至今藏有唐碑，冠帔犹唐式，库内唐时卤薄尚存，乃知此地唐时吐蕃之外徼，其人则突厥之别部也。唐末吐蕃析弱，突[②]寖强。宋世亦无力经理荒服，及元起北漠，世祖领兵拓地，遂今之吐鲁番西，一经入滇亘建南，出汉商，会师汴梁，统一寰宇，始有西僧传于书册。[③]

---

① 中国历代统治者都十分重视舆图的绘制，并有各朝之舆图。清朝定鼎之后，也继承了这一传统，但在谈判和签订《中俄尼布楚条约》（康熙二十八年）之前，清统治者还没有对边疆地理勘测和舆图绘制的重要性有深刻的认识。正是《中俄尼布楚条约》的谈判和签订过程中的被动，触动清廷重视并着手边疆地理的勘测和舆图的绘制。关于康熙年间测绘西藏地图一事，其经过如下：康熙四十七年（1708）清廷派人随军入藏目测其地理，康熙五十年（1711）绘制成图，但该图不是在实测经纬度的基础上完成的，无法与其他省份的地图融为一体。因此，康熙五十六年（1717），清廷再次选派楚儿沁藏布、兰木占巴和理藩院主事胜住等人绘画西藏舆图，测量地形。这批测绘使臣先后绘成了《拉萨图》《雅鲁藏布江图》和《刚底斯阿林图》等地图，这些地图虽仍存在一些错漏，但还是被附于《皇舆全览图》中（孙哲：《康雍乾时期舆图绘制与疆域形成研究》，中国人民大学出版社，2003，第50页）。

② 此处疑缺一“厥”字。

③ （清）李凤彩：《藏纪概》，中央民族学院图书馆内部资料，1978，第38页。

上引可见，李凤彩以“乌斯藏”指代西藏，这是元明以来的通行做法。比较特别的是，他认为“吐蕃”与“乌斯藏”同“突厥”是同一地域，“其人则突厥之别部”。除此之外，李凤彩还在《藏纪概》“种类”篇中，将西藏人分为唐古忒人和土伯忒人。在随军驻藏期间，他看到的是“土伯忒人”的容貌衣饰俱效唐古特人之装饰，性情风俗亦相似。由此看来，李凤彩认为，不仅“唐古特人”“土伯特人”是“突厥之别部”，而且“唐古忒即突厥”。他有此看法，不仅仅是对康熙帝的附和，还有他“查典籍所载”后的个人见解。

实际上，除上述清代西藏地方志之外，还有个别编撰者也采纳了御制文的说法，如《西藏纪游》就说：“今之土伯特即唐之突厥。”① 除《藏纪概》外，《雍正四川通志》《乾隆雅州府志》和《西藏赋》三部著作中，都认为“唐古忒”与“突厥”有渊源关系。作者虽都未指明其说法源于何处②，但可以推定，《雍正四川通志》和《乾隆雅州府志》是摘录了《藏纪概》之内容，而从《西藏赋》中的有关叙述看，《西藏赋》也可能是受《藏纪概》之影响。

为何唐古特即突厥或突厥之后裔的看法，在清代有那么大的影响呢？这就需要对此做进一步的探讨。实际上，将“唐古特”与“突厥”之别部混同的看法，由来已久。有关唐古特与突厥之关系的最早文字记载，可能是唐开元二十三年（735）为记述突厥毗伽可汗出征唐古特之事迹而立的石碑上的碑文。碑文上说：“十七岁时，我（毗伽可汗）出征唐古特。我（毗伽可汗）击溃了唐古特，夺得他们的儿童、妇女、马匹和财物。”③ 据岑仲勉考证，碑中的“唐古特”为突厥名称，“蒙古史谓唐古忒或唐古特也”，也就是汉文史籍中所称之党项④，意即“屋居的

① （清）周霭联：《西藏纪游》卷3，张江华点校，中国藏学出版社，2006，第84页。

② 《雍正四川通志》及《乾隆雅州府志》虽然所记内容与《藏纪概》相同，但均未用“读圣祖仁皇帝御制文”一句，而称“唐古特即突厥”。

③ 光绪十五年(1889)，俄国学者雅德林采夫在今蒙古国境内的鄂尔浑河流域发现了一块突厥文石碑。参见芮传明：《古突厥碑铭研究》，上海古籍出版社，1998，第263页；岑仲勉：《突厥集史》，中华书局，2004，第914页。

④ 岑仲勉：《突厥集史》，中华书局，2004，第914页。

部落”[①]。这里的“唐古特”，在11世纪上半叶正式建立王国，号为大夏，史称西夏。另外，在《突厥语大词典》中，也将“唐古特”视为与“吐蕃”相邻的一个突厥部落，即党项。[②] 其实，在蒙古人的视界里，认为“唐古特”就是党项及其分布地区，甚至后来直接称西夏为“唐古特”[③]，称西夏人为唐兀人（后来划入的色目人）。受此影响，元、明时期的汉文史籍中，也使用过“唐古”和“唐兀”等名称。这些名称与“北亚和中亚人对党项的称呼大体一致，或为唐古特，或为唐兀惕，如将唐古特或唐兀惕急读，译音也就成了唐古或唐兀”，所以“唐古”和“唐兀”等汉文词汇，即“唐古特”。[④]对此，有学者概括地说：“唐兀惕与土番同是藏语民族的两大支，虽在地理上因北藏及青海荒凉的高原所隔，但他们之间的自然结合，从古至今都是一样。蒙古人至今一般总是把 Tobed Tangghud 两字连在一起使用，不加严格的区别，而受蒙古人影响的满洲，甚至在官文书上，也是往往以唐古特一词来代替西藏。”[⑤]

由是观之，“唐古特”是蒙元时期对青藏地区及当地藏族诸部的泛称，清朝统治者在入关之前就认同了这一看法，并被广泛使用。[⑥] 清朝入关定鼎北京之后，在清初相当长的一段时期内，清廷承认和硕特蒙古控制青藏高原的既成事实，分别封授固始汗和五世达赖喇嘛，实施羁縻而不求深治的间接治藏策略，这就导致清廷上下对青藏高原的内部情况不甚了解。因而，时人对该地区的认知更多的是来自文献记载或传闻，

① 梁俊艳：《论清朝反击廓尔喀入侵西藏与〈钦定藏内善后章程二十九条〉》，《清史论丛》(2007年号)，2006，第410页。

② 麻赫穆德·喀什噶里：《突厥语大词典》(1)，民族出版社，2002，第31—32页。

③ 乌力吉巴雅尔：《蒙藏关系史大系·宗教卷》，西藏人民出版社、外语教学与研究出版社，2001年，第27页。在13世纪成书的蒙文史籍《蒙古秘史》中，多次出现有关“唐古特”的记载；1371年，北元编修的《河西译语》中出现了汉文词汇“倘吾的”，该语则系蒙古文词汇“唐古特”的对音。参见道润梯步：《新译简注〈蒙古秘史〉》，内蒙古人民出版社，1978，第351页；聂鸿音：《〈河西译语〉探析》，《宁夏大学学报》2002年第1期。

④ 有学者认为，元明时期出现在汉文文献中的“唐古”和“唐兀”等名称，主要是对一些具体的唐古特部落或家族的称谓。参见汤开建：《关于弥罗国、弥药、河西党项及唐古诸问题的考辨》，《西北第二民族学院学报》2000年第1期。

⑤ 札奇斯钦：《蒙古与西藏历史关系之研究》，台北中正书局，1978，第718页。

⑥ 参见李保文：《唐古特·伊拉古克三呼图克图考》，《中国藏学》2005年第2期；黄辛建：《清代“唐古特”考》，《中国藏学》2019年第4期。

“唐古忒即突厥”就是时人对西藏地区及其民族认识有限的反映。

（二）唐古特、土伯特并列使用

在清代西藏地方志等文献中，除有“唐古忒即突厥”的表述之外，还有“唐古特”和“土伯特”并列使用的事例。兹以《藏纪概》的记载为例。

其一，《藏纪概》对康熙五十九年（1720）九月七世达赖喇嘛在清军护送下抵达拉萨之盛况，有这样的描述。

> （九月）十二日，次铁索桥。河流激湍，桥亦险峻。始见唐古特居民村庄、篱落、田园、房舍与中国无异。番男番女联袂踏歌至营前，迎达赖喇嘛。自此地至十四日到藏，僧俗香花鼓乐，稽颡膜拜，殆无虚日。十五日，达赖喇嘛升座说法，满、汉、蒙古、唐古特、土伯特、厄鲁特、西洋回回，合民不下十余万人，跪捧布施同声佛号，亦奇观也。[①]

其二，《藏纪概》在“卷之尾”的“招迹”篇中，又有如下记载：

> 藏招无岁时节令之庆会，但每年四月八日为佛祖诞辰暨今活佛之诞辰，今活佛虎必尔汗生于十月某日，至此会期，远近齐集。唐古特、图伯特、蒙古、西洋、缅南、漠北各国土部落头目、富户、客商俱携其货货至藏交易，出其重物，顶礼供养。活佛于正日升座，诵经说法……藏招所见唐古特、土伯特等人凡遇中华人，必驻立道旁，捧手蹲身垂首以作礼，俟过毕方止。彼中官目名曰弟巴，见道上骑马悬缨者，知是职员，亦恭身路旁以让其行。[②]

上引可见，“唐古特”和“图伯特”皆指的是人群。既然二者并列

① （清）李凤彩：《藏纪概》，中央民族学院图书馆内部资料，1978，第16页。
② （清）李凤彩：《藏纪概》，中央民族学院图书馆内部资料，1978，第34—35页。

使用，显然就不是指同一族类。前引《藏纪概》之“西藏种类”篇中，也是这样认为的。但这两个不同人群各自的居住地域在哪？文中并没有交代，让人难以猜测。其实，查对《藏纪概》的行文，可见作者在书写“唐古特”“图伯特”这两个称呼时，有唐古特、唐古忒、土伯特、土伯忒、图白特等几种写法，显得比较随意。虽然这些写法均是由藏文音译而来，但在同一著作中出现这种状况，实属不够严谨。

自《藏纪概》中有这三处唐古特、土伯特并列使用的先例之后，光绪年间成书的《西藏图考》中的“储大文拟平西藏碑文”，也采用了这种说法：

> 蠢尔泽旺阿喇蒲坦敢作不靖，渠党策陵敦多布据西藏，剪黄教，日戕唐古特图白特人民。皇上广咨廷臣，决策征讨……（康熙五十九年）九月十五日达赖喇嘛升床，唐古特图白特大和，西藏平。[①]

关于该碑的竖立地点，文献记载不详，现已不可考。从碑文内容看，它是康熙五十九年（1720）清军进藏平定准噶尔之乱的纪功碑。碑文着重记述了进藏的各路大军和将领，以及各路清军在途中的大小战役、平定准噶尔之乱、七世达赖坐床等历史事件。其中，将唐古特、图白（土伯）特并用，也是遵照康熙谕旨而采取的做法。[②]

除《藏纪概》《西藏图考》外，在其他清代西藏地方志中，就笔者所见，尚未发现唐古特、土伯特并列使用的情况。从成书时间上看，《藏纪概》为雍正初年所作，而《西藏图考》成书于光绪年间。那么，两部成书时间相差甚远的清代西藏地方志中，为何会都有唐古特、土伯特并列使用的表述呢？通过对两个文本的比对可见，《藏纪概》虽然成

① 《西藏研究》编辑部：《西招图略　西藏图考》，西藏人民出版社，1982，第213页。按：该碑是平定准噶尔碑文中较详细的一块，可与《平逆将军进藏纪功碑》《噶尔弼平定西藏碑记》和康熙《平定西藏碑》参照，为研究清朝治藏史的重要实物资料。

② 《西藏研究》编辑部：《清代藏事辑要》卷1，西藏人民出版社，1983，第81页。

书于雍正初年，但系李凤彩于康熙末年随军入藏驱逐准噶尔时，“留心风土，采访番情，以备一朝之记载，供纬划之考稽，归来述其见闻”①而著，文中首录康熙皇帝“御制文”。《西藏图考》虽然成书于光绪年间，但该书直接收录了储大文（1665—1743）奉旨拟定的《平定西藏碑文》，而该碑文就撰于清军入藏驱逐准噶尔之后。由是观之，虽然《藏纪概》和《西藏图考》这两部著作成书时间相差甚远，但因为编著者遵照修志惯例，将康熙皇帝的御制文予以收录，所以两部著作中才都会有唐古特、土伯特并列使用的表述。

上述表明，唐古特、土伯特两者之间有何关系，至少在康熙年间，清人并不太了解。那么，在（金）清初的官方文献中，又是如何看待唐古特、土伯特和西藏之间的关系呢？查诸史籍，早在明崇祯五年（1632），蒙古喀尔喀部首领却图汗从俺答汗后裔手中夺取青海之后，便邀请察哈尔部首领林丹汗前来，共谋如何进一步占领西藏。在与后金的战争中不断失利的林丹汗接受了邀请，再次向西迁徙。② 为招抚散落各地的察哈尔部落，皇太极于崇德元年（1636）五月接连向散落的察哈尔部的大小寨桑（亦称宰桑，即官员）发出了多通内容大致相同的封文（蒙古文）。其中一通封文的汉译文如下：

> 色冷布德玛勒，尔原系察哈尔汗之大寨桑。当尔之可汗迁往唐古特时，离开可汗，携来一百五十户，驻牧在黄河之边，我使者抵达时先于其他寨桑，渡黄河来归附有功。故封三等精奇尼哈番。此封号准再承袭十次。③

在皇太极看来，林丹汗向西迁至“唐古特”。这里的“唐古特”又

---

① （清）李凤彩：《藏纪概》，中央民族学院图书馆内部资料，1978，第6页。

② 明末蒙古察哈尔部林丹汗率部不断向西迁移，前两次（天聪元年和天聪六年）西迁是迫于后金的军事压力。而对于第三次（天聪八年）西迁至青海，学界尚有争议。有学者认为，第三次西迁还是为了躲避后金的征伐，在青藏高原寻求立足之地。参见达力扎布：《林丹汗西迁“土白特”灭格鲁派考》，《中国藏学》2021年第1期。

③ 希都日古：《清内秘书院蒙古文档案汇编汉译》，社会科学文献出版社，2015，第88页。

指何处呢？据载清太宗天聪八年（1634）五月，皇太极在招抚察哈尔部落时说："独不思以全盛之察哈尔，尚不能自存而逃往西海地方。"[①] 同年闰八月，林丹汗因出痘在"距西海有十日程"[②] 的大草滩病死；十月，"察哈尔兄弟，其先归者半，后察哈尔携其余众，避我西奔，未至汤古忒部落，殂于西喇卫古尔部落打草滩地"[③]。"打草滩"，为一汉文地名，系由蒙古文单词"siratala"意译而来，也可直译为"希喇塔拉"，藏文书写为"sharathala"[④]，即大草滩。有学者认为，林丹汗去世的地点就在大草滩中，在后来清朝所建永固城之境内，即今甘肃省民乐县永固镇一带地方。[⑤] 此地是与"大草滩"相距"十日程"的"西海"，即"青海"，"在西宁之西，其周千里"[⑥]。很明确，皇太极是将林丹汗西迁的目的地青海当作了"唐古特"。

但是，就崇德年间和顺治时期的官方文献材料来看，"唐古特"涵盖的地区还不止青海一地。清崇德七年（明崇祯十五年，1642），伊拉古克三使团到达盛京，在此停留8个月，受到了皇太极的盛情款待。崇德八年（1643）五月，伊拉古克三等人返藏，皇太极派遣察罕喇嘛等人随同进藏。而此时，蒙古和硕特部已先后击败青海的却图汗、康区的白利土司和盘踞后藏的藏巴汗政权。固始汗在得知清廷派遣察罕喇嘛等人入藏的消息后，立即向刚刚继位的顺治皇帝"上表请安"：

> 当此吉祥时日，圣上御体安福，内心扶持宗教。尤其闻知圣上笃信伊拉古克三宗喀巴净化宗教，发展古代教皇事业之大名，心中甚为喜悦。吾处赖三宝之眷佑，一切平安。敬谨协助钦差为唐古忒呼图克图等赐号、颁赏、奉敕之天使前往唐古忒。一切事宜，均按

① 《清太宗实录》卷18"天聪八年五月丙申"，中华书局，1985。
② 《清太宗实录》卷20"天聪八年闰八月庚寅"，中华书局，1985。
③ 《清太宗实录》卷20"天聪八年十月庚戌"，中华书局，1985。
④ 傅恒等：《钦定西域同文志》，额尔木土搜集，内蒙古人民出版社，2015，第248页。
⑤ 达力扎布：《察哈尔林丹汗病逝之"大草滩"考》，《民族研究》2018年第5期。
⑥ （清）梁份：《秦边纪略》，赵盛世等校注，青海人民出版社，2016，第91页。

伊拉古克三呼图克图来意办理。谨奏。[①]

该奏文现保存在中国第一历史档案馆，落款时间为“木鸡年三月三日”，木鸡年为藏历，即顺治二年（1645），此落款日期当为固始汗具奏日期。此奏文被编在顺治三年（1646）八月二十五日条中，这一时间应为收文时间。显然，文中两次出现的“唐古忒”，是指西藏。或许正是因为固始汗“上表请安”时称五世达赖喇嘛所居的那片地域为“唐古忒”，所以《清世祖实录》中，凡记录顺治时期双方贡赐或西藏地方事宜时，皆在达赖喇嘛、阐化王和藏巴汗等人名称上，加上前缀“唐古特国”“汤古忒部落（国）”或“图白忒”。[②] 可以肯定的是，这些称谓指的皆是西藏地方。《清圣祖实录》中的记载就更为明确：“西藏班禅胡土克图故，遣官致祭。”[③] 这里直接将班禅喇嘛所在地方称之为西藏。有学者指出满族统治者入关前后的一段时间，官方最早同卫藏的政教上层交往时，并“不称其地为西藏，而每称之为图白忒（土伯特）、唐古忒”[④]。实际上，即便是到康熙末年，在清朝的官方文献中，还有将“唐古特”和“土伯特”并用且又不仅仅是指西藏的地域或藏族或部落的事例。突出的例证是，康熙五十九年（1720）九月，康熙谕旨：“前遣大兵进藏，议政王大臣及九卿等，俱称藏地遥远，路途险恶，且有瘴气，不能遽至，宜固守边疆，朕以准噶尔人等见今占取藏地，骚扰土伯特、唐古特人民。再吐鲁番之人，皆近云南、四川边境居住，若将吐鲁番侵取，又鼓动土伯特、唐古特人众侵犯青海，彼时既难于应援，亦且不能取藏，朕决意独断。”[⑤]

---

① 中国藏学研究中心等：《元以来西藏地方与中央政府关系档案史料汇编（2）》，中国藏学出版社，1994，第 223—224 页。

② 分别参见《清世祖实录》卷 36“顺治五年正月甲寅”、卷 37“顺治五年三月乙巳”、卷 49“顺治七年七月戊午”、卷 62“顺治九年正月癸酉”、卷 63“顺治九年二月丁未”、卷 74“顺治十年四月丁巳”、卷 84“顺治十一年六月庚辰”、卷 109“顺治十四年四月丁亥”、卷 109“顺治十四年六月甲午”，中华书局，1985。

③ 《清圣祖实录》卷 9“康熙二年八月丙申”，中华书局，1985。

④ 柳升祺、常凤玄：《西藏名义辨析》，《中国藏学》1988 年第 2 期。

⑤ 《西藏研究》编辑部：《清代藏事辑要》卷 1，西藏人民出版社，1983，第 81 页。

梳理清代西藏地方志等文献中有关“唐古特”的表述便可以看出，在清军平定准噶尔之前，清廷上下对于青藏地区的认识和了解还非常有限。李凤彩随清军入藏归来“述其见闻”而作的《藏纪概》中，就有特别的例证，如“今王师定藏，其自诣接军门，服降导路，方知其地包联藏招”[①]。书中其他篇章之字里行间，也不时出现与“方知”意义相同的词，如“始知”“始见”等词。因此，可以说“唐古特”和“土伯特”这两个被沿用的传统概念，在清人的脑海中，均可作为青藏地区及分布在这一带的人群的称谓，但至于它们是指某一特定地域还是指具体的民族部落，是并列关系还是先后用法的不同，均没有明确的界定。

二、“唐古特”专称“西藏”地域和藏民族或部落

康熙五十九年（1720）清军驱逐准噶尔侵藏之后，清廷废除了和硕特蒙古汗王体制，设噶伦联合执掌西藏地方事务，并派驻藏大臣，以强化对西藏的行政管理。特别是雍正年间，清廷划定了西藏、四川、云南和青海之间的省际行政边界，随着清朝对西藏统治力度的不断加强和汉藏政治、经济等交流交往的增多，清人对西藏地域和民族认知的不断加深，乾隆朝及之后所修撰的方志中，“唐古特”指代的对象更为明确，既有以之指代西藏地域者，也有以之代称西藏的民族和部落者。“图伯特”和“唐古特”也被视为等同概念，仅有新旧称呼的不同。

（一）“唐古特”即“西藏”

成书于乾隆初年的《西藏志》，是公认的成书时间较早、影响较大的一部方志。[②] 全书分为三十三个子目，其篇首“事迹”中，有这样一段记载：

---

① （清）李凤彩：《藏纪概》，中央民族学院图书馆内部资料，1978，第28页。

② 该书作者是一个谜。和宁于乾隆五十七年为该书所作书序中说：“是书传为国朝果亲王所撰。”但查诸史籍，该说难以成立。据吴丰培考证，果亲王乾隆三年即去世，而书中“寺庙篇”中却记载了乾隆六年班禅坐床事宜，可见，“非允礼之作无疑”。参见《西藏研究》编辑部：《西藏志　卫藏通志》，西藏人民出版社，1982，“前言”第1页。

西藏一隅，诸鉴多未详载。考其地，即西吐蕃也。唐曰乌斯国，明曰乌斯藏，今曰图伯特，又曰唐古忒。[①]

这是自清王朝建立之后，文献中关于“唐古特”“西藏”与“图伯特”之关系，以及有关西藏名称之演变最为清晰的解释。很明显，这里的“唐古特”“西藏”和“图伯特”被视为三个等同的概念，均指西藏。

继《西藏志》之后，不少清代西藏地方志资料中也有着类似的记载。成书于乾隆五十二年（1787）的《清朝通志》（原名《皇朝通志》）中说：

西藏，东至四川界，西至大沙海，南至云南界，北至青海及回部界，延袤六千余里。其地有四：曰卫、曰藏、曰喀木、曰阿里，其辖六十余城，互市在四川西徼打箭炉之地。国初崇德七年，番僧遣使归诚。顺治十年，爰封其国称图伯特，即唐古忒。[②]

与《清朝通志》成书时间相隔不远的其他著作中，对“唐古特”和“图伯特”之间的关系，也有比较清晰的叙述。有认为是新旧者，和宁在《西藏赋》中说：西藏“其人民疆域之殊也，图伯特其旧名，唐古特其今号”[③]。也有认为是同义称关系者，《钦定巴勒布纪略》记载：“卫藏即乌斯藏也，番言唐古忒，别称吐蕃特。”[④] 还有认为是转音关系者，“唐古忒即图伯特音之转也，犹布达拉亦可称布瑲拉、札什伦布亦可称札什隆布、工布亦可称公布云耳”[⑤]。由此可见，这些著作的修撰者们，已清楚地知道图伯特和唐古特这两个词名异义同，都可以用来指代西藏。

---

① 《西藏研究》编辑部：《西藏志　卫藏通志》，西藏人民出版社，1982，第 1 页。

② 张羽新：《清朝治藏典章研究》（上），中国藏学出版社，2002，第 212 页。

③ 《西藏研究》编辑部：《西招图略　西藏图考》，西藏人民出版社，1982，第 252 页。

④ 《钦定巴勒布纪略》卷 1，季垣垣点校，中国藏学出版社，2006，第 14 页。

⑤ （清）周霭联：《西藏纪游》卷 3，张江华、季垣垣点校，中国藏学出版社，2006，第 85 页。

《清朝通志》不仅对“唐古特”“图伯特”与“西藏”之称谓做了明确的说明，还对其所指代地域范围及各地之间的界限做了清晰辨别。这与《西藏志》中的有关记载，大致相同。《西藏志·事迹》篇有载：

> 西藏一隅，诸鉴多未详载。考其地，即西吐蕃也。唐曰乌斯国，明曰乌斯藏，今曰图伯特，又曰唐古忒……土人分为三部：曰康、曰卫、曰藏。康者，即今之察木多一路；卫者，即西藏拉萨召一带；藏者，乃后藏扎什隆布一带。此三部，皆为番僧之渊薮，黄教之总汇。[①]

显然，这些有关“唐古特”“图伯特”和“西藏”等称号的表述，与“唐古特”“土伯特”并列使用的情况，有很大的区别。有学者认为：“在有些地方，‘唐古特’与‘土伯特’又不等同，故而，康熙五十九年（1720）十月庚戌条所引谕旨将二者并列。”[②] 事实是否如此，尚需对有关记载再做一番比较和分析。

在这里不妨先查看一下有关“西藏”这一名称的文献记载情况。“西藏”这一名称，通常认为是清初创造出来的[③]，最早出现在康熙二年（1663）的《实录》：“西藏班禅胡土克图故，遣官致祭。”[④] 之后，康熙六年（1667），山西陕西总督卢崇峻疏言：“有上年差往西藏之喇嘛，回

---

① 《西藏研究》编辑部：《西藏志　卫藏通志》，西藏人民出版社，1982，第1页。

② 陈庆英、高淑芬：《西藏通史》，中州古籍出版社，2003，第3页。

③ 实际上，“西藏”一词，在明代的官方文献中已被使用（蔡志纯：《从藏博到西藏地名演变考释》，《西藏民族学院学报》2007年第1期）。对于这一事实，有学者认为，明代汉文文献中仅此一见，不能看成是“西藏”地名最早在明代出现的实例，与后来所说的“西藏”一词并无关系。同时推测，明代文献中出现的“西藏”一词，可能是“西海”的误写［陈庆英：《陈庆英藏学论文集》（下），中国藏学出版社，2006，第1009页］。近年，另有学者对此问题做了更为详尽的探讨，认为，“到万历三年的时候，明人对乌思藏地区有三个称呼：正称乌思藏，简称藏，另称西藏。连贯地看，乌思藏之地简称藏，以及西藏之名，恐怕在万历三年之前就成惯例”（李勤璞：《“西藏”地名的起源》，《历史研究》2016年第5期）。当然，能否得出“西藏”之称在万历三年之前即已成惯例的结论？就笔者视野所及，可能尚需探讨。明代文献中，最常用者是“乌斯藏”，间或用“西番”，明朝还设有“西番馆”，现存档案“西番馆来文”是研究明朝治藏和藏汉关系的珍贵史料。

④ 《清圣祖实录》卷9“康熙二年八月丙申”，中华书局，1985。

称达赖喇嘛遵旨传各台吉申饬，不许生事。”[①] 但是，在这之后，《清圣祖实录》中又不断地改变对西藏的称呼，如封第巴桑结嘉措为“土伯特国王”[②]，或称西藏为“乌思藏”[③]。此外，这一时期的其他官方文献，还以“西边”（或“西方”“西路”）这样的方位性指代名词来称呼西藏。这就表明，“西藏”一词在当时还远没有成为一个固定的地域名称。清代官方文件中正式使用“西藏”这一名称来专指西藏地域者，通常认为是在清军平定准噶尔侵藏之后康熙帝御制的“平定西藏碑”碑文。[④] 至于说，“西藏”与“唐古特”“图伯特”三者之间是什么关系，从这一时期的文献记载看，时人还没有搞清楚。

前述，“唐古特”“土伯特”并列使用，滥觞于康熙末年清兵入藏平乱之时，而主张“唐古特”即“西藏”“图伯特”者，最早见于乾隆初年的《西藏志》。之后所修撰的《清朝通志》《西藏赋》及《嘉庆四川通志·西域志》等文献之中，也有类似的表述。实际上，清代西藏地方志中关于“唐古特”含义不清晰甚至自相矛盾的叙述，正反映了人们对“唐古特”这一称呼的认知在清代有一个不断变化的过程。关于此，还可以从其他的清代文献中得到印证。魏源在其所撰的《圣武记》中就说：

> 西藏，古吐蕃，元、明为乌斯藏。其人则谓之唐古特，亦曰土伯特。其地分三部：曰康，即四川打箭炉外巴塘、察木多之地，为前藏（亦曰喀木）；曰卫，即布达拉及大招（昭）寺，本吐蕃建牙之所，今达赖居之，为中藏；（布达拉，华言“普陀宗乘”也）曰藏，即扎什伦布，本拉藏所治，今班禅居之，为后藏。（扎什伦布，

---

① 《清圣祖实录》卷24“康熙六年十月丙申”，中华书局，1985。

② 《清圣祖实录》卷174“康熙三十五年六月癸丑”，中华书局，1985

③ 参见《清圣祖实录》卷176“康熙三十五年九月癸亥”；卷197“康熙三十九年正月壬辰”，中华书局，1985。

④ 牙含章：《关于“吐蕃”、“朵甘”、“乌斯藏”和“西藏”的语源考证》，《民族研究》1980年第4期。

华言“吉祥山”也，以山得名）又并极西之阿里，则称四部云。[①]

与此同时，《圣武记》中还有相关表述：“初，唐古特有四部：东曰‘喀木’，曰‘青海’；西曰‘卫’，曰‘藏’。”[②]“初”即“开始”之意。而清代官方又是何时才“开始”知道唐古特四部的现实状况呢？翻检清代有关文献，抚远大将军年羹尧于雍正二年（1724）向雍正帝上奏：

查得枯枯脑尔（即青海）、巴尔喀木、卫、藏原系唐古特之四大国。固什汗逞其凶暴，奄有其地。西海地面宽广，便于刍牧；喀木居民稠密，饶于粿粮，以此两国分隶其子孙。自洛龙宗（今西藏洛隆）以东喀木之地，纳添巴于西海各台吉者也；洛龙宗以西卫与藏之地，布施于达赖喇嘛、班禅者也。即碟巴（即第巴）噶陇（即噶伦）所云十三万唐古特布施与达赖喇嘛，亦只就卫地所属而言，若并藏与喀木而计之，又不止于此数也然则洛龙宗以东，当为四川、云南所属。[③]

同年（1724）五月，年羹尧遵旨拟定《青海善后事宜十三条》，在“十三条”之“达赖喇嘛宜予恩赐而定岁额”中说：

查西海、巴尔喀木及藏与卫，此唐古特之四大部落也，古什罕逞其凶暴，奄有其地。以西海地而宽广，便于刍牧；喀木居民稠密，饶于粿粮，将此两处，分隶其子孙，是以住牧于西海。而洛笼宗以东，凡喀木之地，皆纳添巴于西海诸王、台吉者也；其洛笼宗以西，藏、卫两处，昔日布施于达赖喇嘛与班禅喇嘛，以为香火之

① （清）魏源：《圣武记》卷5，韩锡铎、孙文良点校，中华书局，1984，第199页。

② （清）魏源：《圣武记》卷5，韩锡铎、孙文良点校，中华书局，1984，第202页。同书第139页，魏源有同样的表述：“初，青海及喀木、藏卫旧称唐古特四大部。”

③ 中国第一历史档案馆：《雍正朝汉文朱批奏折汇编》第31册，江苏古籍出版社，1991，第763页。

地，是知洛笼宗以东巴尔喀木一路，皆为西海蒙古所有。①

上引两段文字大同小异。从中可见，以年羹尧为代表的封疆大吏，对青、康、藏地区的历史及其原有区划，有一个了解和认识的过程。明末清初以来，和硕特蒙古征服青、康、藏地区之后，固始汗以青海作为和硕特蒙古的大本营，并以此为据点，进而实施对这一广大地区的控制。按照固始汗的布局，青海为其子孙的游牧地、巴尔喀木为其纳赋地、卫藏为达赖喇嘛与班禅香火地。顺治年间，清廷封固始汗为“遵行文义敏慧顾实汗”②，即统治西藏之汗王。这实质上就是承认和硕特蒙古统治青藏高原和康区的既成事实。当时，清廷的原则是“倘番夷在故明时，原属蒙古纳贡者，即归蒙古管辖；如为故明所属者，理应隶入中国为民”③。但并没有明确西海（青海）、巴尔喀木（康区）、卫和藏四区的界址。这就使清廷对这些地区之四至与民族关系格局等方面过往的情况不甚清楚。因而，当年羹尧率师平定青海罗卜藏丹津之乱时，通过亲自“查得”“边地形势”，才对该地区的历史地理、民族与部落分布等方面的真实情况，有了比较详细的了解。雍正帝在看到年羹尧的奏文后，甚是欣喜，朱批：“此朕不深知，览此奏明白矣。”④ 为此，有学者就说，这“恐怕是自清初至此时首先见到的关于康藏历史区划的较确实的概述”⑤。

比较上述有关“唐古特”之记载，从内容上看，魏源所说的“唐古特”之含义，与年羹尧的表述大致相同；而从成文时间上看，《青海善后事宜十三条》在《西藏志》《圣武记》等之前，但较之《藏纪概》的文本形成时间，则要稍晚一些；从所指代的地理范围看，年羹尧所称

① 中国藏学研究中心等：《元以来西藏地方与中央政府关系档案史料汇编（2）》，中国藏学出版社，1994，第 351 页。

② 中国藏学研究中心等：《元以来西藏地方与中央政府关系档案史料汇编（2）》，中国藏学出版社，1994，第 235 页。

③ 《清世祖实录》卷 103“顺治十三年八月壬辰”，中华书局，1985。

④ 中国第一历史档案馆：《雍正朝汉文朱批奏折汇编》第 31 册，江苏古籍出版社，1991，第 763 页。

⑤ 邓锐龄：《年羹尧在雍正朝初期治藏政策孕育过程中的作用》，《中国藏学》2002 年第 2 期。

“唐古特”包括“西海、巴尔喀木及藏与卫”，也即整个西藏及涉藏地区。很明显，《藏纪概》中所记载的“唐古特”，并没有如此清晰的地域指向。

雍正元年（1723），清军平定了罗卜藏丹津叛乱，从而结束了和硕特蒙古对青海和康区大部分地方长达80余年的统治。清朝随即着手划分西藏与川、滇、青省际行政边界。雍正四年（1726）十月至雍正五年（1727），四川提督周瑛与云南提督郝玉麟会同鄂齐、班第等朝廷官员，遵旨完成川、滇、藏省际行政边界划分的勘查和定界，“一同到指授疆界地方，将应作内地、应赏达赖喇嘛地方之疆界，明白指授”①。自此“始定于南墩宁静山岭上为界，并建分界牌：岭东之巴塘、理塘属四川；岭西属西藏；其中叫察卡、中甸属云南。三处疆界始分”②。雍正九年（1731），清廷批准了西宁总理夷务散秩大臣达鼐“川陕派员，勘定界址，分隶管辖”的建议③，指派四川、陕西、西藏三地官员会同勘查地界，按照“近西宁者，归西宁管辖；近西藏者，暂隶西藏”的原则④，于雍正十年（1732）划定西藏与川、青之间的省际行政边界。以唐古拉山为界，界北之青海玉树四十族划归青海，由钦差总理蒙古番子事务大臣管辖；界南至当拉岭东南、怒江上游直抵类乌齐之三十九族（俗称藏北霍尔三十九族）则划归西藏，由驻藏大臣直接管辖。至此，川、滇、青、藏四省区的省际行政边界基本确定。后来，西藏的辖地有过变动，但大体上以雍正年间的划界为基础。

在此之后成书的西藏地方志中，“唐古特”一词在指代上发生了较大的变化。成书于乾隆初年的《西藏志》和成书于乾隆末年的《卫藏通志》，均是如此。其中，《卫藏通志》中关于“唐古特”一词的阐释最为详尽，其“部落”篇中，开宗明义：

---

① 中国藏学研究中心等：《元以来西藏地方与中央政府关系档案史料汇编（2）》，中国藏学出版社，1994，第371页。

② 《西藏研究》编辑部：《西藏志　卫藏通志》，西藏人民出版社，1982，第8页。

③ 《西藏研究》编辑部：《西藏志　卫藏通志》，西藏人民出版社，1982，第505—506页。

④ 《西藏研究》编辑部：《西藏志　卫藏通志》，西藏人民出版社，1982，第506页。

> 西南部落，自打箭炉至藏地，大抵皆吐蕃别种，散处其间，各立其长，各子其民，不相属也。自我朝底定西藏，声教覃敷蛮荒。近者籍隶版图，岁输赋纳；远者莫不俯首岩疆，翕然听命。纪其沿革，载其方隅，以备稽考。①

紧接着单列了“唐古忒”一目，说：

> 唐古忒，旧为图伯特国，在工布江达之西，又称为康、卫、藏。康即今之察木多，卫即今之前藏，藏即今之后藏也……其地在成都西南六千四百七十五里，东至巴塘之宁静、喜松工二山，西至阿哩，交拉丹界三千二百里，西南至巴勒布为界，南至布噜克巴为界，北至木噜乌苏、噶尔藏骨察，交青海界。唐古忒所居小寨落，不可胜纪。②

文中对“唐古特”的历史源流、地域分界等情况，分别做了详细的叙述。《卫藏通志》是清代西藏地方志书中内容最完备、最具官方性质的一部志书。③ 相较于之前的地方志，该书虽有多处使用了“唐古特”和“西藏”，但在指代地域时“唐古特”完全等同于“西藏”。这在同一时期官修的《皇朝藩部要略》中，有更为明白的表述：“西藏即唐古特，

---

① 《西藏研究》编辑部：《西藏志　卫藏通志》，西藏人民出版社，1982，第 503 页。

② 《西藏研究》编辑部：《西藏志　卫藏通志》，西藏人民出版社，1982，第 503 页。

③ 该书成书于乾隆末或嘉庆初年，关于其编纂者，历来有争议，有和琳、和宁和松筠等不同说法。《西藏研究》编辑部在 20 世纪 80 年代初编辑整理并出版《卫藏通志》时，采纳了吴丰培的意见，直接将其编纂者署为松筠（吴丰培：《〈卫藏通志〉著者考》，《西藏志　卫藏通志》，西藏人民出版社，1982，第 567—570 页）。之后，张羽新撰文认为，其编纂者应是和宁（张羽新：《〈卫藏通志〉的作者是和宁》，《西藏研究》1985 年第 4 期）。近年有学者撰文认为，该书是集体编纂而成，和琳是首倡者，和宁为实际编纂者，松筠仅为编纂者之一（曹海霞：《〈卫藏通志〉作者探究》，《满族研究》2014 年第 3 期）。而实际上，由于史料缺乏，欲明确其编纂者，尚有困难。但不管该书的编纂者是三人中的哪一位，他们的身份均是乾隆末年的驻藏大臣。该书以驻藏大臣衙门的档案材料为主，收录了清乾隆六十年（1795）以前的 140 余件上谕、奏章及藏内各种章程，以及钱粮、兵马数目。每件档案都按原件照录，首尾俱全，且大臣的奏章都有朱批谕旨。此外，卷首一卷保存了大量的清代碑刻，为研究清代治藏历史提供了翔实的材料。

别称土伯特。凡四部：曰卫、曰藏、曰喀木、曰阿里。”① 对此，有学者指出：若将《卫藏通志》等文献中关于“唐古特”的叙述与雍正时期西藏地区行政划界实情稍作对照，很明显“唐古特”的指代范围与雍正所划定的西藏地方的行政区域及行政分界线是吻合的。②

乾隆时期，清朝对西藏地方的管理体制进行了多次调整，《钦定藏内善后章程二十九条》的出台，标志着清朝治藏步入制度化、法制化的轨道。乾隆在位的这六十年中，先后取得平定珠尔默特那木札勒和新疆的大小和卓叛乱，以及反击廓尔喀入侵的胜利，清朝对西北、西南的统治进一步巩固和加强，地区局势更加稳定。汉藏各个层面的交流交往更加频繁，关系更加密切。朝野对西藏及其民族的认知和了解逐步加深，时人对西藏历史与社会的书写，不仅不会再出现如康熙帝那样的认知差错③，而且“可定千古之案”，即所谓：“仁皇帝圣学渊深，无所不知。西北、西南外域咸入版图，皆遣使亲履其地，考寻山川道里，非如经生但于书籍考索而得，故确实详明，如指诸掌。但其时天山南北路尚未入版图，故止据奉使剌麻所奏冈底斯山为昆仑。及乾隆戡定新疆以后，高宗命馆臣撰《河源考》三卷，始知河源出于喀什噶尔之葱岭。故上谕谓昆仑当在回部，而《皇清通考》及松相国《西陲总统纪略》、魏氏《海国图志》皆宗之，可定千古之案矣。”④特别是如和宁所撰的《西藏赋》及所作的注解，对西藏“山川、风俗、制度”及其“疆域要隘，通诸外

① （清）祁韵士：《皇朝藩部要略》卷 17，李毓澍：《中国边疆丛书》（7），台北文海出版社，1965，第 941 页。

② 清朝涉藏地区行政划界始于雍正三年(1725)，它是清廷在平定罗卜藏丹津之乱并实现对整个西藏地区的控制后做出的重大决策。川、藏以宁静山为界，今迪庆一带归滇，玉树地区划归西宁办事大臣管辖。从而使西藏作为清朝所属一级地方机构的地域范围和行政区域得以明确。参见黄辛建：《雍正时期藏区行政划界研究》，《中国藏学》2018 年第 3 期。

③ 康熙五十九年，康熙帝谕大学士九卿等说：“禹贡‘导黑水，至于三危’，旧注以三危为山名，而不能知其所在。朕今始考其实。三危者，犹中国之三省也。打箭炉西南，达赖喇嘛所属为危地；拉里城东南为喀木地；班禅额尔德尼所属为藏地。合三地，为三危耳。”（《清圣祖实录》卷 290“康熙五十九年十一月辛巳”，中华书局，1985）实际上，这是康熙帝误将“卫藏”的“卫”当作《禹贡》中所说的“三危山”的“危”。参见陈庆英：《陈庆英藏学论文集》（下），中国藏学出版社，2006，第 1012 页。

④ （清）姚莹：《康輶纪行》，欧阳跃峰整理，中华书局，2014，第 234 页。

藩形势"的书写之详尽，还可"供学人文士之披寻也"。[①] 因此，自乾隆之后，清人所撰的有关西藏地方的文献中，"唐古特"和"图伯特"被用来指代地域时，已不再是泛指青藏高原的青海、西藏等地区，而是仅指西藏地区，如《康辅纪行》中说："廓尔喀在印度东南，后藏又在廓尔喀之北，前藏又在后藏之东，前、后藏通称唐古特。"[②] 由此可见，这里的前、后"藏"不仅是一个有明确边界的地域名称，而且指代的是隶属于清朝治下的一个省级行政区。这种用法还可以从乾隆帝在有关设立驻藏大臣的政治意图的表述上清楚地看到，"所以命大臣驻藏办事者，原为照看达赖喇嘛，镇抚土伯特人众"[③]。"国家因西藏地处僻远，特命大臣驻扎其地，所冀得其情伪，控制由我。"[④] 值得注意的是，乾隆以后的汉文文献典籍中，对西藏地方的称呼，基本上以"西藏"代替"乌思藏"和"卫藏"这样的词汇。[⑤]

（二）唐古特：西藏的民族和部落

在嘉庆及其之后修撰的几部有关西藏的方志文献中，以"唐古特"专指西藏的民族和部落。成书于嘉庆九年（1804）的《西藏纪游》载："唐古忒即西藏番民之称。"[⑥] 成书于嘉庆十六年（1811）的《大清一统志》载："部落号图伯特，又曰唐古特。最尊者曰达赖喇嘛，曰班禅额尔德尼。其代喇嘛理事者，曰第巴，又有汗则蒙古部长为之。"[⑦] 成书于嘉庆二十一年（1816）的《四川通志》载："其（西藏）部落号图伯特，又曰唐古特。"[⑧] 成书于宣统元年（1909）的清代最后一部西藏地方志

---

① （清）姚莹：《康辅纪行》，欧阳跃峰整理，中华书局，2014，第238页。按：和宁，蒙古镶黄旗人，避清宣宗讳改名和瑛。历任"四川按察使，安徽、四川、陕西布政使。（乾隆）五十八年，予副都统衔，充西藏办事大臣。寻授内阁学士，仍留藏办事。和瑛在藏八年，著《西藏赋》，博采地形、民俗、物产，自为之注"。参见赵尔巽等：《清史稿》卷353，中华书局，1977，第11282页。

② （清）姚莹：《康辅纪行》，欧阳跃峰整理，中华书局，2014，第67页。

③ 《清高宗实录》卷188"乾隆八年三月戊辰"，中华书局，1985。

④ 《清高宗实录》卷358"乾隆十五年二月庚辰"，中华书局，1985。

⑤ 陈庆英：《陈庆英藏学论文集》（下），中国藏学出版社，2006，第1014页。

⑥ （清）周霭联：《西藏纪游》卷1，张江华、季垣垣点校，中国藏学出版社，2006，第22页。

⑦ （清）穆彰阿、潘锡恩等：《大清一统志》卷547，上海古籍出版社，2008，第665页。

⑧ （清）常明、杨芳灿等：《四川通志（3）》卷92，巴蜀书社，1984，第5558页。

《西藏新志》载："（西藏）立国于隋初，号秃发，唐宋曰吐蕃，元曰西蕃，明曰乌斯藏，土人呼为唐古特，又谓之图（亦作土）伯特。"[①]

实际上，以"唐古特"指代西藏的民族和部落，自清初以来的公文或著作中就已存在。但若对不同著述中用"唐古特"一称来指代民族或部落的事例加以梳理，不难发现，就时限和使用频率而言，这一用法更多地出现在平定罗卜藏丹津叛乱以后的公文之中。如年羹尧在著名的《青海善后事宜十三条》中说："查西海、巴尔喀木及藏与卫，此唐古特之四大部落也。"[②] 除年羹尧之奏文中，还有大量文献采用这种说法外，同时期的岳钟琪也认同这一看法，并用于奏文之中。雍正元年（1723）六月，时任四川提督的岳钟琪奏："查的革相远理塘、巴塘，系西海通巴尔克木之要路，其地山险人强，是汤古忒一大部落也。"[③] 此处的"的革"即德格，岳钟琪称德格地区为"汤古忒一大部落"。同年（1723）十二月，岳钟琪又奏：

> 臣即密咨松潘镇臣周瑛带兵一千名，裹带两月行粮，兼程赴藏，会同钦差驻藏学士臣鄂赖、贝子康济鼐等，整顿唐古忒兵马，不时探听……臣复查里塘、巴塘一带，切近西炉，乃通藏之要路，且罗卜藏等所属唐古忒番部杂处其中，今既遣兵进藏，沿途便宜防范。[④]

岳钟琪在这里主要是奏报如何防范罗卜藏丹津逃窜至西藏的问题。奏折中的"唐古忒"，前者是指代西藏地方，而巴塘、理塘等地区的"唐古忒番部"是指某某地方的民族。

---

① 许光世、蔡晋成：《西藏新志》，张羽新《中国西藏及甘青川滇藏区方志汇编》（第三册），学苑出版社，2003，第 302 页。

② 中国藏学研究中心等：《元以来西藏地方与中央政府关系档案史料汇编（2）》，中国藏学出版社，1994，第 351 页。

③ 中国第一历史档案馆：《雍正朝汉文朱批奏折汇编》第 1 册，江苏古籍出版社，1991，第 364 页。

④ 中国藏学研究中心等：《元以来西藏地方与中央政府关系档案史料汇编（2）》，中国藏学出版社，1994，第 342—343 页。

雍正初年，清人对于“唐古特”的认识已经较为明晰，用“唐古特”指代的地理空间与藏族传统历史地理区域比较吻合，“唐古特”部落则是指生息于该地域的人群。[①] 在此之后所刊行的其他典籍，大多采用了类似的看法。如魏源在《圣武记》中说，“西藏，古吐蕃，元、明为乌斯藏，其人则谓之唐古特，亦曰土伯特”[②]。可见在魏源看来，“唐古特”就是指西藏的民族或部落。

上述乃清代文献中以“唐古特”指代西藏的民族和部落的大致情况。关于清代文献中“唐古特”的指代演变的过程，任乃强做了细致的梳理和探究，兹摘录于下：

一是“唐古特”和“土伯特”两个称谓的指代对象和使用变化情况。

> 中国史籍，对于藏族称呼，屡有更易。周秦曰“戎”。汉魏曰“羌”。唐宋曰“吐蕃”。元明称其地曰“乌斯藏”，其人曰“番”。清初，称其地其人皆曰“土伯特”，或“图伯特”。康乾后，称其地曰“西藏”，其人曰“唐古特”。[③]
>
> 唐古特，青海南方羌族部落名。亦作“唐兀惕”，见《元秘史》。明末世，以之称呼青海住牧之羌族全体。厄鲁特侵入青海，唐古特尽受约束，仿佛满清之入主中土。厄鲁特无国号，故中土每以唐古特呼之。雍正二年（1724），年羹尧奏陈《青海善后十三条》谓：“青海、巴尔喀木、藏、卫为唐古特四大部落。”是也。当时尚多称羌、番两族为“土伯特”，故此名不甚通用。乾嘉之世，土伯特名渐废，此称始大通行。[④]

二是“土伯特”称谓的来龙去脉和废弃原因。

---

① 黄辛建：《清代“唐古特”考》，《中国藏学》2019 年第 4 期。

② （清）魏源：《圣武记》卷 5，韩锡铎、孙文良点校，中华书局，1984，第 199 页。

③ 任乃强：《任乃强藏学文集》（上），中国藏学出版社，2009，第 37 页。

④ 任乃强：《任乃强藏学文集》（上），中国藏学出版社，2009，第 40 页。

> 汉人称藏族为“土伯特”，始于清初，清室未入关前，已先绥抚蒙古……崇德四年（1639），遣使聘于拉萨，从蒙古语，称其曰“土伯特”……土伯特之名，藏人殊不自知。康熙以后，西藏用兵，交接频繁，有人数询藏人以土伯特命名之义，藏人皆不自承。时人觉此名称为不当，始有西藏、西招、唐古特等异称蜂起。雍乾以后，土伯特之名，亦浸废矣。①

应该说，任先生的这些研究以及所得出的结论，是符合历史事实的。20 世纪 30 年代，白眉初在《西藏始末纪要》中也说：“西藏立国于隋初，号秃发，唐宋曰吐番，元曰西番，明曰乌斯藏，土人呼为唐古特，又谓图伯特。今称为西藏。”② 可见，经过明、清、民国的长期历史发展，“西藏”最终成为一个地方政权的固定称呼③，并被一直沿用至今。而大多数国民对清代文献中常用的“唐古特”这一兼顾地域与民族称呼，已不甚了解。

三、结语

关于西藏地域和藏族的称谓，历来是一个受人关注且具争论性的问题。如“吐蕃”一词，或认为源于藏语，或认为源于吐谷浑语，或认为源于突厥语，或认为源于汉语对南凉秃发氏的称呼，目前难有定论。④诸如此类争论，基本上是基于词义渊源的学术探讨。同样，“唐古特”这一称谓在清代西藏地方志等文献中，其含义有一个演变过程，毫无疑问，系统梳理和探讨这个演变脉络，有其学术价值和意义。但与之相比，将“唐古特”之含义演变与清朝治藏历程相结合，进而探讨清人对西藏地方及其民族的认识过程与清朝治藏策略调适的互动关系，应该说，更有其重要的学术价值和史鉴意义。

---

① 任乃强：《任乃强藏学文集》（上），中国藏学出版社，2009，第 39 页。

② 白眉初：《西藏始末纪要》，北平建设图书馆，1930，第 1 页。

③ 蔡志纯：《从藏博到西藏地名演变考释》，《西藏民族学院学报》2007 年第 1 期。

④ 陈庆英：《陈庆英藏学论文集》（下），中国藏学出版社，2006，第 1005 页。

首先，从史源学的角度，清代不同时期所撰写的西藏地方志等文献中，尽管对“唐古特”这一称呼存在着差异化书写，但都可以厘清其源流。如《藏纪概》中“唐古特即突厥”，作者李凤彩说是他“查典籍所载”的结论，但若溯其源，他所谓的典籍主要是“圣祖仁皇帝御制文”。又如《西藏图考》中，将“唐古特”“土伯特”并列使用，是源于清代学者储大文所作的《平定西藏碑文》。另外，清人还有一种习惯，就是在修撰新的方志时，直接照抄前人所著材料。如《雍正四川通志》和《乾隆雅州府志》就摘抄了《藏纪概》中有关“唐古特”的叙述。当然，也有如李凤彩这样的个别著者，他所撰的《藏纪概》，既查诸典籍，又有深入西藏实地考察与耳闻目睹，即所谓“归来述其见闻如此”[①]。又如乾隆《西域遗闻》，考其著者之资料来源，主要有三种：一是史籍与典制文献，二是编撰此书之前已成书的清代西藏地方志，三是编撰者在藏地的亲身经历或耳闻。[②] 前文所述清代西藏地方志等文献中，“唐古特”含义的多样化书写，也能证明之。

历史上，与国内其他省区相比，西藏缺少修志的传统和绘制地图的习惯，[③] 这也造成清人撰写西藏方志时，可资参考文献较为缺乏。如清代有关西藏的地方志，较之内地的地方志，其内容显得较为粗疏。加之，西藏特殊的地理环境，在一定程度上限制了省区之间人员互来互往的频率，为此，清末有人就说：“西藏之地古属土番，历代叛服不常……惟商贩茶布之徒岁一往来，其里塘、巴塘、察木多等处，虽设粮台，置驿传，类皆视为畏途，未有能详纪其山川、厄塞、四至八道者也。惟《四川通志》及果亲王《西藏志》、松相国筠《西招图略》粗具纲要，合之古书，时有同异，视远者不详其貌，听远者不闻其声，不其然欤！”[④] 但是，也不可因此漠视清代西藏地方志文献的史料价值。就这些文献关于“唐古特”的历史书写而言，它为我们探讨清代西藏地域和

① （清）李凤彩：《藏纪概》，中央民族学院图书馆内部资料，1978，第6页。
② 赵心愚：《乾隆〈西域遗闻〉资料的三个主要来源》，《民族研究》2013年第1期。
③ 孙宏年、倪邦贵：《西藏基层政权建设研究》，中国藏学出版社，2010，第50页。
④ 《西藏研究》编辑部：《西招图略　西藏图考》，西藏人民出版社，1982，第37页。

民族的名称的演变，提供了重要的参考。通过对这些方志所载的“唐古特”一词的梳理和辨析，不难发现“唐古特”一词，由泛指青、藏地区及该地区部落到专称西藏及生于斯、长于斯之人，有一个变化过程。“唐古特”最早出现在唐开元二十三年（735）鄂尔浑河畔的“毗伽可汗碑”上，此处的“唐古特”是蒙古等北方民族对党项部落的称呼。从14世纪开始，蒙古人将青藏高原及当地之藏族诸部统称为“唐古特”，清初的文献又沿用了这一泛称。这就是我们看到的在清初一段时期内，人们以为“唐古特”就是历史上的“突厥”的原因。康熙末年的文献中，又将“唐古特”与“土伯特”并列使用。而在清朝平定罗卜藏丹津之乱之后，在西藏地方志的历史叙事中，“唐古特”便成为一个与“土伯特”“西藏”含义相同的称谓，更多以“唐古特”代称西藏地方的民族和部落。正如陈庆英和高淑芬所说，“唐古特”在清代主要作为民族概念，同时也可用作地理概念。[①] 当然，在乾隆以后所修撰的地方志文献中，仍然存在“唐古特”与“西藏”这一称谓同时出现的情况。但是，这里的“唐古特”，其指代对象大多是民族或部落，而不是西藏地方之地域范围。

其次，通过对西藏地方志等文献中有关“唐古特”之含义演变的脉络进行梳理，可以看到，“唐古特”含义的演变过程与清朝治藏由间接到直接，以及对青藏高原的了解由表面到深入的历程同步。自崛起于东北之后，清朝统治者一直将蒙古各部视为逐鹿中原最重要的辅佐力量，因此（金）清统治者很早就对蒙藏社会所普遍信仰的藏传佛教有了比较清楚的认识，为借“黄教”以安众蒙古而特别重视与西藏之间建立联系。但在定鼎北京之后，清统治者因在相当长一段时期内，必须将主要精力放在如何平息来自南明、农民军等各种反清势力的反抗，以稳固其统治这一战略重心上，所以根本无力顾及西部边疆地区，对和硕特蒙古控制青藏高原的事实，也只能暂时承认既成事实。因此，清廷乐意接受固始汗的归顺，并通过对固始汗的政治封授和对五世达赖喇嘛的宗教分

① 陈庆英、高淑芬：《西藏通史》，中州古籍出版社，2003，第2—3页。

封，实现对西藏的间接统治。这必然导致清初朝廷对西藏地域和藏民族分布等具体情况缺乏足够的认知。因而在这一时期，无论是来往公文，还是所撰写的著作，有关西藏及其民族的指代和称谓都较为混乱和模糊，除使用“唐古特”这一名称外，还同时延用蒙古语对吐蕃的另一种称呼——“土伯特”①。有时还在这两个名称后加上“国”或“部落”，如“图白忒部落”“汤古忒部落”“汤古忒国”等。康熙初年，尽管“西藏”这一称呼已用于公文中，但这一时期的文献中，还不时出现以“乌斯藏”“招”“西招”“藏招”“卫藏”“西域”“西地”等名称来指代其地其人的表述，而这些名称又语出多源，汉、蒙古、满、藏四种语言常互译混用。②

正是因为清初朝野对青藏高原认知和认识的严重不足，给清廷处理西藏突发事件与谋划治藏安边治策带来诸多不便。为改变这一状况，康熙帝多次派人到青藏高原测绘地图。康熙四十八年（1709）谕令侍郎赫寿入藏，除协同拉藏汗处理西藏事务外，另一任务是绘制西藏地图；康熙五十六年（1717）又派在钦天监学习数学的喇嘛等实地绘西海西藏舆图和测量地形。甚至在康熙末年武力驱逐准噶尔侵藏的过程中，康熙帝也要求随军入藏人员目测其地理，查访并收集有关藏地的风土人情和人文地理风貌等资料。对此，清人姚莹称赞：“仁皇帝圣学渊深，无所不知。西北、西南外域咸入版图，皆遣使亲履其地，考寻山川道里，非如经生但于书籍考索而得，故确实详明，如指诸掌。”③ 客观地说，姚氏对康熙帝的这种赞誉，有夸大奉迎之嫌。但不可否认，正是康熙帝对康藏舆图和测量的重视，大大推动了清人对青藏高原及其周边地区的认知和了解。“驱准保藏”和平定罗卜藏丹津叛乱之后，清朝将西藏纳入直接统治之下，并明确西藏与相邻省区之间的边界。在此之下，大批清朝官员、将领及其他人员往来于西藏与内地之间，军旅、邮驿、商旅不绝，

① “土伯特”系从蒙古语演变而来，为“吐蕃之异译”［任乃强：《任乃强藏学文集》（上），中国藏学出版社，2009，第39页］。实际上，与“土伯特”一样，“唐古特”是蒙古语对吐蕃称呼的汉译。

② 黄辛建：《清代“唐古特”考》，《中国藏学》2019年第4期。

③ （清）姚莹：《康輶纪行》，欧阳跃峰整理，中华书局，2014，第234页。

雪域之行在这些入藏人员心中留下了大量印记。这其中，有如驻藏大臣松筠著《西招图略》，是“夫处一方，宜悉一方故事，述而书之，便览焉”[①]；而更多的人是记录西藏之行的观感，如吴廷伟《定藏纪程》，是他随军进藏耗时“计一年有余，其间忍饥受寒，劳瘁之状，笔难尽述，惟将风土奇异，山川险阻，及所产物件，略记大概，以备查考云尔”[②]。时人自觉或不自觉地采访藏情，记奇注异而成见闻之作，或为总记、纪程，或为志书。[③] 随着清朝治藏力度的不断加大，内地与西藏之间往来更加频繁，从而加速了人们了解和认识西藏及涉藏地区的步伐。在乾隆之后所修撰的西藏地方志等文献中，“唐古特”一词便有了更为清晰而准确的定义，“西藏”专指地域范围，而“唐古特”既可称代西藏，又可指代藏族。当然，也还存在以“唐古特”指代其他涉藏地区藏族的情况，这应该只是一种习惯性称代的延续。即便如此，字里行间已不会让人混淆，这种情况下的“唐古特”无疑是指藏族，但它所指的藏族并不仅属西藏行政区划所管辖。这与我们今天说四川的藏族、云南的藏族，其道理是一样的。

综上可见，“唐古特”这个称谓，其含义在清代有一个不断演变的过程。指代地域时，由泛指青藏高原的青海、西藏等地区到仅指清朝省区划界后的西藏；指代民族时，由泛称分布在青藏高原及其边缘的包括藏族、党项在内的多民族到成为藏族专称。这一演变的过程，真实地反映了清朝努力推进国家统一和逐步强化对西藏地方行政管辖的历程。正如有学者所说：“一个地名的内涵，不会一成不变的，往往是随着社会、历史的演变，特别是行政统辖关系的演变而发生变化的。”[④] 称代西藏地方与民族的用词的演变，就是这样。当然，无论是历史上的吐蕃、西

---

① 《西藏研究》编辑部：《西招图略　西藏图考》，西藏人民出版社，1982，第 8 页。

② 吴丰培：《川藏游踪汇编》，四川民族出版社，1985，第 35 页。

③ 黄辛建：《清代“唐古特”考》，《中国藏学》2019 年第 4 期。按：当然，时人的这些著述，也还是有诸多不足。究其原因，“与纂者掌握的西藏历史资料十分有限和对西藏历史缺乏研究有关，也与纂者重视方志当时的实用价值和形势的要求有关”。参见赵心愚：《乾隆〈雅州府志〉中的“西藏”篇目及其资料来源》，《中央民族大学学报》2006 年第 6 期。

④ 王贵：《如何辨明西藏历史地位》，中国藏学出版社，2013，第 90 页。

番、乌斯藏，还是唐古特和土伯特，它们虽与今日的“西藏”有密切的关联，但不管是作为地理概念，还是作为政治名词，二者均不可同日而语。

第三节
清廷处置七世达赖喇嘛奏辖“三塘”案与强化对康藏地区的施政

历史上，巴塘、理塘和中甸（今香格里拉）又称“三塘”[①]。清康熙、雍正和乾隆时期，七世达赖喇嘛以“用度不敷”为由，或亲自或以三世章嘉呼图克图的名义，两次向清廷请求这些地区的管辖权。从时间上看，这两次奏请之间相隔十余年，跨越康熙、雍正和乾隆三朝。目前，有学者对三世章嘉呼图克图在乾隆三年（1738）的奏请有所论及[②]，但对七世达赖喇嘛在康熙六十年（1721）的奏请，则未予关注。关于七世达赖喇嘛或亲自或以三世章嘉呼图克图的名义两次奏请“三塘”管辖权的缘由、相互关系，以及清廷处置此事的决策过程与依据等问题，更是少有论及。有鉴于此，笔者拟就七世达赖喇嘛两次上奏清廷请求管辖“三塘”的缘由，这两次奏请之间的异同与彼此关系，清廷面对七世达赖喇嘛的请求作何考量及如何处置等问题进行探讨，以期推动并进一步深化对这一事件的研究，进而深化人们对清朝前期加强康藏地区的统治和行政管理的历史进程的认识。

一、和硕特蒙古袭占康区与“三塘”归滇、归川之争

明代，巴塘、理塘和中甸等地先后归属丽江木氏土司管辖。洪武十

① 中甸，亦称建塘、佳塘，今云南省香格里拉市。

② 有关研究主要有：牙含章《达赖喇嘛传》（人民出版社，1984）；李凤珍《清朝对西藏与四川、青海、云南行政分界的勘定》（《西藏研究》2001年第1期）；冯智《中甸在清初勘界暨治藏中的地位》（《中国藏学》2009年第1期）；王东春《清代中央政府治藏法律制度演变研究》（人民出版社，2011）；张云《清朝治理西藏地方的方略与制度》（《社会科学战线》2013年第7期）；邓锐龄、冯智《西藏通史·清代卷》（中国藏学出版社，2016）；黄辛建《雍正时期藏区行政划界研究》（《中国藏学》2018年第3期）；等等。

四年（1381），征南将军傅友德率军征云南，次年春，攻克大理及滇西北地区，元丽江宣抚司副使阿得率部归降，御赐姓木。之后，木得协助明军攻克佛光寨石门关铁桥城等要隘，立有战功。洪武十六年（1383），明太祖朱元璋“嘉其伟绩，授诰命一道，任本府世袭土官知府职”[1]。自此之后，明廷一直遵循扶持和重用木氏土司之策，以期安抚一方，并“守石门以绝西域，守铁桥以断吐蕃，滇南藉为屏藩”[2]。因而，明廷承认木氏土司“自用兵力所辟”之地，为其统辖区域。[3] 在明洪武、永乐年间，中甸隶属丽江军民府。而理塘、巴塘等地到明万历年间才被木氏土司纳入其治下。[4]

历史上，巴塘、理塘和中甸等地区，因其特殊的战略地理位置，自吐蕃以降，即为兵家必争之地。明中后期，蒙、藏、纳西等民族地方势力和格鲁派、噶玛噶举派等藏传佛教各派，均聚集于这些地区，相互争战，为之耗尽心力。但是，在和硕特蒙古武力侵入康区之前，康南是木氏土司的势力范围。清崇德二年（1637），应格鲁派首领五世达赖喇嘛和四世班禅额尔德尼的援请，固始汗率领漠西蒙古联军南下青海，袭杀支持噶玛噶举派的喀尔喀蒙古首领却图汗。固始汗以青海为据点，于清崇德四年（1639）消灭康北势力最大的白利土司，又于清崇德六年（1641）击败盘踞后藏的藏巴汗，从此，和硕特蒙古开始了在西藏长达

① 《木氏宦谱》（影印本），云南美术出版社，2001，第 14—15 页。

② （清）张廷玉等：《明史》卷 314，中华书局，1974，第 8099 页。

③ 杨福泉：《纳西族与藏族历史关系研究》，云南人民出版社、云南大学出版社，2011，第 80 页。

④ 随着木氏土司势力日益强大及其在康区的武力扩张，万历年间，木氏土司的辖地南屏大理，北接西藏，东连川西，“于金沙江外则中甸、理塘、巴塘等处，江内则喇普、处旧、阿墩子等处，直至江卡拉、三巴、东卡，皆其自用兵力所辟。蒙番畏而尊之曰萨当汗”，即“丽江王”。木氏土司称霸川、滇、藏毗邻的康南地区，形成与康北的白利土司并雄康区的局面。参见（清）倪蜕：《滇云历年传》卷 11，李埏校点，云南大学出版社、云南人民出版社，2018，第 334—335 页。

75 年的统治。固始汗坐镇西藏之后，他的孙子罕都和第十子达什巴图尔[①]，先后在康区继续大规模征战。至 17 世纪末，和硕特蒙古已经控制了包括云南的中甸，四川的巴塘、理塘在内的康南地区，甚至素为内属之地的打箭炉（今康定），也曾被袭占。而这一时期，清朝由于中原局势未稳，无暇西顾，康区的大部分地区实际上处在蒙藏联盟的控制之下，清廷除对康区东部一些归顺的土司采用敕封等政治手段羁縻笼络外，对康区并无直接有效的管控举措。“三藩之乱”后，随着清朝国内统治的稳固，清廷再也不能容忍对青藏高原的放任状态，更不允许蒙藏联盟在康区肆意拓展势力范围，影响西南边疆地区的稳定。因此，清廷抓住“驱准保藏”出兵西藏之机收复康区，并着手进行巴塘、理塘和中甸等地的行政管辖权的划分。

（一）和硕特蒙古袭占康区与地区动荡

事实上，康区的纷争和冲突，首先缘于和硕特蒙古的内部利益争夺。清崇德七年（1642），固始汗在消灭藏巴汗后，即在卫藏地区扶植格鲁派并与之联合建立了甘丹颇章地方政权，固始汗坐镇拉萨，掌管和硕特汗廷的军政大权。对于青康地区，按照固始汗的设想和布局，“以青海地广，令子孙游牧，而喀木输其赋”[②]。这样就使他的众多子孙各有“份地”，各安其分，从而达到由和硕特蒙古长期控制青康地区的政治目的。然而，后来的事态发展表明，固始汗在世时，他的众多子孙尚能维持面上的和谐。而当固始汗去世之后，这些子孙为了各自的政治、经济利益，彼此明争暗斗，致使和硕特蒙古内部不断产生新的矛盾和出现裂痕，甚至激化到兵戎相见的地步。这其中，不仅掌控西藏地方政权的长房系与其他兄弟系之间矛盾不断，而且其他兄弟系之间也不时发生

---

① 固始汗共有十子，即长子达延汗 、次子鄂木布 、三子达兰泰、四子巴颜阿布该玉什、五子伊勒都齐、六子多尔济、七子瑚鲁木什、八子桑噶尔札、九子滚布察晖 、十子达什巴图尔。由于达什巴图尔长期掌握康区控制权，固始汗去世后，达什巴图尔一系实力不断增长。康熙三十七年（1698），清廷册封达什巴图尔为和硕亲王，当时议政王大臣的题奏是“厄鲁特扎（达）什巴图尔台吉，乃青海台吉之统领”，明确达什巴图尔为青海蒙古诸部之首（《清圣祖实录》卷 187“康熙三十七年正月辛巳”，中华书局，1985）。

② （清）魏源：《圣武记》卷 5，韩锡铎、孙文良点校，中华书局，1984，第 202 页。

摩擦。

当年固始汗在袭占青海之后，他的军事部署是由他本人率部出征西藏，而将康区的军事行动指挥权交给第五子伊勒都齐和伊勒都齐之长子罕都。清崇德五年（1640），罕都率军击败木氏土司，占领了巴塘、理塘等地。随着军事征服的顺利推进，罕都的个人野心也逐步显露出来。康熙四年（1665），罕都率军“侵据中甸等处”[①]。据清代藏传佛教人士阿芒·贡却群派说，罕都这个人作战“非常英勇，曾率兵进玛尔康地区、多康六岗全部，包括打箭炉（今康定）尽数统治，又向云南沐英王领地进军”[②]。值得注意的是，据阿芒·贡却群派说，罕都在将大本营迁移至澜沧江边之后，他还“从信仰格鲁派改变为崇信宁玛派”[③]，但同时又“将夏买（噶玛噶举派红帽系）第六代活佛开光的《甘珠尔》带到理塘供放”。若这一说法属实，我们可以说，罕都不是一个格鲁派的忠实信徒。但这其中，罕都到底是改宗了宁玛派，还是皈依了噶玛噶举派，似乎对于透视罕都上述举动的问题实质并不重要。众所周知，噶玛噶举派发祥于康区，之后又得到木氏土司的支持，因此，噶玛噶举派在康南地区的影响力和势力是藏传佛教的其他派别无法企及的。要说罕都是改宗了宁玛派，但他在征服康南地区的过程中，在行动上又并没有扶植宁玛派，而是打压格鲁派，扶植噶玛噶举派。对此比较合理的解释是，罕都在康南的一切行为并不是他宗教信仰是否纯正笃厚的问题，而是基于现实的需要和个人的政治野心，在康南地区取悦噶玛噶举派信众，就有

① （清）倪蜕：《滇云历年传》卷 11，李埏校点，云南大学出版社、云南人民出版社，2018，第 335 页。

② （清）阿芒·贡却群派：《汉蒙藏史略》，贡巴才让译，青海人民出版社，1988，第 34 页。按：从有关历史事实看，文中的沐英王可能是云南丽江木天王之误。沐英王即明太祖朱元璋义子沐英，洪武十九年（1386）沐英西征云南，被封为西平侯，驻扎今云南昆明市。到沐英的次子沐晟时，沐氏世袭黔国公，顺治十八年（1661）末代黔国公沐天波在缅甸遇害。

③ （清）阿芒·贡却群派：《汉蒙藏史略》，贡巴才让译，青海人民出版社，1988，第 35 页。按：阿芒·贡却群派生活在乾隆、嘉庆年间，是青海地区著名的藏传佛教高僧，曾被西藏地方政府授予“班智达”，可见其佛学造诣高、知识渊博。据阿芒·贡却群派说，他与罕都生活在青海的后裔相邻，还曾与其后裔中名叫曲洋的人见过面。按理说，阿芒·贡却群派认为罕都崇信宁玛派，不会有差错。但他的这种说法，又与历史实际情况似不相符合。学界也有不少人认为，此时的罕都改信了噶玛噶举派。

可能化敌为友，进而实现长期霸占康南地区的政治目的。

实际上，罕都在康南的所作所为及其所显露出的政治野心，也是格鲁派上层和固始汗的其他子孙所能觉察到的。固始汗去世之后不久，固始汗的长子达延汗接管了西藏的和硕特汗廷，幼子达什巴图尔把持着青海和硕特蒙古事务。罕都在康南的政治野心，不仅让以五世达赖喇嘛为代表的格鲁派上层强烈不满，也让达延汗等固始汗的其他子孙非常不愉快，二者必然要寻找机会联合抵制。在围绕如何处置逃亡康南的噶玛噶举派红帽系活佛等问题上，格鲁派与和硕特蒙古的其他首领终于找到了征讨罕都的借口。[①] 康熙十三年（1674），在五世达赖喇嘛的斡旋和支持下，达什巴图尔率领“青海诸台吉领兵”[②] 征讨罕都。木里土司是格鲁派的忠实信徒和支持者，而木氏土司对噶玛噶举派有偏爱，这就使木里土司在木氏土司称霸康南期间，一直受到挤压。中甸是木氏土司的势力范围，格鲁派与固始汗在西藏联合排挤噶玛噶举派时，噶玛噶举派领袖逃至中甸避难。因此，当达什巴图尔发起对罕都的军事打击后，木里土司以之为一次翻身复仇的机会，于是积极地支持和配合达什巴图尔的行动。康熙十三年（1674）十月，由桑登绒布和勒喜降村率领的木里土司兵驰赴中甸。木里土司兵熟悉地理环境，又比蒙古军更能适应高山丛林作战，“独自攻下坚固的中甸城而取胜”[③]。1674 年是藏历木虎年，和硕特蒙古的这次内讧又被称为“木虎年事变”。在“木虎年事变”中，罕都兵败被杀，进一步加剧了和硕特蒙古内部的分裂。事变之后，达什巴图尔乘吴三桂叛乱和清廷无暇西顾之机，先后占据了中甸、巴塘、理塘

① 关于该问题的来龙去脉及其影响，黄辛建有比较详细的研究。参见黄辛建：《康藏关系史·木虎年事件》，四川大学博士论文，2013，第 84—88 页。

② （清）阿芒·贡却群派：《汉蒙藏史略》，贡巴才让译，青海人民出版社，1988，第 35 页。

③ 阿旺钦饶：《木里政教史》，鲁绒格丁等译，四川民族出版社，1993，第 30 页。按：木里土司是四川盐源县 9 所土司之一，然其辖境大于其他 8 所之总和。木里土司辖区也是格鲁派传播的重要地区，三世达赖喇嘛索南嘉措在主持修建理塘寺时，即派弟子到木里传教和修建瓦尔寨大寺庙。之后，1604 年修建康坞大寺，1674 年木里寺修建完工。这三座格鲁派寺庙俗称“木里三大寺”（参见冉光荣：《中国藏传佛教寺院》，中国藏学出版社，1994，第 106 页）。该土司历代以项氏喇嘛承袭，故有“黄喇嘛”之称［参见任乃强：《任乃强藏学文集》（上），中国藏学出版社，2009，第 148 页］。

及打箭炉等地，控制了滇、川、藏之间的战略要道。[①] 而罕都之弟达加尔俄硕特（即博硕克图济农），则接管康区的其他地区。[②] 由此造成和硕特蒙古内部伊勒都齐系和达什巴图尔系之间的严重对立，和硕特蒙古内部不同支系之间的利益争夺，是康区政局动荡的祸源之一。

其次，和硕特蒙古的武力介入，打破了康区多教并存的政教生态，严重威胁着各地方政教势力的利益，从而使康区冲突不断，事端迭起。康区由于部落民族众多、地理环境特殊等原因，民众的宗教信仰复杂多元。历史上，藏传佛教噶玛噶举黑帽系发迹于类乌齐。[③] 自元代以来，这一派将康区作为经营的重点地区之一，也在康区有较大的势力和影响力[④]，但这并没有改变康区多教共融的基本宗教格局。在格鲁派进入之前，除苯教外，宁玛、噶玛噶举、萨迦等佛教派别都有信众。五世达赖喇嘛也曾打算修建更沙寺，以此为格鲁派在康北发展的基地。但当信奉萨迦派的德格土司觉察到五世达赖喇嘛的意图后，立即转向扶持信奉苯教的竹庆、八邦、丁青等寺庙，形成一股抵抗格鲁派的合力。[⑤] 木氏土司虽然在宗教信仰上钟爱噶玛噶举派[⑥]，但为了称霸康南，一直秉持“多教并存，以教治教”的处事策略，这样既稳固了木氏的统治，又维持了一方的相对稳定，从而获得明王朝的认可和长时期扶持。明末清初，随着和硕特蒙古对康区的征服，藏传佛教格鲁派也在蒙古部落的武力支持下，在康区不断拓展势力，这势必影响康南地区各地方政教势力的利益，因而遭到各方的联合抵制。另外，与卫藏地区不同的是，康区政教联盟中，宗教之影响力虽不小，但在政务上，土司才是实际的统治

① 曾现江：《胡系民族与藏彝走廊：以蒙古族为中心的历史学考察》，四川大学博士学位论文，2005，第 101 页。按：伊勒都齐有二子，分别为长子罕都、次子博硕克图济农。

② （清）阿芒·贡却群派：《汉蒙藏史略》，贡巴才让译，青海人民出版社，1988，第 35 页。

③ 参见牙含章：《班禅额尔德尼传》，华文出版社，2015，第 18—19 页。

④ 参见邓前程：《一统与制宜：明朝藏区施政研究》，人民出版社，2011，第 249 页、第 271 页。

⑤ 杨岭多吉：《四川藏学研究》（八），四川民族出版社，2004，第 289—290 页。

⑥ 在和硕特蒙古入侵康区之前，总体来看，木氏土司一直以在川滇藏毗邻地区流传最广、势力最大的噶玛噶举派为信奉和笼络的对象。“从一世噶玛巴杜松钦巴到黑帽系十世活佛却云多吉，以及红帽系六世活佛却吉旺秋，历代木氏土司，都与之保持檀越的关系。邀请历代噶玛巴活佛，到自己辖区内传教、建立寺庙。”参见杨福泉：《纳西族与藏族历史关系研究》，云南人民出版社、云南大学出版社，2011，第 81 页。

者。和硕特蒙古虽然击溃了木氏土司与噶玛噶举派的联盟，迫使木氏土司退出川、滇的涉藏地区，但木氏在其丽江大本营的实力尚存，还能偏安于滇西一隅。为夺回失去的地盘，木氏土司大力扶持噶玛噶举派，随时准备与和硕特蒙古开战，双方一直处于敌对状态，直到康熙初年双方还时有战事发生。[①]

再次，和硕特蒙古为进一步拓展地盘，不断地肆意南侵东扩，妄图以武力占领打箭炉等地。历史上，打箭炉等地归属中原王朝较早。元朝在这里设置碉门、鱼通、黎、雅、长河西、宁远六安抚司，隶属吐蕃宣慰司；明朝设置长河西鱼通宁远宣慰司和天全六番招讨司、黎州等机构[②]，以管其地。清承明制，顺治九年（1652），长河西、鱼通、宁远及天全六番等土司“各缴前朝敕印以降”[③]。康熙五年（1666），清廷颁授长河西、鱼通、宁远宣慰司印[④]，进一步明确其隶属关系。在和硕特蒙古武力袭占青藏高原和原康北白利土司辖区之后，固始汗便有了其子孙游牧青海，“喀木输其赋”的政治野心。固始汗离世之后，康南的理塘、巴塘和中甸等地，在康熙初年就先后被固始汗的子孙侵占，但打箭炉等地土司仍然与清廷保持着密切联系，所以，康熙三十五年（1696），负责勘查地界的四川巡抚于养志就说：自明季至今，打箭炉等地“原系内土司所辖之地”[⑤]。又因打箭炉是汉藏交通枢纽，历来是川茶输藏的必经之地，清廷顾及“西藏番部嗜茶”，因此，特“许西藏营官在打箭炉管理土伯特贸易事”[⑥]。但是，清廷在对打箭炉等地的管理问题上所采取的这种变通之法，其结果是造成该地区由西藏喇嘛营官和土司双轨制管理的局面，这就使地区局势隐伏着不稳定因素。

实际上，早在康熙初年，清廷就有经营打箭炉等地之心[⑦]，但迫于

① 赵心愚：《纳西族历史文化研究》，民族出版社，2008，第 111 页。

② （清）张廷玉等：《明史》卷 331，中华书局，1974，第 8590 页、第 8031—8035 页。

③ 《清世祖实录》卷 66“顺治九年七月辛卯”，中华书局，1985。

④ 四川省地方志编纂委员会：《四川历代方志集成》第 4 辑《（雍正）四川通志》卷 19，国家图书馆出版社，2017，第 152 页。

⑤ 《清圣祖实录》卷 176“康熙三十五年九月癸亥”，中华书局，1985。

⑥ 赵尔巽等：《清史稿》卷 257，中华书局，1977，第 9811 页。

⑦ 张闶：《从满文〈喀木地方一统志〉看清廷对康区的地理认知》，《中国藏学》2019 年第 3 期。

后来发生的吴三桂叛乱，以及西北地区准噶尔蒙古势力的威胁，难有兼顾之力。这就使达什巴图尔有可乘之机，率兵东扩并屯驻打箭炉一带。“三藩之乱”之后，康熙三十年（1691），达什巴图尔迫于清廷的压力撤离打箭炉。[①] 为了加强对打箭炉的控制，清廷于康熙三十五年（1696）令四川巡抚于养志“会同乌斯藏喇嘛营官等，查勘打箭炉地界”。于养志遵旨议奏：打箭炉等地“番人藉营生居处年久，且达赖喇嘛曾经启奏，皇恩准行，应仍使贸易。番人之事，应行文达赖喇嘛，使晓喻营官遵行管理；关系土司之事，着土司管理，勿至生事。至打箭炉四交界之地，该抚详查报部，编入一统志”[②]。清廷采纳了这一建议，令于养志遵旨而行。清朝查勘打箭炉地界，表明了清廷对这一地区的基本态度，也暂时缓和了矛盾。[③] 但是，和硕特蒙古派驻打箭炉的喇嘛营官昌侧集烈拒不执行朝廷的决定，“仍霸踞如初，吞占蛮地数千里，侵夺番民数万户。又在木鸦私造铳炮，屯聚粮草”。进而“擅发蛮兵数千，占住河东擦道、若仪等堡，不放客商来往”[④]。更为甚者，康熙三十九年（1700）六月，昌侧集烈派兵打死明正、长河西土司蛇蜡喳巴，将“蛇蜡喳巴居住地方，恃强尽行霸占，渐次侵踞河东乌泥、若泥、凡州三处，潜有窥伺嘉庆、擦道之意”[⑤]，并屡次突袭清军营地，“将修路之官兵打死，折毁偏桥，阻截官兵”[⑥]。昌侧集烈部诸如此类的“妄悖”行为，无疑是对打箭炉等地稳定局面的破坏和对清朝统治权威的挑衅。有鉴于此，康熙三十九年（1700）十二月，清廷派四川提督唐希顺等，“分兵三路攻打箭炉，杀蛮兵五千余人，斩磨西营官喋巴昌侧集烈及大冈营官笼送等”[⑦]，

---

① 《清圣祖实录》卷153“康熙三十年九月丁卯”，中华书局，1985。

② 《西藏研究》编辑部：《清代藏事辑要》卷1，西藏人民出版社，1983，第40页。

③ 赵心愚：《打箭炉“查勘地界”与清朝对康区东部政策的调整》，《中央民族大学学报》2017年第3期。

④ 《清圣祖实录》卷194“康熙三十八年七月庚辰”，中华书局，1985。

⑤ 《清圣祖实录》卷199“康熙三十九年六月辛卯”，中华书局，1985。

⑥ 《西藏研究》编辑部：《清代藏事辑要》卷1，西藏人民出版社，1983，第59页。

⑦ 《清圣祖实录》卷203“康熙四十年二月乙丑”，中华书局，1985。这里所说的分兵三路，即“一路由宁番，一路由鱼通，一路由宁越”。参见《清圣祖实录》卷202“康熙三十九年十一月戊午”，中华书局，1985。

是为“西炉之役”[①]。“西炉之役”后，蒙藏联军退回雅砻江西岸，打箭炉等地的统治秩序得以恢复。是役不但为打箭炉等地“内属土司”报了杀身之仇，还使其控制的辖地和人口扩大十倍以上，同时，还为清廷经营康藏夯筑起坚实的前哨阵地。康熙五十三年（1714）七月，拉藏汗奏请将打箭炉归其管辖，被康熙帝委婉拒绝。康熙帝谕令大学士等说：“朕思打箭炉原系本朝地方，我朝之人实处其地，于拉藏汗大有裨益，我朝之人若行撤回，茶市亦停，大无益于伊等，如必要此地，着伊亲来与我诸王大臣等会议。如此议行，则伊断不来矣。”[②] 为此，雍正十二年（1734）奉旨到泰宁向七世达赖喇嘛宣旨的果亲王允礼说：“康熙四十年打箭炉归我版图，西番诸长，络绎贡献。”[③] 有清一代，这些心存感恩的“内属土司”世守疆土，依时朝贡，跟随帝国征战，对清廷恭顺之诚为康区各土司之首。[④]

（二）清廷拒绝木氏土司的请求以及“三塘”等地管辖权的初步确定

实际上，随着和硕特蒙古势力的日趋衰微，以及清廷对包括西藏在内的西南边疆地区的认知程度加深，以何种方式来加强对这一地区的统治和行政管理，已成为清廷上下谋划治边之策的重要议题和行动导向。康熙二十年（1681）平定“三藩之乱”和康熙二十二年（1683）收复台湾后，清朝中原地区局势稳定，国内统治更加稳固。加之自清朝定鼎北京以来，逐步调整统治策略，制定和推行了一系列旨在恢复和发展社会经济的政策措施，经济发展持续向好，财力日渐充裕。在此形势之下，清廷再也不能容忍对青藏高原的放任状态，更不允许蒙藏联盟在康区肆意拓展势力范围，影响西南边疆地区的稳定。康熙二十年（1681），也

① 任乃强：《任乃强藏学文集》（中），中国藏学出版社，2009，第 203 页、440 页。关于“西炉之役”前因后果的研究，可参见赵心愚：《清初康区的政治军事格局与世纪之交的“西炉之役”》，《中国藏学》2017 年第 3 期。

② 《西藏研究》编辑部：《清代藏事辑要》卷 1，西藏人民出版社，1983，第 64—65 页。

③ 吴丰培：《川藏游踪汇编》，四川民族出版社，1985，第 85 页。

④ 郑少雄：《汉藏之间的康定土司——清末民初末代明正土司人生史》，生活·读书·新知三联书店，2016，第 100—103 页。

就是平定吴三桂叛乱的当年十月，康熙帝以“中甸最为要地”为由，谕令大将军章泰等“酌量遣拔绿旗官兵前往镇守”[①]。但中甸等地还在和硕特蒙古首领达什巴图尔的控制之下，派兵前往镇守，尚有困难。云贵总督兼绥远将军蔡毓荣提议：“中甸在金沙江之外，旧属丽江土府所辖，从未安兵设讯。自吴逆谋叛，将地方割予蒙番，为交好之计，通商互市。今互市虽经禁止，而蒙番所设营官尚未撤回，欲设兵拔防，必驱其人复其地而后可。”[②] 可见，在蔡毓荣看来，解决中甸诸处设兵拔防的前提是“必驱其人复其地”，即以武力将和硕特蒙古势力驱逐出中甸。但在当时，还不具备这样的条件，时机也还不成熟。因此，蔡毓荣进而建议，在“蒙、番所设喇嘛、营官未撤”的情况下，“宜令土知府木尧仍归其地”[③]。应该说，蔡毓荣的这一提议，正和木氏土司的心愿，木尧为此立即表示：“愿遣土人进藏，致书达赖喇嘛，宣示皇上德威，说令归还原地。”[④] 对于木氏土司的这种配合态度，蔡毓荣感到非常欣慰，遂建议：“藉此往回之间，寝彼番目前之狡谋，备我师进取之实计。”[⑤] 清廷批准了蔡毓荣的提议，议政王大臣等议复：“应如所请，遣土人宣示，令归还中甸地方，再行奏闻。”[⑥] 但对于蒙藏上层来说，将已获取的成果让出，无异于与之夺食，因而合谋阻扰木氏土司的计划，木氏土司“说令归还原地”的愿望未能实现。

康熙五十六年（1717），准噶尔入侵西藏，并伺机进一步侵扰康区。康熙五十七年（1718）五月，都统法喇奏：“打箭炉之外，地名里塘，向系拉藏所辖。而里塘之外为巴塘，近闻策凌敦多卜暗通密信与里塘营官喇嘛，诱伊归藏。臣等恐被其摇惑，是以行咨员外郎巴特麻等，速往宣布圣主威德……据里塘之喇嘛格隆阿旺拉木喀云：准噶尔五百人已至

---

① 《清圣祖实录》卷 98“康熙二十年十月甲申”，中华书局，1985。

② 《西藏研究》编辑部：《清代藏事辑要》卷 1，西藏人民出版社，1983，第 8—9 页。按：文中“吴逆谋叛，将地方割予蒙番”，是指吴三桂“阴蓄意志”，于康熙九年（1670）擅自将中甸、维西等地“割给蒙古”，以期获取声援（《清代藏事辑要》卷 1，第 8 页）。

③ 《清史列传》卷 7，王钟翰点校，中华书局，1987，第 438 页。

④ 《西藏研究》编辑部：《清代藏事辑要》卷 1，西藏人民出版社，1983，第 9 页。

⑤ 《西藏研究》编辑部：《清代藏事辑要》卷 1，西藏人民出版社，1983，第 9 页。

⑥ 《西藏研究》编辑部：《清代藏事辑要》卷 1，西藏人民出版社，1983，第 9 页。

叉木多地方，现今里塘有察罕丹津所遣之寨桑居住，与准噶尔暗自通谋。”[①] 对于准噶尔入侵西藏、觊觎康区，还与青海和硕特蒙古首领“暗自通谋”等行径，康熙帝十分警觉，也意识到问题的严重性，因此，在第一次出兵反击失败之后，清廷迅速作出再次武力驱逐准噶尔的决定。康熙五十八年（1719），南路进藏大军在年羹尧、都统法喇的率领下由打箭炉出发，副将岳钟琪斩杀拒不投诚的理塘头人，抚定理塘、巴塘。[②] 自此之后，南路大军沿途所到之处，各部酋长慑于清军的兵威，“纷纷迎师归诚”[③]。征西将军噶尔弼率领的川、滇、楚、浙满汉官兵向西藏快速推进，巩固了清军在巴塘、理塘等地的战果，且察雅、察木多（今昌都）等战略要地迅速归附清军。在此形势之下，木氏土司看到了重新获取巴塘、理塘和中甸等处管辖权的希望。木氏土司为此招募土兵 500 名，木兴还让其子木崇亲自“带领随征”[④]，协助进藏清军“沿途帮安台站，搭造桥船，把守要渡，侦探向导，护运粮饷”[⑤]，希冀以行动换得清廷的认可和支持。除此之外，木兴又于康熙五十九年（1720）二月“行求于蒋督，因为奏请”[⑥]。“蒋督”即时任云贵总督蒋陈锡。据说，蒋陈锡与木氏土司原有交情[⑦]，蒋陈锡又认为木氏土司的请求有历史依据，也符合时宜，便应承了木兴的请托。蒋氏上奏说：“中甸地方原系云南丽江土府所属，吴逆背叛时，割贿西藏。今巴塘、里塘虽经四川招抚，而中甸一带，距蜀甚远，附滇最近，尚有钱粮在丽江完纳，非四川旧属也。兹据丽江土知府木兴详报，中甸等处番目及喇嘛营官到丽江投诚，愿仍归云南管辖。应如所请，将附近中甸地方及巴塘、里塘仍归丽江土府管辖。”对于蒋陈锡的这一建议，可能在当时的朝臣中，也有人认为

---

① 《清圣祖实录》卷 279“康熙五十七年五月壬申”，中华书局，1985。

② 赵尔巽等：《清史稿》卷 296，中华书局，1977，第 10368 页。

③ 四川省地方志编纂委员会：《四川历代方志集成》第 4 辑《（雍正）四川通志》卷 21，国家图书馆出版社，2017，第 209 页。

④ 《清圣祖实录》卷 287“康熙五十九年三月己丑”，中华书局，1985。

⑤ 《木氏宦谱》（影印本），云南美术出版社，2001，第 62 页。

⑥ （清）倪蜕：《滇云历年传》卷 11，李埏校点，云南大学出版社、云南人民出版社，2018，第 357 页。

⑦ 邓锐龄：《结打木、杨打木二城考》，《中国藏学》1988 年第 2 期。

是一个比较符合时宜的方案，因而很快得到批准。[①]但自和硕特蒙古介入康区，特别是准噶尔侵藏以来，也有地方大员已清醒地认识到："云南之丽江、中甸一带地方为西藏通衢，最系紧要。"[②] 必须由清廷直接驻兵防守，方能防患于未然。也就在这时，川陕总督年羹尧首先站出来，坚决反对蒋陈锡的提议，并质疑清廷的处理决定。康熙五十九年（1720）四月，年羹尧上奏说："巴塘、里塘地方，近经云贵总督蒋陈锡奏请归丽江土知府管辖。臣查巴塘、里塘向为西藏侵占，臣宣示圣主恩威，招抚投顺。虽归蜀归滇，莫非王土。但四川现在用兵，一切运粮调遣之事，道经巴塘、里塘，关系紧要。拨归土司，则呼之不应；移咨滇省，则往返迟延。请仍归四川管辖，有济军务。"[③] 客观地说，蒋陈锡和年羹尧这两位封疆大吏从不同角度摆出了理由，都有其道理。但是，当时正值用兵西藏之际，虽"滇、蜀两省俱各进兵"，但进藏官兵人数，"多寡悬殊"，四川有 7000 人，云南仅有 3000 人。[④] 又川、滇两省各备军粮，而滇米进藏"山高路狭，艰于运送"，常由川省救济。[⑤] 巴塘、理塘作为兵粮运输的必经之地，其重要性不言而喻。另外，当时的年羹尧功绩卓著，深得康熙帝的信任和器重，其说话分量无疑远在蒋陈锡之上，加之他以"有济军务"为由，坚持认为应将巴塘、理塘划归四川，清廷对此也找不出反对的理由。因此，清廷推翻了原有决定，除将中甸划归云南管辖外[⑥]，巴塘、理塘则"暂归四川统辖，俟事平之日，再照原议，改隶云南"[⑦]。值得注意的是，清廷的这一决定中，用了"俟事平之日，再照原议"的措辞，其中之含义，有可能是朝廷在这时也认为将巴塘、理塘划归云南管辖更为合适，但也不排除这样的可能，那就是因采纳了年

---

① 《清圣祖实录》卷 287"康熙五十九年二月甲子"，中华书局，1985。

② 《清圣祖实录》卷 287"康熙五十九年三月己丑"，中华书局，1985。

③ 《清圣祖实录》卷 287"康熙五十九年夏四月壬寅"，中华书局，1985。

④ 《清圣祖实录》卷 287"康熙五十九年夏四月壬寅"，中华书局，1985。

⑤ 《西藏研究》编辑部：《清代藏事辑要》卷 1，西藏人民出版社，1983，第 79 页。

⑥ 按：实际上，在云南提督郝玉麟统率清军自滇入藏过程中，中甸地区的当地头人、大喇嘛主动归诚。参见《西藏研究》编辑部：《清代藏事辑要》卷 1，西藏人民出版社，1983，第 98 页。

⑦ 《清圣祖实录》卷 287"康熙五十九年夏四月壬寅"，中华书局，1985。

羹尧的建议，但还得给同样是封疆大吏的蒋陈锡留点颜面。此后，清军进出西藏多次使用川藏线，巴塘、理塘在运兵运粮方面的确起到了非常重要的作用。事实证明，年羹尧在此问题上，的确表现出了一位有作为的封疆大员应有之远见。

土司制度是元、明、清中央王朝所推行的一种地方管理制度。就这种制度的属性而言，它是与大一统制度迥然有别的特殊的地域统治制度，其缺陷在于它具有明显的封建割据性特征，即如史籍所说，土司“虽受天朝爵号，实自王其地”①。因此，土司的存在，始终是中央王朝“一统天下”的潜在障碍，甚至是威胁。这也是元、明、清中央王朝治边安边的关注焦点所在和用心着力之处。随着清王朝经略康藏力度的加大，木氏土司的屏藩价值正在逐步降低，而且它的存在不仅不适应清王朝统一多民族国家发展的需要，甚至还可能成为清朝经营西南边疆内陆地区的障碍。从这个角度上说，清廷采纳年羹尧的建议，既是一种现实需要，也是一个基于长远政治需要的谋划。但是，木氏土司并没有认清这一形势，仍然抱有回归称霸康南的幻想，因而对于清廷的这一处理决定，甚为失望。加之，年羹尧是时深得朝廷器重，声望与权势正隆，与之相反的是，支持和同情木氏土司的蒋陈锡，却因料理粮饷不力，于康熙五十九年（1720）受到革职处分②，并责令他“自备资斧运米入藏”以赎罪。③ 世事难料，蒋陈锡又在运米进藏途中病故。④ 客观地说，蒋陈锡的失势与病故，是木氏土司不愿看到的，特别是蒋陈锡的病故，木氏土司失去了一位自认为可以寄托希望的“说话人”。在此情势之下，木氏土司看到重新获得巴塘、理塘等地管辖权的希望已渺茫，于是一改先

① （清）张廷玉等：《明史》卷81，中华书局，1974，第8001页。

② 《清圣祖实录》卷289“康熙五十九年九月戊寅”，中华书局，1985。

③ 赵尔巽等：《清史稿》卷276，中华书局，1977，第10075页。

④ （清）倪蜕：《滇云历年传》卷11，李埏校点，云南大学出版社、云南人民出版社，2018，第358页。

前对清廷的恭顺态度[①]，试图兴兵动武以抢占这些地方。木兴先是在"巴塘所属之喇皮等处，节次遣人吓令归滇"，以致"番人恐惧。现在四川续运之米粮，雇募人夫不敢前进"。[②] 后于康熙五十九年（1720）八月二十日，亲自"带领蛮兵前至喇皮，因番目巴桑以已归四川为词，即被杀死。又示威番蛮，勒令归己，以致番蛮欲图报复，各思构兵，巴塘之运路遂阻"。对于木兴的"狂悖生衅"和"杀良阻运"一事，年羹尧奏请予以"革职"并"严审究拟"[③]。康熙帝为之震怒，立即谕示严惩，木兴父子受惊而死。雍正元年（1723）云贵总督高其倬建议："云南丽江府土知府木兴病故，臣以其弟木钟声名平常，不能管辖土人，将丽江土知府奏请改流。"[④] 清廷采纳了这一建议，雍正三年（1725）将丽江土知府司改为流官知府，增设流官经历一员，木氏土司被降为没有实权的土通判。[⑤] 木氏土司顺从命令，不敢也无力再组织武力对抗。自此，历经400余年历史风雨的木氏家族，彻底退出政治舞台。

二、雍正帝拒绝七世达赖喇嘛的奏请与划定省际行政边界

在川滇地方势力之间竞相争夺巴塘、理塘和中甸等地区管辖权的同时，藏传佛教格鲁派也采取了相应的行动。拉藏汗被杀、准噶尔被逐出西藏、木氏土司失势，这些让七世达赖喇嘛等格鲁派上层认为，此时是一个争取"三塘"管辖权的绝好时机，因而向清廷提出管辖请求。对此，清廷明确拒绝，并趁平定罗卜藏丹津叛乱之机，划定了西藏与川、滇、青省区之间的省际行政边界。

---

① 前文所述，木氏土司在元明两朝因其有"障蔽蒙番"的作用，颇受朝廷扶持和重用，木氏土司也对元明两朝甚为恭顺。顺治十六年（1659），清军入滇，木氏投诚，仍授土知府世职。纳西族首先剃发，"为西南诸夷中最恭顺者"。参见任乃强：《任乃强藏学文集》（上），中国藏学出版社，2009，第449页。

② 《清圣祖实录》卷290"康熙五十九年十一月丙子"，中华书局，1985。

③ 《西藏研究》编辑部：《清代藏事辑要》卷1，西藏人民出版社，1983，第81—82页。

④ 《清世宗实录》卷33"雍正三年六月戊辰"，中华书局，1985。

⑤ （清）倪蜕：《滇云历年传》卷12，李埏校点，云南大学出版社、云南人民出版社，2018，第361—362页。

（一）格鲁派在康区开拓势力的努力与清廷驱准平乱

早在三世达赖喇嘛时期，格鲁派就试图在康区开拓势力范围、扩大影响力。16 世纪前后，格鲁派在卫藏地区遭到噶玛噶举派和仁蚌家族、藏巴汗等政教势力的联合挤压和迫害，为摆脱生存困境，格鲁派不断寻求外部力量的支持。万历六年（1578），三世达赖喇嘛索南嘉措与蒙古土默特部首领俺答汗在青海湖旁的仰华寺会面，互赠了封号，结成联盟。会晤后，三世达赖喇嘛没有应承俺答汗去蒙古弘法的邀请，也未原路返回卫藏，而是在蒙古僧人的陪伴下[①]，绕道安多、理塘、芒康、察木多等地，一路传法。[②] 其间，三世达赖喇嘛在木氏土司的支持下，于万历八年（1580）五月开始修建康南第一座格鲁派寺院“长青春科尔寺”（俗称理塘寺），并为该寺的“护法殿等殿堂举行了盛大的开光典礼”[③]，之后又出任第一任堪布[④]，希望以此寺为基地，扩大格鲁派在康区的影响力。但是，格鲁派向康区拓展势力的行动，一开始就遭到噶玛噶举派、苯教等教派和白利土司等地方势力的强烈抵制。早在理塘寺开建期间，“白利敦月多杰曾插手和破坏建寺，曾掏去供佛内脏，拆除莲座”，寺院几乎名实俱亡。[⑤] 同时，木氏土司也逐渐意识到格鲁派的背后是强大的蒙古势力，若听任格鲁派在康区拓展，势必严重威胁自己的利益。因而，在三世达赖喇嘛离开康南后不久，木氏土司即转而扶持噶玛噶举派，打压格鲁派，理塘寺因此迅速衰落并一度被迫改宗。木氏土司是噶玛噶举派的虔诚信徒，木懿继位后，更是在其辖区内大兴噶玛噶举派，打压格鲁派，使格鲁派势力在康南部分地区几乎一度绝迹。[⑥] 此外，在三世达赖喇嘛从理塘返回西藏之后，西藏地方局势

① 曾现江：《胡系民族与藏彝走廊：以蒙古族为中心的历史学考察》，四川大学博士学位论文，2005，第 81 页。

② 札奇斯钦：《蒙古与西藏历史关系之研究》，台北中正书局，1978，第 446 页。

③ 五世达赖喇嘛阿旺洛桑嘉措：《三世达赖喇嘛索南嘉措传》，陈庆英、马连龙译，《一世—四世达赖喇嘛传》（《西藏通史》资料丛刊 1），中国藏学研究中心历史所，2003 年，第 327—328 页。

④ 冉光荣：《中国藏传佛教寺院》，中国藏学出版社，1994，第 106 页。

⑤ （清）阿芒·贡却群派：《汉蒙藏史略》，贡巴才让译，青海人民出版社，1988，第 61—62 页。

⑥ 刘先进：《木里政教大事记摘抄》，《西藏研究》1987 年第 1 期。

的变化也越来越对格鲁派的发展不利。信仰噶玛噶举派盘踞后藏的藏巴汗、支持噶玛噶举派并袭占青海的却图汗，以及信仰苯教并称霸康北的白利土司，三者无一不与格鲁派为敌，使当时的格鲁派多方受困，境遇非常危险。诸此因素，无一不制约并影响着格鲁派在康区的立足和发展。虽说理塘寺的建成，标志着格鲁派由此传入康南。① 但是，也必须看到，三世达赖喇嘛在康区弘法并建成理塘寺对格鲁派在康区发展的奠基和推动作用，实际上并没有出自格鲁派史家的藏文史籍中所描述的那样巨大。②

格鲁派又一次获得在康区拓展势力范围的机会，是在五世达赖喇嘛时期。清崇德四年（1639），固始汗以白利土司支持苯教迫害佛教各派僧人为由，出兵康北消灭白利土司。之后，固始汗的子孙打着保护格鲁派的旗帜在康区进行大规模的军事征服，木氏土司被迫退出康南。随着康区被和硕特蒙古征服，原在康区影响力最大的噶玛噶举派，要么其寺庙被毁、寺产被没收，要么其僧人被迫改宗格鲁派。正是有了和硕特蒙古的武力支持，格鲁派在康区的发展呈现出一个高潮期，其重要标志是格鲁派寺庙的增多。据藏文史籍记载，至康熙后期，格鲁派仅在多康下部地区就有寺庙 81 座③，这些格鲁派寺庙大多是在这一时期创建或改宗的。④ 康熙九年（1670），心存异心的吴三桂为交好五世达赖喇嘛，未经清中央王朝的允许，擅自将中甸等地“割贿”⑤ 给西藏的蒙藏统治者管

---

① 杨福泉：《纳西族与藏族历史关系研究》，云南人民出版社、云南大学出版社，2011，第 118 页。

② 黄辛建：《康藏关系史》，四川大学博士学位论文，2013，第 61 页。

③ （清）第悉·桑杰嘉措：《格鲁派教法史——黄琉璃宝鉴》，许德存译，陈庆英校，西藏人民出版社，2009，第 248—265 页。

④ 赵心愚：《纳西族历史文化研究》，民族出版社，2008，第 312 页。按：关于五世达赖喇嘛时期格鲁派在康区的建寺活动，有关专家做过调查，其大致情况是：“巴塘的康宁寺，乡城的桑披寺，理塘的长青春科尔寺，稻城的雄登寺，得荣的龙绒寺，康北甘孜的大金寺、甘孜寺、东谷寺，炉霍的寿宁寺，康东道孚的灵雀寺、慧远寺，均系康区著名的格鲁派寺庙。”其中，除长青春科尔寺和慧远寺外，“其余著名格鲁派寺庙，均系五世达赖喇嘛时期，由五世达赖喇嘛亲自派遣弟子、亲自到康区兴建，或是由其他教派改教而发展起来的”。参见康定民族师专编写组：《甘孜藏族自治州民族志》，当代中国出版社，1994，第 53—54 页。

⑤ 《清圣祖实录》卷 287“康熙五十九年二月甲子”，中华书局，1985。

理。“三藩之乱”后，康熙帝下令追查吴三桂与五世达赖喇嘛“相通书札”之事，达什巴图尔预感形势对和硕特蒙古不利，即文献所述他“恐内地清查”，遂将中甸、巴塘与理塘等地“布施与达赖喇嘛”[①]。康熙二十二年（1683），甘丹颇章地方政权以五世达赖喇嘛的名义向中甸等地区的头人颁发“执照”[②]，希图以此掌握这些地区的控制权。康熙帝对于蒙藏上层的这些行为，虽然甚为恼怒，但他还是审时度势，本着“以不生事为贵”[③] 的初衷，不仅没有深究五世达赖喇与吴三桂勾连的责任[④]，而且对蒙藏上层联合抢占内属木氏土司辖地的行为采取了隐忍态度。客观地说，当时的清廷迫于形势，听任蒙藏联合控制康南地区，这无疑对格鲁派在康区扩张宗教版图起到了重要的助推作用。

在这一时期，格鲁派是否就已在康南地区形成一支独大并享有一定的政治权力呢？对于这一问题，有必要做出进一步的辨析。众所周知，固始汗是格鲁派信徒，和硕特蒙古也皈依了格鲁派，但是，固始汗及其子孙在康藏地区打着保护格鲁派旗号所进行的一切军事征服活动，本质上还是基于获取自身政治、经济利益的盘算。因此，可以说，达什巴图尔的做法，笼络格鲁派是其表象，寻求自保并维护自己的长远利益，才是其实质。另外，在固始汗的政治布局中，由他自己坐镇西藏，掌管军政大权，“惟以藏卫二部给达赖、班禅”，其“子孙游牧青海，而喀木纳其赋”[⑤]，即“征收康区赋税，以养青海之众”[⑥]。换而言之，固始汗的政治蓝图是将整个汗国分成三大功能区：青海是大本营和军事基地，西藏是政治和宗教中心，康区则是其政权的财政基础。对于固始汗的政治意

---

① （清）年羹尧：《年羹尧满汉奏折译编》，季永海、李盘胜、谢志宁翻译点校，天津古籍出版社，1995，第 203 页。

② 王恒杰：《读〈结打木、杨打木二城考〉》，《中国藏学》1993 年第 4 期。

③ 《西藏研究》编辑部：《清代藏事辑要》卷 1，西藏人民出版社，1983，第 45 页。

④ 吴三桂叛乱期间，西藏方面不仅没有响应清廷号召出兵，相反，五世达赖喇还向康熙帝建议，与吴三桂“裂土罢兵”，“免其死罪”。参见《西藏研究》编辑部：《清代藏事辑要》卷 1，西藏人民出版社，1983，第 7—8 页。

⑤ （清）魏源：《圣武记》卷 3，韩锡铎、孙文良点校，中华书局，1984，第 139 页。

⑥ 松巴堪布：《青海史》，西藏人民出版社，1985，第 39 页。关于明末清初蒙古和硕特部在武力征服康区后，通过建立差税体系控制康区的事实，近期有学者进行了探讨。参见李志英：《清初和硕特蒙古在康区的差税体系》，《中国藏学》2021 年第 1 期。

图，皇太极看得一清二楚，他在崇德八年（1643）给藏巴汗的敕谕中说："初藏、卫及青海、巴尔喀木皆隶唐古特。顾实汗袭青海据之，令巴尔喀木纳赋；复侵藏、卫，阳崇释教，阴自强。给地达赖喇嘛、班禅喇嘛，遣长子达延辖其众。"[①] 质言之，青海和康区是固始汗及其子孙的直接管辖区，五世达赖喇嘛分享不到这些地区的行政权力。[②] 关于此，五世达赖喇嘛也不得不承认，固始汗是"全藏三区之主。王令如大白伞，覆盖于三界之顶首"[③]。

顺治十年（1653），清廷对到京朝觐的五世达赖喇嘛进行了富有历史意义的册封。表面上，清廷的这次册封沿用了元朝封授萨迦派宗教领袖八思巴、明朝封授噶玛噶举派黑帽系领袖为大宝法王的传统，让五世达赖喇嘛"所领天下释教"[④]，但实质上，清廷在封文中加入了一个"所"字，巧妙地将五世达赖喇嘛"领天下释教"的范围限定在蒙藏两族所信仰藏传佛教的地区。[⑤] 与此同时，清廷还将和硕特蒙古首领固始汗封为"庶邦君长"，希图以之"作朕屏辅，辑乃封圻"[⑥]。可见，清廷的这种分别封授是在政教分离的地方行政建构原则之下，承认了和硕特蒙古占据西藏和青海、康区的既成事实，并将这些地区的行政管理权委托给了固始汗，而对于格鲁派之领袖五世达赖喇嘛，只是承认了他"固有的宗教地位"，但没给予他"任何政治上的权力或地位"。[⑦] 客观地说，清廷的这种地方行政建构，既是对和硕特蒙古管理青康藏地区合法性的认可，也让和硕特蒙古拥有了一把地方行政的"尚方宝剑"。事实上，固始汗及其子孙为了和硕特蒙古的政治、经济利益，也试图牢牢掌控和充分利用清廷给予他们的这把"宝剑"优势，处心积虑地尽可能把握着青康藏地区的控制权。由是可知，在康区这样一个有多教并存历史传统

① （清）祁韵士：《皇朝藩部要略》卷 17，李毓澍：《中国边疆丛书》（7），台北文海出版社，1965，第 947 页。
② 邓锐龄、冯智：《西藏通史·清代卷》（上），中国藏学出版社，2016，第 24 页。
③ 五世达赖喇嘛：《西藏王臣记》，刘立千译注，民族出版社，2000，第 128 页。
④ 《清世祖实录》卷 74"顺治十年四月丁巳"，中华书局，1985。
⑤ 王森：《西藏佛教发展史略》，中国社会科学出版社，1997，第 204 页。
⑥ 《清世祖实录》卷 74"顺治十年四月丁巳"，中华书局，1985。
⑦ 王森：《西藏佛教发展史略》，中国社会科学出版社，1997，第 204 页。

的地区，即便是在五世达赖喇嘛时期，格鲁派在康南地区不仅没有获得多少政治权力，而且其宗教势力和影响力也不是表面上那么大。关于这一事实，有研究表明，康区僧俗民众“只不过是将达赖、班禅看作观世音、无量光佛的化身而敬拜，并非对他们所代表的格鲁派尤为崇信”①。格鲁派在康区的势力和影响力，总体来讲，还是无法与这一地区原有的宗教派别相抗衡。②

固始汗和五世达赖喇嘛在世时，在西藏甘丹颇章联合地方政权中，蒙藏贵族虽各有盘算，但双方尚能维持表面的和谐；但随着二人的相继离世，继任者在蒙藏两民族内的威望和能力都与其前辈相差甚远。为争夺西藏地方的控制权，蒙藏贵族之间的矛盾逐渐尖锐，争斗日趋激烈。康熙四十二年（1703），拉藏汗入藏继承汗王，蒙藏上层的矛盾逐渐公开化。拉藏汗即汗位后，急于重振和硕特汗廷的权威，为挽回失去的权势，与第巴桑结嘉措展开了针锋相对的斗争。③ 康熙四十四年（1705），拉藏汗武力袭杀第巴桑结嘉措，并奏请清廷废黜六世达赖喇嘛仓央嘉措，另立益西嘉措为六世达赖喇嘛。拉藏汗坚持已见废立达赖喇嘛，不仅遭到以拉萨三大寺为首的格鲁派上层的强烈抵制，也让察罕丹津等青海和硕特蒙古首领找到了挑战汗王权威、趁机摆脱汗王控制的机会。为此，有学者说，拉藏汗虽然有能力通过武力将他的傀儡硬塞到达赖喇嘛的位置上，但他也因此“失去很多民心，甚至在他本人的近侍的小圈子

---

① 杨岭多吉：《四川藏学研究》（八），四川民族出版社，2004，第290页。

② 这一状况持续到乾隆平定两次金川之乱后，凭借清王朝的扶持，格鲁派在康区的影响力虽有大的拓展，但其势力仍次于宁玛派。参见任新建：《论康藏的历史关系》，《中国藏学》2004年第4期。

③ 按照顺治帝对固始汗和五世达赖喇嘛的分别封授，在蒙藏联合的西藏甘丹颇章地方政权中，五世达赖喇嘛只是宗教领袖，而固始汗才是世俗权力的掌控者。但是，在固始汗去世以后，“随着固始汗无能的后继人统治下的和硕特政权日益衰落，达赖喇嘛成功地对政府施加了影响”（伯戴克：《十八世纪前期的中原和西藏》，周秋有译，西藏人民出版社，1987，第11页）。特别是桑结嘉措继任第巴之后，独揽大权并想方设法排挤和硕特蒙古的势力，从而使蒙藏贵族之间的矛盾日益激化。关于拉藏汗继承汗位后，他与桑结嘉措之间的矛盾为何如此快速地发展到不可调和的地步，学人有深入探讨。参见邓锐龄、冯智：《西藏通史·清代卷》（上），中国藏学出版社，2016，第42—47页。

里，在大臣们和宫廷官员里也正在酝酿着叛乱”①。换言之，拉藏汗虽为和硕特汗廷之王，但已陷入孤立的危险境地。而且正是拉藏汗的这种鲁莽操作，不仅使西藏地方政局出现比较大的波动，也使清廷为之甚为被动②，还让一直妄想插手西藏地方事务的准噶尔首领策妄阿拉布坦终于找到了出兵的借口。③ 康熙五十六年（1717），策妄阿拉布坦派策凌敦多布率领六千骑兵入侵西藏，杀死和硕特蒙古的最后一任“藏王”拉藏汗，建立起以达孜巴·拉杰热丹为首的傀儡政权。在准噶尔侵占西藏期间（1717—1720），准噶尔军烧杀劫掠，无恶不作，给西藏人民的生命和财产，以及社会生产秩序带来空前灾难和混乱。那些加入准噶尔侵略军的僧人，一下子变成贪婪和残忍的强盗。当时，试图在拉萨传教布道

---

① ［意］杜齐：《西藏中世纪史》，李有义、邓锐龄译，中国社会科学院民族研究所民族史室、民族学室，1980，第 144—145 页。

② 实际上，对于第巴桑结嘉措“匿丧”和窜通噶尔丹等行为，清廷对他已十分不满。因此，在拉藏汗袭杀第巴桑结嘉措之后，清廷不仅没有指责拉藏汗，反而封授他“翊法恭顺汗”，也批准了益西嘉措为六世达赖喇嘛。但是，在这一过程中所出现的“真假达赖之争”，将清廷置于尴尬的境地。这也使清廷清醒地认识到由拉藏汗独理西藏地方事务，迟早会出问题。康熙四十八年（1709），清廷决定派赫寿入藏，“协同拉藏办理事务”（《清圣祖实录》卷 236“康熙四十八年正月己亥”，中华书局，1985）。当然，清中央政府此时派员入藏，是清朝加强对西藏统治的政治步骤，但拉藏汗执政能力的不足和处事欠周全，以及由此引发的西藏政局的不稳定和地方社会动荡，无疑加快了清廷直接派员监理藏政的步伐。

③ 第巴桑结嘉措在一些学者，特别是西方学者的眼中，是“一个精明能干的政治家”（伯戴克：《十八世纪前期的中原和西藏》，周秋有译，西藏人民出版社，1987，第 11 页）。为巩固格鲁派的权力，排挤和硕特蒙古在西藏的统治，第巴桑结嘉措曾多次与心怀异志的准噶尔首领勾连。对于第巴桑结嘉措的意图，准噶尔部自噶尔丹以来，各任头领心领神会。噶尔丹在任时，就曾蠢蠢欲动，唯时机不成熟故没有大的行动。康熙三十五年（1696），噶尔丹在昭莫多战役大败之后，众叛亲离，于次年四月“饮药自尽”。（《清圣祖实录》卷 183“康熙三年十六年四月甲子”，中华书局，1985）噶尔丹的侄子策妄阿拉布坦夺得准噶尔汗位，他与叔父噶尔丹虽有仇隙，但都以重建昔日蒙古帝国为目标。因此，策妄阿拉布坦继任汗位之后，一方面对清廷阳奉阴违，另一方面不断东侵南扩，一直有挟持达赖喇嘛以号令蒙古，进而将西藏地方纳入治下的野心。当第巴桑结嘉措被杀，拉藏汗又与青海和硕特蒙古首领为谁是真达赖喇嘛而“争议未决”之际［（清）魏源：《圣武记》卷 5，韩锡铎、孙文良点校，中华书局，1984，第 205 页］，策妄阿拉布坦认为，侵扰西藏的时机到了，于是利用和硕特蒙古的内部矛盾，与察罕丹津勾结，试图以护送理塘灵童格桑嘉措入藏坐床为幌子，趁机达到不可告人的目的。关于此，雍正帝说：“策妄阿拉布坦假黄教为名，潜兵入藏。”［参见（清）祁韵士：《皇朝藩部要略》卷 17，李毓澍：《中国边疆丛书》（7），台北文海出版社，1965，第 987 页］或许正是准噶尔首领策妄阿拉布坦打着“保卫黄教”这一堂而皇之的幌子，蒙骗了西藏的部分僧俗民众，使其在入侵拉萨过程中，免遭抵抗。

的两位嘉布遣会传教士意大利人德斯得利和佩纳也被准噶尔士兵毒打，伤至被迫“前往布大住院”[①]。德斯得利后来回忆说：“策凌敦多布一踏入王宫，就下令洗劫拉萨。那些加入他的部队的僧人，就是最为贪婪和残忍的强盗。他们拿着武器，闯入民房，连同伙的家也不放过。还冲入寺庙，进行洗劫，抢掠庙宇积存和藏匿的财物。他们还不满足，再三闯入民房，不管男女老少，加以侮辱和毒打或绑吊梁上折磨，逼使他们讲出财富埋藏的地方。这种洗劫连续两昼夜，直到每件有价值的东西被取走为止……各位嘉布遣神甫（嘉布遣小兄弟会，天主教方济各会的一支）也几乎失掉了他们的所有财物，并受到了虐待。”[②] 另外，准噶尔侵藏与固始汗当年南下也有类似的地方，即都打着保护格鲁派的旗号。[③] 但是，与固始汗不同的是，准噶尔军入藏之后，不仅将“西藏五百五十多座传习旧教密宗和储妻养室的寺庙”[④] 破坏得不成样子，而且还“洗劫了布达拉宫，无数的金银珠宝成了他们的战利品，对达赖喇嘛的私人卧室、该宫的重要佛堂和各法座洗劫特别彻底”[⑤]。康熙五十九年（1720）九月十五日，入藏清军为七世达赖喇嘛举行坐床典礼时，看到的是“达赖喇嘛进入被洗劫的、荒凉的布达拉宫”[⑥]。由此可见，准噶尔“名为兴发”黄教，“实为灭之”。[⑦] 然而，西藏僧俗在遭遇准噶尔“见唐古忒人之物件则抢，遇人则杀，致使父母妻子离散，拆毁寺庙”的种种暴行面前，“惟有怨泣而已”[⑧]，其抗击能力之弱，由此可见一斑。为了救西藏僧俗大众于水火，并维护西藏的稳定和西南边疆地区的安全，清

---

① ［瑞士］米歇尔·泰勒：《发现西藏》，耿昇译，中国藏学出版社，2012，第 53 页。

② 杜文凯：《清代西人见闻录》，中国人民大学出版社，1985，第 129—130 页。

③ 正因如此，准噶尔入藏也曾得到西藏僧人特别是格鲁派高层人士的迎请，减少了阻力。但这给清廷出兵西藏制造了不少麻烦和障碍。有关问题的研究，可参见杨代成：《论和硕特部入藏与准噶尔部入藏的几个问题》，《青海民族研究》2019 年第 2 期。

④ （清）多卡夏仲·策仁旺杰：《颇罗鼐传》，汤池安译，西藏人民出版社，2002，第 191 页。

⑤ 杜文凯：《清代西人见闻录》，中国人民大学出版社，1985，第 133 页。

⑥ （清）穆彰阿、潘锡恩等：《大清一统志》卷 547，上海古籍出版社，2008，第 666 页。

⑦ 《圣祖仁皇帝御制平定西藏碑文》，（清）孟保：《西藏奏疏》，黄维忠、季垣垣点校，中国藏学出版社，2006，第 185 页。

⑧ 中国藏学研究中心等：《元以来西藏地方与中央政府关系档案史料汇编（2）》，中国藏学出版社，1994，第 327 页。

廷决定出兵援藏，武力驱逐准噶尔。

康熙五十六年（1717），清廷特命西安将军额伦特“移军青海，与青海王台吉等议屯军形胜地”，额伦特“请与侍卫色楞分道进兵”。[①] 康熙五十七年（1718）二月，康熙帝“令色楞统率军兵征剿西藏”[②]。但清军的这次行动，由于准备不足，仓促应战，加之清军统帅额伦特、色楞配合不当，色楞轻敌冒进，额伦特又后援受阻，当年九月，数千清军在哈拉乌苏（今西藏那曲）陷入重围，全军覆没。[③] 额伦特战死，色楞被俘。清朝第一次派兵入藏以失败告终，清廷上下为之震惊，“王大臣惩前败，亦皆言藏地险远，不决进兵议”[④]。对此，康熙帝看到了问题的严重性和复杂性，认为“西藏屏蔽青海、滇、蜀”，若为准噶尔占据，必“将边无宁日”[⑤]，并告诫朝臣：“策旺阿喇布坦之人霸占藏地，毁其寺庙，散其番僧……今满汉大臣咸谓不必进兵，朕意此时不进兵安藏，贼寇无所忌惮，或煽惑沿边诸番部，将作何处置耶？故特谕尔等，安藏大兵决宜前进。”[⑥] 应该说，康熙帝对局势的判断是准确的，做出再次远征的决策，也是非常及时和正确的。

在经过充分的前期准备和周密部署之后，康熙五十九年（1720）正月，任命皇十四子为抚远大将军，“统帅六师，驻节西宁，调饷征兵”，兵分三路进剿。其中，北路由富宁安为靖逆将军，驻兵巴尔库尔（今新疆巴里坤），“以分贼势”；中路由定逆将军宗室延信挂帅，率陕、甘满汉官兵，从西宁进征，并负责将驻锡塔尔寺的七世达赖喇嘛护送到拉萨；南路由征西将军噶尔弼率领川、滇、楚、浙满汉官兵，从打箭炉走

① 赵尔巽等：《清史稿》卷281，中华书局，1977，第10163页。

② 《清圣祖实录》卷277“康熙五十七年二月”，中华书局，1985。

③ 《西藏研究》编辑部：《西藏志　卫藏通志》，西藏人民出版社，1982，第3页。

④ （清）魏源：《圣武记》卷5，韩锡铎、孙文良点校，中华书局，1984，第205页。

⑤ （清）魏源：《圣武记》卷5，韩锡铎、孙文良点校，中华书局，1984，第205—206页。关于朝臣所列用兵西藏之困难，《清代藏事辑要》记载尤详，说：“前遣大兵进藏，议政王大臣及九卿等，俱称藏地遥远，路途险恶，且有瘴气，不能遽至，宜固守边疆。”参见《西藏研究》编辑部：《清代藏事辑要》卷1，西藏人民出版社，1983，第81页。

⑥ 《清圣祖实录》卷287“康熙五十九年正月壬申”，中华书局，1985。

川藏道直逼拉萨。[1] 同年（1720）八月二十三日，定西将军噶尔弼率领的南路清兵攻占拉萨，逐出准噶尔部。按清朝官方的说法，这次驱准战争之顺利，几至“一矢不发，平定西藏”[2]。同年（1720）九月十五日，定逆将军延信部护送七世达赖喇嘛由青海抵达拉萨，并在布达拉宫为七世达赖喇嘛举行了隆重的坐床典礼。同时，清廷决定废除总览西藏地方政务大权的第巴职位，委任藏族噶伦组建地方政府。清廷的这一系列举措，在清朝治藏史上有转折性意义。册封七世达赖喇嘛，并选定五世班禅为其经师[3]，并将七世达赖喇嘛护送至布达拉宫坐床，从而结束了自五世达赖喇嘛圆寂以来的真假达赖喇嘛之争，使因真假达赖喇嘛之争在藏传佛教僧众中造成的混乱得以平息，树立起了清中央政府在藏传佛教教派领袖继承问题上的权威作用。在新组建的西藏地方政府中，扶持西藏贵族首领，众封噶伦以替代蒙古汗王，蒙古部落占据西藏的历史就此结束。这既避免了蒙藏上层因争夺西藏领导权而使民族矛盾再次激化，清除了西藏动荡的隐患，又开启了清朝全面直接管理西藏地方事务的历史新篇章。

（二）雍正帝拒绝七世达赖喇嘛的奏请与划定省际行政边界

当时，清廷虽组建了噶伦制西藏地方政府，但对被和硕特蒙古袭占过的青康地区如何处置，川、滇、青、藏省区之间的行政边界又如何划分，都还来不及作出明确的决策和细致的安排。这就给格鲁派上层留下了希望的空间，康熙六十年（1721）七世达赖喇嘛奏请“三塘”地区的管辖权，就是其具体表现。西藏自治区档案馆保存了七世达赖喇嘛的这份藏文奏折。在这份题为《达赖喇嘛为请求皇上施恩退还巴塘理塘打箭炉等地事之奏稿》中，有这么一段文字：

---

① 《西藏研究》编辑部：《西藏志　卫藏通志》，西藏人民出版社，1982，第 3 页。

② （清）祁韵士：《皇朝藩部要略》卷 17，李毓澍：《中国边疆丛书》（7），台北文海出版社，1965，第 978 页。

③ 中国藏学研究中心等：《元以来西藏地方与中央政府关系档案史料汇编（2）》，中国藏学出版社，1994，第 333—334 页。

统领福泽金轮大地之文殊大皇帝尊前：

仰赖文殊大皇帝鸿恩安生于西方之达赖喇嘛恭敬跪叩、双手合十奏禀：皇上对佛教众生和西方众生一视同仁，施以慈悲，对吾亦如五世达赖喇嘛时之规，赏赐册印等嘉奖，使吾坐登历辈达赖喇嘛之宝座，恩德无量。此不仅西方普天众生皆为大皇帝之属民，吾自八岁始，仰赖圣主嘉奖和赏赐，惟求助于大皇帝外，别无依靠。此打箭炉自古系为大皇帝祈福念经法事及色（拉寺）、哲（蚌寺）、甘（丹寺）等各寺院之斋茶基地，然近期执事等疏于办事，致使该地被收回。故吾等拟奏请皇上施恩，依照五世达赖喇嘛时之规，将该地赐回。近日，清图胡总督等人假借圣旨称：巴塘、理塘、中甸三地所需支付之差役等事，即布施色拉寺、哲蚌寺、甘丹寺三寺之僧茶基金和供奉释迦牟尼等佛像、佛经、佛塔之酥油灯基金等事，在大部队之事未决前，不予退还等言。如此则为大皇帝念经祈福和为佛教众生安乐事，向色拉寺、哲蚌寺、甘丹寺三寺为主之各大小寺院之布施僧茶和供奉释迦牟尼为主佛像、佛经、佛塔之无数酥油灯等所需大规模供奉仪式，皆按皇帝谕旨代为奏请以销准噶尔入侵时之垫款。然藏地狭小，加之准噶尔入侵时多有毁坏，实难妥办。亦皆会受累拖延……为圣主祈福所做念经法事，将五世达赖喇嘛时拥有之巴塘、理塘、中甸三地和打箭炉赏赐退还。①

上引可见，七世达赖喇嘛在奏文中，首先表达了对康熙帝的恭敬，称颂康熙帝是文殊菩萨的化身，但其核心内容是希望朝廷将“五世达赖喇嘛时拥有之巴塘、理塘、中甸”等地“赏赐退还”。在这里，七世达赖喇嘛还打起了悲情牌，陈述自己面临的经济困难，说什么藏地原本狭小，准噶尔入侵时又多有毁坏，使其原本捉襟见肘的财政雪上加霜，以至“为大皇帝念经祈福和为佛教众生安乐事”，以及向各寺院“布施僧茶”和“供奉释迦牟尼为主佛像、佛经、佛塔之无数酥油灯”等事实难

① 西藏自治区档案馆：《清代西藏地方档案文献选编（1）》，中国藏学出版社，2017，第10页。

妥办，“皆会受累拖延”，要改变这一困境，“惟求助于大皇帝外，别无依靠”。

客观地说，当时的七世达赖喇嘛还只是个 14 岁的少年①，又坐床时间不长，以何种理由，又以什么样的方式向清廷争取巴塘、理塘、中甸等地的管辖权，此等大事的策划，不可能仅仅是七世达赖喇嘛的想法，更大的可能是格鲁派上层的主意。当然，也有事实证明，七世达赖喇嘛之父索诺木达尔扎参与了幕后操作。② 至于清廷是如何应对七世达赖喇嘛这一请求的，目前，我们尚未在清代的档案文书中找到有关文字记载。一种可能是，当时康熙帝已年迈多病，还未来得及处置此事，即于康熙六十一年（1722）下半年驾崩。但也不排除另一种可能，即康熙帝根本就不同意七世达赖喇嘛的奏请，在策略上采取了搁置不予回复的方式，予以冷处理。

准噶尔侵藏与拉藏汗被杀，使清廷高层已清醒地认识到蒙古汗王执掌西藏政务大权之制，不仅不能维持西藏地方的持续稳定，相反，还因蒙藏上层的矛盾与争斗，不时制造地区动荡。加之时至康熙末年，清朝政局渐臻稳固，国力日趋强盛。在此形势下，由清廷直接管理西藏的条件和时机均已成熟。因此，在“驱准保藏”胜利后，清廷首先嘉奖了积极配合清军平定准噶尔侵藏的西藏贵族，封阿尔布巴、康济鼐为贝子，隆布鼐为辅国公。其次是对西藏实施临时军事管制。在军事管制结束后，直接废除西藏的和硕特蒙古汗王体制，先后对康济鼐、阿尔布巴、隆布鼐、颇罗鼐、札尔鼐等五人，“赐封有差，于大召（昭）寺内设立公所，五人会办西藏大小事务”③，试图通过多人联合执掌西藏政务，不致事权专一。同时，还留驻 3000 名绿营兵和蒙古军，以示震慑。清廷

① 七世达赖喇嘛噶（格）桑嘉措于康熙四十七年（1708）出生在理塘县的一个小村庄，康熙四十九年（1710）被三大寺认定为仓央嘉措的转世灵童，乃琼护法神宣布了这一消息。参见冯智：《七世达赖喇嘛噶桑嘉措的政教业绩》，《中国藏学》1989 年第 3 期。

② 认为七世达赖喇嘛之父索诺木达尔扎可能参与了争夺理塘等地管理权的幕后操作，是有事实依据的。史载，早在七世达赖喇嘛一家离开理塘时，索诺木达尔扎就派人到理塘，试图与拉藏汗手下争夺地方管理权。参见《抚远大将军允禵奏稿》卷 3，全国图书文献缩微中心，1991，第 30—34 页。

③ 《西藏研究》编辑部：《西藏志　卫藏通志》，西藏人民出版社，1982，第 3—4 页。

的这一系列举措，使觊觎“藏王”之位已久的罗卜藏丹津梦想破灭。①雍正元年（1723）五月，未能遂愿的罗卜藏丹津在青海公然发动叛乱，被清军快速平定。拉藏汗被杀，罗卜藏丹津叛乱被平定，标志着和硕特蒙古势力终于被逐出西藏地方政权，这是格鲁派上层的夙愿，但在过去又是欲为而无力办到之事。在此之际，格鲁派上层自然珍惜这一机会，希望得到清廷的进一步支持，得到更多的权益。但是，此时格鲁派上层或许还没有意识到，七世达赖喇嘛及其家族与罗卜藏丹津等和硕特蒙古部落头领之间关系错综复杂②，特别是他们在罗卜藏丹津叛乱过程中的表现和作用已引起清廷的严重不满，清廷为此采取警告性的抑制策略。③同时，为避免西藏再次陷入动荡，雍正帝清醒地认识到，主持西藏地方

① 罗卜藏丹津乃固始汗之孙，达什巴图尔之子。固始汗死后，达什巴图尔依蒙古习俗继承了和硕特部的大本营青海，康熙三十七年（1698）进京朝拜康熙帝，清廷以其“一心向化”，赐封为和硕亲王，达什巴图尔一系之势力为之见涨。康熙五十三年（1714），达什巴图尔去世，两年后其子罗卜藏丹津袭封亲王，明确其为青海各蒙古王公之首。雍正元年（1723）清廷在对协助清军驱准和护送七世达赖喇嘛入藏过程中有功的青海蒙古王公进行封赏时，察罕丹津被封为亲王，而罗卜藏丹津仅得到“加俸银二百两、缎五匹”的赏赐，很明显这是在有意冷落罗卜藏丹津。但是，罗卜藏丹津自以为清军击溃噶尔丹之后，自己摆脱了噶尔丹的制约，已有“总长诸部”的实力，是填补拉藏汗被杀后的藏王之位的不二人选，因而，在其希望破灭后，蓄意谋反。实际上，这是罗卜藏丹津对形势的误判，他“不仅看不清楚噶尔丹反清失败后全国的形势变化，对于西藏蒙藏统治者的斗争以及随之而来的噶尔丹军侵西藏所造成的后果缺乏认识，就是对青海和硕特部自己内部的形势变化也认识不清，根本没有看到和硕特部内外的形势都与顾实汗在青海创业时的情况完全不同，还狂妄地认为能够恢复顾实汗的霸业。在蒙藏关系方面，他也看不到和硕特部在青藏高原的霸业已经因为拉藏汗和第巴桑结嘉措的斗争造成了很大的裂缝，依然相信青海藏族部落会听命于他。所以，他的失败实际上从叛乱活动一开始就已经确定了”。参见陈庆英：《蒙藏关系史大系·政治卷》，西藏人民出版社、外语教学与研究出版社，2002，第 374 页。

② 这种复杂关系表现在多个方面。如七世达赖喇嘛成为六世达赖喇嘛的转世，以及被送到拉萨坐床，都得到了包括罗卜藏丹津在内青海和硕特蒙古部落头领的支持。此外，二者之间还有姻亲关系，罗卜藏丹津是七世达赖喇嘛的姐夫，史载索诺木达尔扎与罗卜藏丹津有翁婿之情（中国第一历史档案馆：《雍正朝汉文朱批奏折汇编》第 8 册，江苏古籍出版社，1991，第 772 页）。七世达赖喇嘛的哥哥辰垒又是罗卜藏丹津的侄女婿，其妹妹又嫁和硕特蒙古部落头领之子（邓锐龄：《年羹尧在雍正朝初期治藏政策孕育过程中的作用》，《中国藏学》2002 年第 2 期）。正因如此，双方在政教方面相互扶持，密切合作。

③ 在罗卜藏丹津叛乱过程中，西藏方面不仅未按清廷的要求出兵，而且七世赖喇嘛还不惜开罪清廷，一再遣使为罗卜藏丹津求情，这就引起了清廷对他的极度不满。参见张永江：《罗卜藏丹津与达赖喇嘛》，《清史研究》1999 年第 1 期。

事务的重任，不仅不能放在七世达赖喇嘛及其家族身上[①]，而且还需在政治上大力扶持世俗贵族康济鼐，以尽可能地削弱达赖喇嘛的政治影响。

毫无疑问，清廷的这些措施，还只是解决了和硕特蒙古退出西藏地方政局之后，由谁来主政西藏地方事务的问题。如前文所述，清初，朝廷迫于国内局势未稳，承认明末以来蒙古部落袭据青藏高原及康区大部分地方的既成事实，对五世达赖喇嘛和固始汗进行了分别封授。而对于西藏与川、滇、甘之间的省际行政边界，虽然有“倘番夷在故明时，原属蒙古纳贡者，即归蒙古管辖；如为故明所属者，理应隶入中国为民”[②]的原则，但并没有做进一步的明确划界。客观地说，这是清朝在力所不济之形势下所采取的妥协策略，其目的在于通过笼络蒙藏高层实现中原王朝更替之后西藏地方主权的传承，维持地区的稳定。然而，清廷这种妥协的结果却事与愿违，青康地区不仅没有实现地区稳定，反而不断发生争界纠纷。特别是和硕特蒙古随着势力的扩展，肆无忌惮地侵食“故明所属”地区，既造成地区局势的动荡，更危及清王朝的统治。在罗卜藏丹津叛乱过程中，青海及沿边“西番蜂起，一呼百应”，充分暴露出清朝对这些地区的松散控制和羁縻管理存在着不少问题。对此，雍正二年（1724）五月年羹尧特别指出：

> 查古什罕之子孙占据西海，未及百年，而西番之在陕者，东北自甘、凉、庄浪，西南至西宁、河州，以及四川之松潘、打箭炉、里塘、巴塘与云南之中甸等处，沿边数千里，自古及今，皆为西番住牧。其中有黑番、有黄番、有生番、有熟番，种类虽殊，世为土著，并无迁徙，原非西海蒙古所属，足为我藩篱。自明季以来，失于抚驭，或为喇嘛佃户，或纳西海添巴，役属有年，恬不为怪，卫所镇营，不能过问。西海之牛羊驴马取之番，麦豆青稞取之于番，力役征调取之于番。番居内地，而输赋于蒙古，有是理乎？乃罗卜

① 邓锐龄：《年羹尧在雍正朝初期治藏政策孕育过程中的作用》，《中国藏学》2002 年第 2 期。
② 《清世祖实录》卷 103“顺治十三年八月壬辰”，中华书局，1985。

> 藏丹尽倡逆，西番蜂起，一呼百应，俨然与官兵为敌，止知有蒙古，而不知有厅卫，不知有镇营，此非一日之积矣。[①]

罗卜藏丹津叛乱的失败和西逃，结束了和硕特蒙古对青海和康区大部分地方长达 80 余年的统治。此时，清廷面临的首要问题，是如何改变这些地区“止知有蒙古，而不知有厅卫，不知有镇营”的状况，进而加强对这些地区的控制与管理。清廷上下为之颇费周折，也花费了一番心思。时任川陕总督年羹尧认为，彻底解决这些问题的根本途径在于：“务使沿边数千里，川、陕、云南三省西番，咸令内属。”[②] 实际上，在这之前，年羹尧与雍正帝君臣已就“沿边”地区的归属和治理问题有过讨论并达成初步的意见。雍正元年（1723），年羹尧上奏：

> 臣羹尧敬读谕旨，内有沿边番回必属内地，方是平静西海永远之良策数句，臣既心中凛服，又不胜其骇异。臣与岳钟琪两人皆留心十数年方敢有此见（朱批：你二人乃发愿来助朕平治天下、利益苍生的人，自然与朕意相合者也），而我圣主临御万机，一年之间，川陕边地情形洞如观火，片言扼要、筹边之策尽于此矣。[③]

由是可知，年羹尧的“善后”主张，是基于雍正帝“沿边番回必属内地，方是平静西海永远之良策”而达成的君臣默契，旨在改变康熙时期的“治西海之道”，以谋求“筹画边事”之策。[④] 因此，年羹尧进而强调：“西海蒙古与陕西、四川、云南沿边地方番子若不趁此机会料理妥

---

① 中国藏学研究中心等：《元以来西藏地方与中央政府关系档案史料汇编（2）》，中国藏学出版社，1994，第 350 页。

② 中国藏学研究中心等：《元以来西藏地方与中央政府关系档案史料汇编（2）》，中国藏学出版社，1994，第 351 页。

③ （清）年羹尧：《年羹尧满汉奏折译编》，季永海、李盘胜、谢志宁翻译点校，天津古籍出版社，1995，第 328 页。

④ （清）年羹尧：《年羹尧满汉奏折译编》，季永海、李盘胜、谢志宁翻译点校，天津古籍出版社，1995，第 254 页。

当，断断不可。”[①] 为此，年羹尧提出了他的原有主张，将中甸、巴塘、理塘等处分别划归云南和四川管辖，并以处理“青海善后事宜”为契机，明确划分西藏与川、滇之间的省级行政边界。为此，年羹尧提出了他的划界思路和依据：

> 夫巴塘以西，与中甸等处所有番部，既令四川、云南收而抚之。不知者或疑有碍于达赖喇嘛所有地方。臣考之甚悉，可得而详言其说。查西海、巴尔喀木及藏与卫，此唐古特之四大部落也，古什罕逞其凶暴，奄有其地。以西海地而宽广，便于刍牧；喀木居民稠密，饶于粿粮，将此两处，分隶其子孙，是以住牧于西海。而洛笼宗以东，凡喀木之地，皆纳添巴于西海诸王、台吉者也；其洛笼宗以西，藏、卫两处，昔日布施于达赖喇嘛与班禅喇嘛，以为香火之地，是知洛笼宗以东巴尔喀木一路，皆为西海蒙古所有。今因西海悖逆而取之，当分属四川、云南无疑矣。[②]

由是观之，年羹尧是以对卫、藏及青海、巴尔喀木等地的历史归属关系的溯源，进而提出自己的主张。他认为，历史上青海和喀木各部本非西藏所属，特别是洛笼宗以东包括理塘、巴塘和昌都等地区原被固始汗在青海的子孙占有，但不是从达赖喇嘛享有的香火地中分割出来的，经勘定罗卜藏丹津叛乱之后，这一大片地区已投附清军，理应归内地并划归四川和云南分别管辖。年羹尧同时指出，若朝廷最终采纳他的建议，“当俟议定之后，四川、云南两省各委文武大员查勘界址”[③]，并提议勘界工作由四川总兵周瑛与云南提督郝玉麟会同办理。在此，年羹尧还不忘提示朝廷，他的这些建议是与岳钟琪等地方官员慎重商讨后得出

---

① （清）年羹尧：《年羹尧满汉奏折译编》，季永海、李盘胜、谢志宁翻译点校，天津古籍出版社，1995，第 337 页。

② 中国藏学研究中心等：《元以来西藏地方与中央政府关系档案史料汇编（2）》，中国藏学出版社，1994，第 351 页。

③ 中国藏学研究中心等：《元以来西藏地方与中央政府关系档案史料汇编（2）》，中国藏学出版社，1994，第 356 页。

的结论，“料理西海、松潘、巴塘、中甸以及卜隆、吉凉、甘肃沿边一带地方，以为久安长治计，臣已逐条与岳钟琪筹划，拟有奏稿矣”[①]。就现有文献记载看，年羹尧的这份奏折，可能是关于清朝川、滇、藏省际行政边界划分的最早记载材料。

年羹尧在坚持“巴尔喀木等地”必须内属的同时，鉴于七世达赖喇嘛曾对巴塘、理塘和中甸等地的管辖权有所期待，达赖喇嘛和班禅喇嘛又有遣人至打箭炉贸易的惯例，因此，他在《青海善后事宜十三条》中，提出了自己的解决方案：达赖喇嘛运至打箭炉贩入内地的货物，概予免税；每年给予达赖喇嘛茶叶五千斤的赏赐。[②] 对于年羹尧的这种具有灵活性的变通解决方案，雍正帝朱批说：“甚好，必使他们心肯，见蒙古总无事矣。”[③] 对此，有学者也给予了很高的评价，说：“施恩于达赖喇嘛班禅的两条，乃一权巧处理，使西藏西蒙古均无辞反对的方案”[④]。

雍正三年（1725），岳钟琪接任川陕总督，并向朝廷奏报关于西藏与川、滇省际行政边界划分的建议。

> 打箭炉界外之里塘、巴塘、乍丫、叉木多，云南之中甸，叉木多之外罗隆宗、嚓哇、坐尔刚、桑噶、吹宗、衮卓等部落，虽非达赖喇嘛所管地方，但罗隆宗离打箭炉甚远，若归并内地，难以遥制。应将原系内地土司所属之中甸、里塘、巴塘，再沿近之得尔格特、瓦舒霍尔地方，俱归内地，择其头目，给与土司官衔，令其管

---

① 中国第一历史档案馆：《雍正朝汉文朱批奏折汇编》第 31 册，江苏古籍出版社，1991，第 765 页。

② 中国藏学研究中心等：《元以来西藏地方与中央政府关系档案史料汇编（2）》，中国藏学出版社，1994，第 351 页。

③ 中国第一历史档案馆：《雍正朝汉文朱批奏折汇编》第 31 册，江苏古籍出版社，1991，第 763—764 页。

④ 邓锐龄：《年羹尧在雍正朝初期治藏政策孕育过程中的作用》，《中国藏学》2002 年第 2 期。

辖；其罗隆宗等部落，请赏给达赖喇嘛管理。①

其中，关于理塘、巴塘和中甸等地的归属，岳钟琪建议：

> 巴塘系打箭炉之门户，久入川省版图，至中甸贴近滇省，久入滇省版图。附近中甸之奔杂拉、祁宗、喇普、维西等处，虽系巴塘所属之地，向归四川，而其界紧接滇省汛防，总通于阿墩子。阿墩子乃中甸之门户，请改归滇省管辖，设官防汛，与川省之里塘、打箭炉彼此犄角，足以各收臂指，控制番民矣。②

由此可见，年羹尧虽在雍正三年（1725）六月被革职查办，岳钟琪也在朝廷侦办年羹尧案件的过程中，有对年羹尧落井下石的举动③，但在如何划分西藏与四川、云南的省际行政边界问题上，岳钟琪还是对年羹尧的设想多有采纳。当然，岳钟琪所提出的划界规划方案，也对年羹尧建议方案做了重大调整。按年羹尧当年的设想，将“喀木全部划属川、滇两省”④，但岳钟琪放弃了年羹尧的这一主张，没有将怒江作为省际界线，而是直接将川、滇、藏省际边界由怒江东退至金沙江西岸，并把金沙江以西澜沧江两岸位于巴塘至昌都咽喉要道上若干地方全部划归达赖喇嘛。⑤ 岳钟琪为何要做如此调整，有学者认为，这是他和时任四川提督周瑛的私心在作怪，是意欲推责。岳钟琪继任川陕总督后，“深虞西陲穹远，管制困难，无以见功，易于得罪”⑥。周瑛“出入康藏，具知其地难治之状；时方受任四川提督，职在征剿，故乐于随势划出川

① 《清世宗实录》卷38“雍正三年十一月乙未”，中华书局，1985。按：岳钟琪所说“内地土司”，是指蒙古和硕特部武力介入康区之前，中甸、理塘、巴塘等地是木氏土司的势力范围。

② 《清世宗实录》卷43“雍正四年四月癸亥”，中华书局，1985。

③ 《清世宗实录》卷33“雍正三年六月庚午”，中华书局，1985。

④ 任乃强：《任乃强藏学文集》（上），中国藏学出版社，2009，第90页。

⑤ 邓锐龄：《清前期治藏政策探赜》，中国藏学出版社，2012，第6页。

⑥ 任乃强：《任乃强藏学文集》（上），中国藏学出版社，2009，第90页。

外，以轻职责”。这也是“专制时代封疆大吏避事诿责之狡计”。[①] 甚至还有可能，这里面包含有勘界工作执行者周瑛徇私情的因素，“周瑛驻藏日久，与达赖、康济鼐交厚；及奉命回川勘界，不免私徇藏人请托，多划地方以酬私交”[②]。但是，清廷还是批准了岳钟琪的建议方案，并指派四川提督周瑛会同云南提督郝玉麟等有关人员共同勘定界址，完成划界工作。

为了晓谕西藏僧俗上层关于川、滇、藏等省区行政划界的旨意，清廷采纳了岳钟琪的建议，“遣大臣前往西藏，将赏给各部落之处，晓谕达赖喇嘛知悉”[③]。雍正三年（1725）十一月，旨令：“画定内地疆界，给与达赖喇嘛地方，晓谕番人之事，着副都统宗室鄂齐、学士班第、扎萨克大喇嘛格勒克卓尔济前往，会同提督周瑛，详细办理。”[④] 鄂齐一行携带圣旨，并随带“六十两重银镶鎏金箍茶桶一个、镶金图案银鹅颈瓶一个、银盏一个、缎子三十匹、大哈达五方、小哈达四十方、五宝各二份”[⑤] 等赐物离京，于次年抵达拉萨。在藏期间，鄂齐等人分别在布达拉宫和扎什伦布寺向七世达赖喇嘛和五世班禅宣读了雍正帝关于西藏与川、滇省际行政边界划分的圣旨。

可能是考虑到七世达赖喇嘛曾经对“三塘”等地有所希冀，雍正帝于雍正三年（1725）十一月、十二月，分别向七世达赖喇嘛颁布了两份被编译命名为“谕达赖喇嘛赏赐土地及委任噶伦”和“雍正帝为察（木多）、乍（丫）事给七世达赖喇嘛格桑嘉措敕谕”[⑥] 的圣旨。其中，前一份圣旨的内容如下：

---

① 任乃强：《任乃强藏学文集》（上），中国藏学出版社，2009，第 90 页、第 91—92 页。

② 任乃强：《任乃强藏学文集》（上），中国藏学出版社，2009，第 92 页。

③ 《清世宗实录》卷 38 “雍正三年十一月乙未”，中华书局，1985。

④ 《清世宗实录》卷 38 “雍正三年十一月乙未”，中华书局，1985。

⑤ 中国藏学研究中心等：《元以来西藏地方与中央政府关系档案史料汇编（2）》，中国藏学出版社，1994，第 366 页。

⑥ 西藏自治区档案馆：《清代西藏地方档案文献选编（1）》，中国藏学出版社，2017，第 15—16 页。

奉天承运皇帝敕谕西天大善自在佛所领天下释教普通瓦赤喇怛喇达赖喇嘛：

朕抚育十方，统御天下，惟希诸方众生安乐，社稷永固，国运昌隆。仰赖天恩，朕躬甚安。想尔喇嘛广弘释教，导风育俗，勤于经典，善为劝导。尔喇嘛之前世五世达赖遣使向太宗皇帝恭贵方物，友好往来。自太宗皇帝始，政教合一，历经四代，始终扶植黄教，和睦相处，迄今已近百年。

次旺热丹遽然率军侵占拉萨，据卫藏康域为己有，抢劫村落寺院，毁灭黄教，扰害藏众之时，（圣祖）眷念皇祖与前世达赖喇嘛亲密相处之情，佛法圣地，不忍无故遭受抢劫，故遣师两路驱逐次仁顿珠之徒，安定藏域，扶植尔喇嘛坐床，复兴黄教。大军所经，沿途藏众一体期盼内附，地方第巴等亦呈请纳服。为裨益于卫藏守军之辎重起运及过往行人起见，暂准其内附。皇考遣兵征剿完毕后，原拟详查地情，封赐尔喇嘛。然因防守卫藏之将士凯归，未及详查。继而青海罗卜藏丹津叛乱，故悬宕至今。兹西部诸事业已办毕，朕作为大施主，既为释教不惜遣师数万名、赐银数百万两，焉能收回尔等为释教服务之寺庙庄园乎？且今吾等乃一家之人，拉萨叛乱，既属朕域，朕绝无内外亲疏之意。惟念仅卫藏赋税，不敷尔喇嘛之费用，故应赐尔之地域，经详查后随即赏赐。

再，里塘、巴塘、中甸，原系内属地域，仍归原属。嗣后诺班固逆叛起，始归青海管辖，然仍有属彼等之地域，亦似有属尔喇嘛之地域，后被准噶尔次仁顿珠所占据，现已遣师收回。该地域离关较近，据史籍载，该地属内地，故复为内辖。

另，昌都和乍丫二地世世归帕巴拉、罗藏南结活佛管辖，皇考恩准二地区仍旧帕、罗管辖。昌都对面之洛隆宗、嚓哇、坐尔刚、桑噶、吹宗、衮卓等部族，欲赏赉尔喇嘛，以援例征税。

又，据闻尔等从里塘、巴塘之藏商中，原有征收驮畜税之例。今该域已内属，但为裨益于释教寺庙起见，将赏给比尔等每岁征收税额更多之钱。等情。特遣内大臣副都统宗室鄂齐暨内阁学士班第、呼和浩特扎萨大喇嘛格勒克绰尔济、扎尔果齐诺布等，赍敕往谕。[①]

在圣旨中，雍正帝首先对未及时将卫藏及藏东的一些地方交由七世达赖喇嘛管辖的原因做了解释，即在清军入藏驱逐准噶尔的过程中，“大军所经，沿途藏众一体期盼内附，地方第巴等亦呈请纳服”[②]。为巩固“驱准保藏”的胜利成果，对于卫藏与川、滇等省之间的一大片地方，清廷为裨益于卫藏守军之辎重起运，“亦于往来商客有益”，暂准这些地方内附，“暂接管失地”。[③] 圣旨中紧接着又说，康熙帝原计划在征剿完毕后，即派人“详查地情，封赐尔喇嘛”，这也完全是实话。康熙五十九年（1720），清廷在处理川、滇督臣关于巴塘、理塘和中甸的归属争论时，就暂时将巴塘、理塘划归四川，将中甸划归云南。[④] 非常清楚，在“驱准保藏”前后，清廷上下已有划分川、滇、藏省际行政边界的打算和规划。[⑤] 但驱逐准噶尔战争胜利后，又随即发生了罗卜藏丹津叛乱，勘地划界工作被搁置，地区归属的调整被拖延下来。这就是朝廷

---

① 中国藏学研究中心等：《元以来西藏地方与中央政府关系档案史料汇编（2）》，中国藏学出版社，1994，第365—366页。

② 应该说，雍正帝在圣旨中的这一说法，并非夸大其词。康熙五十八年（1719），由都统法喇率领的清军从四川入藏，沿途之理塘、巴塘等地，“大兵一抵其地，堪木布、第巴率众来归，请自康熙五十九年为始，愿输纳钱粮”（《清圣祖实录》卷286“康熙五十八年十一月癸酉”，中华书局，1985）；“中甸等处番目及喇嘛营官到丽江投诚，愿仍归云南管辖”（《清圣祖实录》卷287“康熙五十九年二月甲子”，中华书局，1985）；“察木多本属阐教胡图克图。康熙五十八年，大兵进藏，始纳款焉”［（清）周蔼联：《西藏纪游》卷3，张江华、季垣垣点校，中国藏学出版社，2006，第79页］；“洛隆宗在类伍齐西南……原隶西藏部属，委碟巴二名管理，康熙五十八年大兵进藏，该地碟巴、番民倾心投诚，采办军粮，挽运无误”（《西藏研究》编辑部：《西招图略　西藏图考》，西藏人民出版社，1982，第94页）；等等。南路清军所经过的理塘、巴塘、江卡、中甸、察木多、洛隆宗等地，“人民集合起来，欢呼达赖喇嘛和听取中国皇帝派出的大臣的命令”（杜文凯：《清代西人见闻录》，中国人民大学出版社，1985，第138页），各部落头领向清军投诚，呈报户口清册。北路进藏官兵所经过地方，僧俗民众“一闻大军前至，莫不欢跃投诚”，为首者“率众来降”（《清圣祖实录》卷281“康熙五十七年闰八月丙午”，中华书局，1985）。

③ 西藏自治区档案馆：《清代西藏地方档案文献选编（1）》，中国藏学出版社，2017，第16页。

④ 《清圣祖实录》卷287“康熙五十九年夏四月壬寅”，中华书局，1985。

⑤ 赵心愚：《清康雍时期川滇藏行政分界的两个问题》，《四川师范大学学报》2019年第6期。

没有及时赏赐七世达赖喇嘛，并“悬宕至今”的原因。同时，雍正帝明确指出，清廷之所以不惜遣师数万名、赐银数百万两，耗费如此巨大的人力、物力和财力用于逐准平叛[①]，就是为了保护七世达赖喇嘛，维护西藏地方的稳定。如今驱准平叛“诸事业已办毕”，西藏“既属朕域，朕绝无内外亲疏之意”。进而承诺，卫藏地区可循先朝之例，交由达赖喇嘛管理。至于说卫藏与川、滇等省之间的一些地方，是否按七世达赖喇嘛之愿予以“赏赐”，还必须经朝廷派人详查其历史归属和弄清地界之后，才能最终确定。

前文已述，巴塘、理塘、中甸等处在被和硕特蒙古袭占之前，在相当长一段历史时期内是木氏土司的管辖范围。木氏土司在这些地区建立统治机构，设置定居点，在一定程度上维持了这些地区的稳定。康熙九年（1670），吴三桂擅自将中甸等地贿割予“蒙番”。[②] 在吴三桂叛乱期间，达什巴图尔又趁机占领巴塘、理塘等地。为了加强对巴塘、理塘、中甸等地的控制，达什巴图尔还在这些地区派驻营官（即第巴）[③]。其中，“掌管黄教之堪布（堪亦作坎）由达赖喇嘛委放，其管理地方之蝶巴（蝶亦作第），年满更替”[④]。这些营官除负责戍守之外，其重要职责就是按规定征收赋税[⑤]，“以养青海部众”[⑥]。在平定吴三桂叛乱的当年，

---

① 雍正帝在圣旨中说，清廷为西藏平准平叛是如何劳师费力，这是实情。以康熙五十九年清军进藏驱逐准噶尔为例，仅进藏官兵所经路途之艰辛，即可见一斑。如随军督粮的吴廷伟述：从藏起至成都，一路山沟窄，山高石大，多无人家处，难走。从西宁卫到藏往返共计程 13233 里，自康熙五十九年四月二十八日起程，六十年五月二十日事竣，计一年有余，其间忍饥受寒，劳瘁之状，笔难尽述。参见吴丰培：《川藏游踪汇编》，四川民族出版社，1985，第 33、35 页。

② 《西藏研究》编辑部：《清代藏事辑要》卷 1，西藏人民出版社，1983，第 8—9 页。

③ 按：和硕特蒙古在康区派驻的营官，在称谓上，文献中有称“蒙古营官”“青海营官”者，也有称“喇嘛营官”“第巴营官”或“西藏营官”者，但实质是一样的。

④ （清）周霭联：《西藏纪游》卷 3，张江华、季垣垣点校，中国藏学出版社，2006，第 87 页。

⑤ 李志英：《清初和硕特蒙古在康区的差税体系》，《中国藏学》2021 年第 1 期。

⑥ 关于此，还可以从罗卜藏丹津在“驱准保藏”前后的表现中看出，罗卜藏丹津积极参与清军驱准，本质上是“阴觊复先人霸业，总长诸部”[（清）魏源：《圣武记》卷 5，韩锡铎、孙文良点校，中华书局，1984，第 139 页]。但是，在“驱准保藏”胜利之后，清廷并没有因此封他为西藏汗王，而且随着南路清军对巴塘、理塘、中甸等处的收服，罗卜藏丹津不再享有康区的赋税权，从而加速了他反清叛乱的步伐。

清廷曾试图让木氏土司说服西藏地方当局“归还”中甸等地①，因格鲁派与和硕特部的阻挠未能收回。之后，达什巴图尔“恐内地清查，遂布施与达赖喇嘛”②。之后，在准噶尔侵藏期间，巴塘、理塘、中甸等处的个别营官与准噶尔部暗通款曲，“巴尔喀木沿途有名地方皆西海各部落交纳差事之处，碟巴大克咱将旧有之营官、堪布，悉用心腹之人替换，而西海王、贝勒等竟无言者”③。但是，在南路清军进军西藏的过程中，巴塘、理塘、中甸等处又先后投诚归附，年羹尧和高其倬等人为此分别上奏清廷，建议将这些投诚归附地方收归内地管辖。④

上述事实表明，雍正帝对巴塘、理塘、中甸等地的历史归属及其变动关系，已有了比较清楚的了解。因此，在圣旨中，他断然拒绝了七世达赖喇嘛的奏辖请求，并明确指出，经查理塘、巴塘、中甸等地“原系内属地域”。这些地区虽曾先后被和硕特蒙古和准噶尔侵占，游离于中央王朝的直接管辖之外，但现在已被朝廷“遣师收回”，理所当然应回归历史管辖关系，“复为内辖”。事实上，这也是年羹尧在《青海善后事宜十三条》中提出的观点。关于这一原则性问题，雍正三年（1725）十二月，雍正帝为察（木多）、乍（丫）的辖属之事，在给七世达赖喇嘛的另一份敕谕中，说得更为清楚：“里塘、巴塘、中甸等地域早已属清廷统辖区，且为木（里）⑤ 土司钦命掌管。后因吴三桂反叛，由青海罗布藏丹津掌管。尔喇嘛抑或有悉……上述地方近靠长城关口并录入舆图备案。”⑥ 这里的“尔喇嘛抑或有悉”一语，实质上是说，七世达赖喇嘛明知历史事实，竟然还提出这种无理诉求，朝廷不但不会同意，还应加

① 《西藏研究》编辑部：《清代藏事辑要》卷1，西藏人民出版社，1983，第9页。

② （清）年羹尧：《年羹尧满汉奏折译编》，季永海、李盘胜、谢志宁翻译点校，天津古籍出版社，1995，第203页。

③ （清）年羹尧：《年羹尧满汉奏折译编》，季永海、李盘胜、谢志宁翻译点校，天津古籍出版社，1995，第203页。

④ 《清圣祖实录》卷287“康熙五十九年夏四月壬寅”，中华书局，1985；中国第一历史档案馆：《雍正朝汉文朱批奏折汇编》第2册，江苏古籍出版社，1991，第431—432页。

⑤ 此处的木（里）土司，应为木氏土司之误。

⑥ 西藏自治区档案馆：《清代西藏地方档案文献选编（1）》，中国藏学出版社，2017，第16页。

以斥责。

事实上，雍正帝在做出拒绝七世达赖喇嘛奏辖理塘、巴塘、中甸等处的决定的同时，也并没有忽视七世达赖喇嘛所陈述的实际困难，即所谓“仅卫藏赋税，不敷尔喇嘛之费用”。因此，决定将“昌都对面之洛隆宗、嚓哇、坐尔刚、桑噶、吹宗、衮卓等部族”赏给达赖喇嘛，“以援例征税”。加之，之前朝廷还根据年羹尧的建议，已对达赖喇嘛和班禅喇嘛遣人至打箭炉贸易，“令打箭炉税差免其货税；再每岁赏给茶叶五千斤，班禅则半之”[①]。所以，雍正帝在圣旨中说，朝廷虽然拒绝了七世达赖喇嘛对理塘、巴塘、中甸等处管辖权的奏请，但又基于“裨益于释教寺庙起见”，实际上是赏给了七世达赖喇嘛比这些地区每岁征收税额更多的钱。

对于清廷这些义正词严、有理有据且富有人情味的决定和安排，七世达赖喇嘛不好也难以提出异议，故不再争。[②] 从入藏官员的文报及藏文史籍的记载看，鄂齐一行受到达赖喇嘛、康济鼐等僧俗首领的热烈迎送和盛情款待。雍正四年（1726）八月三日，鄂齐等人圆满完成了入藏宣旨任务，离藏回京。此后，从雍正四年（1726）十月至雍正五年（1727），四川提督周瑛与云南提督郝玉麟会同鄂齐、班第等朝廷官员，遵旨完成川、滇、藏省际行政边界划分的勘查和定界，同时“一同到指授疆界地方，将应作内地、应赏达赖喇嘛地方之疆界，明白指授”[③]。自此，川、滇、藏之间“始定于南墩宁静山岭上为界，并建分界牌：岭东之巴塘、理塘属四川；岭西属西藏；其中叫察卡、中甸属云南。三处疆界始分”[④]。由此正式划定川、滇、藏三省区的省际行政边界。后来，西藏的辖地虽有过变动，但大体都以雍正年间的划界为基础。

---

① 中国藏学研究中心等：《元以来西藏地方与中央政府关系档案史料汇编（2）》，中国藏学出版社，1994，第351页。

② 黄辛建：《雍正时期藏区行政划界研究》，《中国藏学》2018年第3期。

③ 中国藏学研究中心等：《元以来西藏地方与中央政府关系档案史料汇编（2）》，中国藏学出版社，1994，第371页。

④ 《西藏研究》编辑部：《西藏志　卫藏通志》，西藏人民出版社，1982，第8页。

三、乾隆帝拒绝三世章嘉呼图克图的奏请与加强康藏地区的统治

在经历“驱准保藏”和平定罗卜藏丹津叛乱等一系列军事行动之后，清廷为了避免蒙藏上层因争夺西藏统治权再次激化矛盾，引发地区动荡，因而在重组西藏地方政府时，不再封授蒙古部落首领为西藏汗王，采取了扶持西藏地方世俗贵族的办法，通过噶伦制建立起受控于清中央王朝的地方政府。与此同时，清廷还先后划定了西藏与四川、云南和青海之间的省际行政边界。由此可见，在西藏地方政治建构中，清廷仍然坚守清初以来所奉行的政教分离的治藏原则，优待格鲁派，赋予七世达赖喇嘛宗教领袖地位，但不授予他管理西藏地方的政治权力。乾隆三年（1738），七世达赖喇嘛以三世章嘉呼图克图的名义，再次向清廷提出管辖“三塘”的请求。乾隆帝以理塘等地归附内地后，“设弁管辖，迄今宁谧”为由，明确拒绝了三世章嘉呼图克图的奏请；但为了缓和矛盾，解决七世达赖喇嘛可能面临的经济困难，除沿用雍正朝之例继续赏给茶叶外，再从“打箭炉所征税银内每年给银五千两”①，以此作为朝廷给予七世达赖喇嘛的定期经济资助。

（一）“阿尔布巴事件”与移送七世达赖喇嘛到泰宁

雍正四年（1726）六月，副都统鄂齐一行到达拉萨，向西藏僧俗上层宣读了朝廷关于西藏地方政府人事任命的圣旨：“朕以藏务重要，噶伦中不可无总理之人，故特颁敕谕，着贝子康济鼐为总理，阿尔布巴为协理，与众噶伦同心办事。”② 在新组建的西藏地方政府中，五位噶伦分别是前后藏的贵族，他们或为拉藏汗之旧属，或系旧噶伦。客观地说，

① 《清高宗实录》卷 69“乾隆三年五月庚午”，中华书局，1985。关于这道谕令，藏文史籍上的记载略有不同。兹摘录于此：“乾隆三年夏五月十九日敕谕：藏区大小寺院凡千有余所，皆由达赖喇嘛之囊佐（商卓特巴）定期布施熬茶，且（地方）政府为各种善业法事亦开支甚巨，财力不足，朕历辈先皇向来尊崇奖赏达赖喇嘛，今从打箭炉每年支银五千两，交付于达赖喇嘛之熬茶人员，作为定期布施资金。”参见（清）章嘉·若贝多杰：《七世达赖喇嘛传》，蒲文成译，中国藏学出版社，2006，第 187 页。

② 中国藏学研究中心等：《元以来西藏地方与中央政府关系档案史料汇编（2）》，中国藏学出版社，1994，第 370 页。

清廷的这种人事安排，没有正视和有意识地回避前后藏贵族之间长期形成的矛盾。在前藏贵族普遍轻视后藏贵族，甚至认为“后藏官员不适宜在西藏地方政府内任职”[①] 的情况之下，清廷仍然坚持由后藏贵族康济鼐主导西藏地方政府，又希望达到“众噶伦同心办事”的目的，显然是不现实的。在西藏地方政府组建不久，前藏贵族噶伦隆布奈就首先发难，噶伦阿尔布巴甚至公开说：“我与康济鼐的功绩一样，也一样为大皇帝所恩宠，名声和地位也都一般。如果要给佛爷当好差，要为藏民谋福利，我不可能屈就低位。”[②] 正因如此，西藏地方政府中的五位噶伦很快就围绕康济鼐和阿尔布巴二人，明显地分成后藏派和前藏派，“互相倾轧，各自结党营私”[③]。两派之间互不合作乃至相互敌视之势甚至在一些日常细小活动中也显露无遗，如前后藏的将军和贵族在拉萨聚会时，“虽说相聚，但在娱乐方面，前藏人和后藏人却各自玩在一起，分得十分明显”[④]。另外，鄂齐在西藏停留了 1 个月又 8 天[⑤]，与这些贵族相处时间不长，但他观察到的是“首领办事之人，互相不睦，每每见于辞色”[⑥]。为此，鄂齐在离藏回朝时，特地面嘱索诺木达尔扎，虽贵为七世达赖喇嘛之父，但必须“和达赖喇嘛手下人一样，只做那听话的耳朵、说话的舌头和观看的眼睛”，不许干预西藏地方行政事务。同时，鄂齐还对为他送行的噶伦们做了特别吩咐，要求他们务必在康济鼐的领导之下和衷办事，不可怀有异心，说：“如果大臣们的思想合不到一处，那么，大皇帝的王法却是威严不徇情的，触犯了就一定加罪。”[⑦]

与此同时，鄂齐还向朝廷建议：“赏给康济鼐以印信，则办事有力，且于地方佛法甚有裨益，众亦无奈服从康济鼐。”[⑧] 也就是说，鄂齐希望通过朝廷赏给康济鼐印信的办法，以提高康济鼐在西藏地方噶伦政府中

---

① 恰白·次旦平措等：《西藏简明通史——松石宝串》，陈庆英等译，西藏藏文古籍出版社，2018，第 733 页。
② （清）多卡夏仲·策仁旺杰：《颇罗鼐传》，汤池安译，西藏人民出版社，2002，第 230 页。
③ （清）多卡夏仲·策仁旺杰：《颇罗鼐传》，汤池安译，西藏人民出版社，2002，第 236 页。
④ （清）多卡夏仲·策仁旺杰：《颇罗鼐传》，汤池安译，西藏人民出版社，2002，第 235 页。
⑤ 邓锐龄：《清前期治藏政策探赜》，中国藏学出版社，2012，第 13 页。
⑥ 《清世宗实录》卷 52“雍正五年正月丁巳”，中华书局，1985。
⑦ （清）多卡夏仲·策仁旺杰：《颇罗鼐传》，汤池安译，西藏人民出版社，2002，第 227 页。
⑧ 中国第一历史档案馆：《雍正朝满文朱批全译》（下册），黄山书社，1998，第 1395 页。

的话语权，迫使其他贵族噶伦听令于康济鼐。但是，鄂齐对自己的这种建议是否能起到消弭西藏地方政府中业已存在的隐患的作用，不仅没有把握，而且还有一层担忧。因此，鄂齐很快又向雍正帝上了一道密奏。在密奏中，他对当时西藏噶伦“互相不睦”，涉及影响西藏地方政局的人和事等情况做了细致的叙述，并提出了进一步的解决方案：

> 臣至西藏，审视情形。首领办事之人，互相不睦，每每见于辞色。达赖喇嘛虽甚聪敏，但年纪尚幼，未免有偏向伊父索诺木达尔扎之处。康济鼐为人甚好，但恃伊勋绩，轻视众噶隆，为众所恨。阿尔布巴赋性阴险，行事异于康济鼐，而索诺木达尔札因娶隆布奈二女，三人合为一党。若调唆达赖喇嘛与康济鼐不睦，必至争竞生事。再，噶隆甚多，反增繁扰。隆布奈行止妄乱，扎尔鼐庸懦无能，应将此二人以噶隆原衔解任，则阿尔布巴无人协助，自然势孤，无作乱之人矣。请降训旨，晓谕达赖喇嘛、康济鼐、阿尔布巴等和衷办事。①

其实，关于前后藏贵族之间矛盾的公开化，以及西藏地方政府中噶伦的互不合作，雍正帝已有耳闻，也对年羹尧等人建议将西藏地方事务交由康济鼐“总领”是否合适有过顾虑和担忧，认为“此事极宜斟酌”②。因此，雍正四年（1726），清廷在关于西藏地方政府的人事任命

---

① 《清世宗实录》卷 52“雍正五年正月丁巳”，中华书局，1985。

② 《清世宗实录》卷 30“雍正三年三月辛丑”，中华书局，1985。按：关于西藏地方行政事务负责人人选问题，从康熙末年以来，朝廷似难决策。最初命康济鼐、阿尔布巴和隆布奈三人共同办事。雍正元年（1723）正月，负责筹划“驱准保藏”胜利后撤军与西藏善后政治框架的延信和年羹尧认为，达赖喇嘛年幼，“西藏又无总理事务之人，倘不安抚彼等之心”，于是建议：“令达赖喇嘛、各地堪布、番首等，共同保举一名忠厚、平日遂唐古特人之心愿者，为西藏迪巴，命其总理事务”［（清）年羹尧：《年羹尧满汉奏折译编》，季永海、李盘胜、谢志宁翻译点校，天津古籍出版社，1995，第 1 页］。康济鼐在“驱准保藏”中有功，被年羹尧举荐为总理事务之人选。年羹尧获罪被革职之后，继任川陕总督岳钟琪仍然推荐康济鼐，上奏：西藏事务“请令康济鼐总理，阿尔布巴协理”（《清世宗实录》卷 38“雍正三年十一月乙未”，中华书局，1985）。康济鼐成为总理西藏事务之人一事才最终被确定下来。

时，还是制定了相应的防范预案，“西藏事务，以贝子康济鼐为正，以贝子阿尔布巴佐之，原令其众噶伦等和衷办公而设。若伊等不睦，后起衅端，亦有关系。应遣大臣前往，驻扎照看”①。但是，雍正帝对鄂齐所密奏事实的严重性和形势发展的紧迫性还是估计不足。因此，他在密奏上朱批：“朕想西藏事只觉不甚妥协。”②

雍正五年（1727）正月，清廷决定“遣大臣前往，驻扎照看”，并指令内阁学士僧格、副都统马腊等人，偕同赴藏晓谕众噶伦和衷办事。然而，事态恶化之快，在使臣到达西藏传达圣谕之前，阿尔布巴等人就抢先发难，于雍正五年（1727）六月十八日谋杀首席噶伦康济鼐，并派兵到后藏追杀康济鼐的心腹颇罗鼐③，进而引发“阿尔布巴事件”（又称“卫藏战争”）。关于“阿尔布巴事件”及其有关问题，学界多有探讨，在此不赘述。唯需要进一步厘清的是，在前后藏贵族的矛盾纠葛之中，七世达赖喇嘛之父索诺木达尔扎的政治倾向，以及他所扮演的角色问题。按理，当时的索诺木达尔扎一无官职二无封号，完全可以远离这场矛盾纠葛。但事实是索诺木达尔扎凭借达赖喇嘛之父这一特殊身份，“经常参加大臣会议，逐渐变成非正式成员”④。特别是在新组建的西藏地方政府中，索诺木达尔扎与噶伦之间的关系比较复杂。其中，阿尔布巴是他的外甥，隆布奈又是他的岳父，索诺木达尔扎因此与前藏贵族“合为一党”，不时挑起事端。关于此，岳钟琪说：“查索诺木达尔扎乃阿尔布巴之母舅，又纳隆布奈之二女为妾，况与罗布藏丹津有翁婿之情，则其互相结纳，内外勾连，不问可知。今又将康济鼐等杀害，若不

---

① 《乾隆朝内府抄本〈理藩院则例〉》，赵云田点校，中国藏学出版社，2006，第 103 页。

② 中国藏学研究中心等：《元以来西藏地方与中央政府关系档案史料汇编（2）》，中国藏学出版社，1994，第 374 页。

③ 《清世宗实录》卷 59“雍正五年七月癸酉”，中华书局，1985。关于康济鼐被害时间，《噶伦传》记载：“火羊年（1727）几位噶伦之间意见不一致，互相不睦，发生过内讧。贝子阿尔布巴鼐、公隆布鼐、台吉札尔热鼐经商议，于七月十八日在拉萨（大昭寺）拉章的达赖喇嘛的卧室里将贝子康济鼐杀害”［（清）多喀尔·策仁旺杰《噶伦传》，周秋有译，常凤玄校，西藏人民出版社，1986，第 12 页］。可见，《清实录》和《噶伦传》的记载，日期一致，但月份不同。《清实录》所载，是以事件当事人颇罗鼐的奏折内容为依据，可信度较高，故在此以“六月”为准。

④ ［意］伯戴克：《十八世纪前期的中原和西藏》，周秋有译，西藏人民出版社，1987，第 101 页。

惩创一番，将来必至益无忌惮，更恐与谆（准）噶尔勾结日深，大为边患。”[①] 在岳钟琪看来，索诺木达尔扎不仅搅和在前后藏贵族的矛盾纠葛中，而且还参与了他们之间的权力争夺，甚至还有可能是杀害康济鼐的主谋。[②] 至于索诺木达尔扎是否为杀害康济鼐的主谋，因无确切的文献记载，不好贸然下结论。但是，在七世达赖喇嘛年幼之时，索诺木达尔扎在幕前或幕后确实做了有违清廷旨意甚至是不法之事。正如意大利学者伯戴克所说：“索南达吉——这位灵童的父亲——在这一时期的历史上居于重要的地位，因为在其子幼时，他长期以来居于幕后掌握着真正的大权，直到 1727 或 1728 年才结束。”[③] 因此，有学者认为，“阿尔布巴事件”是“西藏贵族间以及夹杂着达赖喇嘛在内的一场复杂的权力之争”[④]。此外，据年羹尧调查，罗卜藏丹津还是索诺木达尔扎的女婿，即七世达赖喇嘛的姐夫。[⑤] 索诺木达尔扎与蒙藏贵族之间的这种错综复杂的关系，以及由此给西藏地方政局带来的不稳定无疑令朝廷非常头疼。为此，川督岳钟琪建议：“莫若趁此机会，师出有名。仍遵前旨，将陕西、川、滇预备满汉兵马料理齐全，于明春青草发生之时两路并进，将达赖喇嘛移住内地。西藏之地方，另行妥当料理，应为一劳永逸。”[⑥]

实际上，关于索诺木达尔扎卷入蒙藏贵族纠纷之事，早在雍正二年（1724）雍正帝在看到年羹尧几件关于七世达赖喇嘛家族与罗卜藏丹津等的姻亲关系的奏折时就已知晓并对之有所戒备。[⑦] 不久之后，雍正帝

---

① 中国第一历史档案馆：《雍正朝汉文朱批奏折汇编》第 32 册，江苏古籍出版社，1991，第 257 页。

② 关于此，乾隆年间，川陕总督庆复即明确说，七世达赖喇嘛与颇罗鼐之所以不和，其重要原因就是“从前达赖喇嘛之父谋杀台吉康济鼐，原有宿仇”。参见中国藏学研究中心等：《元以来西藏地方与中央政府关系档案史料汇编（2）》，中国藏学出版社，1994，第 492 页。

③ ［意］伯戴克：《拉藏汗——西藏最后的和硕特蒙古统治者（1705—1717）》，白丽娜译，陈庆英校，陈庆英、王维强：《国外学者西藏历史论文集选译》（《西藏通史》资料丛刊 40），中国藏学研究中心历史所，2006，第 836—837 页。

④ 吕文利：《〈皇朝藩部要略〉研究》，黑龙江教育出版社，2013，第 154 页。

⑤ （清）年羹尧：《年羹尧满汉奏折译编》，季永海、李盘胜、谢志宁翻译点校，天津古籍出版社，1995，第 52 页。

⑥ 中国第一历史档案馆：《雍正朝汉文朱批奏折汇编》第 32 册，江苏古籍出版社，1991，第 257 页。

⑦ 邓锐龄：《清前期治藏政策探赜》，中国藏学出版社，2012，第 15 页。

又对接任川陕总督的岳钟琪表达了他对索诺木达尔扎的不信任。正因如此，岳钟琪对在西藏如何设防罗卜藏丹津与准噶尔策妄阿拉布坦联合侵藏时，就对他们有可能出现“内外勾连”的情况，表达了特别的担忧。他在给雍正帝的奏折中说：“恐如圣心所料，索诺木达尔扎因与罗卜藏丹津有翁婿之情，内外勾连，弃隘不守，实属可虑。”① 为了避免出现这种不利情况，岳钟琪建议采取更多更为周全的防范措施。岳钟琪的建议得到雍正帝的高度认同，朱批“此论甚是”②。七世达赖喇嘛及其父亲卷入西藏地方政治纷争③，在清廷看来是一个危险的信号④，是不能容忍之事。自清初以来，清廷基于绥服蒙藏的政治需要，优抚格鲁派并扶持和提高达赖喇嘛的宗教地位，但始终将达赖喇嘛的权力限定在宗教事务范围内。若听任西藏地方僧俗首领随心所欲，是与清廷的治藏政治意图相悖离的。因此，在“阿尔布巴事件”爆发之后，清廷迅速决定由查朗阿和迈禄统率清军从青海、四川两路进军西藏，以平息事态。⑤ 雍正六年

---

① 中国第一历史档案馆：《雍正朝汉文朱批奏折汇编》第 8 册，江苏古籍出版社，1991，第 772 页。

② 中国藏学研究中心等：《元以来西藏地方与中央政府关系档案史料汇编（2）》，中国藏学出版社，1994，第 378 页。

③ 对此，也有学者认为，七世达赖喇嘛不可能卷入“阿尔布巴事件”。是因此时的七世达赖喇嘛还是一个不到 20 岁的青年，正在“潜心学习因明学等，因而对一切政务根本未加留意，对诸噶伦执事亦仅于暇时作些应为佛教众生忠恳办事之训而外，其诸噶伦则于任何事情俱少面陈”（冯智：《七世达赖喇嘛噶桑嘉措的政教业绩》，《中国藏学》1989 年第 3 期）。当然，也有记载说，当时的七世达赖喇嘛虽然对显、密教义有造诣，但毕竟年纪轻，缺乏主见，易受其父和属下的左右［恰白·次旦平措等：《西藏简明通史——松石宝串》，陈庆英等译，西藏藏文古籍出版社，2018，第 746 页］。客观地讲，七世达赖喇嘛之父索诺木达尔扎既已参与前后藏噶伦利益纷争，要说此时的七世达赖喇嘛没有一点情感倾向，也是不符合历史事实的。

④ 石硕：《西藏文明东向发展史》，四川人民出版社，1994，第 379 页。

⑤ 实际上，对于康济鼐被害，清廷是否需要及时派兵入藏这一问题上，雍正帝曾因对问题的严重性认识不到位和出兵顾虑而有短暂的犹豫。雍正五年（1727）九月，他谕令：“今康济鼐被害情由，系西藏噶隆等彼此不睦，自相残杀之小事，不必用兵。”（《清世宗实录》卷 61“雍正五年九月庚申”，中华书局，1985）同时，雍正帝还担心，若仓促出兵西藏会出现难以收拾的局面，“大概西藏为首数人皆是一气，畏罪之心皆系一体，大兵一进，彼若挟喇嘛逃往谆噶儿，徒取空藏，取守难施。喇嘛一入策妄之手，则甚烦难矣”［中国藏学研究中心等：《元以来西藏地方与中央政府关系档案史料汇编（2）》，中国藏学出版社，1994，第 394 页］。但很快他就改变看法，并做出“应特派大臣领兵料理”的决定（《清世宗实录》卷 63“雍正五年十一月癸丑”，中华书局，1985）。

(1728)八月，清军顺利到藏，而此时颇罗鼐已率部击败叛军并占领拉萨[①]，故清军此次虽进藏平叛，但并没有参与战事。雍正帝为此非常欣慰，说："大兵不发一矢，在西藏未伤一人，此等大事而成功之易若此，是皆仰赖上帝之垂慈。"[②] 在平乱善后处理过程中，清廷处决了蓄意制造事端的阿尔布巴、隆布奈和札尔鼐等首乱分子。同时，为了进一步加强对西藏的统治与管理，清廷改组了通过噶伦制建立起的西藏地方政府，由颇罗鼐总管后藏并兼理前藏事务，任命色朱特色布滕、策凌旺扎尔为噶伦，协管前藏事务。同时，正式设立了建制性的驻藏大臣，由驻藏大臣统领驻藏官兵，监督噶伦处理政务。特别是，为了防止格鲁派干预西藏政治，清除颇罗鼐处理西藏政治事务的干扰，以便维护西藏局势的稳定，并防范准噶尔乘机再次入侵，挟持达赖喇嘛以自重，清廷以顾及七世达赖喇嘛的安全为由，"敕令喇嘛暂去理塘"[③]，远离卫藏"以杜衅端"[④]。

清廷选定理塘作为七世达赖喇嘛的暂住地，是一个于理于情皆为合适的选择。除了让七世达赖喇嘛远离卫藏，以便于颇罗鼐专注西藏地方政务外，对于七世达赖喇嘛来讲，理塘是其出生地，那里有他熟悉的山川风物和亲朋故旧，重返故乡既可静心修行，也有一定的情感抚慰。同时，七世达赖喇嘛驻扎理塘，也便于清廷对他的照看。雍正六年(1728)十一月，清廷特令吏部尚书查朗阿、副都统马腊，以及西宁镇总兵周开捷等率领满汉官兵5000余人，从拉萨起程将七世达赖喇嘛护送到理塘，由四川重庆镇总兵任国学领兵1000人，在理塘"接替护卫。大兵即由里塘回汛"[⑤]。为了安顿和安抚七世达赖喇嘛，清廷决定拨专款，在打箭炉口外之泰宁[⑥]仿照哲蚌寺的式样修建慧远寺。"发帑金数十

① 《清世宗实录》卷75"雍正六年十一月己巳"，中华书局，1985。

② 《清世宗实录》卷71"雍正六年七月乙丑"，中华书局，1985。

③ (清)章嘉·若贝多杰：《七世达赖喇嘛传》，蒲文成译，中国藏学出版社，2006，第92页。

④ 《西藏研究》编辑部：《西藏志 卫藏通志》，西藏人民出版社，1982，第352页。

⑤ (清)周霭联：《西藏纪游》卷3，张江华、季垣垣点校，中国藏学出版社，2006，第109页。

⑥ 泰宁，今四川道孚县八美镇。其藏名曰噶达，雍正八年(1730)改名为泰宁。吴丰培：《川藏游踪汇编》，四川民族出版社，1985，第86页。

万两，遣官董司工役，仿西方白赖木佛庙之图式，凡为殿堂楼房一千余间，又为平房四百余间，赐额曰‘慧远’。丹雘辉煌，器用充备。”[①] 雍正八年（1730），慧远寺告竣，七世达赖喇嘛由理塘移驻该寺。[②] 同时，为了加强对七世达赖喇嘛的安全保卫，清廷采纳了岳钟琪的建议，对化林坪等地的防汛进行了调整[③]，裁汰化林协增设泰宁协，以“四川泰宁、宁安、德靖三营”专门防护七世达赖喇嘛。[④] 与此同时，清廷还为之增加了兵力，除协兵之外，另派兵 1800 人驻守保护。[⑤]

雍正帝在决定令七世达赖喇嘛暂去理塘的同时，还谕令七世达赖喇嘛之父索诺木达尔扎到京朝觐。索诺木达尔扎这个人的所作所为，留给雍正帝的印象本来很差，雍正帝曾说：“此人不好，况是喇嘛之父，他不肯闲享福。”[⑥] 但是，当索诺木达尔扎遵旨到京后，雍正帝不仅没有追究他干预西藏政务之罪，反而说他“指教达赖喇嘛学习经典，保护达赖喇嘛，勤劳多年。西藏之事毫不干预，甚属可嘉”，并封为辅国公。[⑦] 由此看来，雍正帝在如何处置索诺木达尔扎的问题上，明显有些投鼠忌器，不愿因此“伤害与黄教的感情”，故原谅了索诺木达尔扎的犯罪行为。[⑧] 就时局而言，雍正帝对索诺木达尔扎的这种包容和妥协处理，不失为一个符合时宜的策略。包容了索诺木达尔扎，就稳住了七世达赖喇嘛，也就顾全了兴黄教以安抚蒙藏的大局，从而避免新起争端，进而消弭了引起西藏政局不稳和地方社会动荡的隐患。

---

① 中国藏学研究中心等：《元以来西藏地方与中央政府关系档案史料汇编（2）》，中国藏学出版社，1994，第 443 页。

② 《西藏研究》编辑部：《西藏志　卫藏通志》，西藏人民出版社，1982，第 5—6 页。

③ 中国藏学研究中心等：《元以来西藏地方与中央政府关系档案史料汇编（2）》，中国藏学出版社，1994，第 440 页。

④ 《清世宗实录》卷 155“雍正十三年闰四月甲戌”，中华书局，1985。

⑤ 《西藏研究》编辑部：《西藏志　卫藏通志》，西藏人民出版社，1982，第 6 页。

⑥ 中国藏学研究中心等：《元以来西藏地方与中央政府关系档案史料汇编（2）》，中国藏学出版社，1994，第 374 页。

⑦ 《清世宗实录》卷 82“雍正七年六月丁丑”，中华书局，1985。

⑧ ［意］毕达克：《西藏的贵族和政府》，沈卫荣、宋黎明译，邓锐龄校，中国藏学出版社，2008，第 13 页。

（二）七世达赖喇嘛回藏与三世章嘉呼图克图代为奏辖“三塘”

客观地说，令七世达赖喇嘛移驻泰宁，是在当时西藏地方内外矛盾交织之下，清廷所采取的一种权宜之计。而七世达赖喇嘛久居异地，既不利于西藏稳定①，也不利于清朝“兴黄教以安众蒙古”的治边策略。随着新组建的西藏地方政府七年多的有效运转，以及准噶尔头领噶尔丹策零“遣使求成”，希望“定界息兵”②，西藏来自准噶尔的威胁解除，七世达赖喇嘛返藏时机日益成熟。为此，雍正十二年（1734）七月，雍正帝降旨：

> 从前令达赖喇嘛移驻泰宁，原因彼时藏中有阿尔布巴等事，恐准噶尔逆贼乘间来犯，是以令其移至近边地方，以便照看。其随来之弟子人等久离乡土，未免怀归。今贝勒颇罗鼐实心效力，将唐古特、厄鲁特之兵操练精熟，各处紧要隘口，俱以严固防守，藏中晏然无事。班禅额尔得（德）尼年迈有疾，应令达赖喇嘛回藏。着果亲王允礼前往泰宁与达赖喇嘛相见，张家胡土克图（章嘉呼图克图）亦令同去。并着都统鼐格前往料理伊等起身，副都统福寿等沿途照看。③

雍正十二年（1734）八月，果亲王允礼与三世章嘉呼图克图一行奉

---

① 据藏文史籍载，对于七世达赖喇嘛被移送理塘之事，西藏僧俗表现出了不舍之情，甚至“哀怨”。先是当朝廷专使宣读“敕令喇嘛暂去理塘”圣旨后，五世班禅及格鲁派高僧，“一切僧俗部众……不去别地为宜，竭力挽留”。之后，当七世达赖喇嘛启程离藏时，“卫藏善数万僧俗云集，为喇嘛远行忧心忡忡，不知何时复见尊容，皆泪流满面，或呼天抢地，呼叫喇嘛名号祈愿，或五体投地，频频磕长头礼”［（清）章嘉·若贝多杰：《七世达赖喇嘛传》，蒲文成译，中国藏学出版社，2006，第 93 页］。“（1728 年十一月三日）达赖喇嘛及其随行人员需动身前赴理塘。西藏众生将得不到怙主的护佑，忧愁哀叹不已。送行到拉萨河的渡口。虔诚信徒们一齐向佛爷顶礼合十膜拜，痛哭失声，泪如雨下，阵阵忧伤，哀怨不已，作了隆重的祈祷祝愿……祝愿达赖喇嘛一路平安，早日归来”［（清）多喀尔·策仁旺杰：《噶伦传》，西藏人民出版社，周秋有译，常凤玄校，1986，第 15 页］。

② 《西藏研究》编辑部：《西藏志　卫藏通志》，西藏人民出版社，1982，第 6 页。按：雍正十二年，策妄阿拉布坦去世，其子噶尔丹策零继承汗位。

③ 《清世宗实录》卷 145“雍正十二年七月癸巳”，中华书局，1985。

旨从北京出发，经过两个多月的长途跋涉抵达泰宁，当天果亲王允礼即向七世达赖喇嘛宣读谕旨，颁给赏赐。雍正十三年（1735）二月三日，果亲王允礼从泰宁起程返京，达赖喇嘛送至慧远庙门，番僧等跪送道左。[①] 三世章嘉呼图克图则留在泰宁继续陪护七世达赖喇嘛。此后不久，清廷又指派三世章嘉呼图克图为陪送七世达赖喇嘛返回拉萨的成员，并指示他："可以在教法之地——西藏，稍长时间停留，在达赖喇嘛师徒跟前学习佛法。"[②]

雍正十三年（1735）三月，七世达赖喇嘛与章嘉呼图克图一行，"从噶达启程，经南路到昌都，然后取道北路"返藏。[③] 是年七月，七世达赖喇嘛回到拉萨，随即向朝廷报送平安谢恩书："仰承文殊师利大皇帝天恩，一路平安，于雍正十三年七月十二日抵招，即率各寺庙众僧叩谢天恩礼毕。此皆仰赖文殊师利大皇帝悯爱西土众生，自幼教化小僧，恩沛始终，千里遣王颁谕圣旨，由宫中派章嘉呼图克图、大臣、官员沿途照料，光荣返藏，不仅小僧感激不尽，西土众僧亦皆欢欣。"[④] 三世章嘉呼图克图在藏停留期间，不仅与七世达赖喇嘛交往甚密，而且与五世班禅也建立了亲密的关系，五世班禅大师还为其授予近事戒和沙弥戒。[⑤] 据说，三世章嘉呼图克图本来打算向五世班禅大师学习更多佛法，"班禅也认为章嘉活佛是教法和众生之怙主，想把自己掌握的佛法全部传授给他"，但因得到雍正帝驾崩的消息，章嘉呼图克图不得不与五世班禅大师告辞，返回拉萨，准备启程回朝。[⑥] 三世章嘉呼图克图为给驾崩不久的雍正帝诵经度亡，觐见新登基的乾隆帝，经四川、甘肃等地长途跋涉，于乾隆元年（1736）回到北京，圆满完成出使西藏的任务。

---

① 吴丰培：《川藏游踪汇编》，四川民族出版社，1985，第 89 页。

② （清）章嘉·若贝多杰：《七世达赖喇嘛传》，蒲文成译，中国藏学出版社，2006，第 59 页。

③ （清）章嘉·若贝多杰：《七世达赖喇嘛传》，蒲文成译，中国藏学出版社，2006，第 123 页。

④ 中国藏学研究中心等：《元以来西藏地方与中央政府关系档案史料汇编（2）》，中国藏学出版社，1994，第 452 页。

⑤ （清）土观·洛桑却吉尼玛：《章嘉国师若必多吉传》，陈庆英、马连龙译，中国藏学出版社，2007，第 80 页。

⑥ （清）土观·洛桑却吉尼玛：《章嘉国师若必多吉传》，陈庆英、马连龙译，中国藏学出版社，2007，第 81 页。

关于三世章嘉呼图克图奏请朝廷将理塘、巴塘、佳塘（中甸）等地方赏给七世达赖喇嘛管辖之事，有明确记载的是，乾隆三年（1738）五月，“大学士仍管川陕总督查郎阿遵旨议复章嘉呼图克图奏请将里塘、巴塘、佳塘等地方，仍给达赖喇嘛管辖”①。查诸汉藏文献，就笔者视野所及，还未能找到三世章嘉呼图克图的奏文原件和上奏具体时间的记载，因而无法详知其内容。关于此，牙含章认为：“雍正十二年，噶桑嘉措借托护送达赖喇嘛返藏之章嘉呼图克图向雍正帝提出：请以巴塘、里塘之地还前藏，以其为达赖降生地，该土司建寺安禅制最宏丽也。”②也有学者认为：“章嘉呼图克图陪送达赖喇嘛返藏，作短暂停留后即回内地，却要求将理塘、巴塘、中甸等地方仍给达赖喇嘛管辖。”③ 由此可见，对于这次奏请，是三世章嘉呼图克图受七世达赖喇嘛之委托，还是三世章嘉呼图克图的个人主张，存在着争议。其实，只要明白三世章嘉呼图克图在当时的特殊身份地位，理清他与七世达赖喇之间的私人关系，或许问题就迎刃而解了。

章嘉呼图克图是有清一代唯一被朝廷授予国师称号的格鲁派领袖。康熙四十五年（1706），二世章嘉呼图克图被封“灌顶国师”④，康熙帝谕令：“黄教之事，由藏东向，均归尔一人掌管。”⑤ 二世章嘉呼图克图为此“一方面为清廷对蒙古、西藏做宣抚工作，一方面以其政治上的地位来促成蒙、藏两地之宗教的发展”⑥，他由此获得康熙帝的进一步器重和信赖，并因其佛学造诣的精深，“为世宗藩邸时所敬”⑦。自此之后，

① 《清高宗实录》卷69“乾隆三年五月庚午”，中华书局，1985。

② 牙含章：《达赖喇嘛传》，人民出版社，1984，第47页。按：牙著中没有注明此说的出处，但说雍正十二年（1734）七世达赖喇嘛就委托三世章嘉呼图克图向雍正帝提出奏请，至少在时间上与事实不符。

③ 邓锐龄、冯智：《西藏通史·清代卷》（上），中国藏学出版社，2016，第197页。

④ 《西藏研究》编辑部：《西藏志　卫藏通志》，西藏人民出版社，1982，第149页。

⑤ 妙舟法师：《蒙藏佛教史》（下），上海佛教书局，民国十四年，第94页。

⑥ 札奇斯钦：《蒙古与西藏历史关系之研究》，台北正中书局，1978，第517页。

⑦ （清）魏源：《圣武记》卷5，韩锡铎、孙文良点校，中华书局，1984，第217页。按：据雍正帝自己说，他之好佛也与二世章嘉呼图克图有一定的关系，“朕少年喜阅内典，惟慕有为佛事……此朕平生参究因缘，章嘉呼图克图喇嘛实为朕证明恩师也”。参见《西藏研究》编辑部：《西藏志　卫藏通志》，西藏人民出版社，1982，第138—139页。

历辈章嘉呼图克图素受清廷眷顾和重用，即如有学者所说："历世的章嘉大师自始到终多是充满政治色彩的。"[①] 在历辈章嘉呼图克图中，三世章嘉呼图克图的一生最具传奇色彩。三世章嘉呼图克图原本是参与罗卜藏丹津叛乱的郭隆寺（即后来的佑宁寺）的活佛，但因雍正帝与二世章嘉呼图克图的特殊关系，三世章嘉呼图克图不仅没受到牵连，反而得到特别的保护。[②] 自雍正二年（1724）奉旨进京后，潜心修习，他与皇太子弘历（即乾隆）同窗学习，结下法缘，直至七十岁圆寂，在宫廷供职六十余年，深受雍正、乾隆父子的恩宠和重用。从雍正十三年（1735）十二月至乾隆元年（1736）这一年多时间里，三世章嘉呼图克图与七世达赖喇嘛由相识到相知，建立起彼此信任的深厚感情。据说，三世章嘉呼图克图在泰宁与七世达赖喇嘛的初次相会，彼此就有相见恨晚的感觉，"达赖喇嘛非常器重章嘉活佛，与他愉快地交谈。章嘉活佛也对达赖喇嘛崇拜得无以复加"，"在泰宁停留期间，他几乎每天都到达赖喇嘛身边，聆听无数的佛法教诲，好像每天在举行盛大的法会。按照章嘉活佛的请求，达赖喇嘛连续二十九天给他讲授了佛经集要《二大乘师的道规》、五世达赖喇嘛所著的讲解宗喀巴大师的《菩提道次第论》的著作《文殊师利教诲经笔记》"。[③] 雍正十三年（1735）三月至七月，三世章嘉呼图克图陪送七世达赖喇嘛从泰宁起程回到拉萨，"行期为四个月，每日与达赖喇嘛朝夕相处"，"一路上他们并骑同行，共餐同宿"，相谈甚欢。[④] 雍正十三年（1735）年底，当七世达赖喇嘛知道三世章嘉呼图克图将要离开拉萨回朝时，先是赠送自己珍藏的释迦牟尼铜像和宗喀巴大师的全部著作等珍贵礼物，后又谆谆赐教，"相互依依难舍"[⑤]。乾隆元年（1736）初，三世章嘉呼图克图离藏启程回京，七世达赖喇嘛和五世

---

① 札奇斯钦：《蒙古与西藏历史关系之研究》，台北正中书局，1978，第 517 页。

② 陈庆英：《陈庆英藏学论文集》（下），中国藏学出版社，2006，第 865 页。

③ （清）土观·洛桑却吉尼玛：《章嘉国师若必多吉传》，陈庆英、马连龙译，中国藏学出版社，2007，第 62 页。

④ （清）土观·洛桑却吉尼玛：《章嘉国师若必多吉传》，陈庆英、马连龙译，中国藏学出版社，2007，第 65 页。

⑤ （清）土观·洛桑却吉尼玛：《章嘉国师若必多吉传》，陈庆英、马连龙译，中国藏学出版社，2007，第 82 页。

班禅等西藏僧俗又高规格地为三世章嘉呼图克图设宴饯行。[①]

值得注意的是，七世达赖喇嘛虽然获准回到拉萨，但是他与颇罗鼐父子之间的心结或者说是怨仇，还远未解开和消逝。一般的看法是，在“阿尔布巴事件”中，七世达赖喇嘛之父搅和太深，而七世达赖喇嘛也被认为是前藏贵族的后台和庇护人。换言之，七世达赖喇嘛父子俩都对康济鼐被杀负有责任。事实上，颇罗鼐虽然在表面上否定了西藏那些“坏噶伦”们关于此事的说辞[②]，但他却在给雍正帝的奏折中又指名道姓地说：“达赖喇嘛、索朗达吉（索诺木达尔扎）、工布噶伦阿沛·多吉结波（阿尔布巴）、隆巴娃（隆布鼐）、角惹瓦（扎尔鼐）等为首的卫地、工布……约三百人联合来到后藏……同我进行了交战。”[③] 这就表明，在七世达赖喇嘛是否参和“阿尔布巴事件”，以及是否应该对康济鼐被杀负有责任的问题上，颇罗鼐是有自己的判断和看法的。至于说颇罗鼐又为何在西藏僧俗面前替七世达赖喇嘛排嫌卸责，比较合理的解释是他基于顾全七世达赖喇嘛的颜面，从维护大局出发而采取的委曲求全之法。实际上，因“阿尔布巴事件”，颇罗鼐已与七世达赖喇嘛及其家族结下了一时难以消解的仇隙。有学者认为，历经“阿尔布巴事件”之后，颇罗鼐“表面上对达赖喇嘛毕恭毕敬”，而“实际上结怨极深”。[④]

“阿尔布巴事件”之后，清廷鉴于颇罗鼐与七世达赖喇嘛难以和衷共济，断然将七世达赖喇嘛父子迁离拉萨，同时授予颇罗鼐掌管西藏地方政务的职权。颇罗鼐上台执政后，不仅使西藏地方政局渐趋稳定，经济日渐恢复，而且还妥善地解决了西藏与不丹、尼泊尔和拉达克的关系。[⑤] 颇罗鼐的这些政绩，有目共睹。颇罗鼐自康熙末年被封噶伦以来，一直忠顺清廷，深得朝廷的信任。在颇罗鼐主持西藏地方政务后，又不

---

① （清）章嘉·若贝多杰：《七世达赖喇嘛传》，蒲文成译，中国藏学出版社，2006，第 154 页。

② （清）多卡夏仲·策仁旺杰：《颇罗鼐传》，汤池安译，西藏人民出版社，2002，第 302 页。

③ 中国社会科学院民族研究所、西藏自治区档案馆：《西藏社会历史藏文档案资料译文集》，中国藏学出版社，1997，第 9 页。

④ 恰白·次旦平措等：《西藏简明通史——松石宝串》，陈庆英等译，西藏藏文古籍出版社，2018，第 746 页。

⑤ 牙含章：《班禅额尔德尼传》，华文出版社，2015，第 789 页。

负朝廷所望。因此，雍正六年（1728）十二月，颇罗鼐被清廷封为贝子，雍正九年（1731）二月又被封为贝勒[①]，权势日隆。相比之下，七世达赖喇嘛还一直仅被视为“执掌阐扬西方佛教之人”[②]，即宗教领袖。七世达赖喇嘛移驻泰宁期间，在安全上，有清兵的严密保护，可以说是万无一失；在居住环境和生活上，也可以说得到了朝廷无微不至的关怀。但必须清楚地看到，清廷之所以这样做，是既要显示出朝廷对七世达赖喇嘛作为蒙藏民族信服的宗教领袖的优待和安抚，又要使七世达赖喇嘛与西藏隔绝，不让其有机会参与西藏任何政事。正是这样，七世达赖喇嘛在泰宁期间，事实上没有机会与颇罗鼐有多少接触，彼此之间的矛盾自然也就不会充分暴露。如今七世达赖喇嘛回到拉萨，虽移居泰宁惠远庙这么几年，时间并未能消融他与颇罗鼐彼此间的结怨。关于此，三世章嘉呼图克图在藏期间也能感受到。他在《七世达赖喇嘛传》中明确地说，七世达赖喇嘛与颇罗鼐之间“不太融洽”[③]。客观地讲，当时的七世达赖喇嘛虽贵为宗教领袖，但正如有学者所说：七世达赖喇嘛当时毫无政治权力，仅限于宗教的职能。[④] 加之当时西藏世俗官员权力日益膨胀，执掌地方事务大权的颇罗鼐又在对待达赖问题上存有私心。[⑤] 这就使七世达赖喇嘛虽有宗教领袖之盛名，在名义上享有卫藏赋税之权，但“以七世达赖为首的格鲁派集团在地方政权中其政治地位处于受压制和被冷落的被动局面”[⑥]。乾隆元年（1736），三世章嘉呼图克图顺利完成西藏之行回到北京，刚刚登基不久的乾隆帝“十分高兴，详细询问，如先帝在位时一样器重”，“不久，皇帝降旨，将大印（掌管驻京喇嘛事

---

① 《清世宗实录》卷76“雍正六年十二月丁酉”；《清世宗实录》卷76“雍正九年二月庚子”，中华书局，1985。

② 《清高宗实录》卷180“乾隆十一年十二月乙丑”，中华书局，1985。

③ （清）土观·洛桑却吉尼玛：《章嘉国师若必多吉传》，陈庆英、马连龙译，中国藏学出版社，2007，第70页。

④ 李铁铮：《西藏历史上的法律地位》，湖南人民出版社，1986，第60页。

⑤ 秦永章：《乾隆皇帝与章嘉国师》，青海人民出版社，2008，第164页。

⑥ 冯智：《清代前期治藏方略研究》，云南民族出版社，2010，第13页。

务之印）交与章嘉活佛，封为从政教两方面指导北京喇嘛寺的掌印喇嘛”。[①] 可以肯定的是，三世章嘉呼图克图一定会将他在西藏的所见所闻，以及七世达赖喇嘛的境遇等有关情况详细禀报乾隆和朝廷，这也是之后朝廷在拒绝由七世达赖喇嘛管辖“三塘”的同时，又做出给予七世达赖喇嘛额外经济赏赐决定的重要原因。对此，有学者认为，章嘉呼图克图护送七世达赖喇嘛返藏“无论从西藏历史的发展的角度，还是清政府对西藏地区的统治的角度，都具有十分重要的意义”[②]。

由是观之，七世达赖喇嘛的这次奏请管辖“三塘”之事，虽是以三世章嘉呼图克图之名义上奏，实则可能是二者之间达成的一种默契。或者说，是基于此事在雍正年间就被朝廷拒绝过，若再由七世达赖喇嘛直接奏请，有可能引起朝廷的不愉快，因此以三世章嘉呼图克图之名奏请，避免出现彼此尴尬的局面。

自雍正年间划定川、滇、藏三省区的省际行政边界之后，“三塘”等地分别隶属川、滇两省管辖，经过近十年的运行，地区局势甚是“宁谧”[③]。而此时，深受乾隆帝眷爱和信任的三世章嘉呼图克图旧事重提，这其中究竟是谁的意愿，乾隆帝对此心知肚明。但是，乾隆帝在看到三

---

① （清）土观·洛桑却吉尼玛：《章嘉国师若必多吉传》，陈庆英、马连龙译，中国藏学出版社，2007，第 86 页。

② 秦永章：《乾隆皇帝与章嘉国师》，青海人民出版社，2008，第 59 页。

③ 《西藏研究》编辑部：《清代藏事辑要》卷 2，西藏人民出版社，1983，第 120 页。雍正五年（1727），为了加强对理塘、巴塘和中甸等地区的管理，清廷“收巴塘、里塘隶四川，设宣抚司治之；中甸、维西隶云南，设二厅治之”（赵尔巽等：《清史稿》卷 525，中华书局，1977，第 14540 页）。雍正七年（1729），清廷“以新设雅州府同知驻扎打箭炉。管辖口外各土司，如巴、里二塘……直通西藏一路，广袤千里，俱安设塘汛，要隘处设重兵镇守”（《乾隆雅州府志》卷 10，《中国地方志集成·四川府县志辑（63）》，巴蜀书社，1992，第 550 页）。其中，理塘土司，又称理塘宣抚司，共正副两员，管辖范围包括今理塘、稻城、乡城、雅江西部、新龙南部等地，管辖瓦述崇喜长官司、瓦述曲登长官司、瓦述毛茂亚土百户、瓦述啯咙长官司、麻里土千户等。巴塘土司，即巴塘宣抚司，也为正副两员，雍正七年（1729）授职，并颁给印信号纸，所辖区域主要为巴塘、德荣、义敦等地。同时，由于巴塘、理塘“原无世代头目承袭”，故清朝在设置土司时“请照流官例。如有事故，开缺题补，与他土司不同”（赵尔巽等：《清史稿》卷 512，中华书局，1977，第 14208 页），其长官则给予印信号纸，准其子孙承袭，这是巴塘、理塘土司与康区其他土司不同的地方。在中甸设维西厅，属鹤庆府管辖，沿用元明土司制度，设土司、土百户及土司巡检等土职。

世章嘉呼图克图的奏折后，并没有贸然作出决定，而是在将其交给议政大臣会同部臣密议的同时，还谕询大学士兼川陕总督查郎阿和云南总督庆复，并要求他们就“可否给还，或有无不便情节”，“悉心筹画”并“妥议具奏”[①]。从乾隆帝的这番做法看，他对于三世章嘉呼图克图的这一奏请，还是保持了相当程度的警觉，并以十分谨慎的态度来应对。

乾隆三年（1738）五月，查郎阿“遵旨议复”：“章嘉呼图克图奏请以里塘、巴塘等地方赏给达赖喇嘛，经议政大臣等令臣悉心筹画，咨商云贵总督庆复妥议。臣查达赖喇嘛为番夷各部落所尊崇，圣祖仁皇帝时，克西藏，设床加封，驻兵戍守，洵安边至计。然由滇、蜀至西藏，途远势隔，是以将里塘、巴塘等处收归内地，以利粮运。雍正三年，将察木多以内各处头人给土司职衔，为打箭炉保障。察木多以外，给达赖喇嘛。每年赏达赖喇嘛茶五千斤，班第（禅）额尔德尼茶二千五百斤，加恩已渥。今若再赏里塘、巴塘，令番众赴藏纳差。将来驻藏兵撤，倘有叵测，打箭炉外沿途无不阻梗。”[②] 由此可见，查郎阿完全不同意章嘉呼图克图的奏请。在他看来，自康熙、雍正以来，朝廷对七世达赖喇嘛“加恩已渥”，若再同意章嘉呼图克图奏请，不仅给“番众”纳差带来诸多不便，而且给朝廷用兵、运粮造成阻梗，这显然不是什么“柔远之道”[③]。查郎阿在提出反对意见的同时，还进一步分析了七世达赖喇嘛为何有如此诉求：“想因喇嘛日用不敷起见，并非恳请地土、番民。”[④] 换言之，达赖喇嘛奏请管辖权的目的，是要获取这些地方的赋税。那么，如何应对七世达赖喇嘛的请求，才能既可坚守已确定的省区行政边界，又能解决七世达赖喇嘛“日用不敷”的实际困难呢？查郎阿建议：“查里塘、巴塘、佳塘，每年所纳不及万金。若于打箭炉商税内按数赏给，则伊等日用既敷，而里塘等处地方仍属内地，可以联大昭之声息，杜远人之觊觎。”[⑤] 同时，查阿郎还向乾隆帝禀报：“已密咨云督，俟妥议到

---

① 《清高宗实录》卷 81“乾隆三年十一月戊寅”，中华书局，1985。
② 《清史列传》卷 16，王钟翰点校，中华书局，1987，第 1193 页。
③ 《清高宗实录》卷 69“乾隆三年五月庚午”，中华书局，1985。
④ 《清高宗实录》卷 69“乾隆三年五月庚午”，中华书局，1985。
⑤ 《清高宗实录》卷 69“乾隆三年五月庚午”，中华书局，1985。

日，另行具奏。”①

乾隆帝在接到查阿郎的奏报后，非常赞同查阿郎的意见和处理方案：“上嘉纳之。”② 乾隆三年（1738）五月十九日，乾隆帝做出最终决定，敕谕内阁：“闻西藏地方大小寺庙千有余所，其各寺庙养赡喇嘛及往来喇嘛布施人等所需之费，俱于达赖喇嘛公项内支给，是以用度繁多，不敷支给。从前皇祖、皇考俱优恤达赖喇嘛，不时加恩赏赍。今达赖喇嘛用度不敷，着于打箭炉所征税银内每年给银五千两。俟达赖喇嘛差人赴打箭炉取茶叶之便，令将此项赏银一并带回。”③

乾隆三年（1738）十一月，查阿郎再次上奏乾隆帝：“本年五月，谨就微臣意见，将不便之处具奏。蒙颁谕旨，达赖喇嘛用度不敷，着于打箭炉所征税银内，每年给银五千两在案。兹据庆复议复：滇省所属中甸，与川省里塘、巴塘、佳塘等处情势相同，从前未归内地之时，颇多不便。归滇以后，设弁管辖，迄今宁谧。应将里塘、巴塘、佳塘并中甸等处，照旧各归川、滇，未便仍给达赖喇嘛管理。与臣前奏意见相符。”④ 当乾隆帝看到查阿郎和庆复两位封疆大臣的意见一致之后，甚为满意，朱批：“所议是。知道了。”⑤

“三塘”地区划归川、滇两省设弁管辖之后，“迄今宁谧”，若准许三世章嘉呼图克图的奏请又可能带来诸多“不便”，为此，乾隆采纳了查阿郎等朝臣建议，拒绝了由七世达赖喇嘛管辖里塘、巴塘、佳塘等处地方的奏请，但同意每年都给予七世达赖喇嘛数目不菲的赏银，以解决其用度不敷支给的实际困难。乾隆三年（1738）七月，理藩院及有关部

---

① 《清高宗实录》卷69“乾隆三年五月庚午”，中华书局，1985。

② 《清史列传》卷16，王钟翰点校，中华书局，1987，第1193页。

③ 《清高宗实录》卷69“乾隆三年五月庚午”，中华书局，1985。关于这道谕令，藏文史籍上的记载略有不同。“乾隆三年夏五月十九日敕谕：藏区大小寺院凡千有余所，皆由达赖喇嘛之囊佐（商卓特巴）定期布施熬茶，且（地方）政府为各种善业法事亦开支甚巨，财力不足，朕历辈先皇向来尊崇奖赏达赖喇嘛，今从打箭炉每年支银五千两，交付于达赖喇嘛之熬茶人员，作为定期布施资金。”参见（清）章嘉・若贝多杰：《七世达赖喇嘛传》，蒲文成译，中国藏学出版社，2006，第187页。

④ 《清高宗实录》卷81“乾隆三年十一月戊寅”，中华书局，1985。

⑤ 《清高宗实录》卷81“乾隆三年十一月戊寅”，中华书局，1985。

门，遵旨执行，并令留藏办事的大臣杭奕禄告知七世达赖喇嘛。[①]

客观地讲，乾隆帝这一有理有据的决定，既满足了七世达赖喇嘛的经济诉求，也顾全了三世章嘉呼图克图的颜面，让二者都无话可说。这或许就是七世达赖喇嘛获知这一谕令后，不仅没有流露出丝毫失望之情，反而甚为欣喜的原因。七世达赖喇嘛为此还特“向金字使者大喇嘛等授四臂大悲观音随许法，向黄大臣等驻拉萨的皇帝之官员褒奖赏赐，并立即经驿站向大皇帝上表谢恩”[②]。这份由驻藏办事的左工部侍郎杭奕禄转呈的谢恩奏文载：

> 谨奏于文殊菩萨大皇帝圣明陛下：昔蒙圣祖仁皇帝宏恩，令小僧坐床，仁爱备加，不胜尽数；世宗宪皇帝振兴黄教，施以无疆之恩；文殊菩萨大皇帝登极以来，恩伦叠沛。兹又追念昔日圣祖仁皇帝、世宗宪皇帝对小僧之悯爱，明鉴养赡各寺庙喇嘛不敷情形，每年赏银五千两，以供小僧之商上支给，实系如天地之厚恩，不仅小僧荣耀无比，西土之众生闻之，亦莫不欣忭感戴。小僧系出家之人，无以报称，惟为文殊菩萨大皇帝万寿无疆祷告天佛，虔诚诵经，以图还报于万一。[③]

从这段奏文中可见，七世达赖喇嘛通篇讲述的是对朝廷如何的感激与感恩。在这之中，七世达赖喇嘛首先对康熙、雍正两位先皇帝表达了特别感激之情，进而又对乾隆帝歌功颂德，大加赞誉，“恩伦叠沛”，并说朝廷每年给予他五千两赏银，“实系如天地之厚恩”。同时，还禀报乾

---

① 中国藏学研究中心等：《元以来西藏地方与中央政府关系档案史料汇编（2）》，中国藏学出版社，1994，第455页。

② （清）章嘉·若贝多杰：《七世达赖喇嘛传》，蒲文成译，中国藏学出版社，2006，第187页。按：这里的“黄大臣”应是“杭大臣”之误，即杭奕禄。杭奕禄，完颜氏，满洲镶红旗人。乾隆二年（1737）九月，留藏驻扎办事。乾隆三年（1738）九月，奉诏回京，职务由纪山继任，但他在乾隆四年（1739）六月才回京。参见吴丰培、曾国庆：《清代驻藏大臣传略》，西藏人民出版社，1988，第10页。

③ 中国藏学研究中心等：《元以来西藏地方与中央政府关系档案史料汇编（2）》，中国藏学出版社，1994，第455页。

隆帝："俟明年小僧派往之堪布、贝勒颇罗鼐派往之囊苏到京时，再恭请圣安。"[①] 以示对朝廷的恭顺。而对奏请管辖"三塘"等地之事，只字未提，仿佛他从未有过这样的请求。七世达赖喇嘛及格鲁派最终接受并服从了朝廷有关"三塘"归属问题的处理决定。

四、结语

综上所述，为了加强对康藏地区的统治与管理，维护西南边疆的稳定，清廷两次拒绝了七世达赖喇嘛管辖理塘、巴塘和中甸等处的奏请。在历辈达赖喇嘛中，七世达赖喇嘛是唯一受到清朝三位皇帝隆恩眷宠的，先后得到康熙、雍正的两次册封，之后又被乾隆赐予亲政的权力。但是，清廷并未因此在治藏安边这一原则问题上做出丝毫让步。根据前文对问题的梳理和分析，结合相关资料，我们大致可有以下一些认识。

首先，清朝经略康藏地区的历史经历了一个不断调适的过程。清初，清廷将主要精力放在如何平息来自南明、农民军等各种反清或复明势力的反抗，以稳固其统治这一战略重心上，而对于广袤的青藏高原和康区，则承认和硕特蒙古袭据的既成事实，分别对固始汗和五世达赖喇嘛进行册封，以达到明清鼎革之后西藏主权的顺利传递。客观上讲，这种以蒙治藏的间接管辖方式，不过是清廷基于时局所迫而采取的权宜之计。同时，蒙藏统治阶层联合的"蜜月期"并没有维持多久，随着各自实力的此消彼长，双方因权益诉求的不同而明争暗斗，特别是在固始汗和五世达赖喇嘛去世后，继任和硕特汗王与第巴之间矛盾冲突不断，致使西藏地方政局不稳，社会动荡。而准噶尔部的侵入，不仅加剧了西藏地方社会的动荡，而且直接危及清朝在西藏的统治，甚至影响到青海、四川和云南等省相邻涉藏地区的稳定。这其中，理塘、巴塘、中甸等地区，又是各方争夺的焦点。历史上，理塘、巴塘、中甸等地归属中央王

① 中国藏学研究中心等：《元以来西藏地方与中央政府关系档案史料汇编（2）》，中国藏学出版社，1994，第 455 页。

朝较早。[①] 唐代，吐蕃的东扩打破或改变了这些地区原有的行政隶属格局。宋代，在错综繁杂的政权分割状态下，原吐蕃地方的一部分归附中央，为后来的元代归置西部行政区划埋下伏笔。元朝建立后，以三大宣慰司分别管理西藏和其他涉藏地区。其中，理塘、巴塘、中甸等地隶属原吐蕃等路宣慰使司都元帅府。明承元制，这些地区隶属朵甘行都指挥使司。元、明王朝通过所设立的这两大边政机构，明确了西藏和康区的行政区域，以分别设置地方行政机构的方式，确立各自的行政区域范围，这有助于中央王朝强化地方行政管理。但自明末清初以来，和硕特蒙古袭占了青藏高原及康区大部分地区，再一次打乱了康区的行政建置格局。当时，迫于时局不稳、国力不济，清廷顺势承认既成事实，施以羁縻之策，致使理塘、巴塘和中甸等康南地区成为清朝西南边疆内陆管理的"软肋"[②]。这种局面不仅搅乱了康南地区原有的政治生态，造成地方势力尾大不掉以及各民族各利益集团之间新的矛盾纠葛，引起地区动荡，而且那种"止知有蒙古，而不知有厅卫，不知有镇营"的状况，也与清王朝实现国家统一、加强地方控制以维护地方稳定的政治蓝图背道而驰。因此，在"驱准保藏"胜利和平定罗卜藏丹津叛乱之后，清朝实现了由间接治藏到直接治藏的历史性转变，决心整顿藏政，以谋求治边安藏的长远治策。在此之下，清廷在强化对西藏的统治与管理的同时，有目的、有计划地划定了西藏与川、滇、青等省之间的省际行政边界，从而解决了历史上因行政区划边界不清而造成纷争和行政管理松散等问题。从清朝维护国家统一与加强地方治理的历史进程看，"这既是康熙、雍正时期西藏地区及全国形势发展的必然结果，也是清中央政府维护祖国统一、加强西藏及相邻地区治理的重大举措"[③]。

七世达赖喇嘛两次奏辖"三塘"相隔十余年，跨越康熙、雍正、乾隆三朝。第一次奏请时，正值"驱准保藏"取得胜利，七世达赖喇嘛坐

---

① 李绍明：《历代中央王朝在四川藏区的建置》，杨岭多吉：《四川藏学研究》（第二辑），中国藏学出版社，1994，第1页。

② 马国君：《论清前期漠西蒙古入藏与西南边疆"改土归流"的关系——以康区的"改土归流"为视野》，《思想战线》2011年第2期。

③ 赵心愚：《清康雍时期川、滇、藏行政分界的两个问题》，《四川师范大学学报》2019年第6期。

床不久，清朝中央政府虽接管了西藏及康区大部，但西藏的统治尚未稳固，尤其是青海等地还处在和硕特蒙古的实际控制之下。在这种状况下，以什么样的方式才能有效地控制西藏，特别是是否还需借助和硕特蒙古之力的问题上，康熙、雍正二帝还犹豫不决。① 迫使雍正帝痛下决心改变既有治藏政策的是雍正元年（1723 年）的罗卜藏丹津叛乱。在平定叛乱之后，和硕特蒙古势力被彻底赶出西藏，清朝中央政府因此获得了对西藏的直接控制权。清初以来，清廷在西藏实施蒙藏“联合共治、互为牵连”的策略，这一策略虽在一定程度上起到制衡蒙藏上层力量的作用，使西藏地方获得了一段时期内的稳定与安宁。但是，由于缺乏中央王朝自上而下的权威管理，蒙藏上层争夺西藏地方权力的隐患并没有清除，从而酿成不断的纷争和一次又一次的冲突，导致青藏高原及其相邻地区动荡不定。有鉴于此，为求西藏和四川、云南、青海等省涉藏地区的长治久安，清廷以平定罗卜藏丹津叛乱为契机，进一步分化削弱格鲁派在西藏地方之外的势力和影响力，也为了避免蒙古部落再次侵藏，其策略之一就是由“待西海之法”向“治西海之道”转变②，从而达成“沿边番回必属内地”的君臣共识③，落实之手段就是划定西藏与四川、云南、青海等涉藏省区的省际行政边界。随着省区划界的实施，“三塘”

① 康熙六十一年(1722)，察罕丹津趁在热河觐见康熙皇帝之机，请求朝廷恢复西藏的和硕特蒙古汗王体制，康熙的回答是：“策妄阿喇布坦之事尚未了结，藏事暂且不议。事完之时，诸事必皆如前而行。”（中国第一历史档案馆：《雍正朝满文朱批奏折全译》（上册），黄山书社，1998，第 300 页）可见，康熙基本同意了察罕丹津的请求，只是说时机还不成熟。只是因康熙当年驾崩，此事未有结论。雍正元年（1723）春夏之交，雍正曾专门向大臣们提及此事，说：“（康熙）所谕甚明，并未言不令尔等之人在藏为汗，取得地方。”［中国第一历史档案馆：《雍正朝满文朱批奏折全译》（上册），黄山书社，1998，第 300 页］这就表明，当时雍正仍有延续康熙治藏理念的意思，并没有否认和硕特蒙古所拥有的“藏王”地位。另外，雍正九年（1731），颇罗鼐奏报准噶尔欲送拉藏汗之子苏尔杂到藏并立为“西藏汗”。对此，雍正帝果断拒绝，并对颇罗鼐说：“朕令尔料理西藏事务，尔约束唐古特实心效力，是以加恩封尔为贝勒。”参见《清世宗实录》卷 109“雍正九年八月戊申”，中华书局，1985。

② 黄辛建：《雍正时期藏区行政划界研究》，《中国藏学》2018 年第 3 期。

③ （清）年羹尧：《年羹尧满汉奏折译编》，季永海、李盘胜、谢志宁翻译点校，天津古籍出版社，1995，第 328 页。

的行政辖属得以最终明确。[1] 本质上讲，七世达赖喇嘛代表格鲁派以“用度不敷”为由奏辖“三塘”等地，实则隐含着填补和硕特蒙古退出这些地区之后所留下的权力空间的意图[2]，以拓展其势力范围，进而扩大其在康区的政治影响力。对于七世达赖喇嘛这一诉求背后的深层次用意，以雍正帝为代表的清廷洞若观火，因而对其奏辖请求断然拒绝。[3] 乾隆三年（1738），三世章嘉呼图克图替七世达赖喇嘛再次奏辖“三塘”时，川、滇、青、藏省区行政划界已实施了十余年，行政管理有序，也得到当地僧俗民众拥护，清廷甚为满意。查诸雍正、乾隆时期涉及“三塘”地区的清代档案文书资料，文中不乏“谨守住牧”“奉法急公”“勤劳恭顺”之类的褒扬评价。古今中外，一个国家或政权将其主权范围的地域划分为不同层级及其适宜管控空间的政区，既是通行的做法，也是加强其统治与行政管理的必不可少的重要手段和施政步骤。清雍正时期，明确川、滇、青、藏省区行政边界，既是基于对这些省区内部分地区隶属关系的历史回归，也是根据现实需要所作出的必要调整。因此，自雍正时期划分省区行政边界以来，清朝在“三塘”地区的统治和行政管理，都得到巩固和加强。从这个角度上说，雍正、乾隆父子拒绝七世达赖喇嘛的奏辖请求，既是遵循康熙以来不断调整和优化治边思路的表现，也是清廷统筹藏事的权力体现。

其次，承认格鲁派收支困难，给予优厚的经济补偿。关于两次奏辖“三塘”的理由与深层次原因，七世达赖喇嘛在第一次奏辖“三塘”时说“念及为吾施慈所赐名号”和“为圣主祈福所做念经法事”。[4] 为做法事，需向“色拉寺、哲蚌寺、甘丹寺三寺为主之各大小寺院之布施僧茶

---

① 参见黄辛建：《雍正时期藏区行政划界研究》，《中国藏学》2018年第3期；赵心愚：《清康雍时期川、滇、藏行政分界的两个问题》，《四川师范大学学报》2019年第6期。

② 杨代成：《论康熙末年清朝“驱准保藏”南路进兵方略》，《中国边疆史地研究》2022年第3期。

③ 关于此，还可从乾隆十四年（1749）清廷拒绝珠尔默特那木扎勒的奏请中看出，是年珠尔默特那木扎勒借黄教之名，奏请再辖中甸等处。清廷以珠尔默特那木扎勒“不过借振兴黄教之名，欲多辖人众，希图收税射利。恐由此滋生事端，不可不预防”，断然拒绝。（《清高宗实录》卷343“乾隆十四年六月下辛丑”，中华书局，1985）

④ 西藏自治区档案馆：《清代西藏地方档案文献选编（1）》，中国藏学出版社，2017，第10页。

和供奉释迦牟尼为主佛像、佛经、佛塔之无数酥油灯等所需大规模供奉仪式”[①]。这些“布施”和“供奉”是一笔不小的开支，故请求清廷将“三塘”交由其管理，以增加收入。第二次奏请之理由与第一次如出一辙，仍然是因“用度繁多，不敷支给”[②]。由此可见，用度“不敷”是七世达赖喇嘛及格鲁派一贯的说辞。客观地讲，在卫藏地区历遭准噶尔入侵的重创之后，七世达赖喇嘛又与颇罗鼐之间的旧怨尚未消除的情况下，由七世达赖喇嘛定期向涉藏地区大小千余处寺院布施熬茶，并为各种善业开支，即“藏区大小寺院凡千余处，皆由达赖喇嘛之襄佐定期布施熬茶”[③]，其财力吃紧，是不争的事实。因此，七世达赖喇嘛以用度“不敷”奏请拓展辖地以开辟财源解决财政困难，不失为一个说得通且有依据的理由。

但若将七世达赖喇嘛奏辖“三塘”的用意仅归结于此，可能还未必恰当。理塘是七世达赖喇嘛的故乡，其童年的一段时间在那里度过。康熙四十七年（1708），他诞生在理塘寺脚下的一个小村庄，八岁时在理塘寺出家，九岁时才被青海蒙古部落迎到塔尔寺供养。“阿尔布巴事件”平息之后，雍正六年（1728），清廷将七世达赖喇嘛移驻康区，雍正十三年（1735）才被允许回到拉萨，其间，在慧远寺竣工前，七世达赖喇嘛先被安顿在理塘寺。七世达赖喇嘛在康区驻锡期间之所以能专心学习一切显、密经典，潜心修炼，除清廷的妥善安排与优待外，还与理塘寺、中甸松赞林寺等康区寺院以及当地僧俗民众的盛大供养分不开。七世达赖喇嘛生于斯、长于斯，又受惠于斯，必然对理塘等地有着一份特殊的情感。关于此，七世达赖喇嘛在委托三世章嘉呼图克图代为上奏书中讲得非常明白，“请以巴塘、里塘之地还前藏，以其为达赖降生地，该土司建寺安禅制最宏丽也”[④]。这是其一。其二，自明季以来，在西藏

---

① 西藏自治区档案馆：《清代西藏地方档案文献选编（1）》，中国藏学出版社，2017，第10页。

② 中国藏学研究中心等：《元以来西藏地方与中央政府关系档案史料汇编（2）》，中国藏学出版社，1994，第455页。

③ 中国藏学研究中心历史所：《历辈达赖喇嘛生平研究》（上）（《西藏通史》资料丛刊17），2005，第316页。

④ 牙含章：《达赖喇嘛传》，人民出版社，1984，第47页。

地方民族关系和藏传佛教教派关系的巨大变局中，紧邻川、滇、藏的理塘、巴塘及中甸等“三塘”地区，因特殊的战略地理位置成为各方争夺的焦点。这些地区在格鲁派的发展与壮大过程中，曾经发挥过重要作用。因而，格鲁派仰仗清廷对它们的扶持和重用，以用度“不敷”为由，反复争取“三塘”等地的管辖权。但是，格鲁派的这种盘算与行动，已经触碰了清廷治边治藏的政治底线，并极有可能埋下各利益集团后续争斗的隐患，因而，必然遭到清廷的拒绝。

在清朝近三百年的治藏史上，在涉及达赖喇嘛及其有关事宜如何处理的问题上，清廷制定的政策和采取的措施，不可谓不多，有其成功也有其失误，这在学界已有基本的公论。而仅从清廷两次处理七世达赖喇嘛奏请“三塘”管辖权这一具体问题上看，可以说清廷既坚持了原则，又采取了颇具灵活性的应对策略。从长时段来说，自顺治帝分封五世达赖喇嘛一直到乾隆帝授予七世达赖喇嘛“亲政”这一百多年时间内，清廷虽秉持优抚达赖喇嘛以安蒙藏的治边策略，但在治藏问题上，一直坚持政教分离的原则，其间，无论是封授和硕特蒙古首领为汗王，还是封授西藏地方贵族为噶伦，以及封授封颇罗鼐父子为郡王，无一不是在遵循并坚持这一原则。与此同时，清廷还通过封授其他格鲁派领袖为班禅额尔德尼、哲布尊丹巴和章嘉呼图克图，明确他们各自的职责，进而将达赖喇嘛的权势限定在一定的范围之内。另外，在国家治理问题上，随着清朝统一事业的顺利推进，为了加强国内的统治和行政管理，将主权范围的版图分别设置行省和边疆治理机构，这既是对历史传统的继承，也是基于现实需要而采取的必要措施。如果从这一宏大历史背景看，无论是雍正、乾隆父子二帝，还是当时的朝臣疆吏，在拒绝七世达赖喇嘛或亲自或以三世章嘉呼图克图的名义奏辖“三塘”时所表现出的一致性坚决态度，实则是对清朝治国治边原则的一以贯之的坚守。而在拒绝七世达赖喇嘛的地域奏辖请求的同时，清廷既派高级别的官员携带赏赐到藏向七世达赖喇嘛等僧俗高层宣读圣旨，并做详细解释，又给予包括茶叶等物资和银钱货币在内的优厚赏赐，这种物质“抚慰”和精神宽解工作是坚持原则之下的灵活策略。非常有趣的是，乾隆帝在决定每年从打箭炉所征税银内赏给七世达赖喇嘛银五千两时[①]，又明白地指出，早在康熙、雍正两位帝王时，便"俱优恤达赖喇嘛，不时加恩赏赍"[②]，自己只是延续了"抚慰"做法而已。由此可见，雍正、乾隆父子二帝，在处理七世达赖喇嘛奏请"三塘"问题上所采取的原则性与灵活性相结合的处置策略，既坚持了川、滇、藏省际行政边界划分，防止达赖喇嘛及格鲁派通过获取"三塘"管辖权干涉地区政治事务，又避免与达赖喇嘛之间产生新的争议和矛盾，从而有助于维护清初以来所秉持的政教分离和限定权势范围的治藏治边政策的稳定，也有利于加强清朝中央政府对康藏的统治与管理，进而实现治藏安边的根本政治目的。

---

① 《清高宗实录》卷69"乾隆三年五月庚午"，中华书局，1985。按：康熙四十一年（1702）设打箭炉税关，茶引为税关的主要收入来源，乾隆年间的记载较完整，大致每年的关税总收入为银两万两。自雍正三年（1725），每年赏给达赖喇嘛茶叶五千斤、班禅额尔德尼二千五百斤，以及驮运赏茶脚价银二百两。自乾隆三年（1738）起，每年赏给达赖喇嘛银五千两。由此可见，朝廷给予达赖喇嘛的赏银，已占税关收入的大头。参见赖惠敏：《清前期打箭炉关税对西藏寺院的赞助》，《内蒙古师范大学学报》2021年第2期。

② 《清高宗实录》卷69"乾隆三年五月庚午"，中华书局，1985。

参考文献

一、史籍

（清）蔡毓荣等：《四川总志》，康熙十二年（1673）刻本，四川大学图书馆藏。

刘曼卿：《康藏轺征》，商务印书馆，1933 年版。

（清）李心衡：《金川琐记》，商务印书馆，1936 年版。

吴丰培：《清季筹藏奏牍》，国立北平研究院史学研究会，1938 年版。

《明实录》，（台北）“中央研究院”历史语言研究所，1962 年版。

（清）祁韵士：《皇朝藩部要略》，李毓澍：《中国边疆丛书》（7），台北文海出版社，1965 年版。

（清）张廷玉等：《明史》，中华书局，1974 年版。

（后晋）刘昫等：《旧唐书》，中华书局，1975 年版。

（宋）欧阳修、宋祁：《新唐书》，中华书局，1975 年版。

（明）宋濂等：《元史》，中华书局，1976 年版。

（元）脱脱等：《宋史》，中华书局，1977 年版。

赵尔巽等：《清史稿》，中华书局，1977 年版。

（清）李凤彩：《藏纪概》，中央民族学院图书馆内部资料，1978 年印。

中国第一历史档案馆：《清代档案史料丛编》，中华书局，1978 年版。

台北故宫文献编辑委员会：《宫中档雍正朝奏折》《宫中档乾隆朝奏折》，台北故宫博物院，1978 年及之后所出版的部分辑。

［法］古洛东：《圣教入川记》，四川人民出版社，1981 年版。

《西藏研究》编辑部：《西招图略 西藏图考》，西藏人民出版社，1982 年版。

《西藏研究》编辑部：《西藏志 卫藏通志》，西藏人民出版社，1982 年版。

《西藏研究》编辑部：《清代藏事辑要》，西藏人民出版社，1983 年版。

（清）顾炎武：《顾亭林诗文集》，华忱之点校，中华书局，1983 年版。

《西藏研究》编辑部：《清代藏事辑要续编》，西藏人民出版社，1984 年版。

鲁子健：《清代四川财政史料》，四川省社会科学院出版社，1984 年版。

（清）常明、杨芳灿：《四川通志》，巴蜀书社，1984 年版。

（清）魏源：《圣武记》，韩锡铎、孙文良点校，中华书局，1984 年版。

（清）彭孙贻：《平寇志》，陈协荣、刘益安点校，上海古籍出版社，1984 年版。

（清）计六奇：《明季北略》，魏得良、任道斌点校，中华书局，1984 年版。

（清）计六奇：《明季南略》，任道斌、魏得良点校，中华书局，1984 年版。

中国人民大学历史系、中国第一历史档案馆：《清代农民战争史资料选编（1）》，中国人民大学出版社，1984 年版。

王明伦：《反洋教书文揭帖选》，齐鲁书社，1984 年版。

中国第一历史档案馆：《康熙朝汉文朱批奏折汇编》，档案出版社，1984 及之后所出版的部分辑。

四川省编辑组：《四川省甘孜州藏族社会历史调查》，四川省社会科学院出版社，1985 年版。

吴丰培：《川藏游踪汇编》，四川民族出版社，1985 年版。

四川省档案馆：《四川教案与义和拳档案》，四川人民出版社，1985 年版。

《清实录》，中华书局，1985年及之后所出版的部分辑。

杜文凯：《清代西人见闻录》，中国人民大学出版社，1985年版。

多咯尔·策仁旺杰：《噶伦传》，周秋有译，常凤玄校，西藏人民出版社，1986年版。

《清史列传》，王钟翰点校，中华书局，1987年版。

《清朝文献通考》，浙江古籍出版社，1988年版。

（清）杨应琚：《西宁府新志》，青海人民出版社，1988年版。

（清）阿芒·贡却群派：《汉蒙藏史略》，贡巴才让译，青海人民出版社，1988年版。

四川省民族研究所《清末川滇边务档案史料》编辑组：《清末川滇边务档案史料》，中华书局，1989年版。

阿旺贡噶索南：《萨迦世系史》，陈庆英等译，西藏人民出版社，1989年版。

智观巴·贡却乎丹巴绕吉：《安多政教史》，吴均等译，甘肃民族出版社，1989年版。

四川省档案馆、四川民族研究所：《近代康区档案资料选编》，四川大学出版社，1990年版。

中国第一历史档案馆：《雍正朝汉文朱批奏折汇编》，江苏古籍出版社，1991年版。

《中国地方志集成·四川府县志辑》，巴蜀书社，1992年版。

（清）贺长龄、魏源：《清经世文编》，中华书局，1992年版。

（清）吴伟业：《绥寇纪略》，李学颖点校，上海古籍出版社，1992年版。

中国藏学研究中心：《元以来西藏地方与中央政府关系档案史料汇编》，中国藏学出版社，1994年版。

吴丰培：《清代藏事奏牍》，赵慎应校，中国藏学出版社，1994年版。

（清）年羹尧：《年羹尧满汉奏折译编》，季永海、李盘胜、谢志宁翻译点校，天津古籍出版社，1995年版。

中国第一历史档案馆、福建师范大学历史系：《清末教案》第1册，中华书局，1996年版。

（明）陈子龙等：《明经世文编》，中华书局，1997年版。

中国社会科学院民族研究所、西藏自治区档案馆：《西藏社会历史藏文档案资料译文集》，中国藏学出版社，1997年版。

五世达赖喇嘛：《西藏王臣记》，刘立千译注，民族出版社，2000年版。

中国第一历史档案馆、中国藏学研究中心：《清初五世达赖喇嘛档案史料选编》，中国藏学出版社，2000年版。

云南省博物馆：《木氏宦谱》（影印本），云南美术出版社，2001年版。

大司徒·绛求坚赞：《朗氏家族史》，赞拉·阿旺、佘万治译，陈庆英校，西藏人民出版社，2002年版。

（明）申时行等：《大明会典》，上海古籍出版社，2002年版。

何锐等：《张献忠剿四川实录》，巴蜀书社，2002年版。

（清）多卡夏仲·策仁旺杰：《颇罗鼐传》，汤池安译，西藏人民出版社，2002年版。

张羽新：《中国西藏及甘青川滇藏区方志汇编》，学苑出版社，2003年版。

赵心愚、秦和平：《清季民国康区藏族文献辑要》，四川民族出版社，2003年版。

赵心愚、秦和平：《康区藏族社会历史调查资料辑要》，四川民族出版社，2004年版。

（清）周霭联：《西藏纪游》，张江华、季垣垣点校，中国藏学出版社，2006年版。

（清）章嘉·若贝多杰：《七世达赖喇嘛传》，蒲文成译，中国藏学出版社，2006年版。

《乾隆朝内府抄本〈理藩院则例〉》，赵云田点校，中国藏学出版社，2006年版。

（清）孟保：《西藏奏疏》，黄维忠、季垣垣点校，中国藏学出版社，2006年版。

赵心愚、秦和平、王川：《康区藏族社会珍稀资料辑要》，巴蜀书社，2006 年版。

（清）土观·洛桑却吉尼玛：《章嘉国师若必多吉传》，陈庆英、马连龙译，中国藏学出版社，2007 年版。

姚乐野、王晓波：《四川大学图书馆馆藏珍稀四川地方志丛刊》，巴蜀书社，2009 年版。

（清）顾炎武：《天下郡国利病书》，上海古籍出版社，2012 年版。

（清）姚莹：《康輶纪行》，欧阳跃峰整理，中华书局，2014 年版。

四川省地方志编纂委员会：《四川历代方志集成》第 4 辑《（雍正）四川通志》，国家图书馆出版社，2017 年版。

西藏自治区档案馆：《清代西藏地方档案文献选编》，中国藏学出版社，2017 年版。

（清）严如熤：《三省边防备览点校》，张鹏翂补修，郭鹏点校，西安交通大学出版社，2018 年版。

（清）倪蜕：《滇云历年传》，李埏校点，云南大学出版社、云南人民出版社，2018 年版。

二、著作

杨仲华：《西康纪要》，商务印书馆，1937 年版。

札奇斯钦：《蒙古与西藏历史关系之研究》，台北正中书局，1978 年版。

胡昭曦：《张献忠屠蜀考辨——兼析湖广填四川》，四川人民出版社，1980 年版。

［意］杜齐：《西藏中世纪史》，李有义、邓锐龄译，中国社会科学院民族研究所民族史室、民族学室，1980 年油印。

王辅仁、索文清：《藏族史要》，四川民族出版社，1981 年版。

袁庭栋：《张献忠传论》，四川人民出版社，1981 年版。

李绍明、童恩正：《雅砻江下游考察报告》，中国西南民族研究学会印，1983 年版。

顾诚：《明末农民战争史》，中国社会科学出版社，1984 年版。

牙含章：《达赖喇嘛传》，人民出版社，1984 年版。

王辅仁、陈庆英：《蒙藏民族关系史略》，中国社会科学出版社，1985 年版。

李铁铮：《西藏历史上的法律地位》，湖南人民出版社，1986 年版。

王纲：《张献忠大西军史》，湖南人民出版社，1987 年版。

李世平：《四川人口史》，四川大学出版社，1987 年版。

［意］伯戴克：《十八世纪前期的中原和西藏》，周秋有译，西藏人民出版社，1987 年版。

张羽新：《清政府与喇嘛教》，西藏人民出版社，1988 年版。

费孝通：《中华民族多元一体格局》，中央民族学院出版社，1989 年版。

吴丰培、曾国庆：《清朝驻藏大臣制度的建立与沿革》，中国藏学出版社，1989 年版。

邓锐龄：《元明两代中央与西藏地方的关系》，中国藏学出版社，1989 年版。

刘小萌、定宜庄：《萨满教与东北民族》，吉林教育出版社，1990 年版。

［加拿大］谭·戈伦夫：《现代西藏的诞生》，伍昆明等译，中国藏学出版社，1990 年版。

内蒙古社科院历史所《蒙古族通史》编写组：《蒙古族通史》，民族出版社，1991 年版。

王纲：《清代四川史》，成都科技大学出版社，1991 年版。

《卫拉特蒙古简史》编写组：《卫拉特蒙古简史》，新疆人民出版社，1992 年版。

郭声波：《四川历史农业地理》，四川人民出版社，1993 年版。

石硕：《西藏文明东向发展史》，四川人民出版社，1994 年版。

冉光荣：《中国藏传佛教寺院》，中国藏学出版社，1994 年版。

李绍明：《李绍明民族学文选》，成都出版社，1995 年版。

王森：《西藏佛教发展史略》，中国社会科学出版社，1997 年版。

曹树基：《中国移民史》（第六卷），福建人民出版社，1997 年版。

刘正刚：《闽粤客家人在四川》，广西教育出版社，1997 年版。

顾祖成：《明清治藏史要》，西藏人民出版社、齐鲁书社，1999 年版。

欧泽高、冉光荣：《四川藏区的开发之路》，四川人民出版社，2000 年版。

［美］何炳棣：《明初以降人口及其相关问题》，葛剑雄译，生活·读书·新知三联书店，2000 年版。

王毓铨：《中国经济通史·明代经济卷》，经济日报出版社，2000 年版。

乌力吉巴雅尔：《蒙藏关系史大系·宗教卷》，西藏人民出版社、外语教学与研究出版社，2001 年版。

东嘎·洛桑赤列：《论西藏政教合一制度》，陈庆英译，中国藏学出版社，2001 年版。

彭朝贵、王炎：《清代四川农村社会经济史》，天地出版社，2001 年版。

王笛：《跨出封闭的世界——长江上游区域社会研究（1644—1911）》，中华书局，2001 年版。

张羽新：《清朝治藏典章研究》，中国藏学出版社，2002 年版。

［意］伯戴克：《元代西藏史研究》，张云译，云南人民出版社，2002 年版。

张云：《元朝中央政府治藏制度研究》，黑龙江教育出版社，2003 年版。

杜家骥：《清朝满蒙联姻研究》，人民出版社，2003 年版。

岑仲勉：《突厥集史》，中华书局，2004 年版。

袁闾琨等：《清代前史》，沈阳出版社，2004 年版。

万明：《晚明社会变迁问题与研究》，商务印书馆，2005 年版。

陈世松：《大迁徙：湖广填四川历史解读》，四川人民出版社，2005 年版。

多杰才旦、邓锐龄：《元以来西藏地方与中央政府关系研究》，中国藏学出版社，2005 年版。

［法］石泰安：《西藏的文明》，耿昇译，王尧审订，中国藏学出版社，2005 年版。

陈庆英：《历代达赖喇嘛生平研究》，（《西藏通史》资料丛刊 17），中国藏学研究中心历史所，2005 年印。

谭红：《巴蜀移民史》，巴蜀书社，2006 年版。

常建华：《清代的国家与社会》，人民出版社，2006 年版。

陈庆英：《陈庆英藏学论文集》，中国藏学出版社，2006 年版。

费孝通：《中国绅士》，中国社会科学出版社，2006 年版。

梁方仲：《梁方仲文集·中国历代户口、田地、田赋统计》，中华书局，2008 年版。

［意］毕达克：《西藏的贵族和政府》，沈卫荣、宋黎明译，邓锐龄校，中国藏学出版社，2008 年版。

秦永章：《乾隆皇帝与章嘉国师》，青海人民出版社，2008 年版。

赵心愚：《纳西族历史文化研究》，民族出版社，2008 年版。

蓝勇、黄权生：《“湖广填四川”与清代四川社会》，西南师范大学出版社，2009 年版。

任乃强：《任乃强藏学文集》，中国藏学出版社，2009 年版。

贾霄锋：《藏区土司制度研究》，青海人民出版社，2010 年版。

彭陟焱：《乾隆朝大小金川之役研究》，民族出版社，2010 年版。

贾大全、陈世松：《四川通史》，四川人民出版社，2010 年版。

冯智：《清代前期治藏方略研究》，云南民族出版社，2010 年版。

邓前程：《一统与制宜：明朝藏区施政研究》，人民出版社，2011 年版。

杨福泉：《纳西族与藏族历史关系研究》，云南人民出版社、云南大学出版社，2011 年版。

邓锐龄：《清前期治藏政策探赜》，中国藏学出版社，2012 年版。

顾诚：《隐匿的疆土：卫所制度与明帝国》，光明日报出版社，2012 年版。

王家范：《中国历史通论》（增订本），生活·读书·新知三联书店，

2012 年版。

［意］图齐：《西藏宗教之旅》，耿昇译，王尧校订，中国藏学出版社，2012 年版。

周振鹤：《中国历史政治地理十六讲》，中华书局，2013 年版。

马大正：《中国边疆经略史》，武汉大学出版社，2013 年版。

周智生：《晚清民国时期滇藏川毗连地区的治理开发》，社会科学文献出版社，2014 年版。

彭信威：《中国货币史》，上海人民出版社，2015 年版。

胡恒：《皇权不下县？——清代县辖政区与基层社会治理》，北京师范大学出版社，2015 年版。

牙含章：《班禅额尔德尼传》，华文出版社，2015 年版。

郑少雄：《汉藏之间的康定土司：清末民初末代明正土司人生史》，生活·读书·新知三联书店，2016 年版。

邓锐龄、冯智：《西藏通史·清代卷》，中国藏学出版社，2016 年版。

赵心愚：《清代西藏方志研究》，商务印书馆，2016 年版。

恰白·次旦平措等：《西藏简明通史——松石宝串》，陈庆英等译，西藏藏文古籍出版社，2018 年版。

邓前程：《江口沉银历史文献汇编·学术研究卷》，巴蜀书社，2020 年版。

陈立明：《西藏民族关系研究——以藏门珞民族关系为中心》，中国社会科学出版社，2021 年版。

张云：《西藏历史 55 讲》，中国藏学出版社，2021 年版。

四川省文物考古研究院、国家文物局考古研究中心、眉山市彭山区文物保护研究所：《江口沉银遗址出土金银货币卷》，巴蜀书社，2023 年版。

四川省文物考古研究院、国家文物局考古研究中心、眉山市彭山区文物保护研究所：《江口沉银遗址出土金银器饰卷》，巴蜀书社，2023 年版。

三、期刊（集刊）论文

赵俪生：《论明末大农民军对货币财富的积累》，《文史哲》1956 年第 6 期。

韩儒林：《元朝中央政府是怎样管理西藏地区的》，《历史研究》1959 年第 7 期。

沈仲常：《“锦江埋银”质疑》，《社会科学研究》1979 年第 4 期。

艾力云：《历史发展动力问题讨论述评》，《史学月刊》1980 年第 1 期。

袁庭栋：《关于张献忠农民起义的流寇主义问题》，《四川师院学报》1981 年第 1 期。

王楷：《番薯的引进和传播》，《农史研究》第 3 辑，1982 年。

胡昭曦：《“啯噜”考析》，《四川省史学会史学论文集》，四川人民出版社，1982 年。

郭松义：《清代的人口增长和人口流迁》，《清史论丛》（第 5 辑），中华书局，1984 年。

高王凌：《乾嘉时期四川的场市、场市网及其功能》，中国人民大学清史研究所《清史研究集》第 3 辑，四川人民出版社，1984 年。

王纲：《明末四川经济与农民起义》，《天府新论》1985 年第 2 期。

杨亮升：《十九世纪末二十世纪初帝国主义的侵略与四川藏区的商品经济》，《西南民族学院学报》1987 年第 3 期。

郭声波：《元明清时代四川盆地的农田垦殖》，《中国历史地理论丛》1988 年第 4 期。

柳升祺、常凤玄：《西藏名义辨析》，《中国藏学》1988 年第 2 期。

郭松义：《清初四川外来移民和经济发展》，《中国经济史研究》1988 年第 4 期。

陈一石：《明代茶马互市政策研究》，《中国藏学》1988 年第 3 期。

贾大泉：《汉藏茶马贸易》，《中国藏学》1988 年第 4 期。

杨亮升：《宗教文化与四川藏区的寺庙商业》，《西南民族学院学报》

1988 年第 3 期。

赵毅：《明代四川茶马贸易的一种特殊形式》，《西南师范大学学报》1988 年第 4 期。

赵毅：《明代汉藏茶马互市》，《中国藏学》1989 年第 3 期。

冯智：《七世达赖喇嘛噶桑嘉措的政教业绩》，《中国藏学》1989 年第 3 期。

冉光荣：《川滇民族地区的“蕃租”、“汉佃”》，《平准学刊》（第四辑上册），光明日报出版社，1989 年。

王笛：《清代四川人口、耕地及粮食问题》（上、下），《四川大学学报》1989 年第 3 期、第 4 期。

李绍明：《论藏族的多元一体格局》，《民族论丛》（第八辑），1990 年。

刘君：《康区近代商业初析》，《中国藏学》1990 第 3 期。

鲁子健：《清代藏汉边茶贸易新探》，《中国藏学》1990 年第 3 期。

陈汎舟：《略论历史上川西北地区的藏汉贸易》，《中国藏学》1990 年第 3 期。

陈泛舟：《民国时期甘、青、川三省边境的藏汉贸易》，《西南民族学院学报》1990 年第 6 期。

王恒杰：《读〈结打木、杨打木二城考〉》，《中国藏学》1993 年第 4 期。

石硕：《西藏教派势力与元朝统治集团的宗教关系》，《藏学论丛》（五），西藏人民出版社，1993 年。

石硕：《试论康区藏族的形成及其特点》，《西南民族学院学报》1993 年第 2 期。

祝启源：《明代藏区行政建置史迹钩沉》，《藏学论丛》（五），西藏人民出版社，1993 年。

蓝勇：《乾嘉垦殖对四川农业生态和社会发展影响初探》，《中国农史》1993 年第 1 期。

李绍明：《历代中央王朝在四川藏区的建置》，《四川藏学研究》（第

2 辑），中国藏学出版社，1994 年。

蓝勇：《清初四川虎患与环境复原问题》，《中国历史地理论丛》1994 年第 3 期。

郭松义：《清代粮食市场和商品粮数量的估测》，《中国史研究》1994 年第 4 期。

邓亦兵：《清代前期内陆粮食运输量及变化趋势——关于清代粮食运输研究之二》，《中国经济史研究》1994 年第 3 期。

杨明洪：《论清代对凉山彝区的经济开发》，《民族研究》1995 年第 2 期。

吕小鲜：《四川平武县唐开兰条陈》，《历史档案》1995 年第 4 期。

刘正刚：《清代前期广东移民四川原因考述》，《广东社会科学》1995 年第 1 期。

刘正刚：《清前期四川和台湾移民政策之比较》，《四川大学学报》1996 年第 1 期。

贾大泉：《川藏道的兴起与川藏关系的发展》，《四川藏学研究》（第 4 辑），四川民族出版社，1997 年。

吕思勉：《田赋征收实物问题》，《吕思勉遗文集》（上），华东师范大学出版社，1997 年。

姜涛：《传统人口的城乡结构——立足于清代的考察》，《中国社会经济史研究》1998 年第 3 期。

张永江：《罗卜藏丹津与达赖喇嘛》，《清史研究》1999 年第 1 期。

谢放：《清前期四川粮食产量及外运量的估计问题》，《四川大学学报》1999 年第 6 期。

汤开建：《关于弥罗国、弥药、河西党项及唐古诸问题的考辨》，《西北第二民族学院学报》2000 年第 1 期。

张学君：《清代四川酒业的几个问题》，《社会科学研究》2000 年第 3 期。

王启龙：《藏传佛教在元代政治中的作用与影响》，《西藏研究》2001 年第 4 期。

曹树基：《清代北方城市人口研究——兼与施坚雅商榷》，《中国人口科学》2001 年第 4 期。

邓锐龄：《年羹尧在雍正朝初期治藏政策孕育过程中的作用》，《中国藏学》2002 年第 2 期。

陈典：《论清代“湖广填四川”的政策导向》，《理论月刊》2005 年第 10 期。

[意] 伯戴克：《拉藏汗——西藏最后的和硕特蒙古统治者（1705—1717)》，白丽娜译，陈庆英校，陈庆英、王维强：《国外学者西藏历史论文集选译》（《西藏通史》资料丛刊 40)，中国藏学研究中心历史所，2006 年。

徐学初：《清代四川游民问题论析》，《中华文化论坛》2007 年第 3 期。

蔡志纯：《从藏博到西藏地名演变考释》，《西藏民族学院学报》2007 年第 1 期。

赵艾东：《20 世纪初美国传教士史德文在康区打箭炉的医疗活动》，《中国藏学》2008 年第 3 期。

梁勇：《清代四川的土地清丈与移民社会的发展》，《天府新论》2008 年第 3 期。

肖幼林、黄辛建、彭升红：《我国首批西藏方志产生的原因及其特点》，《中国藏学》2009 年第 4 期。

邹立波：《清代前期康区塘汛的设置及其作用与影响》，《西藏研究》2009 年第 3 期。

冯智：《中甸在清初勘界暨治藏中的地位》，《中国藏学》2009 年第 1 期。

邓杰：《基督教与川康边疆建设——以边疆服务运动为中心的考察》，《民族学刊》2010 年第 2 期。

马国君：《论清前期漠西蒙古入藏与西南边疆“改土归流”的关系——以康区的“改土归流”为视野》，《思想战线》2011 年第 2 期。

[法] 施帝恩：《“商人型传教士”的新型宗教：法国天主教传教士

在滇西北的早期活动（1846—1865）》，尼玛扎西、刘源译 ，彭文斌校，《西南民族大学学报》2011 年第 1 期。

向玉成、肖萍：《19 世纪 40— 60 年代中期法国传教士“独占”康区的活动及其影响》，《西藏大学学报》2011 年第 1 期。

冯广宏：《张献忠埋银悬案——张献忠帝蜀实情考之七》，《文史杂志》2011 年第 1 期。

李映发：《张献忠率军入川转战史实及次数考》，《军事历史研究》2011 年第 2 期。

万明、侯官响：《财政视角下的明代田赋折银征收——以〈万历会计录〉山西田赋资料为中心》，《文史哲》2013 年第 1 期。

赵心愚：《乾隆〈西域遗闻〉资料的三个主要来源》，《民族研究》2013 年第 1 期。

赵轶峰：《明代白银货币称量形态对国家–社会关系的含义》，《史学月刊》2014 年第 7 期。

赵心愚：《〈藏纪概〉现流传版本中的两个问题》，《中央民族大学学报》2014 年第 4 期。

万明：《张献忠为什么会有大量白银沉于江口》，《中国史研究动态》2016 年 5 期。

江玉祥：《张献忠藏宝之文献考察》，《中国史研究动态》2016 年第 5 期。

王浩：《试论清代康、雍两朝的四川清丈之策》，《科学 · 经济 · 社会》2016 年第 4 期。

李飞：《张献忠“沉银埋宝”初步研究》，《中国史研究动态》2016 年第 5 期。

李勤璞：《“西藏”地名的起源》，《历史研究》2016 年第 5 期。

赵心愚：《打箭炉“查勘地界”与清朝对康区东部政策的调整》，《中央民族大学学报》2017 年第 3 期。

江玉祥：《张献忠藏宝之谜及发掘的意义》，《文史杂志》2017 年第 1 期。

毛佩琦：《张献忠江口沉银目击记》，《中国史研究动态》2017 年第 1 期。

陈锋：《清代的移民与社会经济》，《长江文史论丛》，2017 年年刊。

《中国史研究动态》编辑部：《江口沉银研究的重要节点》，《中国史研究动态》2017 年第 5 期。

胡昭曦：《“张献忠与四川”史籍鉴析》，《地域文化研究》2018 年第 1 期。

高大伦、李飞：《从江口出水金封册看明代封册制度》，《文物》2018 年第 10 期。

刘志岩等：《四川眉山市彭山区江口明末战场遗址 2017 年Ⅱ T1066 发掘简报》，《四川文物》2018 年第 5 期。

刘志岩等：《四川眉山彭山江口明末战场遗址Ⅱ T0767 发掘简报》，《文物》2018 年第 10 期。

李飞：《大西政权金册考》，《中国国家博物馆馆刊》2018 年第 8 期。

李飞：《“永昌大元帅印”考》，《四川文物》2018 年第 3 期。

张彦、姚刚：《“江口沉银”遗址发掘后对张献忠研究的几点思考》，《中华文化论坛》2018 年第 12 期。

达力扎布：《察哈尔林丹汗病逝之“大草滩”考》，《民族研究》2018 年第 5 期。

黄辛建：《雍正时期藏区行政划界研究》，《中国藏学》2018 年第 3 期。

赵心愚：《清康熙雍正时期川藏道汛塘与粮台的设置及其特点》，《民族研究》2019 年第 2 期。

张闶：《从满文〈喀木地方一统志〉看清廷对康区的地理认知》，《中国藏学》2019 年第 3 期。

邓前程：《彭山“江口沉银”考古发掘的学术价值探讨》，《中华文化论坛》2019 年第 4 期。

黄辛建：《清代“唐古特”考》，《中国藏学》2019 年第 4 期。

万明：《“江口沉银”所见明朝与大西朝的货币财政——基于明代白

银货币化的分析》，《中华文化论坛》2020 年第 4 期。

秦和平：《清代农作物交流与四川山地民族交融》，《中山大学学报》2020 年第 1 期。

刘瑞云：《1848 年清廷驱逐进藏法国传教士罗勒拿之外交交涉》，《世界宗教研究》2020 年第 2 期。

苏发祥、马妍：《论西藏铸牢中华民族共同体意识的历史基础》，《中国藏学》2021 年第 1 期。

罗布：《蒙藏关系与清朝权威在青藏地区的确立》，《西藏大学学报》2021 年第 1 期。

陈鹏飞：《清初四川招民垦荒与“啯噜”的形成》，《中国农史》2021 年第 1 期。

彭陟焱、张静：《试论清代金川战争后大小金川人口的异地安置及其影响》，《中国藏学》2021 年第 1 期。

李志英：《清初和硕特蒙古在康区的差税体系》，《中国藏学》2021 年第 1 期。

赖惠敏：《清前期打箭炉关税对西藏寺院的赞助》，《内蒙古师范大学学报》2021 年第 2 期。

江晓成：《从档案看清政府对张献忠沉银的打捞》，《历史档案》2022 年第 4 期。

四、学位论文

黄辛建：《康藏关系史》，四川大学博士学位论文，2013 年。

张钦：《清代川藏交通研究》，陕西师范大学博士学位论文，2020 年。

后记

按原计划本书应在一年前由国内另一家出版社出版，几经周折和拖延，承蒙四川大学出版社不弃，也算了一心愿。

本书虽名曰《清代西南区域史研究》，实则是一部专题探讨清代四川（包含今重庆全部，以及贵州、云南的个别地区）和西藏历史的著作。需要说明的是，本书各章并非一气呵成，而是陆续写成的。其中，书中第一、二、三章分别是两个省级课题的部分成果。第一章“张献忠江口沉银的历史追问与思考”是四川省委宣传部委托课题“江口沉银学术文献整理与研究”（2019 年批准立项）的部分成果。第二、三章成稿时间最早，是四川省教育厅重点项目“清代四川人口流移与经济社会变迁研究”（2009 年）（成果近 20 万字，因各种原因，未及时修订付梓）的部分内容。十余年来，笔者对有关历史问题的认识和看法，以及现行论文注释方式等方面，皆发生了一定的变化。为更好地吸纳学界的最新研究成果，阐释笔者对这段历史的个别问题的新认识，故对原文做了较大幅度的修改。第四、五章，是笔者对清代康藏地方历史的一些思考。其中，第五章之第一、二节是笔者分别与高振华副编审、黄辛建教授经过多次讨论和修改而完成的，特此说明并致谢。

书稿之能草成，在这里我首先要感谢的是引我入门、扶我上坎的周师伟洲教授和已故的冉师光荣教授、李师绍明教授。他们对我在学术上的悉心指导和精心栽培，使我对学术研究有了更深的领悟，尤其是先生们严谨的学术态度和执着的学术追求，时时打动着我、感染着我，更激励和鞭策着我。如果说这些年来本人的学业还稍有进步，当首先归功于三位老师。冉师光荣教授在世时，也一直关心拙著的出版。令人非常遗憾的是，在拙著评审和出版过程中，冉师已于去年 9 月驾鹤西去。在此特将拙著献给冉师的在天之灵，以表达弟子的深深追念之情。

同时，也必须感谢相关的或朋或友，他们是中国藏学研究中心的张云教授，西南民族大学的赵心愚教授、徐学初教授、朱林老师，四川省档案馆的刘君研究员，四川省社科院的杨环研究员、肖俊生研究员，四川师范大学的孙勇教授、凌兴珍教授、刘开军教授和太原师范学院的李峻杰博士。与他们的交流切磋，使我开阔了视野并拓展了写作思路。此外，书中文献材料的核对，承蒙成飞博士、屈成（中国人民大学博士研究生）、王敏（南开大学研究生）、李沛轩、李媛媛、张浩、周晓宝、阙凡雨和四川大学出版社实习生陈微竹（四川大学文学与新闻学院汉语言文学专业 2021 级学生）各位小朋友的帮助，在此特向他们表示感谢。

在这里，我也要特别感谢一些前辈和同辈好友，他们是四川师范大学的唐志成教授、谢元鲁教授、侯德础教授、吴达德教授、董杰教授、蒲志林教授，故宫博物院的朱诚如教授，吉林社科院的李治亭教授，华东师范大学的章义和教授和云南师范大学的邹建达教授等，以及更多不便一一具名的师长、兄弟姐妹和学生们。正是有了他们一如既往的信任、理解和关怀，我才有了一个心无旁骛从事研究的环境。在未来的人生旅途中，我将时时感念他们!

我还要感谢四川大学出版社的高庆梅女士，这位康巴妹子待人之热情与厚道、工作之敬业与专业，让我少费周折，忘却辛劳。同时，也必须感谢四川师范大学巴蜀文化学科负责人刘敏教授、社科处原处长陈佑松教授，他们的鼎力相助，解决了书稿的出版经费问题。

文稿虽倾注了我这几年辛勤耕耘的苦劳，但它更多地凝结了亲人们对我的拳拳关爱之心。特别是妻子万春，她对家庭的默默付出，让我偷闲不少；她淡泊名利、知足常乐，使我少了些浮躁多了些宁静。小儿涵文的阳光与向上，时时提醒我学术之路漫漫其修远兮，还得上下求索。

邓前程

2024 年初春于成都东城狮子山